KB039387

모든 길은 로마로

모든 길은 로마로

목 차
Contents

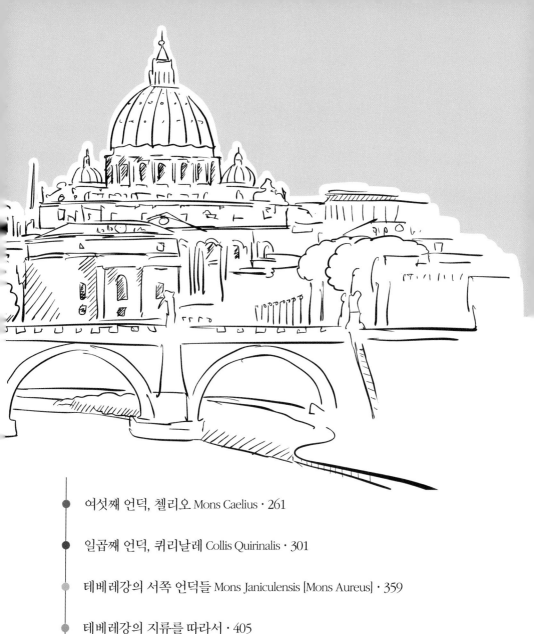

서문

영원의 도시, 로마는 COVID-19 시대를 거치며 눈에 띄게 변했고, 나도 많이 변했다.

혹독했던 젊은 날의 내게 로마는 메말랐으나 풍요로웠고, 외로웠으나 따뜻했던 광야였다. 이제 내 삶의 일부가 된 일곱 언덕의 로마를 거닐며 다시 책상 앞에 앉았다. 로마 이야기를 다시 하는 것은 과거의 나를 좀 더 담담하게 반추할 수 있는 나이가 되었기 때문이다. 누구에게나 통과해야만 하는 고난의 시절이 있다. 나의 그 시절에는 도시 로마에 스며있던 역사, 문학, 예술 등 다양한 문화적인 혜택 덕분에 고통에 매몰되지 않고 더 크게 성장할 수 있었다. 깊이 있는 예술은 척박한 삶의 현장에서도 맑은 정신을 유지하고, 삶의 질을 높여주는 힘이 된다는 걸 체험했다.

로마제국 시절, 황제들의 울고 웃는 야욕 속에서도 키케로와 세네카, 베르길리우스와 메세나 등이 있었다. 중세에서 근대에 걸쳐 로마를 찾은 학자, 예술가들의 발자취로 '로마 속 로마', '역사의 역사'가 만들어졌다. 괴테, 스탕달, 바이런, 리스트, 보들레르, 안데르센, 멘델스존, 키츠, 쉘리 등 로마를 여행하며, 로마에 압도되었던 인문주의 학자들과 예술가들은 수부라를 걸으며 사색하고 삶을 반추하며 새로운 길을 남겼다.

이 책은 키케로, 베르길리우스가 말했던 '일곱 언덕'을 중심으로 펼쳐진 로마의 역사와 문화를 깊숙이 들여다보는 데 매우 유용한 길잡이다. 우리보다 먼저 로마를 찾았던 수많은 학자와 예술가들의 발자취를 따라가다 보면, 오래되었으나 새로운 얼굴의 로마와 조우하게 될 것이다.

내용의 이해를 돕기 위해 삽입한 이미지들은 로마 토박이가 된 서동화 작가가 직접 그린 것도 있고, 명인(名人)들의 판화, 수채화, 유화는 물론 오래된 사진과 엽서에 이르기까지 로마를 다양하게 표현한 작품들을 활용했다.

홀로 살 수 없는 세상에서 서로 아낌없이 사랑할 힘은 한 편의 시가 될 수도 있고, 폐허가 된 유적지에서 보는 조각상이 될 수도 있고, 어느 이름 없는 성당에서 우연히 마주친 천사의 깊은 눈빛이 될 수도 있다.

내가 그 길에서 만났던 좋은 사람들은 이제 대부분 고인이 되었다. 줄리아니 신부님, 가를로와 세르조, 홍성재 회장님 등. 지금도 변함없이 내 편이 되어주고 있는 안토넬리 가족과 로마의 친구들, 이 책의 이미지를 맡아준 딸 서동화를 떠올리며 모든 것이 은혜고, 그들과 함께 한 매 순간이 행복이었음을 고백한다.

책이 나오기까지 인내와 수고를 아끼지 않은 드림북의 민상기 대표님과 편집팀에 진심으로 감사드린다. 서툴고 부족한 문장을 사랑으로 읽어줄 독자들에게도 미리 고개 숙인다. 로마를 제대로 알고 배워서 작으나마 삶의 거름이 되었으면 하는 바람이다.

김 혜 경 세레나

모든 길은 로마로

"로마는 거대한 호수와 같다.
로마 이전의 물은 로마로 흘러 들어갔고,
이후의 물은 로마로부터 흘러나왔다."
레오폴드 폰 랑케 Leopold von Ranke

1)

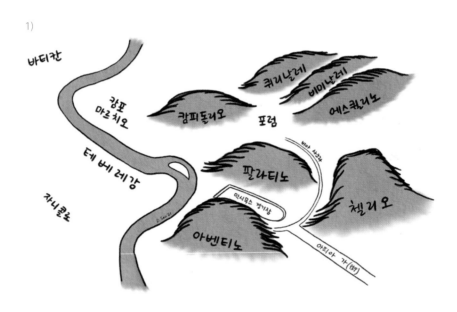

바티칸

캄포
마르치오

테베레강

자니콜로

캄피돌리오

포럼

퀴리날레

비미날레

에스퀼리노

막시무스 경기장

팔라티노

아벤티노

비아 사크라

첼리오

아피아 가(街)

1) 테베레강을 왼쪽에 두고 일곱 언덕이 강 동쪽에 옹기종기 모여 있다. 그림. 서동화 수채화

따가운 햇볕이 종일 로마를 달군 7월, 태양의 고속도로(Autostrada del Sole, A1)를 따라 나폴리에서 로마로 들어오다 문득 하늘을 보고는, 불타는 듯 도시를 감싸고 있는 붉은 노을에 감탄하곤 했다. 네로 황제가 로마를 방화했을 때 사흘간 로마의 하늘이 저랬을까. 성 베드로가 네로의 박해를 피해 아피아 가도를 달리던 그 날도 로마의 하늘은 저렇게 붉은 원색이었을까. 네로와 베드로도 타는 듯한 저 하늘을 보았겠지, 하는 생각을 하곤 했다.

이른 아침, 테베레강의 서쪽 언덕, 자니콜로에서 강 반대쪽에 펼쳐진 로마를 내려다보노라면 이제 막 잠에서 깨어난 어느 여신의 부스스한 머릿결처럼 하늘은 파스텔 빛이 엷게 퍼져 있고, 강 위에는 길게 안개가 강물을 따라 흐르며, 그 위로 울려 퍼지는 성당의 종소리가 '영원의 도시'의 하루를 깨운다. 아펜니니 산맥의 허리와 알바노의 화산 자락이 맞닿는 아래 테베레강의 둔치 위에 펼쳐진 일곱 언덕에 로마가 있다.

"일곱 언덕"은 로마를 부르는 또 다른 이름이었다.

키케로는 로마를 '일곱 언덕으로 이루어진 도시'(Epistulae Ad Atticum, VI, 5.)라고 했고, 프로페르치오는 '영원한 일곱 언덕의 도시'(Properzio, III, 11, 57)라고 했으며, 베르길리우스는 '일곱 성채'(Virgilio, Georgiche, II, 535; Eneide, V, 783)라고 했다.

고대 로마의 문인들이 '로마'를 정의할 때 빠지지 않고 등장했던 '일곱 언덕'은 오늘날 로마를 부르는 또 하나의 이름이 되었다. 오늘날 로마가 이탈리아의 수도라는 점을 생각할 때, 이 일곱 개의 언덕은 중요한 정부 부처나 관공서가 있어, 해당 부처나 기관을 지칭하는 이름으로도 불린다. 예컨대 언덕 이름 '비미날레'라고 하면 이탈리아 '내무부'를 말하고, '퀴리날레'라고 하면 '대통령궁'을 말한다. 그러니까 일곱 언덕의 이름은 여전히 '사용 중'인 셈이다.

사람들은 왜 언덕에다 집을 짓고 거처를 마련하고 마을을 이루며 살아왔을까? 아무래도 언덕 위에 자리를 잡으면 시야가 사방으로 트여서 적의 침입을 미리 파악할 수 있고 습기로부터 보호받을 수 있기 때문이 아니었을까 싶다. 로마도 예외가 아니어서, 테베레강이 내려다보이는 이 언덕(혹은 둔치)들에서 역사가 시작되었다. 강의 혜택과 언덕의 혜택을 고루 보면서 발전한 것이다.

옛날 로마를 방문한 어느 왕후는 도심을 채우고 있는 수많은 분수에서 물이 뿜어져 나오는 것을 보고 자신이 로마에 온 걸 환영하는 줄 알았는데, 알고 보니 일 년 내내 그렇게 물이 뿜어져 나온다는 이야기에 놀랐다는 일화가 있다. 로마는 매일 교향곡을 듣는 것처럼 경쾌하고 발랄한 물의 향연이 끊이지 않는 곳이다.

제국 시기, 특히 아우구스티누스 황제 시기에 등장한 탁월한 수로(水路) 설계자들 덕분에 상수도 건설이 제국 도시의 위상을 높였고, 도시에 거주하는 로마시민의 커다란 자랑이 되었다. 특히 로마에 거주하는 사람이면 누구나, 노예들까지도 무상으로 수돗물을 사용할 수 있었다. 일명 '수권(水權)'이라고 하는 물 사용의 권리는 로마에 사는 사람이면 누구나 공평하게 무상으로 받았던 혜택이었다. 로마에서 물이 부족해 본 적은 한 번도 없었고, 제국은 물에 관한 한 모두에게 관대했다.

2) 나보나 광장의 4대 강의 분수, 베르니니 작

로마의 풍성한 물은 거리와 광장을 장식하기 위해, 그곳을 지나 다니는 사람과 동물이 마실 수 있도록, 또 계속해서 발견되는 고대 유적과 유물을 창조하고 활용하도록 한 창시자를 기리기 위해 쟈코모 델라 포르타(Giacomo Della Porta, 1532~1602)와 존로렌조 베르니니 (Gian Lorenzo Bernini, 1598~1680)와 같은 예술가들이 기념비적인 분수들을 조각하기 시작했다. 지금도 로마의 분수는 예술작품과 식수 공급용으로 분류되어 로마의 거리를 경쾌하고 아름답게 해 주고 있다.

지금과 같은 도시 상수도는 기원전 312~서기 226년, 13개의 수로를 만들어 로마시민들에게 물을 공급하던 것에서 그 기원을 찾아볼 수 있다. 당시의 수로는 적게는 16.5km의 아피아 수로(Acqua Appia)에서 길게는 63.5km의 바투스 수로(Acqua Vatus)와 91km 마르챠 수로(Acqua Marcia)에 이르고, 하루에 공급할 수 있는 물의 양은 총 100만 큐비트(약 100만 리터)가량이었다고 한다. 현재 로마의 인구가 당시보다 3배가 많고 하루 물의 공급량이 180만 리터인 것을 고려하면 당시의 수로 시설과 물 저장 탱크의 규모를 짐작할 수 있을 것이다. 놀라운 것은 이들 수로가 대개 지상, 지하를 오가며 건설되었는데, 그중 5개가 1453년 이후 1968년까지 재정비 작업을 거쳐 지금까지 사용되고 있다는 사실이다.

괴테도『이탈리아 기행』에서 이 "거대한 (수로) 시설로 주민들에게 물을 공급하려 한 것은 얼마나 아름답고 고귀한 대망인가!"라고 감탄했다. 전체 시민을 위해 수십 킬로미터 밖에서 물을 끌어오려고 했다는 것은 토목건설의 수준뿐만 아니라, 시민의식과 복지행정의 수준을 짐작하게 한다.

19세기 독일의 대표적 역사가 레오폴드 폰 랑케(Leopold von Ranke, 1795~1886)는 로마를 두고 "거대한 호수와 같다"라고 하면서 로마 역사를 두고, "모든 고대사는 마치 한 호수에 흘러 들어가는 강물과 같이 로마의 역사 속으로 흘러 들어갔고, 모든 근대의 역사는 로마의 역사로부터 흘러나왔다"라고 했다. 또 로마는 세계를 세 번이나 제패했는데, 한 번은 힘으로, 한 번은 법으로, 한 번은 종교로 제패하였다고도 했다.

또 다른 역사가인 실비오 네그로(Silvio Negro, 1897~1959)는 "로마를 알기 위해서는 일생을 가지고도 모자란다"라고도 했다.

한편 어느 교황은 로마를 여행하고 떠나는 사람에게 잠깐 있다 가는 사람에게는 '챠오'(Ciao, '안녕'이라는 뜻)라고 했고, 조금 더 머물다 가는 사람에게는 '아리베데르치'(Arrivederci, '또 봅시다')라고 인사했다고 한다. 로마를 아는 사람은 반드시 돌아온다는 의미다.

1300년, 교황 보니파시오 8세가 선포한 '백년 전대사(Indulgenza dei cent'anni)'를 받기 위해 단테가 찾았던 곳이고(『신곡』 지옥편, 18곡, 28-33절 참조), 1564년 2월 미켈란젤로는 로마시를 정비하고 생을 여기서 마감했으며, 17세기 중반 이후 영국을 비롯하여 유럽의 학자들과 상류층 인사의 자제들이 '그랜드 투어'라는 이름으로 사회에 나가기 전에 문물을 익히기 위해 들렀던 최종 목적지이기도 했다. 그 덕분에 애덤 스미스, 에드워드 기번, 괴테 등 최고의 지성들이 탄생할 수 있었고, 그들의 불후의 명작들을 우리도 접할 수 있게 되었다. 그들이 그토록 흠모했고, 일생 한 번은 반드시 오고 싶어 했던 도시, 로마로 긴 여행을 떠나보려고 한다.

우리 시대 이전의 많은 여행자와 순례자들이 찾았던 것처럼, 누군가는 붓을 들고, 누군가는 펜을 들고, 또 누군가는 잔이나 기타를 들고 앙상하게 뼈만 남은 고대의 한 장면 앞에 서 보기를 권한다. 시간의 흐름 속에 녹아버린 역사의 살점들을 상상해 보기를 바란다.

로마의 탄생, 신화에서 시작된 제국

세계의 유서 깊은 도시 중에서 로마는 탄생 이래 정치, 행정, 역사에서 한 번도 중심이 되어 보지 않은 적이 없었다. 우리나라 역사만 해도 시대에 따라 평양, 경주, 개성, 서울로 수도가 바뀌었고, 일본도 메이지 유신 이후 교토에서 도쿄로 수도가 바뀌었다. 튀르키예는 1923년 이후 공화국이 성립되면서 이스탄불에서 앙카라(Ankara)로 바뀌었지만, 아직도 많은 사람이 이스탄불을 수도인 줄 알고 있다. 미국은 행정수도는 워싱턴이지만 제1의 도시는 뉴욕이어서 실제로 뉴욕이 미국을 대표하는 도시처럼 되어 있다.

이렇듯 잘 알려진 나라들 중에서만도 고대의 수도와 현재의 수도가 바뀐 곳이 많이 있지만, 로마는 오랫동안 이탈리아반도의 으뜸 도시로 그 지위를 유지하고 있다. 권력 집단이 교체되거나 수도를 기반으로 한 기득권의 모순이 극에 달했을 때, 혁신하는 방편으로 수도를 옮기곤 했는데, 그런 점에서 로마는 숱한 권력과 혁신의 뒤안길에도 불구하고, 고대와 현대, 유신론과 무신론이 공존하는 가운데 유구한 역사의 현장에서 "영원한 도시"로 생명력을 발휘하고 있다.

호메로스(Ὅμηρος, 기원전 8세기경)는 대서사시 『일리아드』에서 신들의 저주를 받아 멸망하는 트로이를 노래하며 신들의 비호를 받는 그리스와 그리스 문화의 우월성을 자랑했다. 그러면서도 그리스 시민으로서 자긍심을 잃지 않기 위해 '정의'의 편에 서는 것을 주저하지 않았다. 그리고 그것을 『오디세이아』에서 각인시켰다. 이타케섬의 왕 오디세우스는 10년간의 트로이 전쟁을 승리로 이끌고 고향으로 돌아가려고 했으나 그마저 여의치 않았다. 올림포스의 신들이 결정한 그의 운명은 '증오받는 자'라는 뜻의 그의 이름처럼 고난과 역경으로 가득 차 있었다. 고향을 향한 험난한 항해를 계속하며 겪는 엄청난 시련이 『오디세이아』 전체를 흐른다. 호메로스는 오디세우스에게 시련을 안겨줌으로써 정의의 균형을 잡으려고 했던 것으로 보인다.

---

3) 루벤스(Peter Paul Rubens, 1577-1640), 〈암늑대와 함께 있는 쌍둥이를 발견한 파우스톨로〉, 카피톨리니 박물관

4) 페데리코 바로치(Federico Barocci), 〈불타는 트로이 성을 탈출하는 아이네아스〉(1598년), 보르게제 미술관, 로마

아우구스투스(Caesar divi filius Augustus, 기원전 63~서기 14) 황제 시절, 라틴문학이 시작되던 시기에 로마의 대시인 베르길리우스(Vergilius, 기원전 70~서기 19)는 로마인들이 문화적으로 자기들보다 월등하다고 인정했던 그리스의 기념비 같은 대서사시『일리아드』와『오디세이아』에 이어서 로마의 건국 신화를 노래하는『아이네아스』를 썼다.

『아이네아스(Aeneas)』에 기록되어 있는 로마의 건국 신화는『일리아드』와『오디세이아』에서 기술하고 있는 이야기로 거슬러 올라간다.

멸망한 트로이의 명장 아이네아스는 트로이 성이 함락되고 불바다가 되던 날 밤, 아내와 어린 아들의 손을 잡고 한쪽 어깨에는 트로이의 수호신 상을 손에 든 불구의 늙은 아버지를 둘러업고 아수라장을 빠져나왔다.

그의 아버지 안키세스는 베누스[아프로디테] 여신과 사랑을 나누어 아이네아스를 낳았는데, 신과 인간의 사랑은 금지된 것이어서 발설하면 안 되는 것이었으나, 그는 미녀와의 사랑을 자랑하고 다녔고, 그 바람에, 결국 유피테르[제우스]의 벼락을 맞아 평생 힘을 쓰지 못하는 불구가 되었다.

아이네아스는 간신히 난리 통을 빠져나왔지만, 도중에 아내를 잃어버리고,

아버지는 시칠리아섬에서 결국 죽고 말았다. 겨우 살아남은 트로이의 피난민들과 함께 지중해를 떠돌던 아이네아스는 유피테르의 인도로 트라키아와 델로스섬을 거쳐 현재의 나폴리를 지나 쿠마에 해변에 이른다.

피난민들이 야영 준비를 하는 동안 아이네아스는 무녀 시빌레의 동굴을 찾아가 신탁을 듣고 저승으로 내려가 아버지 안키세스의 혼령을 만날 수 있게 해달라고 간청했다. 새 나라를 세우려면 저승에 가서 안키세스에게 방법을 물으라는 신탁을 받은 적이 있었기 때문이다. 아이네아스는 시빌레와 함께 저승을 여행하면서 안키세스로부터 이탈리아에 완전히 정착하기까지 그가 해야할 일을 듣는다. 수많은 전쟁을 겪고 재혼하며 새로운 트로이를 건설할 텐데, 그것이 장차 세계의 패권자[로마제국]가 될 거라는 예언이었다.

아이네아스를 저승으로 데려가 그의 아버지 안키세스를 만나게 해 주었던 무녀 시빌레는 한때 아폴로의 사랑을 받았던 여인이다. 아폴로는 시빌레에게 사랑을 허락하면 영원한 생명을 주겠다고 했다. 사랑에 몸이 단 아폴로는 시빌레에게 온갖 선물을 약속하고 무슨 소원이든지 말만 하면 들어주겠노라고 했다. 시빌레는 흙덩이를 가리키며 흙의 낱알 수만큼 생일이 많았으면 좋겠다고 했다. 그러나 아쉽게도 '영원한 청춘'을 말하는 걸 잊어버렸다. 아폴로는 자기의 사랑을 받아주면 그만한 수명은 물론 영원한 청춘도 주겠다고 했지만, 시빌레는 그의 요구를 끝까지 거부했다. 마음이 상한 아폴로는 그녀가 늙어가도록 내버려 두었다. 그래서 그녀는 청춘도 힘도 사라진 채 천년을 살았지만, 목소리만큼은 후세에 길이 기억될 만큼 아름다웠다고 한다.

미켈란젤로는 시스티나 소성당의 천장화 〈천지창조〉에서 모두 다섯 명의 시빌레를 그렸는데, 그중 가장 늙은 모습으로 등장하는 이가 바로 이 "쿠마에의 시빌레"다.

---

18 5) 미켈란젤로의 〈천지창조〉 중 '쿠마에의 시빌레', 시스티나 소성당의 천장화, 바티칸박물관

쿠마에의 시빌레는 천년을 사는 동안 늙어서 쪼글쪼글 메말라 오그라들 때까지 처녀의 몸이었다. 늙은 처녀는 생산하지 못한다. 불임이다. 처녀성이 죽어야 생명을 잉태할 수 있다. 처녀의 죽음, 처녀성의 상실은 새 생명의 잉태다. 결국 쿠마에의 시빌레는 새로운 생명으로 재탄생하기 위해 죽음을 간절히 바랐다.

현대 문명의 황폐와 불임(不姙)을 노래한, 20세기를 대표하는 기념비적인 장편시 T. S. 엘리엇의 『황무지』는 바로 이 쿠마에의 무녀 시빌레 이야기가 주요 모티브다. "더욱 뛰어난 예술가 에즈라 파운드에게"라는 헌사 앞에 다음과 같은 제사(題詞)가 붙어 있다.

"한번은 쿠마에에서 나도 그 무녀가 조롱 속에 매달려 있는 것을 보았지요.
애들이 '무녀야, 넌 뭘 원하니?'하고 물었을 때,
그녀는 대답했지요.
'난 죽고 싶어.'"

시빌레와 헤어진 후, 아니 정확하게는 저승을 다녀온 후, 저승에서 죽은 아버지의 영혼을 만나 신탁을 듣고 돌아온 뒤부터 아이네아스는 완전히 다른 사람이 되었다. 이제 더는 피난민을 이끄는 찌질한 장수가 아니었다. 저 위대한, 훗날 세계를 제패하게 될 민족의 조상을 이끄는 영도자가 되었다.

이어지는 항해에서도 난관은 계속되었지만, 그때마다 아이네아스는 힘차게 그 어려움을 헤쳐나갔다. 위대한 민족의 조상이 될 것이라는 신탁은 그에게 큰 자신감을 심어주었다. 그들의 항해는 오늘날 테베레강 하구 라티움이라는 마을에 이르러 닻을 내렸다. 여기서도 숱한 어려움과 전쟁을 치르지만, 종국에는 이 지역의 우두머리로 우뚝 섰다. 베르길리우스의 『아이네아스』는 여기서 끝이 난다.

그 후 아이네아스는 루툴리 족의 족장 투르누스와 싸워 그의 약혼자인 라비니아를 빼앗아 아내로 맞아들이고 새로운 나라를 건설하여 아내의 이름을 따서 국호를 라비니움(Lavinium)이라고 했다. 그러는 사이에 트로이를 도망쳐 나올 때 어린아이에 불과했던 그의 아들 율루스(아스카니우스의 아명)는 장성하여 알바롱가(Alba Longa)를 건설하였다.

세월이 흘러 그의 후손인 누미토르는 로마의 어머니가 될 레아 실비아를 낳았다. 그런데 누미토르의 아우 아물루스가 반란을 일으켜 누미토르를 추방하고, 그의 아들은 죽이고 딸 레아 실비아는 베스타 신전의 여사제로 만들어 버렸다. 여사제로 만들었다는 것은 가문의 대를 끊는 것을 의미했다. 당시 여사제들은 30년간 순결을 지키며 신께 헌신해야 했는데, 임무를 게을리하거나 순결을 잃으면 국가의 운명을 소홀히 했다고 해서 생매장으로 죽이는 풍습이 있었다.

그런데 여사제가 된 레아 실비아에게 군신(軍神) 마르스가 접근하여, 사랑을 나누었다. 그리고 얼마 후, 레아 실비아는 임신하여 쌍둥이 아들을 낳았다. 로물루스와 레무스다. 발각되면 생매장으로 죽을 운명에 처한 레아 실비아는 몰래 아기를 낳아 광주리에 담아서 테베레강에 버렸다.

　로마의 일곱 언덕 중 하나인 아벤티노 언덕 주변은 예로부터 늑대의 소굴이 있었는데, 테베레강으로 물을 마시러 갔던 암늑대가 광주리 속에 든 쌍둥이 아들을 발견하여 자신의 젖을 먹여 키웠다. 쌍둥이 형제 로물루스와 레무스는 자라서 로마를 건설했다. '로마'라는 국호는 이 형제의 이름에서 비롯되었다.

　그러나 권력과 여자는 나눌 수 없는 것이라고 했던가! 로마는 건국 신화에서부터 '형제의 난'이 있었다. 형 로물루스가 동생 레무스를 죽이고 권력을 독차지하여 로마의 첫 번째 왕이 되었다. 로물루스는 살아서는 로마를 통치했고, 죽어서는 로마의 신이 되었다.

　오늘날 로마 시청 본관, 카피톨리노 궁 앞에는 청동으로 된 "늑대의 젖을 먹고 있는 두 형제"의 동상이 있다. 로마에서 자주 보는 이  동상은 로마의 상징이다. 동상은 고대에서 지금까지 내려오는 몇 안 되는 청동 조각상 중 하나로, 원작은 카피톨리도 박물관에 있다. 1471년 교황 시스토 4세가 로마 시민들에게 기증한 첫 4개의 청동 작품중 하나로 로마시립 "문명박물관"의 초석이 되기도 했다. 모든 건국 신화가 그렇듯이, 이것은 로마 민족의 우월성을 의미한다. 태생부터 아버지는 신(神)이고, 어머니는 여성으로서 최고 지위에 있던 여사제며, 유모는 서양의 토테미즘 신앙에서 숭상하던 늑대라는 것이다.

2019년, 이탈리아인 마태오 로베레(Matteo Rovere) 감독으로 나온 역사 드라마 〈첫 번째 왕: 제국의 탄생(The First King: Birth of an Empire, 이탈리아어 Il Primo re)〉은 로물루스와 레무스에 의한 로마 건국 이야기다. 현재 넷플릭스에도 올라와 있다.

개인적으로 몹시 힘들게 본 영화 중의 하나다. 처음부터 얼마나 잔인하던 지…. 127분짜리 영화를 며칠에 나누어서 보았다.

지리적인 조건이 건설한 로마

지질학자들에 의하면 로마는 세계문화의 중심지로서 조금도 손색이 없을 만큼 지질학적으로도 풍부한 자산을 가지고 있다고 한다. 주변 20km 내외에는 트라베르틴 대리석과 풍부한 수량, 지금은 사화산이 된 화산지대가 있어서 거기에서 용암이 흘러내려 굳으면서 만들어진 딱딱한 길은 그대로 도로로 활용하는 지혜도 아끼

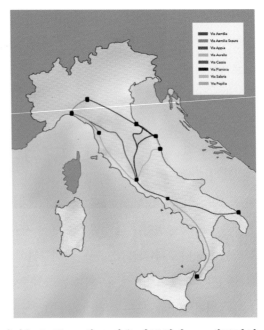

지 않았다. 마치 아스팔트를 깔아놓은 듯, 그대로 길을 만들었다. 그 대표적인

길이 저 유명한 아피아 가도(Via Appia)와 카실리나 가도(Via Casilina)다.

오늘날 교황들의 하계 별장으로 유명한 알바노 호수와 그 일대 지역은 아이네아스의 아들 율루스가 알바롱가를 건설한 유서 깊은 지역이다. 호수 역시 화산이 폭발하면서 형성된 것으로 지금도 호숫가의 모래는 검다. 그 일대에서 솟아난 양 많고 질 좋은 물은 그대로 로마인들의 식수가 되었고, 그 식수를 도시로 끌어들이기 위해 건설한 수도교는 로마 시대 건축의 백미로 손꼽힌다. 지금도 로마 남쪽에 있는 수도교 유적은 그 유례를 찾아보기 힘들 정도로 보존이 잘 되어 있다.

고대에는 하드리아누스 황제의 별장이 있었고, 지금은 온천과 트라베르틴 대리석으로 유명한 세떼 바니(Settebagni, '일곱 목욕장'이라는 뜻) 지역의 화산지대는 콜로세움을 비롯한 고대 로마 건축에 중요한 자재로 쓰였던 트라베르틴 대리석의 산지다. 이 지역의 화산이 폭발하면서 흘러내린 용암으로 살라리아 가도(Via Salaria)가 만들어졌다.

살라리아 가도는 로마에서 동쪽으로 쭉 뻗어 동해의 해안 도시 안코나(Ancona)까지 이어져 있다. 로마인들은 이 길을 이용하여 안코나의 염전에서 생산되는 소금을 로마로 수송했다. 소금은 로마 시대부터 국가의 중요한 전매품으로 제국의 공무원들에게 월급을 그걸(소금, sali)로 주었다. 그 전통이 오늘날 '월급쟁이', '봉급생활자'를 일컫는 샐러리맨(salaried man)이라는 말이다. 이탈리아어로 월급을 '살라리오(salario)'라고 하는데, 소금을 가리키는 살레(Sale)에서 유래했다.

소금 외에 이탈리아에서 또 다른 전매품은 담배다. 그러다 보니 담배와 소금

을 같은 장소에서 팔았다. 지금도 이탈리아의
담배 가게 간판에는 "소금과 담배(Sali e Tabacchi)"
라고 쓰여있다.

테베레강의 계곡 아래 '일곱 언덕'에서 시작된 로마

언젠가 세계의 풍수지리에 관한 책을 본 적이 있는데, 로마가 발전하게 된
것과 가톨릭교회가 발전하게 된 것은 풍수지리적으로 로마와 바티칸이 명당
을 차지하고 있기 때문이라고 적혀 있어서 피식 웃은 적이 있다. 믿어도 되는
지는 모르겠으나, 결과적으로 로마를 방문하는 사람은 한 번쯤 로마의 지리적
인 위치와 풍부한 물과 돌, 그리고 기름진 땅을 보며 감탄하곤 한다.

이탈리아의 장화 반도만 해도, 남쪽의 지중해가 아프리카에서 불어오는 뜨
거운 바람을 식혀주고, 북쪽의 알프스산맥이 대서양과 시베리아의 찬 공기를
막아주어, 반도는 '지중해성 기후'라는 천혜의 기후를 자랑하고 있다. 거기에
풍부한 물과 하다못해 돌 하나도 쓸데없는 돌멩이들이 아니라, 모두 돈이 되
는 대리석으로 채워져 있어 축복받은 땅임에는 분명한 것 같다.

예전에 이집트와 이스라엘을 여행하면서 "여행은 환상을 깨는 것"이라는 어
느 여행가의 말을 절감한 적이 있다. 이집트는 아프리카의 '젖줄'인 나일강 주
변만 파랗고, 모두 노란 모래사막 지대였고, 이스라엘은 어디를 봐도 황폐하
여 "젖과 꿀이 흐르는 곳"을 찾지 못했다. 티베리아스 지역을 두고 하는 말이
라고 해도, 이탈리아와는 비교할 것이 못 되었다.

이렇게 풍부한 물과 돌을 이용하여 반도에서는 일찌감치 건축과 예술이 발전했던 게 아닐까 싶다. 상·하수도는 물론 수세식 화장실, 다양한 형태의 분수들과 관대한 물 정책에 더해, 우수한 대리석을 이용한 각종 건축물은 아득한 옛날부터 로마를 웅장한 도시로 만든 일등 공신들이었다.

아펜니니 산맥의 영양분이 테베레강의 계곡으로 흘러들며 주변의 땅을 옥토로 만들어 풍성한 농경문화를 형성했다. 로마의 모든 유적지는 바로 이 테베레강의 계곡 아래 일곱 언덕을 중심으로 옹기종기 모여 있다. 일곱 언덕은 로마문명의 요람이자 유럽문화의 기둥이다. 오늘날은 로마 도심 역사지구를 형성하고, 거기에 맞추어 구역이 나뉘어 있다. 모두 도보로 다닐 수 있는 거리에 있고, 이 책 역시 고대사의 흐름을 따라, 언덕들의 순서대로 목차를 구성했다.

키케로와 세네카가 활동했고, 로마제국의 이름난 황제들이 통치했던 곳, 성베드로를 비롯한 그리스도교 역사의 초창기 순교자들이 나왔고, 이후 많은 성인들과 학자들이 한 번씩은 찾았던 곳, 인류 역사에 자취를 남겼던 정치가, 철학자, 신학자, 문인, 예술가 등이 일생 한 번은 와보고 싶어 했던 곳, 현대에 이르러 영화 촬영부터 각종 국제행사가 끊이지 않는 곳, 지금도 세계적인 명사들이 계속해서 찾는 곳, '꼭 한 번은 보고 죽으라'라는 말을 하고 싶은 바로 이곳, 로마를 향해 자리에서 일어나 신발 끈을 매어보자.

약 3천 년의 역사 속에 물질적, 정신적 유산이 집약된 로마를 수식하는 또다른 말은 "펼쳐진 역사책", "노천박물관"이다. 역사책과 박물관을 둘러볼 때는 천천히 걸어서 다닌다고 생각하고 책의 구성을 도보여행에 맞추었다. 이것은 로마가 세계 유수의 대도시에 비해 작은 편이기도 하고, 로마의 시내버스에 대한 필자의 경험과 생각이 작용한 탓이기도 하다.

이탈리아의 시내버스는 지자체마다 조금씩 다르지만, 대개 해당 주(州)나 시

(市)에서 운영한다. 따라서 시내버스 기사들은 시 공무원이다. 그들은 근로기준법상 노동자의 노동기준 시간인 8시간에 못 미치는 6시간 30분가량을 근무한다. 승객들의 안전을 위한 시(市) 행정의 배려다. 그러다 보니 할당량을 채워야 하는 한국과 달리 기사들끼리 친목이 돈독해져(?) 배차 시간에 맞게 운행하는 게 아니라, 한꺼번에 몰려다니기가 일쑤다. 특히 여름 휴가철이면 더하다. 그러다 보니 성질 급한 사람은 그냥 걷는 게 편하고 걸으면서 즐길 수 있는 전통적인 분위기의 골목도 많아 필자는 그걸 추천한다. 이것은 버스 안에서 발생하는 '가방 털림'을 피하는 방법이기도 하다.

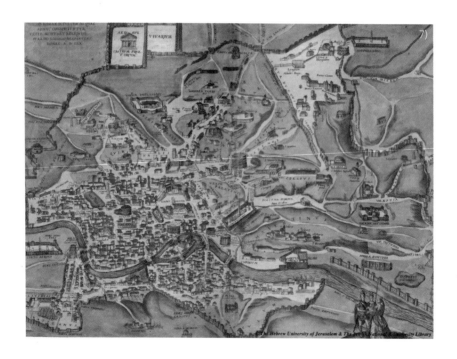

7) 피로 리고리오(Pirro Ligorio), "로마 지도"(1572년)

첫째 언덕, 팔라티노

Mons Palatinus

로마가 건국된 곳, 황제들이 궁전을 짓고 살았던 곳

1) 로마 공회당 유적지에서 본 팔라티노 언덕

신화가 현실이 된 곳

로마의 일곱 언덕 중 가장 유서 깊은 언덕 팔라티노는 로마의 건국 신화와 얽혀 있어 예로부터 '거룩한 곳(santuario)'으로 간주했던 곳이다. 기원전 753년, 이 언덕에서 로물루스가 로마의 경계를 그었다고 전해진다. 목자들의 수호신인 팔레스(Pales) 신에서 유래한 이 언덕은 원래 목동들이 거주하던 곳으로, 로물루스와 레무스 형제는 여기서 휘하에 목동들을 거느리고 로마를 창건했다.

왕정 시대(기원전 753~510) 일곱 왕을 거치면서 왕궁이 들어섰고, 공화정 시대(기원전 510~29), 제정 시대(기원전 29~서기 476)까지, 로마의 역대 왕들이 이곳에 궁전을 짓고 살았다. 궁전들 사이에는 신전들도 있었고, 목욕장도 있었다. 오늘날 궁을 의미하는 팰리스(palace)라는 말은 이 언덕의 이름에서 유래했다.

궁은 원래 석회암으로 이루어진 언덕을 파서 만든 건물이었다. 암벽을 파들어가 건물을 짓는 형식은 고대 근동 지방에서도 있었고, 그리스 건축물에서도 흔히 볼 수 있는데, 이를 통해 초기 로마인들이 고대 지중해 연안의 건축 양식을 모방하였음을 알 수 있다.

476년 서로마제국이 멸망할 때까지, 황제들이 살았던 이 궁전의 뜰에 들어서면 주인 없는 집에 나그네들의 발걸음만 무성하다는 생각이 든다. 밤에 건너편의 아벤티노 언덕에서 이곳을 바라보면, 깊은 적막감을 깨고 황제와 귀족들이 펼치는 질탕한 연회 소리가 들릴 것만 같다. 승전의 마차 소리와 개선하는 군병을 맞이하는 군중의 환호성이 저 건너편에서 로마의 밤하늘에 울려 퍼질 것만 같다.

필자가 어른이 되어 밤하늘이 푸르다는 사실을 새삼 깨닫게 된 것은 이 언덕에서다. 팔라티노 언덕의 옛 황궁 위로 펼쳐진 밤하늘은 온통 짙은 청색이었다. 어린 시절, 낙동강의 한 지류에서 보았던 '푸른 하늘'을 가로지르던 은하수가 생각나곤 했다. 유학 시절의 고단함을 필자는 가끔, 그렇게 로마의 하늘을 보면서 달래곤 했다.

그런데 언제부터인가 우리의 밤하늘은 '칠흑', '검은', '한 치 앞을 내다볼 수 없게' 되어 버린 것 같다. 너무 검어서 인공의 불빛이 아니면 다닐 수 없게 되어 버린 지금, 하늘도 추억이 되어 버렸다. 그러나 로마의 하늘은 변함이 없다. 팔라티노를 덮은 푸른 망토는 1987년, 가난한 유학생으로 삶이 척박할 때도, 2020년과 2021년 코비드 19로 팬데믹 시대에 지상은 요지경 속이 되어도, 하늘만큼은 전혀 퇴색되지 않았다. 이탈리아의 환경정책에 새삼 박수를 보낸다.

로마인의 사회생활이 이루어지던 곳, 공회당

'광장'을 뜻하는 라틴어 포룸(Forum, 이탈리아어 포로 'foro'는 오늘날 '공회당'이라는 뜻으로 쓰인다)은 원래 그리스의 '아고라(Agora)'-'모이다'라는 뜻-와 같은 기능을 했던 곳이다.

영국 시인 쉘리는 지금처럼 폐허가 된 포룸을 보고 이렇게 말했다. "포룸은 로마 중심에 있는 평원이다. 수많은 구멍과 무너져 내린 돌이 나뒹구는 그곳을 중심으로 로마인들은 살아가고 있다. … 한때 제국이었다는 추상적인 생각은 그 폐허를 보면 사라지고 만다."

팔라티노 언덕과 카피톨리노 언덕 사이에 있는 나지막한 평지는 일찌감치 로마인들의 사회 생활이 시작된 곳이다. 사람들이 모여 살기 시작하면서 포룸이 형성되었다. 포룸 혹은 아고라는 원래 시장이었다. 지금은 장을 보러 여성들이 가지만, 고대에는 반대였다. 외부활동이 허용된 남성들이 장을 보러 갔고, 오늘날 여성들이 장 보러 가서 친구들 만나 수다 떠는 것처럼, 당시의 남성들도 끼리끼리 모여 수다를 떨었는데, 그것이 정치공동체의 시작이었다. 또 시장에서는 크고 작은 분쟁이 생기기 마련이다. 상인들 간, 상인과 소비자 간의 분쟁을 해결하기 위해 시장 한쪽에는 재판소가 설치되었다.

지금은 정치적인 토론이나 시민 생활에 필요한 공동장소 및 문화공간이 정해져 있지만, 고대에는 그렇지 않았다. 포룸은 그런 시민들의 공공장소로 기능했다. 그러다 보니 그곳에서 왕이나 의회의 정치적 발언을 듣기도 하고, 중요한 공지문이 붙기도 하며, 국방의 의무를 위해 징집되기도 했다.

그러니까 로마 시대 포룸은 모든 시민이 자신의 권리를 행사하고 의무를 인식하던 종합 공간이었다. 후에 도시가 발달하면서 포룸은 피아짜(Piazza, 광장)로 바뀌었고, 대부분 시민이 참여할 수 있는 도시의 중심에 있었다. 아니, 도시가 광장을 중심으로 방사선 모양으로 발전해 갔다. 광장은 처음부터 사람들이 모이는 공간으로 자연발생적으로 형성된 것이지, 나중에 한꺼번에 누가 기획하여 만들어진 것이 아니었다.

오늘날 우리가 도시를 건설할 때, 먼저 도로를 기획하는 것과 달리, 로마인들은 광장을 중심으로 동서와 남북으로 커다란 길을 두 줄 내고 그 길을 양분하여 도무스(domus, '주택') 혹은 인술라(Insula, 로마인들의 아파트)들을 지어나갔다. 그러다 보니 로마 시대의 광장은 언제나 도시를 상하와 좌우로 관통하는 두 줄기 중심 가도의 사거리 중앙에 있게 마련이다. 상하 가도를 '중앙' 혹은 '기초'를 뜻하는 카르도(cardo, 세로길), 좌우 가도를 '동서 방향의 길'이라는 뜻의 데쿠마노(decumano, 라틴어 decumanus에서 유래, 가로길)라고 했다. 말하자면, 포룸 혹은 광장은 그 도시의 배꼽인 셈이다. 따라서 포룸에는 오늘날의 시청(curia)과 바실리카라고 하는 회당, 법정, 시장과 여러 신전 등이 있어서 정치, 사법, 경제, 종교 생활의 중심이 되었다. 팔라티노 언덕과 캄피돌리오 언덕 사이의 늪지대에 펼쳐진 로마 공회당(포룸)은 바로 그런 곳이었다.

공회당에서 가장 큰 건물은 법정으로 사용하던 바실리카였다. '회당'으로 번역되는 바실리카에 대해 극작가 플라우투스(Plautus)는 "법관, 소송 당사자, 변호인, 상인, 환전상, 매춘부, 부자에게 돈을 구걸하는 거지들로 가득 차 있다."라고 표현했다. 이 말로 이곳은 모든 로마시민이 모이던 장소임을 알 수 있다. 이런 바실리카는 공회당 내에 네 동이 있었는데, 숫자로 보아 시민 생활과 관련한 모든 문제를 해결하는 장소로 활용하였을 것으로 추정된다. 로마의 인구가 증가함에 따라 이곳의 수용 능력이 한계에 이르자 기원전 46년 율리우스 카이사르(Gaius Julius Caesar, 기원전 100~기원전 44년)는 새 공회당을 지어 '카이사르 공회당'이라고 했다. 그것이 선례가 되어, 이후 황제들은 자기 이름을 따서 트라야누스 공회당, 아우구스투스 공회당 등 각종 공회당과 개선문, 콜로세움, 경기장 등을 주변에 건설하였다.

서기 476년, 서로마제국이 멸망하자 공회당은 침략자들의 약탈 대상이 되었다. 과거 시민 생활의 중심이었던 만큼, 뭔가 있을 것으로 생각한 약탈자들이 한 번씩은 넘봤을 것이다. 폐허가 되다 보니, 중세기에는 귀족들이 자기네 저

---

2) 카날레토(Canaletto, 1697~1768), 〈막센티우스 바실리카〉, 로마, 1753~1754, 유화, 개인소장.

택을 짓거나 성당을 짓는
다며 이곳에서 석재를 조
달하기도 했다. 역사의 현
장은 수난의 장소로 전락
했고, 르네상스 시대에는
동물을 도축하는 장소가
되기도 했다.

1871년 이탈리아 통일
후, 로마 시대에 여러 도시
에 지었던 공회당들이 역
사적으로 가치를 인정받
기 시작하면서 발굴, 정리
되어 오늘에 이르렀다. 로
마의 왕정, 공화정, 제정 시대를 통틀어 로마제국의 부와 영화를 자랑했던 이
곳을 돌다 보면 유구한 로마의 역사와 한 시대를 주름잡았던 고대 로마인의
영광과 함성이 달리는 차들 사이로 들릴 것만 같다.

공회당 일대에는 베스파시아누스 황제 신전, 콩코드 신전, 셉티미우스 세
베루스 황제 개선문, 에밀리아 회당(Basilica Aemilia), 포카 황제 기념 원주, 원로
원, 사투르누스 신전, 율리아 회당, 율리우스 카이사르 신전, 카스토르와 폴룩
스 신전, 베스타 신전, 안토니누스와 파우스티나 신전, 티투스 황제 개선문,
콘스탄티누스 회당, 네로 황제의 황금궁전(Domus Aurea), 황제들의 공회당(Fori
Imperiali), 율리우스 공회당, 마메르티움 감옥, 트라야누스 황제 공회당, 트라야
누스 황제 기념 원주, 아우구스투스 황제 공회당 등이 늘어서 있다.

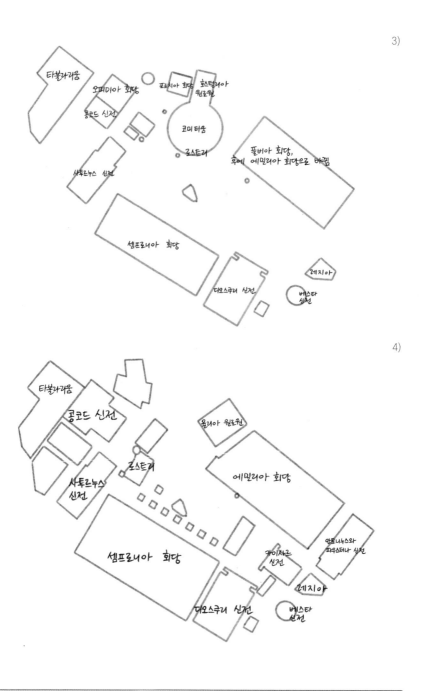

3)

타불라리움
오피미아 회당
콩코드 신전
포르지아 회당
호스틸리아 원로원
코미티움
로스트라
사투르누스 신전
풀비아 회당, 후에 에밀리아 회당으로 바뀜
셈프로니아 회당
디오스쿠리 신전
레지아
베스타 신전

4)

타불라리움
콩코드 신전
율리아 원로원
로스트라
사투르누스 신전
에밀리아 회당
셈프로니아 회당
안토니누스와 파우스티나 신전
카이사르 신전
레지아
디오스쿠리 신전
베스타 신전

5)

① 유머가 뛰어난 황제가 신이 된 곳, "베스파시아누스 황제 신전"
Tempio del Divo Vespasiano

　카피톨리노 언덕 바로 아래 있
는 이곳은 현재 공회당 울타리 밖
으로 밀려나 있으나, 베스파시아
누스 황제가 죽은 뒤(서기 79년 6월
23일), 81년 그의 차남 도미티아누
스 황제가 아버지를 신격화하여
형 티투스와 함께 봉안하여 바친
신전이다.
　신전은 정면이 기둥으로 둘러

싸여 있고 그 안으로 코린트식 둥근 기둥 여섯 개가 있는 입구가 우아한 균형미를 자랑하고 있었다. 가운데 두 기둥 사이로 신전으로 들어가는 정문이 나 있었다. 지금은 세 개의 기둥만 남아 있지만 … 신전의 기단에 있던 벽감에는 두 황제의 동상이 있었다.

베스파시아누스 황제는 네로의 뒤를 이어 황제가 된 사람이다. 네로 시대에 그는 뛰어난 장군으로 제국 내의 반란을 진압하는 데 큰 공을 세웠지만, 어느 해 네로가 베푸는 연회에 참석했다가 황제의 시를 들으며 졸았다는 이유로 유배형에 처해 졌다. 그로 인해 공직에서 물러나 오히려 유배 생활을 즐기던 중, 유대 지역에서 반란이 일어나자 이를 평정할 지휘관으로 다시 발탁되어 66년부터 유대 지역으로 파견되었다.

뛰어난 지략과 용맹과 인재를 활용할 줄 아는 능력으로 힘든 유대 지역을 평정하는 데 성공했다. 그러는 사이에 네로가 죽고 로마는 큰 혼란에 휩싸였다. 로마인들은 이런 혼란을 수습할 적임자로 베스파시아누스를 찾았고, 그는 화려하게 로마로 귀환했다. 로마시민과 원로원의 지지를 얻어 실권을 잡으면서 카이사르 가문이 아닌 플라비우스 가문으로 권력이 이동되었다. 최초의 평민 출신 로마 황제며 그의 아들 티투스가 뒤를 이어 황제가 되는 플라비우스 왕조를 이루게 되었다. 이들 부자(父子)에게 유대인들의 지속적인 반(反)로마 항쟁은 어떻게든 풀어야 할 숙제였다.

70년 9월, 아들 티투스가 2년에 걸친 전쟁 끝에 예루살렘을 함락하는 데 성공했다. 이후 로마제국은 유대인들을 대상으로 이산정책(離散政策)을 펼쳤고, 그것이 유대인 디아스포라가 시작된 계기였다. 티투스는 예루살렘을 정복하여 끌고 온 포로들을 이용하여 75년에 콜로세움을 건설하기 시작하여, 8년 만에 완성했다.

베스파시아누스는 제국 시대 몇 안 되는 유머 감각이 뛰어난 황제로도 정평이 나 있다. 평소 공화정의 부활을 주장하던 견유학파의 철학자들에게 "나는 개가 짖는다고 그 개를 죽이지는 않는다네."라고 했고, 병이 들어 죽음을 눈앞에 두고는 "이 몸은 신이 되어가는 중일세."라고 말했다고 한다. 당시 로마의 황제는 사후에 신격화되었던 것을 염두에 두고 한 말이다.

베스파시아누스는 네로 황제가 로마에 불을 질러 아직도 폐허로 남아 있던 도시 곳곳을 재건했다. 황제가 직접 잔해를 치우고 삽을 드는 것을 보면서 로마인들은 네로 황제와는 다른 면모를 느꼈을 것이다. 이런 점이 훗날 그를 신격화하여 신전을 건립하는 데 도움이 되었을 것이다.

신전 건물은 콩코드 신전과 '신들의 동의(Dèi Consenti)'의 문, 국가문서를 기록 보관하던 타불라리움(Tabularium)과 함께 캄피돌리오 언덕 밑에 있다.

타불라리움(Tabularium)은 경사진 캄피돌리오 언덕에 있었는데, 훗날 미켈란젤로가 이 건물을 증축하여 오늘날 일부가 카피톨리니 박물관이 된 카피톨리노 궁을 지었다. 건물을 공회당 쪽에서 보면 아래에 고대의 타불라리움이지만, 반대편 언덕 위, 캄피돌리오 광장에서 보면 카피톨리노 궁만 보인다.

고대 로마의 가장 중요한 공적 활동 가운데, 원로원의 칙령들에서 각종 평화조약에 이르는 문서들을 보관한 관공서였다. 이런 문서들을 로마인들은 '청동으로 된 판, 타불레 브론

제(tabulae bronzee)'에 새겼는데, 타불라리움(tabularium)이라는 말은 여기서 비롯된 것이다. 로마인들은 모든 중요한 문서를 이렇게 전담부서를 만들어, 청동판에 새겨서 보관했다.

② 키케로가 카틸리나를 고발하는 연설을 한 곳, "콘코르디아 신전"
Tempio della Concordia

베스파시아누스와 티투스 황제의 신전 옆, 타불라리움과 똑같은 기초 위에 세워진 이 신전은 기원전 366년, 평민도 정치에 참여할 수 있도록 법을 개정하여 평민과 귀족이 화해(콘코르디아)한 것을 기념으로 건설되었다. 에데스 콘코르디에(Aedes concordiae)는 일치, 조화, 융화, 협조의 신전이라는 뜻이다. '리키니우스 법'으로 귀족과 평민의 대립을 해소하고, 앞으로는 두 계급이 일치단결하여 조화를 이루어 융합, 협조하여 로마를 위해 온 힘을 다할 것을, 이 신전 건립으로 맹세했다. 화해의 여신 콘코르디아에게 계급투쟁의 해소를 염원하여 바친 것이다.

티베리우스 황제 시대에 재건했는데, 당시 신전 중에서 가장 화려했다고 한다. 그리스식 조각과 회화 등 많은 예술작품으로 채워진 장식들로 인해 박물관을 방불케 할 정도였다고 한다. 특히 헬레니즘 시대의 그리스 조각상들이 일품이었다고 한다.

신전은 시민들 간의 분쟁 해결의 장소로 사용했다. 로마인들은 다툼이 생기면 당사자들만 이곳에 와서 하소연했는데, 원칙은 돌아가면서 신 앞에서 말을 해야 한다는 것이다. 사건 당사자인 두 사람이 돌아가면서 자신의 억울함을 고하다 보면, 다른 한 사람은 조용히 상대방의 처지를 듣게 되고, 그러는 가운데 상대방의 처지를 이해하여 결국 화해를 하고 이곳을 나갔다고 한다.

한때 원로원의 회당으로 사용하기도 했는데, 이곳에서 키케로(Cicero, Marcus Tullius, 기원전 106~기원전 43)는 반역자 카틸리나(Catilina, 기원전 109?~기원전 62)를 고발하는 유명한 연설을 했다. 키케로가 집정관에 선출(기원전 64)된 뒤에 한 첫 연설로, 세르빌리우스 룰루스의 농업법안과 카틸리나의 반란 음모를 폭로했다. 카틸리나는 기원전 64년에 집정관 선거에서 키케로에게 패하자 이듬해 재선에 다시 출마했다. 집정관의 임기는 1년이었다. 집정관에 선출된 뒤 키케로는 만일을 대비해 항상 속에 갑옷을 입고 다녔다고 한다. 키케로는 이미 카틸리나의 혁명사상과 반란 음모를 감지하고 있었던 것이리라. 또다시 선거에 패한 카틸리나는 무장 반란을 일으킬 음모를 꾸몄고, 키케로는 이 사실을 원로원에 알려 '최후의 포고령(Senatus Consultum Ultimum)'이 발동되도록 했다. 그 덕분에 키케로는 암살을 모면했고, 기원전 63년 11월 8일, 원로원에서 카틸리나를 탄핵하는 연설을 했다.

"얼마나 더 우리의 인내를 시험할 참이냐, 카틸리나? 언제쯤 너의 그 뻔뻔스런 행각을 멈출 셈이냐?······(Quo usque tandem abutere, Catilina, patientia nostra? quam diu etiam furor iste tuus nos eludet?)"

키케로가 카틸리나의 암살 기도를 모면하고 그의 음모를 밝혀내고 그를 탄핵하면서 한 말이다. 라틴어 수업 시간에 키케로의 문장으로 공부한 적이 있다. 말을 잘해서 그런지 문장도 명문이 많아 라틴어 교재에 빠지지 않고 그의 문장은 많이도 나왔다. 밑줄 친 것과 같은 라틴어 경구는 주로 여기서 비롯되었고, 그래서 그를 두고 '언어의 마술사'라는 칭호까지 부여했다. 2천 년 전에 라틴어로 'Quo usque tandem…?'과 같은 표현은 쉽지 않았을 것이다. 우리말로 2천 년 전에 "얼마나 더…"라는 것과 같은 표현이 가능했을까?

아무튼 그날 밤, 카틸리나는 로마를 떠났다. 음모자들의 죄를 입증하는 증거가 확보되자 원로원은 그들의 신병을 둘러싼 토론을 벌였다. 토론에서 카토는 음모자들을 모두 처형해야 한다고 주장했고, 카이사르는 반대했다. 토론이 끝난 뒤 음모자들의 신병은 오로지 키케로의 손에 맡겨졌다. 키케로는 처음과 달리 모두 처형했다. 그리고 "빅세룬트(그들은 죽었다)!"라는 한 마디로 사건 종료를 전했고, 모든 계층의 대중으로부터 박수를 받았다. 이런 열렬한 환영은 뒤에 그가 정치에서 '콘코르디아 오르디눔(Concordia Ordinum, 계층 간의 화합)'을 호소하는 마음을 갖게 된 계기가 되었다. 카툴루스는 그를 '국부(國父)'로 칭송하기도 했는데, 이때가 그의 최고 절정기였다.

여기에서 키케로와 연관하여 한 가지를 덧붙이면, 앞서 언급한 그의 말재주와 글재주가 '속기의 역사'에도 큰 자취를 남겼다는 것이다. 그는 자신의 서신을 해방 노예 출신으로 비서이자 친구가 된 마르쿠스 톨리우스 티로(Marcus

---

7) 체사레 마카리(Cesare Maccari), 〈카틸리나 탄핵 연설을 하는 키케로〉(1880년), 프레스코화,
   마다마궁, 로마
8) 에우리사체의 무덤과 포르타 마조레 성문

Tolius Tiro)에게 받아쓰게 했다. 티로는 키케로뿐 아니라, 로마 원로원의 다른 의원들의 연설도 기록했다. 그중 티로를 가장 힘들게 한 사람이 키케로였다. 키케로는 서신을 읽는 속도가 너무도 빨라 글쓰기에 능한 티로라고 해도 당해낼 재간이 없었다. 그래서 티로가 고안해 낸 것이 소위 '티로의 속기체(Notae Tironianae)'라고 하는 '노트(notae)'였다. 티로가 고안한 속기법은 이후 로마의 학교에서 가르쳤고, 황제들도 배워 널리 사용했으며, 로마제국은 멸망했어도 티로의 속기법은 역사 속에 그대로 남아서 전해졌다.

또 키케로는 티로의 경우에서 보듯이, 신분에 구애받지 않고 능력 위주로 인재를 등용한 인물이기도 했다. 그의 시대에 해방 노예 출신들이 로마에서 성공하여 부유하게 살았다는 흔적과 기록도 많다.

가령, 오늘날 로마의 포르타 마조레(Porta Maggiore) 성문 근처에 있는 에우리사체(Eurisace) 무덤도 그중 하나다. 에우리사체는 해방 노예 출신으로 빵집을 운영했는데, 무덤의 벽면 가장 위에는 사방을 돌아가며 빵을 만드는 과정이 조각되어 있다. 밀의 무게를 달고, 밀을 갈고, 채에 걸러 가루를 내리고, 그것을 반죽하고, 잘라서 화덕에 넣는 과정이 새겨져 있다.

8)

로마가 제국으로 성장할 수 있었던 데는 이렇듯 티로와 에우리사체처럼 재주가 있는 사람이 능력을 발휘할 수 있는 장(場)과 사회적인 분위기가 만들어졌다는 데 있다고 하겠다. 인재를 발굴하여 신분의 차이를 두지 않고 적재적소에 등용하는 일, 그것이 지도자가 해야 하는 우선적인 일일 것이다.

③ 사투르날리아 축제를 기념한, "사투르누스 신전" Tempio di Saturno

사투르누스 신은 로마신화에서 농사를 돌보는 농신(農神)으로, 신화에서는 왕으로 등장하여 노예, 사유재산, 범죄, 전쟁 등이 없는 평화스러운 황금시대를 지배했다고 한다. 그래서 하층민과 노예들로부터 큰 호응을 얻었다. 그리스 신화의 크로노스에 해당한다.

신전은 기원전 497년에 지어져 공화정 시대의 중요한 성역 가운데 하나였다. 내부는 한때 국가의 재화와 보물을 보관하던 창고로 사용되다가 화재로 소실되었는데 기원전 42년에 복원되었다. 지금은 보는 것처럼, 이오니아식 화강암 기둥 8개만 남아 있지만, 당시에는 고대 로마의 축제 가운데 가장 인상적인 행사가 이루어지던 곳이다. 노예들까지도 쉬게 한 농신제였는데, 매년 12월 17일~23일까지 일주일가량 이어진 '사투르날리아(Saturnalia) 축제'로 사투르누스 신의 지배를 기념했다. 축제의 성격도 추수 감사제와 같은 천신제 형태의 제사였으나, 점차 로마의 고유한 축제로 자리를 잡았다.

고대 문헌에 따르면, 사투르날리아 축제 시기가 되면 로마는 축제의 분위기에 들떠 법원과 학교는 문을 닫고, 모든 공무가 중단되며, 각종 연회와 경기 행렬이 펼쳐져 시민들의 환락이 연일 계속되었다고 한다. 귀족, 노예, 남녀노소가 한데 어울려 연일 음주와 가무가 이어지고, 범죄자도 처벌을 받지 않았고 전쟁도 하지 않았다고 한다. 사투르누스 신의 이름은 지금도 태양계의 행성인 토성(Saturn)에서 빛나고 있다.

축제는 12월 하순, 어린이에게 인형을 주어 즐기게 하던 시질라리아(Sigillaria) 축제, '가장 짧은 날'이란 뜻으로서 '태양의 탄생일'로 기념하던 태양의 떠오름 축제(동지제)인 브루말리아(Brumalia)와 함께 고대 로마의 3대 이교도 축제 중 하나였다. 이것들은 나중에 정복 전쟁에 나선 로마의 군인이 두려움 없이 싸우고 무사히 돌아오라는 의미를 담은, 당시 페르시아에서 유행하던 '정의의 태양(Sol Iustitiae)', 미트라스(Mithras) 축제로 변형되어 솔 인빅투스(Sol Invictus), 즉 '무적의 태양신'과 결합하여 그리스도교의 성탄절, 크리스마스 축제의 기원이 되었다.

④ 카이사르의 이름을 딴 회당, "율리아 회당" Basilica Giulia

기원전 169년 셈프로니우스 그라쿠스가 지은 건물에 율리우스 카이사르가 기원전 54년 자기 이름의 회당, 율리아 회당을 만들었다. 회당은 장방형으로 공회당 쪽으로는 2층의 아치가 있고, 반대편에는 상점들이 있었다. 상거래 활동에서 일어나는 각종 분쟁은 이 안에 마련된 재판소에서 '로마법'을 토대로 해결했다.

로마는 법치국가였다. "로마에 가면 로마법을 따르라"라는 말처럼, 로마법

(Ius Romanum)은 건축기술, 종교(그리스도교)와 함께 로마가 인류에 남겨준 귀중한 유산이다.

로마법은 기원전 8세기 로마가 건국된 이후, 기원전 510년 공화정 시대로 진입할 때까지 2세기가 넘는 민주화의 과정을 통해, 귀족과 평민 간의 지속적인 절충과 타협과 양보를 거쳐 그 토대가 마련되었다. 그 바탕에는 왕은 귀족(patres)과 피보호인(clientes)과 평민(plebs)의 존재를 통해서만 국가를 운영할 수 있다는 인식이 깔려 있었다. 나아가 로마 건국 이후 이탈리아반도의 중부 이류에 있던 에트루리아 민족과 로마 이남의 라틴계 민족, 그리고 남부의 그리스 식민도시들을 융합하기 위해 어쩔 수 없이 치러야 했던 수 차례의 전쟁을 통해 평민들로 구성된 중무장 보병의 역할이 컸던 것도 간과할 수 없는 사실이었다.

건국 초기, 왕정(王政) 시대의 왕은 군권(軍權), 사법권(司法權), 사제권(司祭權)을 통합하여 국정을 운영하고 있었고, 귀족, 피보호인과 평민으로 이루어진 백성은 군대조직으로 편성되어 있었다. 이런 구조는 왕정을 타파하고 기원전

9) 율리아 회당

510년 공화정을 수립한 뒤에도 계속 유지되었다. 공화정은 민회(民會 comitia)와 원로원(senatus), 그리고 정무관이라고 할 수 있는 집정관을 중심으로 했다. 공화정 시대에 들어와서는 왕정 시대에 왕이 가졌던 권력 가운데 사제권은 신관(神官)에게 넘어가고, 군권과 사법권은 집정관에게로 넘어갔다. 공화정의 최대 원칙은 권력이 한쪽으로 치우치는 것을 막기 위해 집정관을 두 명 두는 것과 그 임기를 원칙적으로 1년으로 한다는 것이었다.

그런데도 취약한 권리를 쟁취하기 위해 평민은 계속해서 귀족과 맞섰고, 그 결과 최초의 성문법인 12표법(기원전 451/450년)이 제정되었다. 이전까지 평민은 전쟁에 나가서 피 흘리고 싸우는 데 비해 정치, 경제, 종교, 군사 어느 것 하나 그들에게 열린 건 없었다. 심지어 평민과 귀족은 결혼도 할 수 없었다. 이에 평민들은 로마가 주변 민족들과 한창 전쟁을 벌이던 기원전 494년에 아벤티노 언덕에서 전쟁에 참여하지 않겠다며 시위를 벌였다. 그 결과 평민회의를 구성하여 두 명의 대표, 호민관을 뽑았고, 호민관들은 귀족이 평민에게 불리한 법을 제정하면 거부권을 행사할 수 있었다. 더욱이 그때까지 법이 구두로 이루어지다 보니 귀족에게만 유보된 것이었고, 그들의 권력남용과 잘못된 법률 해석에서 벗어나지 못했던 것도 컸다. 결국 법을 성문화해야 한다는 움직임 속에서 최초의 성문법인 12표법이 탄생하게 된 것이다.

이후에도 여러 건의 법률을 통해서 이러한 계급 간의 조정은 계속되었다. 그 과정에서 현명한 집정관(執政官, consul)과 원로원 의원들이 나와 정치 시스템을 바로잡는 노력도 있었다. 집정관 제도도 두 명을 처음에는 원로원과 왕이 임명하던 것을, 평민의 정치적 권리를 강화하는 '리키니우스 섹스티우스 법(Leges Liciniae Sextiae)'(기원전 367년)이 제정되면서 평민 중에서 한 명을 임명하는 걸로 바뀌었다. 왕의 권한을 축소하고 원로원과 평민회의의 비중이 커진 것이다.

기원전 287년에 이르러 '호르텐시우스법(Lex Hortensia)'이 마련되면서 평민과 귀족이 법률상 동등해지는 평민 공화정이 실현되기에 이르렀다. 모든 시민을 단일한 공동체로 일치시키는 근거를 마련함으로써 오랜 계급 간의 갈등을 종료시켰다. 그러나 로마가 대제국으로 나가는 과정에서 다시금 새로운 귀족 관료들이 생겨나고, 정치는 다시 혼란이 가중되는 가운데 공화정 말기에 두 차례에 걸친 삼두정치가 대두되었다. 이후 제국의 기틀을 마련한 옥타비아누스 아우구스투스(Augustus)를 시작으로(기원전 29년부터) 5현제 시대가 끝나는 서기 250년경까지 황제들은 대체로 공화정의 성향을 보존한 온건주의 원수정(元首政, principatus)을 유지하였으나, 디오클레티아누스(Diocletianus, 서기 284~305) 이후 황제의 권한이 강화된 전제군주정(專制君主政, dominatus)으로 바뀌고, 제국은 동·서로마로 분열되어 급격한 쇠퇴의 길을 걸었다.

서로마제국이 멸망한 뒤에도 동로마(비잔티움) 황제 유스티니아누스(Iustinianus, 서기 483~565)는 『로마법대전(Corpus Iuris Civilis)』을 제정하여 법치국가를 확립하였다. 오늘날 '만민법(萬民法, ius gentium)'으로 알려진 '로마법'은 바로 이 법을 일컫는다.

지금까지 살펴본 것처럼, 법은 하루아침에 만들어진 것이 결코 아니다. 긴 정치사의 여정에서 끊임없이 시도되고, 제정되고, 다듬어지고, 정제되어 나온 '고대 로마법의 집대성'이라고 할 만하다. 이 법이 근대 유럽 법체계의 토대가 되었다.

로마인들에게 법(ius)은 종교와 도덕과는 상관없이 '권리에 대한 깊은 자각'에서부터 비롯한 것이었다. 그들에게 '권리에 대한 자각'은 생존과 직결된 문제였고, 정의에 관한 문제였다. 높은 사회적 신분에 상응하는 도덕적 의무를 뜻하는 말을 할 때, 우리는 흔히 '노블레스 오블리주'라고 한다. 이것은 원래 로마 시대에 왕과 귀족들이 보여 준 투철한 도덕의식과 솔선수범의 공공정신에서 비롯된 말이었다. 그들이 권리를 자각하기 위해서는 그에 상응하는 의무를 자발적으로 수행하는 정의가 뒷받침되어야 했다. 로마 사회가 사회 고위층의 공공 봉사와 기부나 헌납 등의 전통이 강했고, 이러한 행위가 의무이자 명예로 인식되어 자발적, 경쟁적으로 이루어졌던 것은 이런 것이 합당한 권리행사를 하기 위한 기본 전제이자 단계였기 때문이다. 그들에게 권리는 생존의 문제였고, 의무는 그것을 위해 먼저 해야 하는 요소였다. 로마의 귀족들이 앞장서서 전쟁에 참여하여 시민으로서 의무를 솔선수범하고 희생정신을 발휘했던 것은 바로 이 때문이다. '직위에 따른 도덕적 의무'는 로마인의 높은 시민의식을 엿볼 수 있는 가장 적절한 말이라고 할 수 있다.

그러므로 '로마의 문명은 곧 법의 문명'이라고 할 수 있다. 비록 로마는 망했어도 그들이 세운 법률이 모든 유럽법의 토대가 되어 '법을 통한 세계제패'가 가능했던 것은 이 때문이다. 거기에는 로마법의 대단히 실용적인 면이 크게 작용한 탓도 있다. 관습법, 시민법, 만민법으로 발전한 로마의 법률이 그것을 말해준다.

⑤ 로마의 운명을 결정하던 곳, "원로원(Curia)"

공회당 안에서 오래된 건물 중 하나로 건축 연대는 4대 왕 툴리오 오스틸리오(Tullus Hostilius, 재위 기원전 673~642) 시대인 기원전 670년으로 거슬러 올라간다. 여러 차례 손을 보다가 디오클레티아누스 황제(서기 284~305) 때에 마지막으로 복원되었다. 이곳은 수 세

기에 걸쳐 로마의 운명이 결정되던 매우 의미 있는 장소다.

원로원(Senatus)이 고대 로마의 정치기관으로, 가장 힘을 발휘하던 시대는 공화정 시대(기원전 510~기원전 29)였다. 이 시기에 원로원은 집정관의 자문기관이면서 입법 기관인 시민집회에 크게 영향을 미치는 한편, 로마의 외교 및 재정 등의 결정권을 장악한 실질적인 통치 기구였다. 당시 로마를 가리키는 말로 S.P.Q.R.이라는 말이 나왔다. "로마시민과 함께 하는 원로원(Senatus Populusque Romanus)"의 약자다.

이 문구는 키케로의 연설문에서부터 리비우스의 역사서에 이르기까지 로마의 정치, 법률, 역사 문헌에 수없이 등장하다가 콘스탄티누스 대제(서기 312~337) 시기 동전에서 마지막으로 나타났다가 사라졌다. 20세기에 들어와서도 SPQR은 베니토 무솔리니가 공공건물의 문장이나 맨홀에 '새로운 로마제국'의 상징으로 사용했고, 지금도 로마시의 상징으로, 시(市)에서 운영하는 모든 공기업과 공공기관에 이 첫 글자(S.P.Q.R.)를 쓰고 있다.

한편 원로원에서 기억할 만한 인물로는 단연 카이우스 율리우스 카이사르(Caius Iulius Caesar, 기원전 100~44)다. 율리우스 가문의 조상은 아이네아스의 아들 율루스다. 율루스의 아버지는 아이네아스이고, 조부모는 안키세스와 베누스 여신으로, 신성한 혈통의 집안이다. 아우구스투스는 율루스 가문의 양자가 되

10) 캄피돌리오 광장에서 세나토리오 궁과 마주하고 있는 SPQR 문장
11) 니콜라 쿠스투(Nicolas Coustou, 1658~1733), 〈카이사르(Julius Caesar)〉(1696), 루브르, 일부분

어 카이사르의 뒤를 이었다. 로마의 건국 신화는 율루스 가문의 신성함을 이야기하고 있는데, 이는 베르길리우스가 쓴 『아이네아스』가 아우구스투스 시절 메세나 법에 따라 국가의 지원을 받아 나왔기 때문이다.

카이사르는 기원전 44년에 친 자식처럼 아끼던 브루투스와 공화정을 지지하던 일당들에게 스물세 군데 칼에 찔려 암살당했다. 죽은 장소는 여기서 가까운 예전 캄포 마르치오에 있던 "폼페오 극장(Teatro di Pompeo)"이었다. 그것도, 아이러니하게도 폼페이우스의 동상 아래서 말이다. 하지만 그는 이 건물, 원로원과 떼려야 뗄 수 없는 인물이고, 그를 혼자만 뚝 떼어 이야기할 수 없는, 여러 사람과의 관계 속에서 살펴봐야 제대로 볼 수 있는 인물이기에 여기서 언급하기로 한다. "폼페오 극장"은 뒤에 캄포 마르치오 부분에서 보겠다.

카이사르는 아버지가 일찍 죽는 바람에 16살에 가장이 되었으나, 숙부인 마리우스와 그의 부하 술라(루키우스 코르넬리우스 술라 Lucius Cornelius Sulla Felix, 기원전 138년-기원전 78년)의 정치적인 대립으로 내전이 일어나 모든 것을 빼앗기고 로마시 하층민들이 사는 수부라

(Suburra)에 집을 얻어 살았다. 그러나 그는 뛰어난 웅변과 인상적인 제스처와 설득력 있는 목소리로 변호사로 나서며 명성을 얻었다. 키케로도 그를 두고 "어느 웅변가가 그대를 능가하겠는가?"라며 극찬했다.

에게해를 지나던 중에 해적들에게 붙잡혀 파르마쿠사 섬에 갇히게 되었다. 잡혀 있는 동안 그는 거만한 태도로 일관했고, 풀려나면 해적들을 십자가형으로 모두 처형하겠다고 큰소리까지 쳤다. 해적들은 웃었고, 그의 몸값을 20탈란톤으로 잡자, 50탈란톤을 요구하라고 했다. 몸값이 지급되어 풀려나자 카이

사르는 즉시 배를 모아 해적들을 추적하여 모두 잡아 십자가형에 처했다. 로마로 돌아와서는 술라의 손녀 폼페이아와 결혼했고, 장인의 명성을 업고 공공사업과 경기에 막대한 돈을 빌려 써서 더 큰 명성을 얻었다. 집정관에 출마할때도 선거운동을 한답시고 막대한 빚을 졌다. 로마시민들치고 카이사르에게돈을 빌려주지 않은 사람이 거의 없다고 할 정도였다. 시민들은 그에게 빌려준 돈을 받기 위해서라도 그가 집정관이 되는 게 유리하다고 판단했고, 그래서인지 그는 집정관에 떨어지고 빚을 못 갚아 추방될 것을 예상했는데, 정반대로 집정관에 선출되었다. 빚도 자산인 셈이었다.

그렇지만 집정관 선거는 깨끗하지 못했다. 여기저기 뇌물을 쓰느라 경쟁자였던 크라수스와 폼페이우스에게까지 손을 벌렸다. 두 사람은 기원전 70년에함께 집정관직을 역임한 이래 적대관계에 있었고, 카이사르는 두 사람을 화해시키려는 명분으로 비공식적인 정치제휴를 맺었는데 그것이 제1차 삼두정치였다.

그가 집정관으로 있는 동안 보수파의 강한 반대에도 불구하고, 삼두의 힘을이용하여 개혁을 성공적으로 이끌었다. 기존체제에 대한 개혁을 시도한 것으로는 그라쿠스 형제를 능가했다. 그러나 그는 크라수스를 비롯한 채권자들로부터 끊임없이 빚 독촉에 시달렸고, 갚을 수 있는 길은 군사 원정으로 돈을 버는 길이었다. 이에 카이사르는 4개 군단을 이끌고 갈리아로 갔다. 갈리아 지방에서 여러 이민족을 평정하고 브리타니아까지 진출하여 로마의 영토를 확장

12) 1차 삼두정치의 주역들: 왼쪽부터 카이사르, 크라수스, 폼페이우스

했다. 다시 갈리아로 돌아와 갈리아 중부의 아르베르니족의 베르킨게토릭스 왕을 굴복시킴으로써 갈리아 전체를 평정했다. 갈리아 전쟁은 카이사르 개인에게는 로마에서 입지를 굳히는 기회가 되었고, 문명사적인 차원에서는 서유럽의 변방에까지 처음으로 로마문화를 전하는 계기가 되었다. 이후 갈리아는 카이사르의 세력 기반이 되어 내전에서 승리하는 원동력이 되었다.

갈리아에서 승전을 거듭하는 동안 폼페이우스는 사실상 로마 원로원을 장악하고 있었다. 기원전 50년 폼페이우스가 주도하는 원로원은 카이사르에게 갈리아 총독의 임기가 만료되었으니, 군대를 해산하고 로마로 복귀하라고 명령했다. 원로원은 카이사르가 집정관 재선에 출마하기 위한 부재중 입후보 등록을 금했다. 카이사르 입장에서 집정관 면책권도 군사력도 없이 로마에 간다면 분명 기소되어 정계에서 밀려날 것이었다. 카이사르는 1개 군단만 이끌고 로마의 북방한계선인 루비콘강을 건너 정식으로 폼페이우스에게 대항했다. 플루타르코스(Plútarchos, 서기 46/48~125/127년)는 카이사르가 루비콘강을 건너면서 그가 좋아했던 아테나이의 극작가 메난드로스의 작품에 나오는 구절 "주사위를 던져라"를 그리스어로 인용했다고 했다. 수에토니우스(Gaius Suetonius Tranquillus, 서기 69~130년)는 그것을 라틴어로 "주사위는 던져졌다(alea iacta est)"라고 썼다.

다른 문헌에는 카이사르가 루비콘강에 이르러 착잡한 심정으로, "이 강을 건너면 세상이 비참해지고, 건너지 않으면 내가 파멸한다"라며, "자, 나가자! 신들이 기다리는 곳으로. 우리의 명예를 더럽힌 적들이 기다리는 곳으로. 주사위는 이미 던져졌다!"라고 전한다. 그때 카이사르의 나이 50세였다. 기원전 49년이다. 루비콘강을 건너 로마에 도착한 카이사르는 폼페이우스를 몰아내고 정권을 찬탈하였다.

카이사르는 폼페이우스가 장악하고 있던 로마를 석권한 뒤, 그 여세를 몰아 동방으로 향했다. 가는 곳마다 승전고를 울렸고, 로마는 카이사르를 독재관으로 임명했다. 카이사르는 알렉산드리아로 도주한 폼페이우스를 추격했고, 거기서 프톨레마이오스와 그의 누이며 부인으로 공동 파라오인 클레오파트라 7세 사이의 권력투쟁에 개입하게 되었다. 프톨레마이오스가 폼페이우스를 죽이는 데 앞장서서 카이사르가 프톨레마이오스 편에 설 줄 알았으나, 프톨레마이오스의 내시가 카이사르에게 폼페이우스의 머리를 바치자 카이사르는 그것을 보고 울었다고 한다.

기원전 47년 카이사르는 나일강 전투에서 프톨레마이오스 군대를 물리치고 클레오파트라를 이집트의 지배자로 복귀시켰다. 이후, 로마법은 로마시민 간의 결혼만 인정했기 때문에 카이사르와 클레오파트라가 결혼했느냐 하지 않았느냐는 크게 중요하지 않다. 다만 카이사르가 마지막으로 결혼할 때까지 약 14년간 클레오파트라와 관계를 이어갔고, 클레오파트라의 아들 카이사리온의 아버지도 카이사르로 알려졌다. 클레오파트라는 한 차례 이상 로마를 방문했고, 그때마다 이집트의 진기한 물건들을 다량 가지고 왔다. 두 사람의 러브스토리는 로마제국 성립기에 일어난 권력투쟁의 혼탁한 소용돌이 속에서 신선한 스캔들로 회자되었다.

13)

---

13) 장레옹 제롬(Jean Léon Gérôme, 1824~1904), <알렉산드리아에서 클레오파트라와
    카이사르>(1866), 개인소장
14) 미켈란젤로, <브루투스>(1538), 바르젤로 국립박물관, 피렌체

기원전 48년 말, 카이사르는 1년 임기의 독재관에 임명되었다. 그리고 이듬해에 근동의 젤라 전투에서 폰토스 왕 파르나케스 2세를 너무도 쉽게 전멸시켜, 과거 폼페이우스가 이런 쉬운 전투를 오랫동안 질질 끌며 헤맨 것을 조롱했다. 그리고 승전보를 원로원에 알리는 서한에서 그는 "왔노라, 보았노라, 이겼노라(Veni, vidi, vici)"라고 적었다.

이렇듯, 카이사르는 고대 로마의 왕 혹은 장수 중 어록을 많이 남긴 몇 안 되는 인물이기도 하다. 그가 남긴 마지막 말, "브루투스, 너마저!(Et tu, Brute!)"는 그의 인생을 조명하건대, 가장 긴 여운을 남기는 말일 것이다. 가장 믿었던 사람으로부터 배신당한 그의 심정이 이 말속에 잘 들어 있는 것 같다. 브루투스는 배신자의 전형으로, 단테는 『신곡』에서 카시우스와 예수를 배반한 유다와 함께 '희망이 없는' 지옥의 맨 밑바닥, 얼음 호수에 갇힌 영혼들을 관리하는 머리가 세 개 달린 악마 루치펠의 입속에 거꾸로 처박혀 잘근잘근 씹히고 있는 것으로 표현했다. 그러나 공화주의자였던 미켈란젤로는 브루투스를 정반대로 묘사했다. 로렌조 마니피코의 외손자 리돌피(Niccolò Ridolfi, 1501~1550) 추기경의 의뢰로 조각한 〈브루투스〉에서 알렉산드로 데 메디치의 독재에 피렌체

는 물론 같은 메디치 집안에서까지 반대하고 나섰고, 결국 1537년 알렉산드로는 사촌인 로렌지노 데 메디치에 의해 암살당했다. 폭군을 살해한 로렌지노를 "새로운 브루투스"로 표현한 것이다.

14)

기원전 44년, 카이사르가 암살당하기 한 달 전, 클레오파트라는 카이사리온과 함께 오벨리스크 등 많은 이집트의 특산품을 싣고 로마에 와서 베스타 신전에 머물고 있었다. 카이사르가 암살당하자, 안토니우스는 사태를 파악하고, 클레오파트라와 카이사리온을 배에 태워 즉시 이집트로 돌아가도록 했다.

카이사르의 죽음은 공화정 지지자들의 손을 들어주지 않았다. 오히려 그의 죽음으로 인해 공화정은 종말을 가져왔다. 갈리아 정복에서 그를 열렬히 지지했던 로마의 시민들과 함께 많은 전쟁을 치른 병사들은 그의 죽음에 절망했다.

한편 카이사르는 조카의 아들 가이우스 옥타비아누스를 이미 양자로 들여 '카이사르'라는 이름과 권위, 유산까지 상속한다는 유서를 남겨둔 상태였다. 뒤늦게 발견된 유서로 인해 옥타비아누스를 중심으로 로마는 조금씩 다시 안정을 찾아갔다. 기원전 43년 원로원은 타티우스 법을 통과시켜 안토니우스, 옥타비아누스와 카이사르의 충신 레피두스로 구성된 제2차 삼두정치를 공식 결정했다.

15)

삼두정치는 기원전 42년에 카이사르를 '율리우스 신(Divus Iulius)'으로 신격화했고, 따라서 옥타비아누스는 '신의 아들(Divi filius)'이 되었다. 이런 연유로 이들의 삼두는 오래가지 못했다. 안토니우스는 카이사르의 정부였던 클레오파트라와 결혼하여 로마를 지배할 명분을 만들고 이집트의 부를 이용하려고 했으나, 옥타비아누스는 안토니우스와 클레오파트라 연합군에 맞서 내전을 치렀다. '악티움 해전'으로 알려진 이 전투에서 옥타비아누스가 승리함으로써 카이사르 옥타비아누스라는 이름으로 제국 시대를 여는 첫 황제가 되었다.

악티움 해전의 실패를 직감한 클레오파트라는 자신의 궁으로 돌아와 독사에 물려 자결함으로써 이집트 마지막 왕조의 마지막 여왕다운 죽음을 선택했다.

16)

카이사르는 의학사에도 이름을 남겼다. 최초로 어머니의 배를 가르는 수술 끝에 태어났다고 하여, 자연분만이 아닌, 인공절개를 통해 아기를 낳는 것을 제왕절개술(帝王切開術, Caesarean section, 카이사르의 절개)이라고 하는데, 여기서 제왕(帝王)이 바로 카이사르다. 그의 이름은 7월(July)에 붙여져서 인류에 영원히 기억되고 있다.

클레오파트라에 대해서는 여러 가지 소문이 있지만, 전하는 바로는, 대단한 미모보다는 목소리가 탁월했고, 여러 언어에 능통했으며, 국제적인 감각을 갖춘 여성이었다고 한다. 현실적인 외교 감각을 지닌 정치가답게 강대국 로마제국을 이용하여 자신의 나라와 권력을 보전하고 궁 밖의 세계를 다스리고자 한 여걸(女傑)이었다. 당대 그리스의 철학자며 전기작가였던 플루타르코스(Plútarchus, 서기 46~120)는 저서 『영웅전(Biografie)』에서 클레오파트라에 대해 '만나고 사귈수록 저항할 수 없는 매력을 가진 여자', '대화에서 바르고 여성스러운 태도를 가진 여자', '목소리와 말하는 외모로 분위기를 사로잡는 여자', '당대 사람으로는 보기 드물게 다국어를 구사했던 여자', '마케도니아 출신의 여자답게 이집트 여인의 어두운 피부색이 아니라 흰 피부의 유럽 여인'등으로 묘사하였다. 그래서 역사는 클레오파트라를 문화가 깊은 한 나라의 여왕이지만 '이집트 여성'이 아닌 '유럽의 여성'으로 그녀의 면모를 새롭게 보고자 했다. 여왕으로서 로마라는 거대한 제국에 결국 무릎을 꿇고 여러 황제의 품에 안겼지만 '현재를 즐겨라'는 말로 유명한 당시 로마의 시인 호라티우스(Horatius)는 그를 두고 '천박하지 않은 여자(non humilis mulier)'라고 했다.

현재 원로원 건물은 다른 건물에 비해 비교적 보존이 잘 되어 있는데, 이는 중세기 성 하드리아누스에게 바치는 성당으로 개조하여 사용했기 때문이다. 정문에 있던 청동문은 1650년 라테란의 성 요한 대성당으로 옮기고 지금 있는 문은 사본이다.

원로원 바로 앞에 있던 고대 로마의 민회(Comizi)가 있던 자리에서 1899년, "검은 비석(Lapis Niger, '검은 돌'이라는 뜻)"으로 알려진 가장

17)

오래된 라틴어 비석이 발견되었다. 직사각형으로 된 이 검은 대리석은 전설에는 사각형의 검은 대리석은 하늘에서 운석이 떨어진 것이라고 했는데, 아우구

　17) 가장 오래된 라틴어 비문이 적힌 "검은 비석(Il lapis niger)"으로 알려진 로물루스의 무덤

스투스 황제 시절의 것으로 추정되는 트라베르틴 대리석으로 둘러 있어 '신성한 것'임을 금세 알 수 있었다. 로마를 창건한 로물루스 대왕의 무덤이거나 그가 죽은 자리를 가리키는 것으로 해석했다.

⑥ 최초의 식민지역 출신 황제, "셉티미우스 세베루스 황제 개선문"
Arco di Settimio Severo

다시 로마 공회당(포룸)으로 돌아와서, "셉티미우스 세베루스 황제의 개선문"은 서기 203년 황제의 재위 10년, 파르티아(오늘날의 이라크와 이란)와 아라비아 전투에서 승리한 황제를 기리기 위해 원로원에서 세웠다. 로마 시대에 세운 기념물들 가운데 훌륭한 예술작품의 하나이자, 현재 있는 개선문 중 티토 황제의 개선문 다음으로 오래된 것 중 하나다.

셉티미우스 세베루스(재위 193~211년) 황제는 두 아들에게 권한을 물려주어 로마 황제 자리의 세습제를 실질적으로 시작한 황제로도 유명하다. 뒤에 있는 트라야누스 황제의 공회당과 그의 기둥에서 로마 황제들의 계보를 간략하게 보겠지만, 세베루스 황제는 과거 로마의 속주였던 카르타고 출신이다.

세베루스 황제의 전임은 5현제 시대의 마지막 황제인 마르쿠스 아우렐리우스였다. 『명상록』을 쓴 철인(哲人) 황제로 유명하지만, 권력을 멍청한 자기 아들 코모두스에게 물려주어 혼란을 자초했고, 그 바람에 얼마 안 가 세베루스 가문(서기 197~235년)으로 왕권이 넘어갔다. 세베루스 가문 출신의 황제는 셉티미우스의 뒤를 이어 카라칼라(Caracalla, 211~217), 엘라가발루스(218~222), 세베루스 알렉산드로스(222~235)다.

셉티미우스 세베루스는 북아프리카 렙티스 마그나(지금의 리비아 트리폴리) 출신이다. 과거 카이사르 시절, 3차에 걸쳐 포에니 전쟁을 치렀던 카르타고 출신으로 로마를 위기로 몰아넣었던 식민지역 출신의 인물이 황제가 된 것이다. 그는 자기 지역에서 회계 감사관, 호민관을 거쳐 법무관으로 선출되어 갈리아 루그두넨시스, 시칠리아 등지에서 총독을 지냈고, 191년에는 판노니아 총독이 되었다. 이후 혼란스러운 로마의 정치를 평정하고 황제가 되었다.

로마 정치사에서 보기 드문 자수성가형 황제였던 세베루스가 죽으면서 다시 세습제를 시작한 것은 가족 모두를 불행하게 만든 큰 실수이자 역사의 아이러니라고 할 수 있다.

개선문의 꼭대기에는 원래 여섯 필의 말이 끄는 마차와 그 위에 탄 셉티미우스 세베루스 황제와 두 아들 카라칼라와 제타(Geta, 189~211)가 있었다. 그러나 황제가 죽자, 큰아들 카라칼라가 동생 제타를 죽이고 모든 것에서 그의 흔적을 지워버리면서 그 조각상도 치운 것으로 추정된다. 역사가 헤로디아누스(Herodianus, 170~250)의 『마르쿠스 아우렐리우스 이후 제국사』에서 "제타는 어머니의 품에 안긴 채 훗날 카라칼라 불린 형 바시아누스에 의해 살해되었다. 어머니 줄리아 돔나(Giulia Domna)에게는 아들의 죽음을 슬퍼하는 것조차 허락되지 않았다. 제타는 치명적인 상처를 입고 어머니의 품을 피로 물들이며 죽

18) 작가 미상, 〈줄리아 돔나 초상〉, 키아라몬티 박물관, 바티칸박물관

어 갔다."라고 기록했다.

섭티미우스 세베루스 황제는 죽기 전에 두 아들에게 공동으로 로마를 통치하도록 유언하고 왕위를 물려주었지만, 큰아들은 아버지의 뜻을 거부했다. 바시아누스가 친동생 제타를 어머니 줄리아가 보는 앞에서 살해하고 단독으로 황제가 된 것이다. 그리고 제타와 관련한 것이면 짐승들까지 모

조리 죽이고 어머니 줄리아 돔나에게는 우는 것까지 금했다. 오히려 어머니에게 웃을 것을 강요했고, 얼굴색이 바뀌는 것도 허락하지 않았다. 그녀를 밤낮으로 감시하여 일거수일투족을 보고하도록 했기 때문에, 제타를 기억조차 하지 못하도록 했다. 당대 탁월한 미모로 선왕의 사랑을 독차지했던 줄리아 돔나는 남편의 사망 이후 '아들 살이(?)'가 얼마나 매운지를 톡톡히 보여준 사례가 되었다.

성질이 난폭하고 불같았던 바시아누스가 로마를 통치하던 211년에서 217년, 로마에서 조금이라도 생각할 줄 아는 사람은 목숨을 부지하지 못했다. 유명한 법학자 파피니아누스(Aemilius Papinianus, 140?~212)는 "형제를 살해하는 것보다 형제 살인을 정당화하는 것이 더 어렵다"라고 대답하여 죽음을 면치 못했고, 당시 모든 로마인의 존경을 받고 있던 스승이자 교육자 킬로도 그의 손에 죽었다. 자기가 내린 결정조차 뒤집기가 일쑤였고, 사회적으로 인정받고 존경받는 사람, 덕망이 있는 사람은 모두 황제의 증오 대상이 되어 대부분 죽거나 사람이 살 수 없는 곳으로 유배되어 결국 외지에서 죽어야 했다.

권력의 세계에서 종종 드러나는 '형제의 난'은 때와 장소, 이유 여하를 불문

하고, 깊은 상처를 남기는 것 같다. 그렇게 얻은 권력은 결국 가문을 쇠퇴시키고, 자기의 정체성마저 부정하는 속성을 지니고 있다. 동서양의 역사를 통해 그토록 학습했음에도 불구하고, 여전히 우리는 이런 싸움을 종종 권력의 세계에서 목격하곤 한다.

⑦ 카이사르를 화장한 곳, "로스트라(Rostra)"

배의 부리 모양을 닮았다고 해서 '뱃부리'라는 뜻의 "로스트라"연단은 원래 공화정 시절에 지어 민회와 공적인 정치 집회를 하던 원형 건물의 일부였다. 계단 위에 세워진 기둥 꼭대기에는 공화정 시절에 공경하던 동상들이 세워져 있었다. 지금 남은 것은 "검은 비석"제단과 원로원 정면 사이에 있는 연단을 떠받치던 받침뿐이다.

이 자리에서 기원전 44년, 제1차 삼두정치의 실패를 의미하는 카이사르의 시신을 화장했다. 브루투스(기원전 85?~42)는 그때 "카이사르보다 로마를 더 사랑하기에"카이사르를 살해했다고 해명했고, 마르쿠스 안토니우스는 "친구와 로마시민과 동료들에게"라는 명연설을 통해 카이사르의 억울한 죽음을 애도했다. 안토니우스의 연설은 훗날 셰익스피어의 『줄리어스 시저』라는 작품에 영향을 주었을 뿐만 아니라, 카시우스의 『전기(傳記)』와 플루타르코스의 『영웅전』에도 영향을 미쳤다. 잠시 이들의 해명과 연설을 들어보자.

〈브루투스의 해명〉
나의 사랑하는 로마시민 여러분! 잠시 조용히 내 말을 들어주시기를 바랍니다.
내 인격을 믿고 내 명예를 존중하여 내 말을 의심하지 말아 주십시오.
그리고 현명하고 지혜롭게 내 말의 옳고 그름을 판단해 주십시오.

여러분 가운데 카이사르의 벗이 있다면, 나 브루투스도 카이사르를 향한 그에 못지않은 애정을 품고 있다고 말하고 싶습니다.
이렇게 말씀드리면 여러분께서는 그렇다면 무슨 까닭으로 카이사르를 죽였느냐고 물으실 것입니다.
그러면 나는 결코 카이사르를 사랑하는 마음이 모자라서가 아니라 로마를 사랑하는 마음이 더 컸기 때문이라고 대답하겠습니다.
여러분은 카이사르가 살고 로마의 백성이 노예로 죽기를 바라십니까, 아니면 카이사르가 죽고 로마의 백성이 자유 시민이 되기를 바라십니까?
카이사르가 나를 사랑했기 때문에 나는 그를 위해 눈물을 흘립니다.
그가 용감했기 때문에 나는 그를 존경합니다.
그러나 그가 야심을 품었기에 나는 눈물을 흘리며 그를 죽였습니다.
야심에는 죽음이 있을 뿐입니다.
여러분 가운데 노예가 되고 싶어서 된 사람이 있습니까?

로마인이 아니기를 바라는 사람이 있습니까?

조국을 사랑하지 않는 사람이 어디 있겠습니까? 만약 있다면 있다고 말씀하십시오.

나는 여러분의 대답을 기다리겠습니다.

한 사람도 없습니까?

그렇다면 여러분은 내가 한 일을 책망하지 않는 것으로 알겠습니다.

내가 카이사르에게 한 일은 여러분이 이 브루투스를 대신해서 해야 할 일이 아니었습니까?

카이사르의 죽음에 대한 경위는 최고기록부에 기록되고 그의 명예는 전혀 실추되지 않을 것이며, 그의 죄과(罪科)도 전혀 퇴색되지 않고 전해질 것입니다.

오! 카이사르의 시신 옆으로 마르쿠스 안토니우스가 울면서 올라오고 있습니다.

안토니우스는 카이사르를 죽이는 일에 가담하지는 않았습니다만, 여러분과 함께 카이사르의 몰락으로 복리를 받는 공화국의 일원이 될 것입니다.

나 브루투스는 나라를 위해 눈물을 머금고 가장 사랑하는 친구를 죽였습니다. 만약 로마가 브루투스의 죽음을 원할 때, 나 브루투스는 언제든지 카이사르를 죽인 것과 똑같은 칼을 이 몸에 받기를 사양하지 않을 것입니다. (Julius Casear III. ii. 12-33)

〈마르쿠스 안토니우스의 연설〉

친구들이여, 로마인이여, 동포여! 내 말을 들으시오. 나는 카이사르를 장사 지내러 온 것이지 그를 칭송하기 위해 온 것이 아닙니다. 사람이 살아가는 동안 저지르는 죄악은 그의 사후에도 남지만, 선행은 그의 뼈와 함께 묻히는 법입니다. 카이사르 경우도 마찬가지입니다.

위대한 브루투스는 여러분에게 "카이사르는 야심을 가진 사람이었다."라고 말했습니다. 만일 그것이 사실이라면 그것은 통탄할 만한 잘못이고, 카이사르는 안타깝게도 그 대가를 받은 것입니다.

나는 브루투스와 그 동료들의 양해를 얻어 이 자리에서 카이사르의 장례식에 부쳐 한 말씀 하려고 온 것입니다.

카이사르는 나의 친구였고, 믿음직하고 공정한 사람이었습니다. 그러나 브루투스는 그가 야심이 많았다고 했습니다. 브루투스는 여러분도 아시는바, 존경할 만한 사람입니다.

일찍이 카이사르는 많은 포로를 끌고 로마로 돌아왔습니다. 그리고 그들의 몸값에 손을 대지 않고 몸값을 모두 국고(國庫)에 넣었습니다. 어디에 카이사르의 야심이 있습니까? 카이사르는 가난한 사람들이 울부짖으면 함께 눈물을 흘렸습니다. 야심이라는 것은 좀 더 냉혹한 마음에서 생기는 것입니다.

그런데도 브루투스는 여전히 카이사르를 야심가라고 말합니다. 존경하는 브루투스가 말입니다.

루페르쿠스(Lupercus) 축젯날, 여러분은 내가 카이사르에게 세 번이나 왕관을 드렸고 그때마다 그가 모두 거절하는 것을 보았을 것입니다. 그것이 야심가의 행동입니까? 그래도 브루투스는 여전히 그를 야심가라고 말하고 있습니다. 분명 존경할만한 브루투스가 말입니다.

나는 이 자리에서 브루투스가 한 말을 반박하려는 것이 아닙니다. 다만 내가 알고 있는 사실을 이야기할 뿐입니다.

여러분도 일찍이 카이사르를 사랑했습니다. 그런데 여러분은 무슨 까닭에, 물론 이유가 없지는 않겠지만, 그를 위한 슬픔을 억제하고 있습니까?

오! 판단력은 야수에게 쫓기고, 사람들은 분별력을 잃었습니다. 내 마음은 관속에 있는 카이사르와 함께 있어, 마음이 평온해질 때까지 잠시 쉬어야겠습니다.

(……잠시 침묵)

그러나 어제 카이사르가 한 말은 세계를 향해 도전해야 한다는 말이었습니다. 그리고 오늘, 그는 이 자리에 누워 있지만 아무도, 어떤 비천한 자도 그에게 존경을 표하지 않습니다.

오, 승자여! 만일 내가 그대의 마음과 정신을 격분시키고 반항하도록 선동할 마음이 있다면 나는 여러분이 모두 존경할 만한 사람으로 알고 있는 카시우스와 브루투스가 나쁘다고 해야 할 것입니다. 그렇지만 나는 그들이 나쁘다고 하지 않을 것입니다. 나는 그처럼 존경할 만한 사람이 나쁘다고 하기보다는 차라리 죽은 자가 나쁘고 나와 여러분이 나쁘다고 하는 편을 택하겠습니다.

여기에 카이사르의 인장(印章)이 찍힌 문서가 있습니다. 나는 이것을 벽장 속에서 발견했습니다. 이것은 그의 유언입니다.

만일 여러분이 이 유언을 듣게 되면, 그렇다고 내가 이것을 읽는다는 뜻은 아니지만, 여러분은 달려가서 죽은 카이사르의 상처에 입을 맞추고 수건으로 그의 피를 닦고 그의 머리카락을 기념으로 가져가 자기가 죽을 때 유언과 함께 자기 자손에게 귀중한 유산으로 남겨 줄 것입니다.

냉정해지십시오, 관대한 친구들이여! 나는 이것을 읽지 않으면 안 될 것 같습니다. 왜냐하면 카이사르가 여러분을 얼마나 사랑했는지 여러분은 알지 못하기 때문입니다.

여러분은 목석(木石)이 아니라 인간입니다. 인간인 이상 카이사르의 유언을 듣는다면 여러분은 흥분한 감정에 사로잡힐 것입니다.

여러분이 카이사르의 계승자가 아니라서 다행입니다. 만약 여러분이 카이사르의 계승자라고 한다면, 오! 그때는 어떤 일이 일어날지 나는 모르겠습니다.

여러분, 인내를 갖고 잠시만 기다려 주십시오. 내가 여러분에게 너무 지나치게 말했는지, 카이사르를 찌른 비수처럼 존경하는 사람들에게 내가 해서는 안 될 말을 했는지 걱정스럽고 두렵습니다.

그런데도 여러분은 나에게 유언장을 읽으라고 하겠습니까? 그렇다면 카이사르의 시신을 에워싸십시오. 그러면 내가 여러분에게 유언장을 쓴 그를 보여드리겠습니다. 내가 내려갈까요?

여러분, 나에게 너무 가까이 오지 마십시오. 조금 물러서 주십시오. 여러분이 눈물이 있다면 지금 흘릴 준비를 하십시오.

여러분도 모두 알다시피 이것은 토가(toga)입니다. 내가 기억하기로 이것은 전에 카이사르가 처음 걸쳤던 것입니다. 어느 여름날 저녁, 그의 천막 안에서 말입니다. 그날은 바로 그가 네르비(Nervii)를 제압한 날이기도 했습니다. 여러분! 보십시오. 이곳은 카시우스가 칼로 찌른 곳입니다. 카시우스의 질시가 빚어낸 상처를 보십시오. 또 이곳은 카이사르가 평소에 아끼고 사랑했던 브루투스가 찌른 것입니다. 그가 저주스러운 칼을 뽑을 때 그 칼을 따라 카이사르의 피가 얼마나 흘러나왔겠습니까? 문을 나설 때 브루투스 자신도 이토록 비정하게 쓰러뜨리겠다거나 죽이겠다는 생각은 하지 않았겠지요. 여러분도 알다시피 브루투스는 카이사르의 지지자였으니까요.

오, 신이여! 카이사르가 얼마나 브루투스를 사랑했는지 심판해 주십시오. 이것은 모든 살인 중에서도 가장 잔혹한 것입니다. 왜냐하면 저 위대한 카이사르가 자기를 찌르는 사람이 다름 아닌 브루투스임을 알았을 때, 반역자보다도 훨씬 더한 배신감을 느꼈을 것입니다. 사실 카이사르는 그를 막아낼 수 있었지만, 강철 같은 그의 심장이 터질 것만 같아 토가로 얼굴을 감싼 채 폼페이우스의 동상 밑에서 조용히 피만 흘리며 쓰러졌던 것입니다.

오, 나의 동포들이여! 그곳에 쓰러진 것은 바로 나와 여러분과 우리가 모두 쓰러진 것입니다. 유혈의 반역자들은 계속해서 우리를 지배하고 있습니다.

오, 이제야 여러분도 눈물을 흘리고 있군요. 나는 여러분이 동정을 느끼고 있다는 것을 알겠습니다. 그것은 자비의 눈물입니다.

인정 넘치는 마음이여! 여러분은 누구를 위해 눈물을 흘립니까? 여러분은 더럽혀진 카이사르의 옷을 보기라도 했습니까?

여러분! 이곳을 보십시오. 여러분이 보듯이, 여기 반역자와 카이사르가 그토록 아끼던 사람이 있습니다.

동포들이여! 잠시 기다려 주십시오!

인정 있는 친구들이여, 사랑하는 친구들이여! 나 때문에 갑작스러운 혼란을 일으키지는 마십시오. 살인을 저지른 사람들은 존경할 만한 사람들이며, 그들이 가진 개인적인 고뇌가 어떠했는지, 아아! 나는 무엇이 그들에게 그런 행위를 하도록 했는지 모르겠습니다. 그들은 현명하고 존경할 만한 사람들이기 때문에 틀림없이 그럴 만한 이유가 있었을 거라고 해명할 것입니다.

친구들이여! 나는 여러분의 마음을 얻으려고 온 것이 아닙니다. 나는 브루투스와 같은 웅변가도 아닙니다. 그러나 여러분도 알다시피 나는 친구를 사랑하는 것 외에는 아무것도 모르는 순진하고 아둔한 사람입니다. 그들도 이런 나를 잘 알기 때문에, 여러분에게 카이사르를 위해 연설할 기회를 준 것입니다.

나는 사람의 혈기를 자극할 만큼 현명하지도 학식을 갖추지도 못했고, 재산이 많지도 행동이 뛰어나지도 않으며 말재주도 없습니다. 다만 여러분이 알고 있는 사실을 그대로 말씀드리고 사랑하는 카이사르의 상처를 여러분에게 보여 한마디 말도 못 한 채 참혹하게 죽은 그의 입을 대신하여 내가 여러분에게 말하는 것뿐입니다.

그러나 내가 브루투스이고 브루투스가 나였더라면 여러분의 마음을 동요하여 로마의 모든 돌멩이를 집어 들고 카이사르의 모든 상처에 입을 달아 폭동을 일으킬 수 있는 말을 토해냈을 것입니다.

동포들이여! 내 말을 더 들어보십시오. 친구들이여! 왜 여러분은 여러분이 알고 있는 바를 행하지 않습니까? 카이사르가 여러분의 사랑을 받을 만한 점이 어디에 있습니까?

아! 여러분은 모르고 있습니다. 그래서 내가 여러분에게 말합니다. 유언장에 대해 말하겠습니다. 여기에 유언장이 있고 아래에 카이사르의 인장이 찍혀 있습니다. 모든 로마의 시민에게, 모든 각 개인에게 그는 75드라크마(drachma, 그리스의 화폐 단위, 화살 한 움큼의 양)를 남겼습니다.

여러분! 참을성 있게 내 말을 더 들어보십시오. 카이사르는 자기 혼자만의 산책을 한다거나 새로 단장된 과수원과 테베레의 강변을 거닐 때도 오직 여러분만을 생각했습니다. 그는 공동의 염원인, 마음을 바꾸어 바다로 진출할 것을 여러분에게 영원한 유산으로 남겨 놓았습니다.

바로 그분, 카이사르가 여기에 있습니다! 언제 다시 그와 같은 분이 우리에게 나타나겠습니까? (Julius Caesar III, ii, 73-86)

신전은 카이사르의 여덟 번째 양자였던 증손 옥타비아누스 황제가 "아우구스투스(존엄한 자)"라는 칭호를 받던 기원전 29년에 선(先) 황제라 할 카이사르를 기리기 위해 세운 것으로 로마에서 신이 아닌 인간을 숭배하기 위해 지은 최초의 건물이었다.

⑧ 키케로가 그리스 시인 아르키아스를 위해 변론한 곳, "에밀리아 회당"
Basilica Emilia

원래 이 건물은 다양한 색상의 대리석 바닥과 청동 타일의 천장으로 화려하게 장식된 거대한 공간이었다. 기원전 179년 당시 감찰관이던 에밀리오 레피두스와 마르쿠스 풀비우스 노빌로르 집정관에 의해 세워져 이들 가문에서 계속 보존해 오다가 화재로 소실된 것을 아우구스투스 황제 때(기원전 43~서기 18) 재건했다.

410년 고트족의 로마 약탈 때 다시 화재를 입어 건물은 모두 소실되고, 남은 유적의 흔적으로 당시 공간의 엄청난 규모만 추측할 뿐이다. 이곳과 율리아 회당은 주로 시장이 열리고, 즉석 재판소가 설치되던 장소였다. 원래 '바실리카'라는 것은 건축 양식의 이름으로 '회랑이 있는 공적 건축물'을 지칭했다. 대부분 이런 장방형의 건물 안쪽 회랑에는 시장이 열리고, 막힌 한쪽 건물은 시민들의 분쟁을 해결하던 법정이 열리곤 했다.

이곳에서 키케로는 수많은 변론을 했다. 그중 하나가 "아르키아스 변론"이다. 이 변론은 외국인 추방법을 제창한 폼페이우스가 발의한 '파피우스 법'에 따라 추방의 위기에 처한 아르키아스(기원전 119~44)라는 한 그리스 시인을 구출하기 위한 재판이었다. 웅변가인 키케로가 변호를 맡았다.

"…여러분은 우리가 왜 이 사람에게 이토록 높은 관심을 보이는지를 물을 것입니다. 거기에 제가 대답하겠습니다. 이 사람은 우리에게 힘을 줍니다. 광장에서 벌어지는 소란한 논쟁에 지친 마음에 생기를 주고 진부한 말싸움에 안정을 불어 넣어줍니다. … 무릇 인간이 한평생을 살면서 칭송과 명예를 추구하는 데 모든 노력을 아끼지 않고 그것을 위해서는 신체적인 고통이나 추방, 죽음의 위험까지도 견딜 수 있어야 한다는 것을 어린 시절에 선인들의 가르침과 글을 통해 배웠습니다. 그때 제가 그것들을 배우지 않았다면 저는 국가의 안전을 위해 매일 밀어닥치는 수많은 공격에 이 한 몸 불사르지 않았을 것입니다. 모든 책은 모범사례(模範事例)로, 현인들의 목소리는 규범전례(規範典例)로, 과거의 역사는 전범선례(典範先例)로 가득 차 있습니다. 문자가 없었다면 이 모든 것들은 어둠에 묻히고 말았을 것입니다. 그리스와 로마의 작가들은 얼마나 많은 이러한 위인들을 우리에게 전해주고 있습니까? 제가 국가를 통치할 때 제 마음과 정신을 인도하고 지켜준 것은 바로 이들의 생각이었습니다. 저는 그분들을 언제나 제 마음의 첫 자리에 두고 있습니다."(아르키아스 변론 제12~14장).

변론은 키케로가 외국인 시인 한 명을 구하기 위한 것이라기보다는 공화정 시기 말, 삼두정치로 혼탁한 로마에서 별로 중요할 것 같지 않은 "시(詩)"라고 하는 '학문'을 변론한 것으로 유명하다. 시(詩)로 대변되는 이 학문을 우리는 '인문학(humanitas)'이라고 한다. 이 학문은 평소에는 존재감이 없지만, 인간이 혼란한 상황에 부닥치거나 길을 잃고 헤맬 때, 그를 인도하는 등대가 된다.

키케로는 시인 아르키아스를 위한 변론을 통해 '인문학'을 변론함으로써 그리스와는 다른 로마의 실용적 인문주의의 성격을 드러내고, 혼란한 상황일수록 인간의 정신과 영혼에 생기를 불어넣어 주는 이 학문이 장려되어야 한다고 역설했다.

인문학은 본래 '너 자신을 알라'는 아폴로 신의 신탁이 적힌 델피 신전에 새겨진 글귀에서 유래하는데, 소크라테스는 이 말의 의미를 '자신'을 통찰함으로써 '인간이란 자신이 모른다는 것을 아는 존재'임을 깨닫는 데 있다고 보았다. 소크라테스의 이런 사조는 그리스 철학의 바탕을 이루며 아리스토텔레스의 형이상학과 중세철학을 거쳐 신의 진리(veritas)를 인식하는 데로 귀착되었다.

그러나 로마의 인문학은 그리스에서 보여주듯이 인간이 누구인지, 내가 누구인지를 묻는 것이 아니라 인간 사이에서 일어나는 사건과 갈등을 통해 "인간답게 사는 것과 그 방법"을 묻는 데 있었다. 그리고 그 최고 자리에 '인간됨(humanitas)'을 두었다. 키케로의 변론은 "인간됨"을 지향하는 학문의 기능에 대해 역설한 것이다. 삶의 한복판에서 '사람답게 사는 법(humaniter vivere)'에 대한 고민의 체계를 세운 철인다운 태도였다고 하겠다.

　필자는 이 부분에서 '개인의 자율성과 이성을 중시하는 서양', '관계와 관계를 통한 구체적인 행위 안에서 앎을 중시하는 동양'이라는 리처드 니스벳의 구분에 대해 의문을 제기하고픈 충동이 일어난다. 로마의 인문학을 대표하는 키케로의 사상에서 드러나는 것은, 오늘날 흔히 말하고 있는 서양사상의 자기통찰과 그에 대한 인식보다는 관계 안에서 사는 법을 묻는 동양사상에 더 가까운 느낌을 받기 때문이다. 키케로의 이런 변론은 그가 인문학자로서 어떻게 정치를 해야 하는지, 정치가 궁극적으로 무엇을 지키고 돌봐야 하는지를 잘 보여주고 있다.

　로마는 그리스에서는 상상하지 못할 만큼 큰 제국을 통치해야 했던 만큼, 이상적인 사고방식보다는 실용적인 사고를 선택했다. 알다시피 초창기 로마인은 문화를 창조했다기보다는 선진문화를 수용(受容)하고 보급하는 데 주력했다. 왕정 시기에는 에트루리아 문화, 공화정 시기에는 그리스 문화, 제국 시기에는 이집트 문화의 영향을 받았다. 이들 문화는 로마에 들어와 그 깊이와 폭이 더해지면서 실용적이고 현실적인 면모를 갖추었다. 지금까지 남아 있는 각종 건축물과 법률과 종교와 문학에 담긴 내용이 그 점을 잘 보여준다.

　키케로 이야기를 좀 더 하자면, 그는 로마 시대의 가장 위대한 웅변가이자 수사학의 혁신자였고 공화정의 원칙을 지키고자 큰 노력을 했지만, 시대의 덕을 보지는 못한 것 같다. 그가 서 있던 역사의 현장은 공화정 시대 말기였고,

로마는 제국으로 가는 도도한 흐름을 멈추지 않았다. 잠시 공화정의 부활을 보이는 듯했지만, 기원전 44년 카이사르가 암살된 뒤, 그는 제2차 삼두정치의 반대자로 낙인찍혀 안토니우스의 부하에 의해 카이에타(Caieta)에서 암살되었다.

키케로는 정치가로서는 역사의 흐름에서 좌절당했지만, 앞서 언급한 라틴 문학에는 큰 발자취를 남겼다. 고대 로마의 정치와 철학에 미친 영향은 그가 남긴 수많은 저서를 통해 쉽게 가늠할 수 있다. 그는 일생에 걸쳐 크게 두 차례, 집중적으로 저술을 했는데, 첫 번째 저술 시기는 기원전 50년대 제1차 삼두정치의 주역들과 동맹관계를 적은 『속주의 집정정치에 관하여(De provinciis consularibus, 기원전 56)』라는 연설문과 『웅변에 관하여(De oratore, 기원전 55)』, 『공화정에 관하여(De republica, 기원전 54~52)』, 『법률에 관하여(De legibus, 기원전 52)』 등을 집필했다. 두 번째 저술 시기는 기원전 40년대로, 기원전 46년의 『브루투스, 궤변가, 웅변가(Brutus, Parceoxa, Orator)』, 기원전 45년의 『최고선에 관하여(De finibus)』, 기원전 44년 카이사르가 살해된 뒤 완성한 『투스쿨라노의 논쟁(Tusculanae disputationes)』, 『신의 본성에 관하여(De natura deorum)』, 『도덕적 의무에 관하여(De officiis)』 등이 있다.

그 외, 키케로가 기원전 67년에서 기원전 43년 7월까지, 친구와 친지 · 친척들과 주고받은 편지 중 지금까지 남아 있는 것이 900통이 넘는 것으로 추정된다. 4종류의 서간집으로 구분된 『아티쿠스에게(Ad Atticum)』(전 16권), 『가족들에게(Ad familiares)』(전 16권), 『브루투스에게(Ad Brutum)』, 『형제에게(Ad Quintum fratrem)』(전 3권)가 그것이다. 이 편지들은 당시 로마의 역사는 물론, 로마의 정치인들이 가지고 있던 사상을 엿볼 수 있는 귀중한 자료들이다.

수많은 저서와 연설을 통해 그는 좋건 나쁘건 모든 방법을 동원하여 자신만의 독특한 화법을 구사함으로써 당시 로마의 언어였던 라틴어에 큰 영향을 미쳤다. 고전 라틴어는 키케로에 의해서 비로소 그 틀이 잡혔고, 고급언어로 발전했다. 그 결과 키케로는 라틴문학사에 큰 업적을 남겼고, 그의 라틴어 문체는 지금도 고전 라틴어의 표본으로 간주되고 있다.

12~13세기, 인문주의의 부활이 문학에서부터 시작되어 르네상스를 주도했다는 것이 하루아침에 이루어진 일이 아님을 키케로를 통해서 다시금 깨닫게 된다. 키케로 덕분에 중세의 단테, 페트라르카, 보카치오 등이 고대의 풍성한 문화적 자산을 향유할 수 있었고, 현실을 비판적으로 보고 미래를 새롭게 꿈꿀 수 있는 풍토가 만들어졌다고 보기 때문이다.

⑨ 제국의 쇠퇴를 상징하는, "포카 황제의 기념 기둥(Colonna di Foca)"

13.5m 높이의 이 기둥은 원래 모습대로 남아 있는 몇 안 되는 기둥 가운데 하나다. 공회당 안에서 가장 나중에 세워진 이 기둥은 608년 동로마 비잔티움 제국의 사절이었던 스마라그도스가 비잔티움 포카 황제의 로마 방문을 기념하여 세운 것이라고 한다.

포카 황제는 교황 보니파시오 4세에게 판테온을 기증하기도 했다. 석주 꼭대기에는 황제의 동상이 있었지만 610년 10월, 황제가 잔악한 행위만 일삼다가 결국 인심을 잃고 암살되자 그의 동상도 파괴되고 말았다. 한편에서는 이를 두고 석주 꼭대기를 장식하던 황제의 황금 동상이 로마의 최고권위를 상징하던 데서 롬바르드족에 의한 제국의 쇠퇴를 의미한다고도 했다.

동상은 원래 디오클레티아누스 황제의 것을 재활용한 것으로, 로마 시대에 이런 일은 흔했다. 그 경우 앞의 기록은 나중의 것에 의해 지워졌다. 이런 걸두고 로마제국에서는 '담나티오 메모리에(Damnatio Memoriae)'라고 했다. '기억 말살형'이라는 형벌이다. 원로원이 황제와 황제 친인척 및 고위 인사들의 권력을 견제하기 위해 마련한 장치였다. 여기에는 여성도 포함되었다. 살아서 이 형을 받으면 탄핵당하여 자결 명령을 받았고, 죽은 후에 이 형을 받으면 제국의 곳곳에 세웠던 그의 흔적을 모두 지웠다. 황제나 황후의 경우는 흉상과 조각이 모두 파괴되거나 다른 사람의 얼굴로 대체되고, 공적(公的) 기록에서 삭제되었다. 명예를 중시한 로마제국의 엘리트들에게 '담나티오 메모리에'는 가장 불명예스러운 중벌로 간주되었다. 한 인간의 생애를 완전히 지움으로써 역사의 심판을 내린 것이다. 그러나 간혹 당대에는 이 형을 선고받았다가 후에 명예를 회복한 황제도 있었다.

1813년, 발굴 작업이 있던 때, 이 기둥의 대들보에서 다음과 같은 기록이 발견되었다.

변함없이 존엄한 승자,
신이 준 영원한 관(冠)의 주인,
자비와 사랑이 지극한
우리의 주군(主君)이신 최고 황제
포카 황제께
이탈리아의 귀족이며 총독인
스마라그도스가
성전 완공에 즈음하여,
황제의 자비에 의탁하고,
그 사랑의 은혜를 입은 대중과 더불어
이탈리아에 가져다준 평화와
지켜가고 있는 자유를 위해
여명의 광채에 빛나는
폐하의 동상에,
이 위대한 기둥에,
황제의 영원한 영광을 새겨

폐하의 은혜를 입은 지 5년,

공사 시작 11년,

8월의 첫날에 바칩니다.

기둥의 받침에 있던 계단 바닥에는 '수르두누스(L. Surdunus)의 기록'이라는 문구가 있어 기원전 12년을 전후로 있던 어떤 건물 위에 기둥을 세웠다는 것을 알 수 있다. 기둥은 폐허가 된 로마 공회당 유적지에서 혼자 덩그러니 서 있는 것 같다.

⑩ 공화정으로 가는 길을 터 준 쌍둥이 신, "카스토르와 폴룩스 신전"
Tempio dei Dioscuri

카스토르와 폴룩스는 유피테르와 인간 레다 사이에서 태어난 쌍둥이 형제로, 훗날 별자리 '쌍둥이 좌'가 되었다고 전해지는 신이다. 뱃사람들의 수호신이자 형제애의 전형으로 알려져 있다. 디오스쿠로이(Dioskouroi) 신이라고도 하는데, 그리스어 '디오스(Dios)'는 신, '쿠로이(Kouroi)'는 아들들이라는 뜻이다.

신전은 고대 로마의 신화와도 밀접한 관계가 있다. 왕정시대(기원전 753~510) 일곱 왕 중

앞의 처음 로물루스(기원전 753~716년)만 라틴족 출신이고, 뒤이어 3명은 사비니족 출신(기원전 715~616년)이다. 그리고 마지막 3명은 에트루리아인 출신(기원전 616~509년)이다. 왕정에서 공화정으로 정치형태를 바꾼 마지막 왕이자 쫓겨난 '거만한' 타르퀴니우스 수페르부스와 그의 에트루리아족 동지들은 신생 로마 공화국에 전쟁을 선포했다. 기원전 484년, 아울로 포스투미오는 이 신전을 지어 바치면서 로마인들에게 승리의 소식을 전해주겠다는 부친과의 약속을 기억했고, 이후 전쟁을 잘 준비하여 기원전 496년, 레질로 호수(La battaglia del Lago Regillo)에서 로마-라틴족은 타르퀴니우스 수페르부스가 이끄는 에트루리아군과 맞섰다. 전설에 의하면 디오스쿠로이는 전투 중에도 로마군을 도와주었을 뿐 아니라 전쟁이 끝난 뒤에 전황을 몰라 궁금해하던 로마인들에게 승리의 소식을 전해주었다고 한다.

신전은 세워진 이후에도 세 번이나 재건공사를 했는데, 기원전 117년에 메텔루스(Cecilius Metellus Dalmaticus)가 달마티아에서 승리한 것을 기념으로 했고, 다음엔 기원전 14년에 일어난 공회당 주변의 대화재 이후에 했으며, 마지막에는 티베리우스 황제에 의해 했다. 지금과 같은 모습은 메텔루스 시대의 기단(podium)을 제외하면 티베리우스 때의 코린트 양식의 기둥 세 개와 대들보 일부라고 할 수 있다.

공화정 시절에 신전은 원로원 의원들의 모임 장소로 사용하기도 했고, 기원전 2세기 중반부터 기단의 앞부분을 연단으로 사용하기도 했다. 제국 시대에는 측량기관(office for weights and measures)으로 사용하다가 국가문서기록보관소로도 이용했다. 사실 이런 식으로 건물을 여러 용도로 활용하는 것은, 고대 로마의 다른 도시들에서도 흔히 볼 수 있는 일이었다.

신전은 가로 여덟 개, 세로 열한 개의 코린트식 기둥으로 둘러싸여 비교적 화려한 장식 미를 보여주었던 걸로 추정된다.

⑪ 제국의 성화가 모셔진 곳, "베스타 신전(Tempio di Vesta)"

원형의 이 신전은 원래 20여 개의 코린트식 둥근 기둥으로 둘러싸여 있었다. 건물을 마지막으로 손본 것이 191년의 화재 이후 셉티미우스 세베루스 황제의 부인 줄리아 돔나에 의해서였다.

이곳은 금남(禁男)의 구역으로 내부에는 베스타 여신의 성화(聖火)가 모셔져 있었다. 로마 공회당에서 가장 신성한 곳이다. 성화의 안전 여부에 따라 국운이 달렸다고 믿었기 때문이다.

베르길리우스와 오비디우스에 따르면, 로마는 건국 초기부터 부싯돌을 연마하는 시설이 매우 취약했다고 한다. 그래서 공식적으로 '불(火)'이 필요할 때 언제든 쉽게 활용할 수 있게 잘 보존하는 것은 매우 중요한 일이었다. 따라서 고대인의 사고방식에 따라, 불을 보존하는 장소는 거룩한 신전이 되고, 그곳을 지키는 사람은 사제의 기능을 했다. 그러다 보니 신전은 공동체 결속의 상징이 되고, 생활에 가장 필수적인 '불'의 분배소가 되었다.

신전의 제관은 베스탈리아(Vestalia)라고 부르고, 여성으로만 이루어졌다. 초기에는 주로 공주들이 제관을 맡았고, 후에 귀족 가문 출신의 여성들이 맡았다. 여(女) 제관들은 귀족 가문에서 6~10세를 전후로 뽑힌 4명(나중에는 6명)의 여자아이들이 저마다 임무를 맡아 30년간(나중에는 평생) 순결을 지키며 제사장직을 수행했다. 제사장으로 있는 동안 순결을 잃으면 생매장을 당했고, 태만

　19) 아우구스투스 황제의 "평화의 제단"에 새겨진 최고 사제단 행렬

해서 성화를 꺼뜨리면 쫓겨났다. 그러나 자신의 임무를 충실히 수행하는 제관들에게는 융숭한 금전적인 혜택은 물론, 명예와 여러 가지 특권이 주어졌다. 30년 동안이라는 기간을 정한 것은 10년간 일을 배우고, 다음 10년간 임무를 직접 수행하고, 마지막 10년간은 후계자를 지도하기 위해서였다.

로마제국의 사제단(Collegi Sacerdotali romani)은 국가 공무원과 동급으로, 공무원의 지위에 맞추어 사제단도 구성되었다. 그중 원로원 계급에 속한 최고 사제단(Collegio Pontificale)에는 최고 사제들(i pontifici), 황제(rex sacrorum), 3명의 최고 플라미니 사제(유피테르, 마르테, 퀴리누스에게 제사 지내는 사제로 플라미네스 마요레스(Flamines Maiores), 6명의 베스탈리아 사제와 12명의 소(小) 플라미니 사제들(Flamines minores)이 있었다. 그 외 하위 계급의 사제들까지 모두 합하면 60여 명이 되었는데, 황제를 신격화하는 등 국가 최고 행사가 있을 때, 모두 참여했다.

고고학자들에 따르면 신전은 계속해서 화재와 재건, 복원과 증축이 이어졌던 다른 건물들과는 달리, 공회당 안에서도 대체로 원형을 그대로 유지하고 있었다고 한다. 내부에 '불'을 보관하는 장치가 있고, 계속해서 그것을 지켜야 했기 때문으로 보인다. 그렇다고 해서 이곳이 화재의 위험이 전혀 없었던 것은 아니다. 241년과 210년에 화재가 있었고, 이를 계기로 처녀 제관(Virgo Vestalis)들이 살던 집이 증축되었다. 64년, 네로 황제가 저지른 화재 이후에는 처녀 제관들의 집을 새로 짓기도 했다. 신전은 네로 황제 시절과 네로의 뒤를 이은 플라비우스 가문 출신의 황제—베스파시아누스와 티토 등— 시절에는 로마 화폐에 등장하기도 했다. 트라야누스 황제 시절에 만든 것으로 추정되는

신전의 모형 부조는 현재 피렌체의 우피치 미술관에 있다.

20)

391년 테오도시우스 1세 황제는 이교 신에게 드리던 제사를 없애는 칙령을 발표했다. 이를 계기로 성화는 꺼지고 제관들은 해체되었다. 신전 뒤편에는 처녀 제관들이 살았던 집터가 남아 있고, 성수로 쓰던 연못 터와 유명한 여제관들의 석상이 있어 옛일을 회상케 한다.

⑫ 황제 신격화의 상징, "안토니누스와 파우스티나 신전"
Tempio di Antonino e Faustina

141년 사랑하는 아내 파우스티나가 죽자 황제 안토니누스 피우스가 아내를 위해 지었다. 이어서 161년, 황제가 죽자 원로원은 이곳을 황제 숭배의 전당으로 두 사람에게 봉헌했다. 현재 공회당 안에서 가장 장엄한 모습으로 남아 있는 17m의 코린트식 기둥 열 개가 과거의 웅장한 모습을 대변해 주고 있다.

20) 베스타 신전 모형도 서동화 그림. 수채화.

건물에 새겨진 헌정 비문은 두 번에 걸쳐 새겼다는 걸 입증한다. "원로원의 결정에 따라, 거룩한 파우스티나에게(Divae Faustinae Ex S.C)"라고 새긴 처음 비문은 지금 보이는 두 번째 줄에 신전이 지어질 당시에 새겨 넣은 것이다. 그러니까 지금의 비문 첫 줄에 있는 "신성한 안토니누스와(Divi Antonino et)"라는 말은 안토니누스 피우스 사후에 추가된 것이다.

11세기에 건물 내부를 수리하면서 이곳에서 처형당한 성 로렌조를 기념하여 "미란다의 성 로렌조 성당"으로 바꾸었다. 바로크 양식의 성당 정면은 1602년에 덧붙인 것이다. 그러니까 이 건물의 경우, 고대 로마 시대부터 바로크 시대까지 건물 양식과 사용의 역사적인 스펙트럼이 매우 넓다고 하겠다. 로마에서 고대 건축물이 비교적 원형을 잘 유지한 채 남아 있는 것은 중세시기에 성당이나 공공건물 혹은 유명한 가문의 저택으로 활용하였기 때문이기도 하다.

⑬ 유대인 디아스포라의 상징이 된 "티투스 황제의 개선문(Arco di Tito)"

70년, 티투스 황제는 유다 지방과 예루살렘을 정복하여 예루살렘 성전을 파괴하고 10만 명이 넘는 유대인 포로를 로마로 끌고 왔다. 그 후 10년이 지난 81년, 원로원은 베스파시아누스 장군과 그의 아들 티투스에게 이 개선문을 지어 바쳤다. 로마의 개선문 중 가장 작지만 분명한 역사적인 이야기가 있는 개선문이다.

중세를 거치면서 여러 교황에 의해 확장되어 성녀 프란체스카 로마나 수도원(한때는 성 마리아 노바 성당) 건물 벽의 일부로, 또는 성벽 일부로 사용되다가 1812~24년에 이르러 지금과 같은 원래의 모습으로 정리되었다. 교황 비오 7세는 건축가 발라디에르에게 의뢰하여 개선문의 훼손된 부분도 복원하도록 했다.

로마에는 이 개선문 외에도 티투스 황제의 개선문이 하나 더 있어서 대전차 경기장을 장식했다고 하는데, 오늘날 그 흔적은 찾을 수가 없다.

개선문 안쪽에는 한쪽에 예루살렘을 정복하고 전리품과 포로를 끌고 오는 병사들의 승리 행렬이, 다른 한쪽에는 티투스가 사두마차를 타고 '니케(승리의 신)'의 인도를 받아 개선하는 장면이 조각되어 있다. 전리품 중에는 제단(祭壇)과 은제 트럼펫, 메노라(menorah)가 있어 예루살렘을 점령했다는 것을 알려주고 있다. 전리품들은 예루살렘 성전의 귀중한 제기(祭器)들이다. 이것들이 로마로 옮겨졌다는 것은 예루살렘 성전이 파괴되고, 예루살렘이 멸망했다는 것을 의미했다.

둥근 천장의 중앙에는 독수리가 티투스 황제를 하늘로 데리고 가는 부조장식이 있어 황제를 신격화하고 있음을 알 수 있다.

일각에서는 예수께서 예루살렘을 두고 한탄하신 "예루살렘아, 예루살렘아! …… 내가 몇 번이나 너의 자녀들을 모으려고 하였던가? 그러나 너희는 마다하였다. 보라, 너희 집은 버려져 황폐해질 것이다. 내가 너희에게 말한다. 너희가 '주님의 이름으로 오시는 분은 복되시어라.'하고 말할 때까지, 정녕 나를 다시는 보지 못할 것이다."(마태 23,37-39)라고 하신 대목과 '여기 돌 하나도 다른 돌 위에 남아 있지 않고 다 허물어지고 말 것'(마태 24, 1-2)이라는 예루살렘 성전 파괴를 예언한 것은 티투스 황제에 의해 예루살렘이 멸망하는 것을 예견한 것이라고 했다.

이후 로마제국에 의해 진행된 이산정책은 유대민족을 전 세계로 분산시켜 살도록 했다. 그리고 그 빈 땅에는 블레셋 사람(지금의 팔레스타인 사람들)을 이주시켜 살도록 했다. 이 정책은 수 세기에 걸친 유대인 디아스포라를 만들었고, 오늘날의 이스라엘-팔레스타인 분쟁, 나아가 이스라엘-중동 분쟁의 불씨가 되었다. 그 후, 이스라엘은 세계사의 무대에서 사라져 잊히고 성경 속에서만 전해오다가 20세기, 제2차 세계대전 직후인 1948년, 이스라엘은 극적으로 독립을 쟁취했다.

나라가 망한 지 2천 년이 지난 뒤에 독립한다는 것, 그것도 거대한 나라를 이루었던 민족이 아닌 소수민족으로서, 나라를 되찾은 기적 같은 일이 벌어졌다. 계몽주의 시대 서구 열강들의 식민지정책에 따른 세계대전의 후속 조치로 일어난 독립이 아니라, 아니, 그들의 독립과는 상관없는 이스라엘이 거기에 숟가락을 얹으며 2천 년 만에 그들도 독립 국가를 세운 것이다. 20세기에 들어와 성경이 세계인들의 주목을 받게 된 이유도 이런 이스라엘 백성의 옛 땅으로 돌아오리라는 구약과 신약에 예언된 내용과 무관하지 않을 것이다. 독립 후, 지금도 계속되고 있는 중동 연합국들과의 전쟁에도 불구하고, 그들의 생존은 실로 끈질기다고 하지 않을 수 없다.

이스라엘 민족의 역사를 보면, 그들의 "기억, 아남네시스(anamnesis)"를 생각하지 않을 수가 없다. 필자가 생각하는 우리 민족은 '망각의 민족'이지만, 그들은 '기억의 민족'이라는 생각이 든다. 어떤 것이 '좋다 나쁘다'라고 판단할 것은 아닌 것 같다. 잊을 건 빨리 잊는 것도 필요하니까. 우리의 적당한 망각이 없었다면 정(情)을 키우지 못했을 것이다. 반면에 유대민족은 자기네 땅이라고 할 수 있는 이스라엘보다는 외지를 떠돌아다닌 역사가 더 길다. 그래서인지 '기억'만으로, '자기네(?)' 땅이라고 우기고, 거기서 2천 년간 뿌리내리고 살던 민족들을 송두리째 뿌리 뽑아 내쫓고, 그것을 위해 전쟁도 불사하는 무서운 신념이 있는 것이다.

오늘날 이스라엘과 팔레스타인의 문제는 이런 복합적인 상황 속에서 생겼기 때문에 해결하기 힘든 민족적인 문제라고 할 수 있다. 그렇기에 처음 이런 상황을 만든 로마의 황제들을 떠올리게 된다. 플라비우스 가문의 황제들은 알고 있을까? 2천 년이 지난 후, 그들이 행한 정책이 어떤 결과를 낳았는지를! 정치를 하는 사람은 지금 하는 결정과 행동이 역사에 어떠한 영향을 미칠지, 더 깊이, 더 신중하게 해야 한다는 것을 알았으면 좋겠다.

⑭ 비너스와 로마신에게 봉헌된 "콘스탄티누스 회당"
Tempio di Venere e Roma

이곳은 원래 네로 황제의 황금궁전, 도무스 아우레아(Domus Aurea)의 내부정원(atrio)이 있던 곳으로, 여기에 네로의 '거대한'(colosso) 동상이 있었다. 동상은 35m나 되는 큰 것으로 받침대까지 합하면 훨씬 더 컸다. 후에 하드리아누스 황제가 신전을 지으면서 태양신에게 봉헌하려고 24마리의 코끼리를 동원하여 동상을 다른 곳으로 옮겼다고 한다. 당시에 건축가들은 이 신전 아래에서 공화정 시대 건물로 추정되는 화려한 유적을 발견했다고도 전한다.
　신전 건축은 하드리아누스 황제가 직접 맡았다. 121년에 공사를 시작하여

135년에 공식적으로 마무리가 되었지만, 완공은 141년에 안토니우스 피우스가 했다. 신전은 비너스와 로마신에게 봉헌되었다. 건축 과정에서 지면을 들어 높여, 지하에 바로 옆의 극장, 콜로세움에서 사용하던 기구들을 보관하는 장소로 활용했다.

하드리아누스는 이 신전 건축에 공을 많이 들였던 것 같다. 전임 황제인 트라야누스의 총애를 많이 받고, 로마제국 전성기에 걸맞은 건축가며 공학자로 명성을 얻었던 아폴로도로스(Apollodoro di Damasco, 50/60~130)는 후임인 하드리아누스 황제에 이르러 추방되고 암살되었다.

다마스쿠스의 아폴로도로스는 로마제국의 시리아 속주 다마스쿠스 출신의 나바테아인 건축가다. 그는 건축 분야는 물론, 군인이자 글을 쓰는 작가이기도 했다. 트라야누스가 다키아족과 힘겨운 전쟁을 할 때, 황제와 동행하여 드로베타 다뉴브강에 트라야누스 다리를 건설했고, 로마시에 트라야누스 관련 건축물을 설계한 사람이다. 트라야누스 목욕장과 공회당, 시장, 원주 등은 모두 그의 작품이다. 동시에

공학 관련 논문들까지 남겨, 로마제국 최고 전성기의 실용적이고 튼튼한 건축 기술과 당시 건축의 기준을 알 수 있게 했다.

그런 아폴로도로스가 어느 날, 트라야누스의 궁정에서 황제와 건축에 관해 의견을 주고받는 중 하드리아누스가 끼어들어 한마디 한 모양이다. 이에 아폴로도로스가 "그대가 이런 일을 어찌 알겠는가"라며, 완전히 무시하고 나가라

   22) 〈다마스쿠스의 아폴로도로스 흉상〉 글립토테크(Glyptothek, 조각박물관) 소장, 뮌헨.

고 했다. 기분이 몹시 상한 하드리아누스는 아무 말 못 하고 자리에서 물러났다.

그런 하드리아누스가 트라야누스의 뒤를 이어 황제가 된 것이다. 하드리아누스 통치 초기에만 해도 유사한 건축물이 있는 것으로 봐서, 아폴로도로스가 계속해서 활동한 것으로 보인다. 그러나 견해의 차이가 극적으로 폭발한 것은, 바로 이곳 "비너스와 로마신에게 봉헌한 신전" 공사에서였다. 하드리아누스가 직접 공들여 세운 신전에 대해 아폴로도로스가 '비너스와 로마' 여신들의 동상이 들어갈 공간에 비해 동상이 너무 크다고, 문제를 제기한 것이다. 그는 "여신들이 자리에서 일어나 나가고 싶어도 그렇게 할 수 없을 것 같다!"라고 평가했고, 하드리아누스는 격하게 반응했다. 아폴로도로스의 비평은 사실이었고, 하드리아누스는 건물을 이미 완공하여 돌이킬 수 없었기 때문이다. 쪼잔한 황제는 자신의 결함을 아폴로도로스에게 화풀이했고, 그를 유배 보냈다가 얼마 후에 죽이도록 명했다.

307년에 일어난 화재로 소실된 뒤, 막센티우스는 이를 재건하여 법정으로 사용했다. 이후, 콘스탄티누스가 구조를 변경하여 자기 이름의 회당으로 만들었다.

회당의 정면은 처음에는 콜로세움을 향해 있었으나 콘스탄티누스가 회당 뒤편으로 통로를 하나 더 만들어 로마 공회당으로 들어갈 수 있도록 했다. 뒤편 통로에는 자신의 거대한 석상을 세웠는데, 현재 캄피돌리오 박물관 정원에서 볼 수 있다. 지붕에 덮여 있던 도금한 청동판은 호노리우스 1세 황제가 626년에 성 베드로 대성당을 위해 떼어갔다고 한다.

길이 100m, 폭 76m, 높이 24.5m의 이 거대한 회당은 엄청난 규모에도 불구하고 완벽한 건축미를 자랑하고 있어서 르네상스 시기 건축의 한 획을 그었던 브라만테와 미켈란젤로에게 큰 영감을 주었다. 르네상스 건축의 모델이 되었던 셈이다.

공사를 시작한 막센티우스의 이름을 붙여 막센티우스 회당이라고도 불리던 이곳은 한때 '한여름 밤의 콘서트'가 열리기도 했다.

⑮ 제국의 확장으로 형성된 "황제들의 공회당(Fori Imperiali)"

나날이 확장되는 로마제국의 영토와 함께 시민들의 생활이 윤택해지자 기존의 로마 공회당만으로는 부족했다. 시민들의 활동반경을 넓히기 위한 제국의 노력이 시작된 것이다.

그중 카이사르가 가장 먼저 새로운 공회당을 지었다. 그가 지은 '율리우스 공회당'은 뒤이은 황제들의 공회당(아우구스투스 공회당, 베스파시아누스 공회당, 네르바 공회당, 트라야누스 공회당 등)의 효시가 되었다.

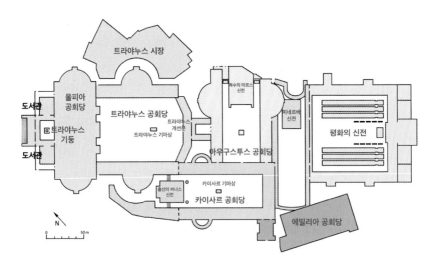

황제들의 공회당은 기원전 46년부터 서기 113년에 걸쳐서 역대 황제들에 의해 로마의 심장부에 여러 다양한 기념비적인 광장의 형태로 지어졌다. 공회당들은 공화정 시대의 광장이라고 할 수 있는 로마 공회당(Foro Romano)의 일부가 아니라, 완전히 독립된 공간으로 자리를 잡았다. 물론 공화정 시대의 공회당처럼 정치, 경제, 종교, 사법의 장으로 활용하기 위해 회당을 수반하는 광장을 만들고, 그 주변에 여러 공공건물과 가운데 신전을 두는 것도 잊지 않았다.

중세시기에 접어들면서 이곳 역시 다른 공회당들과 비슷한 운명을 겪었다. 옛 기념물들 사이로 새로운 건물이 들어서던 고대의 신전을 개조하여 성당으로 사용하기 시작했다. 폐허에는 흙더미가 쌓이고, 과거의 기둥과 돌 조각들은 다른 건물들을 짓는 데 재활용되었다.

황제들의 공회당이 갖는 가치에 주목하고 본격적인 발굴 작업에 들어간 것은 민족성을 강조했던 20세기 초, 무솔리니 통치 시기였다. 베네치아 광장에서 콜로세움에 이르는 약 850m의 이 고대 로마 시대 산책로는 일부를 제외하고는 거의 로마 공회당과 나란히 있다.

깊은 밤, 이곳을 산책하노라면 유적지를 비추는 은은한 불빛에 취해 어느덧 고대의 한 시점으로 돌아가 황제의 연설에 환호하고, 시민들이 어울려 이야기를 나누던 옛 시절로 돌아간 듯하다.

황제들의 공회당 가도 Via dei Fori Imperiali

파시즘이 이탈리아를 지배하던 시기에, 이곳 로마 공회당의 고대 유적지를 둘로 나누어 콜로세움에서 베네치아 광장에 이르는 황제들의 가도를 만들었다. 군대 행렬을 위해서였던 것으로 보인다. 그래서인지 지금도 6월 2일 이탈리아 공화국 기념일이 되면 군 행렬이 펼쳐진다.

길 양편에 펼쳐진 유적지는 원래 하나였던 곳임을 말해준다. 1980년대까지 이 길을 어떻게 할 것이냐에 대한 논란이 끊이지 않았다. 고고학적으로는 도저히 용납할 수 없다는 견해와 교통체증을 해소하기 위해서 어쩔 수 없다는 견해가 충돌했고, 덕분에 관광객들은 고대 로마의 공회당 풍경을 양쪽에서 감상하며, '현대 속의 고대', '도심 속 역사 산책'의 분위기를 만끽했다.

　1990년대에 들어와서 과거에 발굴하다가 그만둔 가도 양쪽의 폐허를 몇 개의 구간으로 나누어 순차적으로 재발굴하기 시작했다. 그 과정에서 주변의 일반 건물들의 지하까지 진단, 발굴하기도 했다.

　자동차 출입이 통제되는 주말이면 로마에서만 맛볼 수 있는 '역사 속 산책로'가 된다. 베네치아 광장에서부터 콜로세움을 거쳐 공회당 유적지로 들어와 팔라티노와 캄피돌리오를 오르면 역사의 페이지가 길이 되고, 돌이 되고, 건물이 되어 지금 눈앞에 펼쳐져 있음을 깨닫게 된다.

　캄피돌리오 광장으로 올랐다가, 반대편으로 넘어가 골목을 따라 걷다 보면어느새 "진실의 입"이 있는 "코스메딘의 성모 마리아 대성당"에 이른다. 그런다음 테베레강을 따라 성 베드로 대성당으로 되돌아오는 긴 산책로는 로마에서 한 번쯤 걸어볼 만하다.

필자도 로마를 만나기 전에는 문화가 주는 충만함이 무엇인지 몰랐다. 사람에 대한 그리움이나 추억은 알았어도 문화와 환경이 주는 위로와 향수는 알지 못했다. 그러나 로마를 만나고 난 뒤, 고향의 풍경을 그리워할 줄을 알았고, 이제껏 몰랐던 역사, 예술, 문헌, 언어 등이 내 삶의 새로운 관심사로 떠올랐으며, 그것이 주는 기쁨을 알게 되었다.

서양사에서 로마는 기둥이다. 지금 내가 바라보고 느끼고 있는 모든 것을 통해 한 시절을 수놓았던 사람들을 만나고, 그들의 존재를 나의 과거로 인식할 수 있다면, 나도 역사적인 존재로 내 시절을 더 의미 있게 살아낼 수 있지 않을까? 그런 점에서 로마는 우리 모두의 삶의 길잡이가 될 수 있고 펼쳐진 스승이 될 수 있을 것이다.

⑯ 카이사르의 권력의 정당성을 드러내고자 한, "카이사르 공회당"
Foro di Cesare

카이사르는 자신의 이름을 딴 거대한 광장을 지으려고 했다. 공사는 기원전 54년에 시작해서 46년에 개막식을 했지만, 아우구스투스에 의해 완성되었다

23)

는 기록이 있는 걸로 봐서 카이사르 시대에 완공은 보지 못한 것으로 추정된다.

로마 공회당과 다른 점은 단일한 계획에 따라 긴 장방형의 광장으로 건축하고 공회당 안쪽에는 출산의 신 베누스 신전을 배치했다는 점이다. 카이사르는 기원전 48년 8월 파르살리아 전투가 있기 전에 여신에게 전쟁에서 승리하면 여신을 위한 신전을 지어 바치겠다는 맹세를 했고, 그것을 이행한 걸로 보인다. 기원전 46년에 현관을 포함한 원형의 건물을 세웠다. 전쟁에서 승리한 카이사르는 이것을 통해 자신이 아이네아스의 아들인 율루스와 출산의 신 율리아 베누스 사이에서 태어난 신의 아들이라는 걸 드러내고자 했다. 결국 자기 신분의 신성함과 존엄성을 드러내는 한편, 권력의 정당성을 확보하려고 한 것이다. 카이사르는 사비를 들여 이 땅을 샀다고 한다.

기원전 52년, 카이사르는 화재로 소실된 원로원 건물의 재건 책임을 맡아 기본 골격은 그대로 두고 전통적인 제례의 방향을 이 공회당에 맞게 변형시켰다. 공회당 광장은 이 공간에서 가장 중요한 신전을 중심으로 회랑식으로 지

---

　　23) 카이사르 공회당 앞 "황제들의 가도"에 세워진 <카이사르의 청동상>

었다. 카이사르는 공화정 말기에 정치적으로 영향력을 행사하던 사람들을 플라미니 경기장 주변에 건물을 지어 이주시키고, 이곳은 개인적인 홍보와 시민들의 의견 수렴 장소로 사용했다. 오래전부터 정치의 중심지였던 만큼 그의 의도는 효력을 발휘했다.

지금 공회당 입구에 서 있는 그의 청동상은 원래 있던 대리석상을 모조한 것이다.

⑰ 성 베드로와 바오로가 갇혔던, "마메르티눔 감옥(Carcere Mamertino)"

마메르티눔 혹은 툴리아누스 감옥(Carcer Tullianum)은 로마에서 가장 오래된 감옥으로, 로마 공회당 한복판에 있다. 이곳은 제국을 뒤흔든 중죄인을 가두던 곳이다. 이 층으로 된 감옥의 깊은 곳은 그 역사가 기원전 8~7세기까지 거슬러 올라가기도 하는데, 캄피돌리오의 석회 언덕의 벽을 파서 만들었다.

현재 툴리아누스 감옥은 16세기에 재건된 '목수들의 성 요셉 성당' 지하에 있다. 성당은 로마 시대에 재판소가 있었고, 재판의 결과 감옥으로 보내야 하는 사람은 재판소 아래 지하에 있던 툴리아누스 감옥으로 보냈다.

고대 로마의 역사가 리비오(Livio)에 따르면 툴리아누스 감옥은 기원전 7세기 안쿠스 마르키우스(Ancus Marcius) 통치 시기에 완성되었지만, 세르비우스 툴리우스(Servius Tullius)나 툴루스 호스틸리우스(Tullus Hostilius)가 건축을 시작했다고 전한다. 지금의 '툴리아누스 감옥'이라는 이름은 이들의 이름을 따서 나중에 붙인 것이다.

제국 시대 초기에 완성된 정면 둘레에는 서기 39~42년, 건물을 재건한 집정관 가이우스 비비우스 루피누스(Gaius Vibius Rufinus)와 마르쿠스 코케이우스 네르바(Marcus Cocceius Nerva Caesar Augustus)의 이름이 새겨져 있다. 그러나 8세기를 전후로 건물은 완전히 그리스도교 성당으로 활용했다. 툴리아눔이라는 방에 그려진 프레스코화는 복원되고, 방은 소성당이 되었다. 이곳의 이름도 그때부터 '마메르티눔'이라고 부르기 시작했다.

감방 한복판에 있는 샘에 얽힌 전설은, 이곳에 갇혀 있던 성 베드로가 같은 방 죄수와 간수들을 회심시킨 후, 세례 줄 물이 없자, 기적으로 솟아난 물이라고 한다. 베드로는 간수의 모자로 물을 떠서 세례를 주었다고 한다. 지금은 박물관으로 사용하고 있다.

감옥에 관한 기록은 '툴리아눔'이라는 이름으로 고대 로마의 여러 작품에 등장하곤 했다. '로마 공회당 내에 많은 유적과 함께 있다', '원로원의 서쪽에 있다', '콩코드 신전 가까이에 있다'라는 식으로 말이다. 툴리아눔을 언급한 작가 중에는 고대 로마의 역사가 플리니오 일 베키오(Plinio il Vecchio)가 있고, 이곳에서 형이 집행된 사람 중에는 렌툴로(Lentulo) 집정관, 체테고(Cetego), 스타틸로(Statilio), 가비니오(Gabinio), 체파리오(Cepario) 등이 있다. 크리스포(Gaio Sallustio Crispo)는 『카틸리나의 반기에 관해서』라는 작품에서 감옥을 이렇게 묘사하고 있다.

"그곳은 툴리아눔이라고 부르는 감옥으로, 지면에서부터 왼쪽으로 약간 돌아 열두 폭가량 내려가면 있다. 감옥은 모두 단단한 벽으로 둘러싸여 있고 천장은 돌로 원형을 이루고 있다. 놀라울 만큼 어둡고 불쾌하고 냄새나며 방치된 상태다."(De cat. Con. LV)

이곳에 갇혔던 사람들은 그 자리에서 교살 혹은 참수형으로 목숨을 잃었다.

- 기원전 123년, 가이우스 셈프로니오 그라쿠스(Gaio Sempronio Gracco)의 절친한 친구 에렌니오 시쿨로(Erennio Siculo).
- 기원전 121년, 가이우스 셈프로니오 그라쿠스(Gaio Sempronio Gracco).
- 기원전 104년 누미디아의 왕 주구르타스(Giugurta). 자료에 의하면 그는 사형 집행이 이루어지는 동안에도 "로마인들이여! 여러분의 목욕탕은 너무 춥습니다."라고 농담을 했다고 한다.
- 기원전 60년, 카틸리나(Catilina)의 동료 렌툴로(Lentulo)와 체테고(Cetego).
- 기원전 46년, 갈리(Galli)의 왕 베르친제토리제(Vercingetorige).
- 서기 31년, 티베리오(Tiberio)의 해방군 세이아노(Seiano)와 그의 아들들.
- 서기 70년, 예루살렘의 방어자 시모네 디 죠라(Simone di Giora).

중세를 거치면서 성 베드로와 성 바오로도 이곳에 갇혔던 것으로 알려지기 시작했다.

성 베드로와 성 바오로

중세기 그리스도교 전기작가들에 따르면, 좁은 계단을 통해 간신히 들어갈 수 있는 감방의 맨 아래쪽이 성 베드로와 성 바오로가 한 번씩 거쳐 간 곳이다. 주로 정치사범을 가두던 이곳에 사도들이 갇히게 되었다는 것

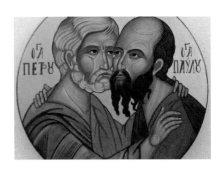

은, 제국 입장에서 비중 있는 죄인으로 간주했다는 뜻이리라. 그들은 갇혀 있으면서도 복음을 전했고, 세례를 원하는 죄수들과 간수들에게 세례를 주었다.

중세를 거치면서 '성 베드로가 갇혀 있던 감옥(San Pietro in carcere)'은 성지가 되었고, 순례객들이 찾기 시작했다. 성당으로 바뀌어 축성된 것은 교황 실베스트로 1세 때인 4세기쯤으로 추정된다.

감옥으로 내려가는 좁은 계단 벽에는 사람 얼굴 형상의 움푹 들어간 곳이 있는데, 전설에 따르면, 성 베드로가 끌려 내려가다가 벽에 머리를 부딪쳤고, 그를 보호하기 위해 기적적으로 벽이 꺼져 들어갔다고 한다. 그러니까 그 얼굴은 성 베드로의 얼굴인 셈이다. 1720년에 창살로 엮어 지금까지 보존되고 있다.

하지만 이런 모든 전승에도 불구하고, 실제로 성 베드로와 성 바오로가 이곳에 갇혀 있었다는 이야기는 크게 설득력을 얻지 못하고 있다. 이유는 두 사람이 순교한 장소가 여기서 상당히 떨어져 있기 때문이다. 성 베드로는 바티칸 언덕에서, 성 바오로는 아콰 살비에(Acque Salvie)라는 오늘날 세 분수 수도원이 있는 로마 외곽에서 순교했다.

⑱ 로마제국 전성기를 이끈, "트라야누스 황제의 공회당(Foro di Traiano)"

　로마 공회당 건너편에 있는 이곳은 황제들의 공회당 가운데서도 규모가 가장 크고 번창했던 곳이다. 로마제국의 전성기에 속하는 112년에서 113년 사이에 건설했다.

　도미티아누스 황제 시절에 계획한 설계도는 지금의 규모보다 훨씬 커서 캄피돌리오 지역을 퀴리날레 언덕과 잇는 역할을 할 뿐 아니라, 지금의 베네치아 광장이 있는 마르치오 광장과 전체 로마 공회당을 구분하는 기능을 했다. 하지만 그것은 실현되지 못했고, 트라야누스 시기에 이르러 로마인들의 숙적이었던 다키아족을 물리친 기념으로 전리품을 보관하는 창고, 그리스어와 라틴어로 적힌 전적(典籍)을 모은 장서각을 포함한 공회당이 만들어졌다. 모두 트라야누스(Marcus Ulpius Traianus, 서기 53~117) 황제 시절에 완성했다.

　트라야누스 황제는 5현제의 두 번째 황제로 로마제국을 최고 전성기로 이끈 황제다. 잠시 로마 황제들의 계보를 보면, 로마 건국부터 네로 황제까지는 친자건 양자건 건국 왕조의 이름인 '율리아'가 이어져 왔었다.

그러나 네로 이후 제국의 왕좌는 플라비우스(Dinastia Flavia, 서기 69~96년) 가문으로 바뀌었다. 이 가문에서 배출한 황제는 세 명이었다. 베스파시아누스(68~79), 티투스(79~81), 도미티아누스(81~96)다. 도미티아누스가 '담나티오 메모리에'형을 받으면서, 이후 양자 황제 시기로 접어들었다. 부하들 가운데 똑똑한 사람을 지목하여 그에게 왕좌를 물려주어 다섯 명의 현명한 황제가 등장하던 시대를 말한다. 그래서 5현제 시대(서기 96~180년)가 시작되었다. 네르바(96~98), 트라야누스(98~117), 하드리아누스(117~138), 안토니우스 피우스(138~160), 루키우스 베로(160~169)와 마르쿠스 아우렐리우스(160~180)다. 마지막 두 황제가 겹치는 것은, 안토니우스 피우스가 두 사람에게 왕좌를 물려주었기 때문이다.

트라야누스는 최초의 속주 출신으로, 기원전 2세기 스키피오 아프리카누스가 세운 히스파니아 최초의 로마인 식민도시 이탈리카 출신의 로마 시민권자였다. 107년 제국의 경계로 간주 되던 다뉴브강 건너 동쪽, 오늘날의 루마니아 땅에 살던 다키아족을 두 차례에 걸친 원정으로 완전히 정복하고 다키아에 도시를 건설했다. 그리고 '로마니아', 즉 '루마니아'라고 불렀다. '로마니아'는 '로마의 도시'라는 뜻이다.

이 넓은 공회당의 중앙을 차지하는 장방형의 넓은 광장은 '울피아 회당'으로 마무리하고, 두 장서각 사이로 트라야누스 황제의 기념 원주를 세웠다. 공회

---

24) 작가미상, <마르쿠스 아우렐리우스와 루치우스 베루스(Marcus Aurelius et Lucius Verus)>, 161-170년경, 대영박물관

당은 개선문을 통해 들어가고, 황제의 기념 원주에는 승리를 기념하는 조각을 새겨 넣었다.

길 건너편의 율리우스 공회당에 있는 베누스 신전과 주화 제조소도 이때 건설했다.

타원형의 거대한 트라야누스 시장에는 환전상까지 밀집하여 진정한 시민 생활의 중심지가 되었다. 이 공회당 앞에는 황제의 거대한 기마상이 있었다.

⑲ 다키아족과의 전투를 기념한, "트라야누스 황제의 기둥"
Colonna Traiana

로마인의 걸음으로 100보에 해당하는 높이(약 30m)라고 해서 100보(Centenario)라고도 하는 변형된 도리아식의 거대한 기둥은 트라야누스 황제가 다키아족과의 전투에서 거둔 승리를 기념하기 위해 113년에 세운 것이다. 18개의 거대한 대리석을 쌓아 올린 기둥에는 전투 장면이 생생하게, 매우 사실적으로 묘사되어 있어, 2세기 초 로마군의 전투 양식을 파악하는 귀중한 자료가 되고 있다.

기둥의 둘레를 휘감아 돌며 새긴 전투 장면은 모두 펼치면 200m에 달하는 길이로, 파피루스나 옷감에 돌돌 말린 거대한 문서를 보는 것 같다. 로마군의 무장과 적군의 무장이 어떻게 다른지, 어느 장수가 누구에게 죽는지, 누가 누구에게 명령하고, 어느 장수가 승리를 이끌었는지 등 넓게 보면 100개, 세분해서 보면 150여 개의 장면에는 약 2,500명의 인물이 묘사되어 있다. 여기에 트라야누스 황제는 모두 59번 등장한다.

황제의 출현은 매번 매우 사실적이고 구체적이며 극적이다. 시선은 고정되어 있고 구성은 대단히 기하학적이며, 장수로서 탁월한 자질과 풍채가 잘 표현되었다. 어떠한 기교나 초월적 혹은 과장된 표현이 없고, 황제를 찬양하기보다는 단순한 기록문서라는 이미지를 강하게 드러내고 있다.

기둥 꼭대기에는 원래 트라야누스 황제의 청동상이 있었는데, 16세기에 성 베드로의 동상으로 교체되어 지금까지 내려오고 있다.

파르티아족과 전투를 벌이고 귀환하던 중 시칠리아섬의 셀리눈테에서 최후를 마친 황제의 유해는 이 원주를 떠받치고 있는 대리석 밑 황금 관(棺)에 안치되었다.

⑳ 황금시대의 서막을 기념한, "아우구스투스 황제의 공회당"
Foro di Augusto

기원전 31~서기 21년에 완공된 이 공회당은 필리피 전투를 기념하기 위해 지은 것으로서 '복수의 신'이라고도 부르는 군신(軍神) 마르스에게 헌정되었다.

마르스 신전을 비롯한 두 개의 개선문과 두 회당은 간 곳이 없고, 지금은 기둥만 세 개 남아 있다.

기원전 42년 필리피 전투를 앞두고, 옥타비아누스 아우구스투스와 마르쿠스 안토니우스는 카이사르의 암살에 동조했던 사람들에게 복수하겠노라고 맹세를 했다. 카이사르를 암살한 브루투스는 이 전투에서 패하고 로마의 역사는

새로운 국면으로 접어들었다. 이후 40년이 흘러 기원전 2년에야 옛날의 복수를 맹세했던 대제(大帝)가 군신에게 한 서약을 지키기 위해 마르스 신전을 이 공회당 안에 세웠다.

카이사르의 공회당에 비해 이 공회당은 직각으로 이루어졌고, 마르스 신전은 높은 담으로 둘러싸여 서민 지역인 수부라(suburra)와 경계가 되었다. 양편에 길게 늘어선 회랑은 지붕이 반쯤 덮인 광장으로 재판소로 사용하던 곳이다. 여기에는 당시 로마의 유명한 인물과 신들의 동상이 있었고, 율리아 가문의 인사들을 조각한 상이 많았다. 그중에는 아이네이스와 로물루스의 동상도 있었다고 한다.

로마 공회당 대부분이 그렇듯이, 이 공회당도 당시 새 정권의 정당성을 알리기 위해 건설되었고, 여기에 세워진 모든 장식은 아우구스투스 황제와 더불어 새로운 '황금시대'가 시작된 것을 기념하기 위한 것이었다.

아우구스투스 황제는 물론 로마제국 황제들을 통해 확인되는 것은, 권력의 양면성과 함께 권력의 정당성을 굳이 주장하고 있다는 사실이다. 양면성은 대개 '비굴함'과 '비열함'으로 드러나고, 정당성은 세 가지 방법으로 드러난다고 생각한다.

첫째는 아우구스투스 황제가 카이사르를 향해 느꼈던 것처럼, 과거 정권에 대한 연민과 훌륭한 업적을 남긴 권력자의 정당한 후손임을 자처하는 것이고, 둘째는 과거 정권에 대한 비판을 통해 자기 정권의 정당성을 대중으로부터 인정받으려고 하는 것이며, 셋째는 과거 정권을 지움으로써 자신을 독보적인 존재로 만드는 것이다. 이 경우, 첫 번째 통치자는 백성을 두려워할 줄 아는 사람이고, 두 번째 통치자는 권력의 속성을 아는 사람이고, 세 번째 통치자는 독재자다. 첫 번째 통치자는 과거 정권의 훌륭한 정치의 혜택을 받은 백성의 기억을 존중하며 그 정권의 업적을 잘 계승하여 발전시켜나가려고 노력하며, 두 번째 통치자는 과거 정권과 일정한 거리를 두며 모순과 폐단을 극복하는 방식으로 통치의 기반을 다지려고 할 것이다. 사람에 따라서, 자기의 권력도 유한한 것임을 깨닫고 과거의 실패를 거울삼아 경계할 줄도 안다. 세 번째 통치자는 과거 정권을 무조건 부정하며 독선적이고 독재적인 권력을 휘두른다.

첫 번째 통치자 아래서는 나라와 인간과 문화가 함께 발전한다. 아우구스투스 황제 시절 대신이자 정치가이며 시인이었던 메세나(Gaio Cilnio Mecenate, 기원전 70?~8)에 의해 로마 시대 문화예술 운동이 크게 일어났던 것은 우연한 일이 아니다. 메세나는 당대 호라티우스(Quintus Horatius Flaccus), 베르길리우스(Publius Vergilius Maro), 프로페르티우스 (Sextus Aurelius Propertius), 오비디우스(Publius Ovidius Naso) 등 여러 문인 및 예술가들과 친교를 두껍게 하면서 그들의 창작활동을 적극적으로 후원하고 보호함으로써 로마 시대 최고의 라틴문학과 예술 부국을 이끌었다. 오늘날 기업 또는 개인이 문화예술 활동을 지원하는 문화 사업을 두고 '메세나 운동(Mecenat)'이라고 하는 것은 여기에서 비롯한 것이다. 그는 건축가 비트루비우스와도 잘 알고 지내, 국가의 후원으로 최초의 건축이론서『건축에 대하여(De Architectura)』(전 10권)를 쓸 수 있게 도왔다. 비트루비우스는 이 책에서 건축의 세 가지 본질을 견고함(firmitas), 유용성(utilitas), 아름다움(venustas)이라고 했다. 또 그리스 건축의 기둥 양식을 도리아, 이오니아, 고린토 양식으로 분류하기도 했다. 이후 로마제국은 건축물에 벽돌 대신에 대리석을 도입하여 웅장함을 선보였고, 정치와 군사력에서도 제국다운 면모를 갖추기 시작했다. 모두 아우구스투스 황제 시절에 이루어진 일이었고, 그의 최고 덕정(德政)의 지표로 간주되는 '호구조사(戶口調查)'를 실시하기도 했다. 알다시피, 인구조사는 두 가지 목적을 위해 실시하는데, 하나는 징병이나 징세의 세원을 확보하기 위한 것이고, 다른 하나는 인구 증가가 왕의 덕정을 증명하는 기준이 되기 때문이다. 덕정의 연장선상에서 바라볼 수 있는 또 하나는 로마에 모든 속주의 신들을 모시기 위한 범신당, 곧 판테온을 지어 로마의 옛 신들은 물론 정복지의 민족들까지 모으고자 했다는 것이다. 종교적인 관용 정책은 이민족의 마음을 얻어 '제국'을 이루는 기틀이 되었다.

두 번째 통치자 아래서는 정치와 시민의식이 함께 발전한다. 새 정부의 시민은 새 통치자의 말을 사실이라고 믿고 싶어 하기에—그것만이 그들의 희망일 수도 있어서—통치자의 공약이 실제 정치에서 실현되기를 바라고, 그로써 통치자에 대한 믿음이 정당한 것임을 확인하고자 한다. 따라서 시민은 통치자의 행동을 주시하며 자신들의 믿음에 합당한 결과를 보여 달라고 요구한다.

그러나 세 번째 통치자 밑에서는 인간의 사상과 문화는 쇠퇴하고, 폭력과 그에 저항하는 능력만 길러진다. 인간의 지성과 사고력은 차단되고 문화와 예술은 쇠퇴하며 비판의식은 탄압을 받는다.

코비드 19 팬데믹으로 세계는 우울한 2020~2022년을 보내고, 2023년을 맞이했다. 선진국이라고 자처해온 서방 국가들은 이제까지 개인은 물론 공동체의 최고 가치로 생각해온 사고방식들이 미래에도 유효할지, 재고(再考)해 봐야 하는 시점에 봉착했다. 그들이 중시하던 개인의 성향과 자유가 지구 공동체에서 공동을 이익과 부딪치는 걸 보았고, 그로 인한 처참한 결과도 보았다.

2002년 사스를 시작으로, 2009년 신종플루, 2012년 메르스, 2014년 에볼라 등에서 우리는 어떻게 대처했는지, 그리고 코비드 19에서는 어떻게 대처했는지 국제사회가 주시했다. 정부와 국민의 의식은 그 나라 민주주의의 수준을 말해준다. 오늘날 이탈리아를 비롯하여 과거 선진국이라고 자처하던 많은 나라에서는 여전히 '생명정치'를 가장 중요한 정책으로 생각한다. 어떤 정책도 국민의 생명을 지키고 보호하는 것보다 우선 할 수는 없다. 그런 점에서 현재 한국사회를 돌아보자. 우리는 과연 어떤 형태의 통치를 원하는가? 생명인가, 돈인가?

로마 공회당 Foro Romano
주소: Largo della Salara Vecchia 5/6
연락처 및 예약: https://parcocolosseo.it/area/foro-romano/
개방시간, 휴관일, 입장료 등은 위 사이트에서 확인

콜로세움 Colosseo
제국 시대 최고의 엔터테인먼트, 원형경기장

로마에서 성 베드로 대성당이 교황의 권위를 상징하는 곳이라면, 콜로세움
은 로마제국 황제의 힘을 상징한다. 2천 년 전에 이런 엄청난 '놀이터'를 만들
어 놓았다는 사실이 놀랍기만 하다.

'원형극장'이라고 하는 안피테아트로(Anfiteatro)는 그리스 양식과 로마 양식
으로 구분할 수 있다. 그리스 양식의 원형극장은 지면을 파 들어가 만들었고,
로마식 원형극장은 지면 위에 건설했다.

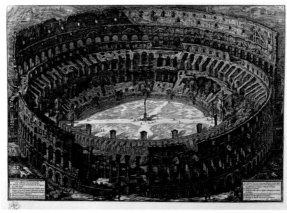

25)

그리스인들은 비극, 희극, 사티로스식 드라마, 합창 혹은 가면극과 같은 연극 위주의 놀이를 즐겼기 때문에 음향 장치가 발달하지 않았던 고대에 관중석을 무대에 가깝게, 위로 올려 소리가 잘 들리게 건축적으로 설계했고, 로마인들은 검투나 격투처럼 몸으로 하는 경기를 즐겼기 때문에, 관중이 사방에서 볼 수 있게 만들었다.

콜로세움이라는 말은 이 건물이 지어지기 전, 네로 황제 시절, 이 자리에 있던 인공호수 앞에 세워진 거대한 네로 황제의 동상을 가리키던 형용사 '콜로살레(colossale, 거대하다)'에서 유래했다. 35m가 넘는 네로 황제의 동상에 받침대까지 더하면 엄청난 크기로 느껴졌을 것이다.

이 경기장의 공식 이름은 '플라비우스의 원형극장'이다. 플라비우스는 콜로세움을 건설한 베스파시아누스 황제의 가문 이름이다.

베스파시아누스 황제는 앞서 "베스파시아누스 신전"에서도 언급했듯이, 플라비우스 가문 출신의 첫 번째 황제이며, 제국 시대의 4번째 황제(재위 69~79년)다. 네로의 폐위로 율루스 가문에서 플라비우스 가문으로 권력이 이동되고, 불안정한 제국을 평정하는 과제를 맡았던 인물이다.

베스파시아누스 황제는 네로의 무자비한 살인 행각으로 자신의 어머니와 여동생들은 물론, 스승 세네카에게까지 자살을 명했던 황제의 뒤를 이어 제위에 올랐다. 그는 네로와 대조적으로 인간적이고 도덕적이며, 자유로운 사고에 유머까지 갖춘 인물이었다. 로마제국의 황제들이 가장 두려워했던 '담나티오 메모리에(Damnatio Memoriae)'형도 받지 않았다. 그러나 네로는 베스파시아누스 황제 재임 시에 이 형을 받았고, 그의 흔적은 모두 지워졌다.

베스파시아누스는 무너진 도덕성을 바로 세우는 일이 우선이라고 생각했다. 네로 시대에는 황제부터 문제가 많다 보니 사회적으로 묵과할 수 없던 일이 비일비재하게 있었다. 베스파시아누스가 먼저 칼을 댄 것은 '노예와 불륜

관계를 맺은 여자들은 그 남자 노예의 주인에게 노예로 예속'되도록 하는 것이었다. 황제는 스스로 신발을 신고 벗었으며, 정치적인 농담과 비판을 두려워하지도 않았다.

이전 황제가 저질러 놓은 일들을 수습하는 동시에, 로마가 파산하지 않도록 재정을 돈독히 하는 데도 힘썼다. 가능한 한 모든 것에 세금을 매겼고, 그것을 함부로 쓰지도 않았다. 가죽제품을 만들 때, 로마인들이 좋아하는 흰색의 투니카를 위한 표백제로 사람의 오줌이 필요하다는 것을 알고 '배뇨세금'까지 거두어들였다. 이에 아들 티투스가 불쾌감을 드러내자 금화의 냄새를 맡으며, "돈에서는 냄새가 나지 않아(Pecunia non olet)"라고 말했다. 이 말은 황제가 마지막 순간에 온 힘을 다해 자신의 몸을 일으키며 "황제는 서서 죽어야 한다(Imperatorem stantem mori oportere)"고 한 말과 함께 베스파시아누스 황제를 대표하는 어록이 되었다. 후에 원로원으로부터 '아우구스투스(Caesar Vespasianus Augustus)', '존엄한 자'라는 칭호를 받았다. 네로 황제의 방화로 그 후유증이 가시지 않던 로마를 재건했고, 네로의 황금궁전 아래 모의 해전 놀이를 하기 위해 만들었던 인공호수를 막고 콜로세움을 건설했다.

경기장은 72년 베스파시아누스가 시작하여 아들 티투스 때, 예루살렘을 정복하고 거기서 끌고 온 유대인 포로들을 동원하여 완성하였다. 높이 57m, 둘레가 527m의 거대한 경기장에는 약 8만 명의 관객을 수용할 수 있었다. 콜로세움은 로마건축의 혁명이자 총합이었다. 비트루비우스의 『건축에 대하여(De Architectura)』에서 언급한 규칙적인 비례와 대칭구조, 고전적인 미를 갖춘 '아치'로 대변되는 새로운 구조적인 발상과 대리석과 콘크리트를 조합한 재료의 다양성을 선보였다. 그때까지 로마가 해 왔던 가도, 다리, 수도교, 공공건물 등을 짓는 데 활용한 각종 토목 기술과 당시로서는 최신의 기계장치인 기중기를 이용하여 콜로세움을 완성했다. 경기장은 80년에 완공되었고, 개막 축제는 100

일간 이어졌는데, 많은 검투사와 동물이 죽었다고 한다.

경기장의 규모는 괴테가 말해주고 있다. "날이 어둑어둑해진 저녁 무렵에 우리는 콜로세움에 도착했다. 그것을 한 번 보고 나면 다른 것은 모두 자그마하게 보인다. 콜로세움은 너무 커서 그 광경을 마음에 모두 담을 수가 없다. 나중에 회상할 때는 그것이 실제 크기보다 작게 기억되지만, 다시 그곳에 가 보면 그것이 훨씬 크다는 것을 느끼게 된다."(괴테, 『이탈리아 기행』)

한편 경기장은 영화 〈글라디에이터(Gladiator)〉에서 보듯이 로마인이 정복지에서 끌고 온 노예 중 신체가 건장한 사람을 뽑아 검투사로 키웠다. 검투사들은 이곳에서 로마인들을 즐겁게 해 주었던 세 가지 도구 중 하나가 되었다. 창이나 검과 같이 '소리가 나지 않는 도구', 사자나 호랑이 같은 맹수처럼 '소리를 낼 줄 아는 도구', 그리고 인간 검투사로 '말할 줄 아는 도구'였다. 황제는 '로열박스'라 불리는 황제 석에서 엄지손가락 하나로 이들의 운명을 결정했다.

건물은 모두 4층으로 되어 있었다. 1층은 10.5m 높이의 도리아식 반원형 기둥이고, 2층은 11.85m 높이의 이오니아식 기둥이며, 3층은 11.6m 높이의 코린트식 기둥으로 둘러 있었다. 4층은 따가운 햇볕으로부터 관중을 보호하기 위해 '벨라리움'이라는 천막을 고정하기 위한 장대 설치용 벽으로 이루어져 있었다. 2층과 3층 아치에는 대리석 조각상들이 서 있었다. 내부 바닥은 거의 소실되고 없으나 원래는 나무판 위에 모래를 깔고 그 위에서 경기를 벌였다. 경기장 바닥의 양쪽 끝에는 맹수를 경기장 안으로 끌어올리기 위한 이동식 계단과 '윈치'라고 하는 일종의 승강기 같은 도르래 장치가 있었다. 경기장의 지하에는 동물을 가두어 두는 우리와 검투사들의 대기소, 무기 보관소가 있었다.

4세기, 콘스탄티누스가 로마제국의 황제가 되고 잔인한 경기를 금지하면서 경기장은 방치되기 시작했다. 중세기 이민족의 침입을 받을 때는 요새로 탈바꿈하기도 했다. 건물은 수 세기에 걸친 지진에도 불구하고 끄떡하지 않을 만큼 내진설계가 되어 있어서 당시 로마건축의 우수성을 입증하고 있다.

천재지변에도 끄떡하지 않던 건물은 이후 사람들의 손에 의해 훼손되기 시작했다. 중세기 귀족과 시청 관리들과 교회까지 나서서 자기의 저택과 관공서 및 성당을 짓는다며, 무너진 일부 바윗덩어리는 물론 멀쩡하게 잘 박혀 있는 기둥들까지 파가기 시작하는 바람에 채석장이 된 것이다.

콜로세움의 다양한 식물은 여러 차례에 걸친 과학적인 식물 연구의 대상이 되기도 했다. 다섯 번 있었던 조사는 1643년에 파나롤리(Panaroli), 1815년에 세바스티아니(Sebastiani), 1855년에 디킨(Deakin), 1874년에 피오리니 마짠티(Fiorini Mazzanti)와 1951년에 안잘로네(Anzalone)에 의해 진행되었다. 특히 1855년 런던에서 초판 되고, 1873년에 개정판을 낸 디킨은『로마 콜로세움의 식물군(Flora of the Colosseum of Rome)』이라는 책에서 418종의 식물을 소개했다. 천오백 년이 넘는 세월을 방치한 콜로세움에는 진귀한 식물이 자라고 있었고, 저자는 다른 유명한 작가와 시인들이 수차 묘사한 기념비적인 이 건물의 낭만적인 측면을 높이 평가하며, 자신의 책 서문에서 이렇게 말했다. "이 소책자의 목적은 한 건물의 폐허에서 승리의 꽃으로 피어나는 이 피조물에 대한 사람들의 주의를 환기하기 위함이다. 꽃은 피조물 가운데 가장 우아하고 모두가 좋아하는 연약한 존재이지만, 시공, 특히 오래전에 사라진 시대를 기억하는 것과 연결될 때, 연약하지만은 않다. 그것이 기억의 고리를 형성하여 과거의 슬픔과 함께 희망과 위안을 주기도 하기 때문이다. 말은 없지만 잃어버린 위대함을 아름답고 우아한 꽃과 잎으로, 화려하고 다양한 색으로, 공기를 세련된 향기로 빛내는 것이다." 당시 영국 대중을 위해 쓴 이 책은 과학적일 뿐 아니라, 대중적이고 시적이기까지 했다.

한편 흔히 알고 있는 것처럼, 콜로세움은 그리스도인들의 박해 장소는 아니었다. 로마인들의 오락 장소로만 기능했다. 하지만 직접적인 의미의 그리스도교 박해는 없었어도, 로마제국의 핍박과 압제를 대변하는 장소로서 의미는 충분히 있었다. 식민지에서 끌고 온 많은 노예가 짐승과 같은 대우를 받고 죽음을 맞이했던 곳이고, 그리스도인들 역시 제국의 힘으로부터 250여 년간의 긴 박해를 감수해야 했기 때문이다.

이런 이유로 교황 비오 9세는 콜로세움을 성지로 지정했고, 십자가를 세웠다. 그리고 매년 성 금요일이면 전통적으로 이곳에서 교황이 '십자가의 길'을 한다. 그 장면은 유로비전(EuroVision)으로 전 세계에 생방송 된다.

콜로세움 Colosseo
주소: Via dei Fori Imperiali ROMA (RM)
연락처 및 예약: https://parcocolosseo.it
전화: 06-0608
개방시간, 휴관일, 입장료 등은 위 사이트에서 확인

제국의 영광이 담긴, "콘스탄티누스 황제의 개선문"

Arco di Constantino

개선문은 서기 312년 밀비오 다리에서 있었던 막센티우스와의 전투에서 승리한 것을 기념하기 위해 원로원과 시민들이 콘스탄티누스 황제에게 헌정한 것이다. 개선 행렬이 이어지던 팔라티노 언덕과 콜로세움 사이의 계곡에 세워 그 의미를 부각했다. 지금 남아 있는 티투스 황제 개선문과 셉티미우스 세베루스 황제 개선문보다도 보존이 잘 되어 있다.

천장과 외부 부조는 콘스탄티누스와 트라야누스, 마르쿠스 아우렐리우스, 하드리아누스 황제의 모습을 새겨 넣은 것인데, 콘스탄티누스의 부조만 빼고 모두 각기 다른 건축물에서 여러 시대에 걸쳐 있던 것들을 떼어다 붙였다.

로마제국 건축물 재활용의 탁월한 사례이기도 하지만, 콘스탄티누스는 제국시대 가장 유명한 세 명의 황제, 트라야누스, 하드리아누스, 마르쿠스 아우렐리우스의 총합이라는 것을 어필하는 것이기도 하다.

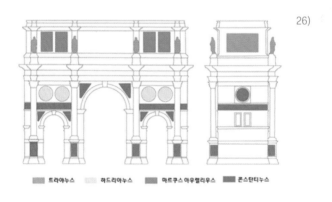

26)

█ 트라야누스   ▨ 하드리아누스   ▨ 마르쿠스 아우렐리우스   █ 콘스탄티누스

312년, 밀비오 다리 전투는 콘스탄티누스의 정치력을 결정하는 중요한 계기가 되었고, 그 결과 로마와 인연이 시작되었지만, 그의 집권 시기 서로마제국 황제의 거주지는 밀라노였고, 후에 콘스탄티노폴리스를 지어 동로마로 옮겼다. 따라서 로마에 남긴 몇 안 되는 황제의 흔적이 바로 이 개선문이라고 할 수 있다.

콘스탄티누스가 정치 전면으로 부상한 것은 306년, 그의 아버지가 요크에서 사망한 후부터다. 아버지가 이끌던 브리튼 주둔 부대에 의해 아우구스투스(존엄한 자라는 뜻으로서 전통적으로 로마의 황제에게 붙여주던 칭호)로 추대되었고,

26) 콘스탄티누스의 개선문 스케마

그의 정적이던 막센티우스도 로마제국에서 같은 칭호를 얻었다. 두 사람의 대결은 밀비오 다리에서 최종 결정되었다.

마지막 일전을 앞두고 여러 면에서 열세였던 콘스탄티누스는 실의에 빠져 잠이 들었는데, 꿈속에서 천사들이 십자가를 들고 오는 것을 보았다고 한다. 십자가의 끝에 달린 흰 깃발에는 "이 표시로써 전쟁에서 승리할 것이다(In hoc signo vinces)"라는 말이 적혀 있었다. 꿈에서 깬 콘스탄티누스는 자신의 모든 군대에 십자가 표지를 달게 하여 출정했고, 전쟁은 승리로 끝났다. 어떤 사람은 꿈이라고도 하고 어떤 사람은 환시라고도 했다.

콘스탄티누스의 이 '꿈 혹은 환시'와 '전쟁' 장면은 바티칸박물관 내 라파엘로의 4개 방 가운데 마지막 방, <콘스탄티누스의 방>에서 프레스코화로 만날 수 있다. 라파엘로의 제자 줄리오 로마노의 작품이다.

화려한 승전보와 함께 로마에 입성한 콘스탄티누스에게 원로원은 이 개선문을 지어 바쳤다. 건설은 바로 시작했지만 완성된 것은 콘스탄티누스 대제 집권 10년이 지나서였다고 한다. 개선문 위에 적힌 헌정 (Votis X)이 그것을 말해주고 있다. 조각된 부조들에는 콘스탄티누스가 체류하고 있던 밀라노에서 로마로 내려오는 여정, '백성들에게 돈을 나누어 주는' 등 그의 덕정(德政)이 새겨져 있다.

개선문은 높이 21m, 너비 25.7m, 깊이 7.4m에 3개의 아치로 이루어져 있다. 학자들은 이 세 개의 아치가 각기 다른 건축물에서 떼어다 조립한 것인 만큼, 아치들은 대개 훨씬 이전에 있던 것이고, 그만큼 건축기술에서도 차이를 보여준다고 한다. 이전 시대의 유물을 재활용한 것은 로마 시대에 보편적으로 하던 일이었다.

중세기 콜로세움을 요새로 사용할 때, 개선문은 방패막이가 되었다. 그런 만큼 훼손된 부분도 많았고, 18세기에 와서야 전면 복원되었다. 파리의 샹젤리제 거리 입구에 있는 나폴레옹의 개선문은 이것을 본뜬 것이다.

로마제국의 영광을 회상하듯, 1933년 앞에 난 '승리의 길'을 새로 닦아, '성 그레고리오 가도(街)'로 명칭을 바꾸고 낙성식을 할 때 이 개선문을 통과했고, 1960년 제17차 로마 올림픽 마라톤의 최종 승리자도 이 개선문을 통과했다.

27) "다이아나 여신의 인도로 로마에 입성하는 콘스탄티누스", 개선문에 새겨진 부조(일부분)

둘째 언덕, 카피톨리노
Mons Capitolinus

가장 큰 역사가 시작된 곳

1)

1) 캄피돌리오 언덕

캄피돌리오 Campidoglio

흔히 '캄피돌리오' 혹은 '카피톨리노 언덕'이라는 이름으로 부르는 이곳에 대해 에밀 졸라(Émile Zola, 1840~1902)는 이렇게 말했다.

"로마의 일곱 언덕 중 가장 영광스러운 카피톨리노 언덕은 그 자체가 하나의 성채를 이루고 세계사의 제국, 성 베드로의 로마를 약속한 성전과 같은 곳이다. 이 작은 언덕에서 뻗어나간 두 개의 큰 줄기는 포룸(공회당)과 캄포 마르치오다. 이 언덕에 세워진 신전으로 제국의 승자는 들어가고 신들의 동상 아래에서 황제는 신으로 승격되었다. 이토록 작은 공간에서 이토록 큰 역사와 영광이 있었다니!"

카피톨리노 언덕

오늘날 로마시청 본관이 있는 이 언덕은 '로마의 안장(安葬)'이라고 부른다. 일곱 언덕 가운데 가장 작다. 그러나 로마 건국 신화에 등장하는 로물루스와 레무스가 이곳에서 기원전 753년 4월 21일, 로마 창건을 맹세했다고 하여 가장 신성한 곳으로 간주 된다.

로마가 건국되기 훨씬 이전에도 몬스 카피톨리누스(Mons Capitolinus)라는 이름의 이 언덕은 이미 역사에 등장했다. 반역자들을 추락시켜 처형하던 처형장이 있었고, 이후에는 여러 개의 촌락이 있어 소금을 팔러 다니던 상인들이 쉬어 가기도 했다. 그러다가 도시가 하나로 통합된 것이 로마 건국 신화에 나오는 기원전 8세기경이다.

로마 공회당의 평원과 테베레강 사이에 있던 카피톨리노 언덕은 티베리나 섬이 가까이 있어 일찍부터 도시의 중심이 되는 포룸과 서민들의 거주지 수부라의 경계로 성채(城砦) 역할을 했다. 농업을 기반으로 하던 고대 사회에서 곡물이 생산되는 비옥한 평원이 있고, 가까이에 티베리나 섬이 있어 테베레강을 건널 수 있었던 점이 바로 이 언덕이 로마의 중심지가 되는 데 큰 역할을 했을 것이다.

전설에 따르면, 이 언덕을 차지한 첫 인물은 농신(農神) 사투르누스인데, 그는 헤라클레스가 데리고 온 그리스 사람들을 맞아주었다고 한다. 언덕의 둔치에서 발견된 일부 세라믹 유물은 청동기 시대부터 이곳에서 사람이 살기 시작했다는 걸 증명하고 있다.

고대 로마의 역사가 타키투스(Publius Cornelius Tacitus, 56~117)는 언덕 바로 아래에 로마 공회당이 있는 것으로 보아, 이곳은 고대에서부터 매우 신성한 지역이었고, 그래서 로물루스가 휘하에 목동들을 거느리고 로마를 창건했다고 했다. 그 후 이곳을 중심으로 사람들이 모여 살면서 문명을 개척해 나갔다.

원래 이 언덕은 두 개의 봉우리로 되어 있었는데, 지금도 이 언덕과 나란히 하는 옆의 '하늘 제단의 성모 마리아 성당'에서 그 흔적을 찾아볼 수 있다. 고대에는 성당 자리에 유노 신전이 있었다.

언덕은 로마 건국 초기에 있었던 "사비느 여인의 약탈" 이야기와도 관련이 있는 곳이다.

로물루스와 레무스가 로마를 건국한 것에서도 보듯이, 쌍둥이 형제는 휘하에 목동들을 거느리고 로마를 건국했다. 후에 권좌를 놓고 형제간 싸움이 벌어져 형 로물루스가 동생 레무스를 죽이고 왕이 되었다. 백성은 농민들까지 포함하더라도, 대부분 독신 남자들로 이루어졌다. 국가로서 기능을 하려면 여자가 있어 아기를 낳아 주어야 했다. 로물루스가 정치체계를 확립한 뒤, 가장 먼저 한 일은 이웃 민족의 여인을 보쌈해 오는 일이었다.

2) 잠볼로냐 작, 〈사비느 여인의 약탈〉, 란지의 노대, 피렌체

2)

　로물루스 왕과 로마의 전사들은 로마 북쪽에 거주하던 사비니족을 축제에 초대했다. 축제가 한창 무르익어 갈 때 로물루스를 선두로 로마인 남성들은 일제히 자리에서 일어나 사비니 여인 중 시집 안 간 처녀들만 골라 하나씩 납치했다. 로물루스도 사비니 족장의 딸 헤르실리아를 차지했다.

　이 장면은 르네상스 시대 많은 예술가에게 영감을 주었고, 잠볼로냐 외에도 카스텔로, 니콜라스 푸생, 다비드, 루벤스는 물론 피카소까지 한 번씩 작품의 소재로 삼았다.

　딸과 여동생을 잃은 사비니족은 분노했고, 정식으로 자기네 여인을 돌려달라고 요구했지만, 로마는 응하지 않았다. 로마로서는 이미 아내가 된, '현재'

는 자기네 여인이라 돌려줄 수 없다는 것이었고, 사비니족 입장에서는 딸이자 누이였던 '과거'의 여인을 포기할 수 없었다. 사비니족은 과거에 머물러 호시탐탐 로마를 노렸다. 사비니의 왕 티토 타치오는 군대를 이끌고 들어와 자기네 여인들을 약탈해간 로마를 응징하려고 했다. 그때 이 언덕을 지키던 수문장 스푸리오 타르페이오(Spurio Tarpeio)의 딸이며, 베스타 신전의 처녀 제관 중 한 사람이었던 타르페아(Tarpea)가 로마를 배반했다. 티토 타치오에게 매수당한 것이다. 티토는 그녀를 금으로 유혹했고, 왼팔에 황금 팔찌를 갖고 싶은 욕심에 타르페아는 요새 같은 카피톨리노 언덕 성채의 문을 사비니 병사들에게 열어주었다. 대기하고 있던 사비니의 왕과 군대는 순식간에 언덕을 접수하고, 배반한 타르페아를 이 언덕에서 던져 죽였다. 이후 로마는 죄인과 배신자들을 처형하던 이 절벽을 '타르페이아의 절벽(Rupes Tarpeia)' 혹은 '타르페이우스 언덕(Mons Tarpeius)'이라고 불렀다. 플루타르코스(Plútarchos, 서기 46~119년) 시대까지도 타르페이아의 절벽은 존재했는지, 죄인들과 배신자들을 처형했다는 기록이 있다. 타르페아의 아버지도 로마인들로부터 반역죄로 사형을 당했다.

죽은 타르페아는 카피톨리노 언덕 아래, 자신이 처형당한 절벽에 묻혔다. 이 이야기는 거의 전설에 가깝지만, 로마의 왕정 시대(기원전 753~기원전 510) 말까지 타르퀴니우스 프리스코(Tarquinio Prisco) 혹은 타르퀴니우스 일 수페르보(Tarquinio il Superbo) 왕은 타르페아의 무덤을 다른 곳으로 옮기지 않고, 오히려 그 위에 유노 여신을 위한 신전을 지었다고 한다.

---

3) 타르페이아 절벽에서 던져지는 타르페아와 오늘날의 타르페이아 절벽

4) 자크 루이 다비드(Jacques-Louis David), 〈사비느 여인들〉(1794~1799), 루브르 박물관, 파리

사비니족이 카피톨리노 언덕을 점령했다는 소식이 전해지자 로마군도 가만히 있지 않았다. 그러자 중간에서 괴로운 건 로마인 남편을 두고 사비니인 아버지와 오빠를 둔 여인들이었다. 여인들은 남편과 친정 식구가 싸우는 것을 차마 볼 수 없다고 호소하고 나섰다. 여인들은 비록 강탈당해 온 몸이긴 하지만 노예가 된 것도 아니고, 아내로서 제대로 대접을 받고 살고 있었기 때문에 로마인 남편에게 애정을 느끼고 있었다.

4)

로마군과 사비니족이 격돌하려는 순간, 사비니 여인들이 울며 양쪽 군대 사이로 뛰어 들어왔다. 어떤 여인은 병사를 붙들고 오열했고, 어떤 여인은 무장한 병사에게 매달렸다. 어떤 여인은 아기를 안아 보여주며 당신들의 자식이고 손자라고 호소했다. 헤르실리아는 양쪽 군대를 향해 호소했다. 왼쪽에는 오빠와 아버지가, 오른쪽에는 남편이 대치하고 있었다. 루브르 박물관에 있는 자크 루이 다비드(Jacques-Louis David)의 〈사비니 여인들(Les Sabines)〉이라는 그림은 바로 이 순간을 극적으로 잘 묘사했다. 양쪽 군대가 대치한 상태에서 사비니 여인들이 가운데 끼어들어 중재하고 있는 앞의 상황과는 달리, 왼쪽 배경에 철옹성 같은 카피톨리노의 성(城)과 그 뒤로 멀리 타르페이아 절벽까지 잘 묘사했다.

결국 전투는 중단되었고, 양쪽은 화해했다. 로물루스는 사비니족을 아예 로마로 이주시켜 일곱 언덕의 하나인 퀴리날레 언덕을 사비니족의 거주지로 내주었다. 그리고 사비니족의 왕 티토 타치오와 권력을 절반씩 나눴고, 서로에게 강력한 동맹자가 되었다.

한편 언덕의 이름 카피톨리노는 '카피톨리나의 삼신(triade capitolina)'인 유피테르, 유노, 미네르바 신에게 헌정한 언덕이라는 데서 유래한다. 로마인들은 이들을 카피톨리움 삼신(三神)으로 로마의 수호신으로 섬겼다. 이들에게 바쳤던 신전은 지금의 '하늘 제단의 성모 마리아 성당'이 있는 곳에 있었다. 신전은 5대 왕 타르퀴니우스 프리스코가 건축을 시작하여 7대 '거만왕' 타르퀴니우스일 수페르보를 거쳐 공화정 시기 초에 완성되었다.

---

5) 카피톨리나의 삼신(三神), 구이도니아 박물관 소장

제국의 승리를 기념하는 각종 제사를 지내던 이곳은 로마인의 종교 생활의 중심지가 되지만 시간이 지나면서 건물이 많이 훼손되어 여러 번 복구와 재건 공사가 이루어졌다. 이 과정에서 사람의 두개골이 발견되었는데, 사람들은 그것을 아울로 비프사니아(Aule Vipinas)의 머리라고 했다. 아울로 비프사니아는 로마의 여섯 번째 왕인 세르비우스 툴리우스(Servius Tullius, 재위 기원전 578~539)로 추정되는 인물이다. 왜냐하면 세르비우스 툴리우스의 형이 첼리우스 비프 사니아(Caile Vipinas)였고, 함께 에트루리아 지방 출신의 영웅으로 알려졌기 때문이다. 이 때문에 언덕의 이름 카피톨리움(capitolium)이 '카푸트-아울리(caput Auli, 아울로의 머리)'에서 유래한 것으로 보기도 한다.

기원전 390년, 골족은 알리아 전투에서 로마 북부군단을 궤멸시키고 로마를 잿더미로 만들었다. 로마 역사에서 처음으로 '죽음의 날(Dies Ater)'로 기록되는 때였다. 이런 외부의 침입을 겪으면서 카피톨리노 언덕은 주변에 성을 쌓고 공회당 쪽과 마르첼로 극장 쪽으로 성문을 만들었다. 로마 공회당 쪽으로 난 문은 마메르티눔 감옥과 콩코드 신전 사이를 지나는 현재의 계단과 연결되었을 것으로 추정된다. 이곳에서 범죄자들을 추락사시키는 형을 집행한 것으로도 본다.

기원전 133년에는 카피톨리노 신전에서 일어난 귀족들의 반란으로, 유명한 티베리우스 그라쿠스(Tiberius Sempronius Gracchus, 기원전 163~133)가 살해되기도 했다. 티베리우스 그라쿠스의 암살은 로마사나 서양의 정치 문화사에서 한 나라의 정치제도와 계급구조는 상황에 따라서 얼마든지 변할 수 있을 뿐만 아니라, 그 변화를 합리화할 수도 있다는 사례로 손꼽히기도 한다. 집정관(Consul)을 두 번이나 지냈고, 개선식을 두 번씩이나 가졌던 셈프로니우스 가문 출신의 그라쿠스 형제를 모르는 사람은 없었다. 포에니 전쟁의 마지막이라고 할 수 있는 한니발과의 전쟁을 승리로 이끈 노(老) 스키피오 아프리카누스의 딸을 어머니로 둔 티베리우스 그라쿠스는 당시 원로원 인사들 대개가 그렇듯이 정치적 야심을 품은 젊은 귀족이었다.

그런데도 그의 정적은 다름 아닌 가장 친한 친구이자 먼 친척이기도 한 스키피오였다. 스키피오는 티베리우스 그라쿠스와는 사돈지간이면서 티베리우스의 누이와 결혼하여 아저씨가 된 인물이다. 그 역시 대단한 야심가였다. 그러나 스키피오가 유산 문제로 시작된 두 가문의 갈등을 해소하고 우호 관계를 회복하려고 티베리우스의 누이 셈프로니아와 결혼했지만, 이 결혼이 불행으로 끝나면서 사태가 악화하여 정치적 불화와 반감으로 이어졌다. 종국에는 스키피오와 티베리우스 그라쿠스 간 개인적인 증오로까지 치달았다.

마침내 스키피오는 티베리우스가 추진하는 모든 일에 반기를 들었고, 티베리우스는 자신의 정치 생명을 유지하고 스키피오를 처단할 필사적인 방법을 찾기에 이르렀다. 그리하여 티베리우스는 당시 로마에 절박하게 요구되던 사회적, 경제적, 군사적 문제를 해결하기 위해 농지개혁에 손을 댔다. 호민관 출마를 앞두고 있던 티베리우스에게는 그것이 대규모 유권자들의 호응을 불러일으킬 수 있는 유일한 방법이었다. 그는 호민관에 당선된 뒤, 토지 재분배법을 통과시켜 성공하면 토지를 분배받은 사람들이 자신의 충실한 지지자가 되어줄 것이라는 점을 믿어 의심치 않았다.

티베리우스가 개혁의 길에서 만난 정적들은 자신들의 탐욕을 감춘 채, 농지법 자체를 문제 삼기보다는 그것을 실행하는 정책을 트집 잡았다. 실상 그들은 자기네 기득권을 침해하려는 티베리우스를 용납할 수 없었다. 그들은 티베리우스를 무모한 전략가로 낙인을 찍어 강력히 맞섰다. 원로원과 부자들로 이루어진 기득권층은 각종 전쟁을 빌미로 서민들의 농토를 빼앗고 온갖 횡포를 부렸다. 로마의 고질병인 부익부 빈익빈 현상을 타파할 한 치의 틈도 내어주

6) 유진 기욤(Eugène Guillaume), 〈그라쿠스 형제〉, 19세기 말, 오르세미술관, 파리

고 싶지 않았다. 원로원은 이러한 잘못을 시정하려 들기보다는 자신들의 부를 더욱 공고히 하는 데만 골몰하고 있었다.

그런데도 티베리우스는 시민들의 지지를 얻어 호민관에 당선되고, 처음 계획했던 대로 시민의 이익을 위해 계획했던 법안을 제출했다. 이에 원로원은 위기감을 느껴 의원들을 충동질하여 티베리우스가 심한 반발에 부딪히게 했다. 종국에는 그를 모함하여 황제가 되고자 한다는 유언비어를 퍼트려 그의 몰락을 앞당겼다.

6)

마침내 티베리우스 그라쿠스는 최고형인 추락사 형에 처해 졌는데, 그를 밀어 사망하게 한 곳이 바로 이곳 카피톨리노 언덕이다. 그라쿠스가 사망한 지점은 캄포 마르치오(Campo Marzio) 쪽으로 난 계단 꼭대기로 추정된다. 후에 시민들은 그가 죽은 자리에 동상을 세워 기렸다고 한다.

티베리우스 그라쿠스가 죽은 지 10년 후인, 기원전 123년 티베리우스의 동생 가이우스 그라쿠스(Gaius Sempronius Gracchus, 기원전 154~121)가 호민관으로 선출되었다. 형 티베리우스의 슬픈 경험은 그에게 강력한 정치적 동맹을 먼저 확보해야 한다는 깨달음을 주었다. 그렇지 않으면 어떤 개혁도 원로원의 반대를 극복하지 못할 것이기 때문이다.

가이우스는 형이 추구하던 농지개혁, 곡물법, 병역법, 공공사업법과 시민권 개혁법 등 여러 개혁법안을 들고나왔다. 로마의 민중은 그에게 열광했다. 그러나 보수파 인사들 사이에서 그가 낸 일부 법안은 불쾌하게 받아들여졌다. 특히 시민권의 확대는 모든 원로원 의원이 가이우스에게 등을 돌리는 결과를 초래했다.

그런데도 이듬해, 두 번째 호민관 재선에 성공하여 더 열정적으로 개혁을 완수하려고 했다. 그러자 원로원은 리비우스 드루수스라는 다른 호민관을 이용하여 더 급진적인 법안을 제출하게 하여 가이우스의 인기를 떨어뜨렸다. 가이우스는 지금까지 쌓아왔던 개혁이 물거품이 될 위기에 처했고, 거기에 설상가상 그가 공들여 추진해 온 카르타고 식민도시 건설마저 무효가 될 상황이었다. 그를 반대하는 쪽에서 무효법안을 제출했기 때문이다. 결국 투표로 결정하기로 했다. 투표 당일, 원로원의 하급 관리인 한 사람이 가이우스를 추종하는 열성 지지자로부터 살해당하는 사건이 벌어졌다.

집정관 루피우스 오피무스와 원로원은 즉시 가이우스 일당을 '공화정을 저해하는 적(敵)'으로 규정하고 그들을 무력으로 진압했다. 가이우스와 그의 지지자들은 아벤티노 언덕에서 저항했으나 모두 학살되고 가이우스는 산채로 적의 손에 넘겨져 수모를 겪지 않기 위해 자신의 노예에게 죽여달라고 부탁하여 생을 마감했다. 그의 시신은 오피무스에 의해 다른 300여 명과 함께 테베레 강에 던져졌다. 가이우스의 어머니 코르넬리아에게는 아들의 죽음을 애도하는 것조차 금했고, 그의 집은 약탈당했다.

기원전 83년, 대형 화재로 유피테르 신전을 포함한 언덕 일대는 모두 소실되었다. 그 후 몇 년간의 설계 끝에 기원전 78년, 국가문서를 기록하여 보관하는 타불라리움(Tabularium)이 건설되었다. 이 건물은 카피톨리오 언덕과 로마 공회장을 잇는 기능을 했다. 공사는 기원전 69년까지 이어졌다. 타불라리움은 중세와 근대에 이르러 코르시(Corsi) 가문에서 수리하여 개인 궁으로 사용하기도 했다.

제국 시대에 들어와서, 아우구스투스 황제는 '아우구스투스의 공회장'이 건설되기 전에 이 언덕에 복수의 신 마르스를 위한 신전을 짓도록 했다.

네로 황제의 죽음 이후 혼란의 시기와 서기 69년의 갈바(Galba)와 오토(Ottone)가 통치하던 시대에 이 언덕은 비텔리오(Vitellio) 군대의 추격을 받은 베스파시아누스 지지자들을 보호하기도 했다. 네로 황제의 방화로 언덕과 거기에 있던 유적지가 모두 소실되었고, 후에 베스파시아누스 황제가 유피테르 신전 등 일부 건물을 복구했다.

서기 80년 티투스 황제 시대, 캄포 마르치오의 끝자락에서부터 시작된 화재로 또 한 번 신전이 소실되었다가, 이듬해 도미티아누스 황제에 의해 재건되었다. 하드리아누스와 마르쿠스 아우렐리우스 황제에 이르러 언덕은 최종 정리되어 각종 제사와 행렬과 승전보의 최종 도착지가 되었다.

트라야누스 황제 시대에는 '트라야누스 공회장'이 건설되면서 이 언덕의 동쪽 경사진 부분이 잘려 나가고 나머지 언덕의 벽을 벽감(壁龕) 형식으로 깊게 파서 벽돌을 쌓아 건물을 지었는데, 오늘날 리소르지멘토(Risorgimento) 박물관 입구에서 그 흔적을 찾아볼 수 있다.

언덕의 경사진 부분에 있던 주택들은 여러 차례 손을 보다가 빅토리오 엠마누엘레 2세 기념관을 지으면서 일부를 잘라내고, 1926~1930년에 한 언덕의 '분리' 작업으로 지금의 '코르도나타(Cordonata)' 계단과 유노 신전 자리에 '하늘제단의 성모 마리아 성당'을 세웠다. 경사가 심한 계단 꼭대기에 세워진 성당과 수도원 일부는 후에 빅토리오 엠마누엘레 2세 기념관을 지으면서 더욱 훼손되었다. 이 성당은 더 뒤에서 설명하기로 하겠다.

1144년, 도시국가 제도가 생기면서 의회 회의실로 사용했던 건물이 지금 카피톨리노 언덕 위에 있는 세나토리오 궁이다. 1534~1538년, 교황 바오로 3세가 미켈란젤로에게 카피돌리오 광장의 재건 프로젝트를 맡길 때까지도 이 언덕은 손볼 곳이 많았다. 이후 미켈란젤로는 언덕 위에 있던 고대 건물들을 콘세르바토리오 궁과 누오보 궁으로 바꾸었다. 그리하여 좁은 광장을 중심으로 세나토리오 궁, 콘세르바토리오 궁, 누오보 궁 등이 둘러서게 되었다. 세나토리오 궁은 광장의 정면에 있는 건물로 현재 로마시청 본관으로 사용하며 시장의 집무실이 있다. 콘세르바토리오 궁은 광장의 우측에 있는 건물로 현재 카피톨리노 박물관으로 사용하고, 누오보 궁은 광장의 좌측에 있는 건물로 역시 카피톨리노 박물관으로 사용하고 있다.

광장 중앙에 있는 마르쿠스 아우렐리우스 황제의 동상은 콘스탄티누스인 줄 알고 정성껏 보존했다고 한다. 제국이 멸망하고 중세에 접어들면서 콘스탄티누스는 그리스도인들 사이에서 거의 '성인'으로 공경받았기 때문이다. 언덕을 오르는 '코르도나타' 계단은 미켈란젤로가 바오로 3세의 요청에 따라 널찍하게 설계한 것으로 카피톨리노 언덕과 그 아래에 있는 하늘 제단의 광장을 이었다. 위로 올라갈수록 조금씩 넓게 설계되어, 사람은 물론 말을 타고 오르기 쉽게 했고, 무엇보다도 계단을 오를 때 인체에 무리가 가지 않도록 인체공학적으로 설계한 걸로도 유명하다. 이탈리아어로 '코르도나타'라는 말 자체가 '경사가 완만한 넓고 낮은, 경사면이 둥그스럼한 계단'이라는 뜻이다. 로마에는 카피톨리노의 코르도나타 외에도 두 개의 코르도나타가 더 있다. 하나는 트레비 분수가 있는 구역, 퀴리날레 궁(현재 대통령궁) 근처에 있는 것으로, 길 이름이 코르도나타 가(街)(Via della Cordonata)이고, 다른 하나는 신로마(EUR)에 있는 에우로파 길(街)(Viale Europa)과 신(新) 성 베드로와 성 바오로 대성당을 잇는 길이다.

코르도나타를 오르면 양쪽에 카스토르와 폴룩스 동상이 있다.

로마가 창건된 이 언덕에 오늘날 로마시청 본관이 있다는 것은 큰 의미를 지닌다. 영어로 국회의사당이나 정부의 행정 업무를 보는 건물을 지칭할 때 '캐피탈(capitol)'이라고 하고, 한 나라의 수도를 지칭할 때 '캐피탈(capital)'이라고 하는 건 모두 이 언덕의 이름에서 유래했다.

캄피돌리오 Campidoglio
주소: Piazza del Campidoglio, 1
연락처 및 예약: http://www.museicapitolini.org / info.museicapitolini@comune.roma.it
전화: +39 0608
캄피돌리오 광장은 항상 개방
개방시간, 휴관일, 입장료 등은 위 사이트 혹은 메일, 전화로 확인

하늘 제단의 성모 마리아 대성당: 유노 신전

로마의 중심이라고 할 수 있는 베네치아 광장의 화려한 빅토리오 엠마누엘레 2세의 기념관과 로마시청이 있는 카피톨리노 언덕 사이에 감추어진 듯 장엄하게 서 있는 이 대성당은 고대와 현대를 모두 간직하고 있다고 할 수 있다. 숨을 할딱이며 경사가 심한 계단을 오르면, 고대의 유노 신전을 개조하여 성당으로 사용하고 있는 '하늘 제단의 성모 마리아 대성당(Basilica di Santa Maria in Aracoeli)'에 이른다.

성당의 원래 이름은 '캄피돌리오의 성모 마리아 대성당'이다. 고대 로마 시대에 이곳은 그리스 신화에 등장하는 유피테르의 부인, 헤라 여신에 해당하는 로마의 어머니 신 유노 여신을 위한 신전이 있었다. 지금과 같은 성당의 모습은 나중에 신전을 수도원으로 바꾸어 사용하면서 거기에 딸려 있던 건물 일부를 수리하여 완성했다.

성당의 이름은 이전 사람들이 불러오던 별칭을 1323년에 정식 이름으로 정한 것이다. 여기에는 몇 가지 설이 뒷받침되고 있는데, 그중 하나가 아우구스투스 황제가 이 자리에서 아기를 안은 아름다운 여인을 보았다는 것으로, 그때 여인이 황제에게 "이곳은 하느님의 맏아들의 제단(Ecce ara primogeniti Dei)"이라고 말했다는 것이다. 그 여인이 바로 예수의 어머니 마리아였다는 것. 실제로『로마의 전설(Mirabilia Urbis Romae)』에는 "그 환시가 옥타비아누스 황제의 방에서 일어났다. 그 방은 현재 캄피돌리오의 성모 마리아 성당이 있는 자리다. 그래서 성모 마리아 성당을 하늘 제단이라고 부르게 되었다"라고 기록되어 있다. 정확하게 신전이 그 자리에 있었다고 말할 수는 없지만, 대략 그즈음으로 추정하고 있다.

그러나 진정한 의미에서 성당의 역사는 캄피돌리오 언덕의 두 봉우리 가운데 한 곳에 있던 유노 신전이 파괴되면서부터라고 할 수 있다. 성당이 처음 세워진 것은 6세기경 그리스 전례를 하던 시대였다. 그리스 전례는 전통적으로 안티오키아와 알렉산드리아에 거주하던 그리스인들이 사용하던 전례 양식이 확산한 것으로, 신비주의·영성적인 면이 강조되었다. 실용적·체계적인 서방의 가톨릭교회 전례와 조금 다르다고 하겠다. 당시 대부분의 성당이 그렇듯이 두 층으로 나누어 위층은 수도원으로, 아래층은 시장으로 활용하기도 했다.

12세기의 한 문헌에는 캄피돌리오의 성모 마리아 수도원의 베네딕토 수도회 아빠스가 언덕으로 통하는 세 갈래 길을 포함한 언덕 전체(intero montem Capitolii)의 주인으로 나온다. 세 갈래의 길은 하나는 클리보 델리 아르젠타리(Clivo degli Argentari), 곧 지금의 마메르티눔 감옥에서 올라오는 계단 쪽이고, 다른 하나는 카피톨리노 아래로 내려가는 길로 대략 지금의 코르도나타 계단 근처이고, 마지막 하나는 성 테오도로 가(街) 쪽으로 내려가는, 즉 로마 공회당 쪽으로 난 길인데 지금까지 원형이 가장 잘 보존되어 있다.

한편 카피톨리노 언덕이 다시 조명받기 시작한 것은 1143년경, 로마시민들이 교황 인노첸시오 2세에게 항의하면서부터이다. 인노첸시오 2세가 귀족 피에르레오니(Giorgio dei Pierleoni)에게 로마시를 통치하도록 임명하며, 그 중심지로 고대 로마의 중심지인 이곳을 내준 것에 대한 반발이었다. 그때 처음으로 세나토리오 궁(1195년을 전후로)이 건설되었다.

교황을 지지하던 겔프(Guelfi)와 황제를 지지하던 기벨린(Ghibellini)의 분쟁으로 이곳은 로마시의 정치적인 중심지가 되었다. 그런 분위기 속에서 1250년, 교황 인노첸시오 4세는 프란체스코 수도회를 성당과 수도원이 있는 이 언덕의 주인으로 임명했다. 프란체스코 수도회는 훼손된 성당을 바로 고쳐 지금과 같은 로마네스크-고딕 양식으로 바꾸었다. 그 바람에 이곳은 로마시 정치의 중심지요, 종교의 중심지로 자유도시 시민 회의의 장소로 활용되었다.

재건된 성당은 로마의 새로운 정치 권력과 함께 세나토리오 궁과 로마 공회당 쪽으로 나 있던 정문의 방향을 마르치오 광장 쪽으로 바꾸었다. 1348년에는 유럽을 강타했던 페스트로부터 로마의 시민들을 구해준 성모 마리아께 봉헌하는 의미로 계단을 웅장하게 설계하여, 정치가며 민중 지도자를 자처했던 콜라 디 리엔조(Cola di Rienzo, 1313~1354)가 개막식을 주도했다. 성당 바닥을 장

식하고 있는 코스마데스크 양식의 모자이크 장식(옆의 사진)은 성 베드로 대성당과 라테란의 성 요한 대성당의 것보다도 아름답다. 코스마데스크 양식은 로마 시대 다양한 색상의 대리석을 오려 붙여서 건물의 바닥, 제단, 회랑 등을 장식하던 것으로 건축적인 기능보다는 장식에 치우친 예술이었다. '코스마데스크(Cosmatesco)'라는 이름은 12~14세기에 와서 코스마 일족이 형식을 이어받아 사용하던 데서 유래했다.

1341년, 시인 페트라르카(Francesco Petrarca)는 이곳에서 계관시인 작위를 받았고, 1571년에는 레판토 해전 승리를 기념하여 천장 장식을 마무리했다. 지금도 매년 한 해를 마무리하는 로마시민의 공적 감사기도인 '떼 데움(Te Deum)'은 이곳에서 거행된다.

프랑스 대혁명 시절에는 프랑스인들이 로마를 점령하여 언덕을 차지하고, 여기서 살던 수도자들을 모두 내쫓았다. 그리고 성당을 마구간으로 사용했다. 그때 귀중한 코스마데스크 양식의 모자이크 장식이 대부분 소실되었다. 1800년대에 들어와서 이탈리아의 통일과 함께 수도원 소유였던 언덕은 정부에서 빼앗아 경찰서로 사용했다. 1882~1911년, 빅토리오 엠마누엘레 2세 기념관을 지으면서 남아 있던 건물마저 부수고 유일하게 성당과 수도원만 남겨 지금까지 내려오고 있다.

성당 내부는 세 개의 복도로 이루어져 있고, 목조 천장과 코스마데스크 양식의 모자이크 바닥 외에도 부팔리니(Bufalini) 소성당에 있는 핀투리키오(Pinturicchio)의 벽화가 유명하다. 벽화의 내용은 〈성 베르나르디노의 일화〉(1500년대 후기)다. 성당의 안쪽 뒷면에는 다 세르모네타(Girolamo Siciolante da Sermoneta)의 〈거룩한 변모〉가 그려져 있고, 도나텔로의 작품 〈조반니 크리벨리의 석관〉도 있다.

그러나 뭐니 뭐니 해도 이 성당에서 가장 유명한 것은 15세기 예루살렘 겟세마네 동산의 올리브 나무로 조각한 〈아기 예수상〉이다. 성당을 찾는 사람 대부분은 아마도 이 조각상 앞에서 소원을 빌 목적으로 올 것이다. 로마인들 사이에서는 '아기 예수'를 통해 많은 기적을 체험했다고 전해진다. 조각상은 1994년 2월, 도둑맞은 후 지금까지 못 찾고 있다. 그 자리에는 사본이 있지만, 신심은 조금도 줄어들지 않고 있다.

하늘제단의 성모 마리아 대성당 Basilica di Santa Maria in Ara coeli
주소: Scala dell'Arce Capitolina, 14 / Piazza del Campidoglio
연락처 및 예약: basilica.aracoeli@gmail.com
전화: +39 06 69763837-39
개방시간: 07:00-19:00

빅토리오 엠마누엘레 2세 기념관

'빅토리아노'라고도 불리는 이 건물은 로마의 배꼽이라고 할 수 있는, 베네치아 광장에 있다. 고대 로마의 유적지를 뒤로 하고 새하얀 대리석 옷을 입고 폼을 잡고 있는 청년같다. 필자가 처음 로마에 도착하여 버스를 타고 멍하니 앉은 채 지나가다 눈을 번쩍 뜨게 만든 건물이었다. 그 순간까지 본 것 중 가장 이국적인 느낌을 주었다. 이탈리아 왕국의 초대 왕 빅토리오 엠마누엘레 2세에게 헌정된 독립기념관이다.

1878년 빅토리오 엠마누엘레 2세가 죽자, 그를 '조국의 아버지'로 기리고 이탈리아 국가 통일을 기념하기 위해 지었다고 한다. 1911년에 완공된, 로마에서는 보기 드문 신고전주의 양식의 건축물이다. 공사를 맡았던 건축가는 사코니(Giuseppe Sacconi)였다.

사코니의 처음 계획은 로마 근교에 많은 트라베르틴 대리석을 이용하기로 했으나, 후에 하원의장을 지낸 자나르델리(Giuseppe Zanardelli, 1826~1903)가 공사를 지휘하면서 자기 고향인 브레샤(Brescia) 지방의 보티치노 대리석으로 마무리했다. 사코니의 계획에 따라서 완성된 것은 '페르가모 제단'과 '팔레스트리나 신전'에 불과하다. 그의 설계도에는 로마시민을 위한 노천 '회당'까지 있었다. 만약 사코니의 설계에 따라 공사가 진행되었다면 이곳 황제들의 거리 한복판에 카이사르의 로마, 교황들의 로마 시대 이후, 처음으로 이탈리아 통일의 상징으로 복층의 새로운 형태의 광장까지 볼 수 있었을 것이다.

1905년 사코니가 죽은 뒤, 여러 건축가를 거쳐서 1911년 6월 4일, 빅토리오 엠마누엘레 3세에 의해 이탈리아 통일 50주년, 만국 박람회를 개최하는 자리에서 개막식이 거행되었다. 그렇지만 실제 건물은 한참 뒤인 1935년에야 완공되었다.

'빅토리아노'는 신고전주의 양식에 당시 유행하던 건축 기술이 어우러져서 로마의 위대함과 장엄함을 드러내며 이탈리아의 수도 로마의 위용을 자랑하고 있다. 이탈리아의 일치와 민족의 자유를 상징하면서 말이다. 정면에는 코린트 양식의 기둥들이 세워져 있고, 주변은 역동적이고 복합적이면서도 뭔가 복잡해 보이는 구조를 하고 있다. 앞에도 거대한 코린트식 기둥이 하나씩 서 있고, 그 사이로 성전의 입구가 있다. 아테네의 성채(城砦) 위에 있는 니케[그리스 신화의 '승리의 여신', 이탈리아어로는 '빅토리아'다. 빅토리오 엠마누엘레 2세의 이름 '빅토리오'는 빅토리아의 남성형이다. 영어의 빅토리(Victory), '승리'도 여기서 비롯함가 성전의 광채를 드러낸다. 건물의 꼭대기를 장식하고 있는 청동으로 된 사두마차는 승리의 아치가 주는 건축학적인 표현을 극대화하고 있다.

건물은 공사를 시작할 때부터 완공 이후에도 끊임없이 비난을 받았다. 역동성을 틀에 박힌 예술적 감각으로 해결하려 든다느니, 로마제국의 전통에 말도 안 되는 시대착오적인 건물을 갖다 붙이려 했다느니… 당시 공사 관계자들이 들었던 비난은 말할 수 없이 컸다. 기자와 비평가들은 대놓고 '웨딩케이크'라는 둥, '구식 타자기'라는 둥의 별명을 붙여 비난의 강도를 높였다.

건물 중앙에 연중 내내 타오르고 있는 횃불이 있고, 그것을 지키는 의장대와 도금 장식을 한 '로마 여신' 상과 함께 '조국의 제단'이 있다.

　제단은 1906년 공모전에서 입상한 브레샤(Brescia) 출신 안젤로 자넬리(Angelo Zanelli)가 설계했다. 승자의 모습은 베르길리우스의 작품들이 갖는 목가적이고 전원적인 정서에서 영감을 받았다. 제단 중앙에는 로마 여신이 승리의 여신처럼 우뚝 서 있고, 좌측에는 "노동의 승리"를 묘사했다. 노동은 농업, 목축, 추수, 포도 수확, 관개에서부터 체계적인 대규모 경작을 거쳐 산업으로 이어지고 있다. 제단 우측에는 "조국애"를 표현했다. 세 여성이 영광의 관을 로마에 헌정하는 것으로 묘사하고 있다. 그 옆으로는 이탈리아 각 지방의 기(旗)와 '조국애의 승리', '영웅들'이 묘사되어 있다. 제단 앞에서는 조국의 성화가 타오르고 있다.

　내부에는 무명용사들의 무덤이 있는데, 제1차 세계대전 때 전사한 군인들의 무덤이다. 이들의 유해를 선별했던 사람은 안토니오 베르가마스(Antonio Bergamas)의 어머니 마리아(Maria Bergamas, 1867~1952)였다. 안토니오 베르가마스는 이탈리아의 통일을 위해 오스트리아에 대항하여 싸우다 전사했다. 그러나 정작 그의 유해는 끝내 찾지 못했다. 그의 어머니는 제1차 세계대전으로 아들을 잃고 시신을 찾지 못한 모든 이탈리아 어머니들을 대표하여 전사자들의 유해를 선별하고 1921년 11월 4일, 안치식에 참여했다.

　앞서, 1921년 10월 26일, 마리아는 아퀼레이아(Aquileia) 지역의 아들이 죽은

　7) 안젤로 자넬리 작, 〈조국의 제단〉

곳으로 추정되는 곳에서 11구의 형체를 알아볼 수 없을 만큼 손상된 시신을 확인하는 작업에 동참했다. 11구의 시신을 앞에 두고 첫 번째 시신을 확인하던 중 진척할 수 없다고 했고, 어머니 마리아는 한 구의 시신 앞에서 쓰러지고 말았다. 이탈리아 정부는 유해 확인을 할 수 없는 시신들을 가리켜 '제1차 세계대전의 무명용사'라고 칭하고, 이 건물에 안치했다.

건물의 주제는 '조국의 통합(Patriae Unitati)'과 '시민의 자유(Civium Libertati)'다. 폰타나(Carlo Fontana)와 바르톨리니(Paolo Bartolini)는 이 정신을 꼭대기 양쪽 두 대의 사두마차 아래에 기록으로 남겼다.

1800년대 후반에 조각된 16개 이탈리아의 주(州)와 도시를 상징하는 동상들은 각기 해당 지역 출신의 조각가가 조각했다. 순서는 피에몬테, 롬바르디아, 베네토, 리구리아, 에밀리아-로마냐, 토스카나, 마르케, 움브리아, 라치오, 아브루쬬, 캄파니아, 풀리아, 바실리카타, 칼라브리아, 시칠리아, 사르데냐다. 1947년의 헌법에 따라 발다오스타, 트렌티노-알토아디제, 프리울리-베네치아줄리아의 세 개 주가 늘었고, 1963년에는 몰리세(Molise)가 아브루쬬에서 분리되어 독립된 자치주를 구성하여, 지금은 모두 20개 주가 되었다.

승리의 기둥에 세워진 승리의 여신상, 이탈리아의 통일과 시민의 자유를 상징하는 '일치'와 '자유'의 사두마차(quadril), '이탈리아인의 가치들'이 조각되어 있다. 여기에서 말하는 이탈리아인의 가치는 사고, 행동, 희생, 법, 권력, 화합의 가치들이다.

해마다 4월 25일, 이탈리아 독립기념일이 되면 이곳에서 의장대의 행렬과 각종 기념행사가 열린다.

빅토리오 엠마누엘레 기념관 Complesso del Vittoriano
주소: Palazzo Venezia - Via del Plebiscito, 118 또는 Piazza San Marco, 49
Vittoriano - Piazza Venezia
연락처 및 예약: http://www.ilvittoriano.com
전화: +39 06 8715111
개방시간, 휴관일, 입장료 등은 위 연락처로 확인

베네치아 광장

카피톨리노 언덕 발치에 있는 이 광장은 로마시 교통의 중심이어서 '시내에 간다'라고 말하면, 대개 이곳이 포함되는 걸 의미한다. 로마에서 가장 유명한 황제들의 가도(Via dei Fori Imperiali), 코르소 가(Via del Corso), 플레비쉬토 가(Via del Plebiscito)를 연결하는 교차로이기 때문이다.

광장이 지금과 같은 모습을 갖춘 것은 1800년도 말~1900년도 초, 빅토리아노가 건설되면서부터이다.

광장의 서쪽에 있는 "베네치아 궁"은 1445~1467년, 베네치아 출신의 교황 바오로 2세(재임 1464~1471)가 추기경 시절(Pietro Balbo)에 지은 것이다. 설계는 저 유명한 레온 바티스타 알베르티(Leon Battista Alberti, 1404~1472)가 맡았다. 로마 르네상스의 첫 건물이자 대표적인 건물로, 1564년까지 교황들의 사저로 사용했고, 1564년에 교황 비오 4세가 베네치아 왕국에 기증하면서 1564년부터 1797년까지 교황청 주재 베네치아 왕국의 사절단이 머무는 장소가 되었다. 광장과 건물의 이름은 그때 붙여진 것이다. 그 후 1914년까지 오스트리아-헝가리 제국의 대사관으로 사용했고, 1916년에야 이탈리아 정부 재산으로 귀속되었다.

건물의 발코니는 과거 1883년까지, 포폴로 광장(Piazza del popolo)에서 코르소 가를 달려 베네치아 광장(Piazza Venezia)까지 경마 경기가 있을 때, 구경하기 좋은 로열석이었다. 두 광장을 잇는 길을 '코르소' 가(街)라고 하는 것은 여기서 비롯되었다. 그러나 파시즘이 이탈리아를 지배하던 시절, 무솔리니(Benito Mussolini)는 정부청사로 사용했고, 바로 이 중앙 발코니에서 이탈리아의 '일 두체'(Il Duce-'우두머리'라는 뜻), 무솔리니는 1936년 5월 9일, 제국의 탄생과 함께 제2차 세계대전 참전을 선포하였다. 현재 이 건물은 박물관으로 사용하고 있다.

1900년대 초, 이 궁의 맞은편에 건축가 사코니가 설계한 제너럴 보험사 건물(Palazzo delle Assicurazioni Generali)은 맞은편의 "베네치아 궁"에 어울리도록 고전적인 분위기로 설계했다. 건물은 원래 코르소 가와 같은 축으로 서 있던 서너 개의 궁을 허물고 베네치아 궁과 마주 보게 지으면서, 두 건물 사이에 광장을 조성했다. 로마시민의 새로운 만남의 장을 만든 것이다. 건물의 정면에는 복음사가 성 마르코를 상징하는 날개 달린 사자상이 있는데, 이것은 파도바의 성벽에서 가져온 것이다. 베네치아 궁 북쪽에 있는 보나파르트 궁에는 나폴레옹의 어머니 라몰리노(Letizia Ramolino)가 거주하기도 했다.

광장은 봄이면 각양각색의 꽃들로, 여름이면 잔디로, 성탄 시즌이면 대형 트리가 세워져 계절의 흐름을 알려준다. 한때 이탈리아 왕국 탄생 150주년(2011년)을 기해 이 광장을 '이탈리아 통일 광장'으로 선포하자는 제안이 나왔지만, 여론에 밀려 단번에 기각되고 말았다. 이탈리아인들에게 '광장'은 원래의 기능대로, 시장을 중심으로 한 시민들의 공공 생활을 위한 공간이라는 의미가 크기 때문에 정치색은 허용하기가 쉽지 않다. 광장은 상징이 아니라 삶의 현장이기 때문이다.

셋째 언덕, 아벤티노

Mons Aventinus

로마의 잊힌 언덕,
로마가 시작된 신화와 전설과 현실이 공존하는 곳

아벤티노

아벤티노 언덕은 테베레강과 팔라티노 언덕 사이에 있다. 뒤로 국제식량기구(FAO)를 거쳐 카라칼라 황제의 목욕장까지, 거기서 다시 체스티우스의 피라미드까지 펼쳐져 있다. 아벤티노 언덕과 팔라티노 언덕 사이 계곡에는 '대전차 경기장'이 있다.

원래 이 언덕은 강 쪽으로 난 경사진 언덕 둔치에 고대인들이 토굴을 파고 살았던 것으로 추정된다. 로마를 건설할 당시, 로물루스가 동생 레무스를 죽이고 자리를 잡았던 곳도 새들이 인도했다는 바로 이곳이었다. 왕정 시대가 깊어가면서 테베레강의 포구에서도 가깝고, 팔라티노 언덕과도 가깝다는 이점 때문에 타지에서 온 상인들이 이 언덕을 차지하기도 했다.

공화정 시대에 들어오면서 팔라티노 언덕을 차지하고 있던 귀족(Patricius)에 맞서 평민(Plebs)들의 주요 거주지가 되었다. 기원전 456년, 이곳에 거주하던 평민들이 이칠리아 법(Lex Icilia)으로 귀족 소유의 건물들 일부를 점령하여 자기네 집으로 삼으면서 귀족과 평민 사이에 큰 충돌이 일어났다. 그 틈에 언덕은 다시 평민과 상인들의 거점지역으로 바뀌었다. 언덕을 '평민의 언덕'이라고 생각하는 이유다. 평민 출신의 집정관 가이우스 셈프로니우스 그라쿠스(Gaius Sempronius Gracchus, 기원전 153~121)도 이곳에서 살았다.

왕정에서 공화정으로 넘어오던 시대, 로마 사회의 계급은 대략 왕-사제계급, 귀족, 평민, 예민, 노예계급으로 구분되었다.

귀족(Patricius)은 특권지배계급으로 시민권을 소유하고 있었다. 이 계급의 기원은 에트루리아 시대부터 내려오던 것으로, 경제적인 부를 기반으로 큰 규모의 토지를 소유하고 있었다. 계급 안에서만 서로 결혼했고, 참정권은 물론 여러 공권(公權)과 사권(私權)을 행사했다. 정치적으로는 선거권과 공직권(公職權)

이 있었고, 사적 권리로 결혼과 사유재산권 등이 있었다. 피선거권을 오노룸(honorum)이라고 부른 것은 관직을 무보수·명예직으로 했다는 것을 말한다. 재산을 가진 사람이 공직을 맡아 자신의 재산을 공익을 위해 사용할 바를 모색한다는 뜻이다. 후에 이것은 완전히 퇴색하고 말았지만 말이다.

평민(Plebs)은 비특권·피지배계급으로 시민권은 없고 병역과 납세 의무가 있었다. 자유민, 소농(小農), 임금노동자, 수공업자 등의 이름으로 구성된 평민은 토지 소유가 극히 제한적이었고, 민회에 참석하는 것 외에 참정권도 없었다.

예민(隷民, clientes)은 귀족의 보호(patronus)를 받는 계층으로 귀족의 토지를 경작하여 도지세를 납부하지만, 재산권은 인정받지 못했다. 평민이 예민으로 격하되고 해방된 노예가 승격되는 경우가 많았다.

노예(servus)는 주로 전쟁포로나 부채로 인해 자유가 박탈된 계층이었다.

로마 사회의 계급

공화정 수립 후 2세기 동안 귀족과 평민의 갈등은 매우 커졌고, 병역과 납세의 의무가 있는 평민들은 정치적·사회적 불평등에 불만을 나타냈다. 로마는 반도 내의 여러 이민족과 전쟁을 치르고 있었기에 평민들의 협조는 절대적이었다. 가장 많은 인구를 차지하는 평민들의 계속된 반란과 무력 봉기는 국익에 전혀 도움이 되지 않았다. 앞서 로마 공회당의 "율리아 회당" 편에서 잠시 언급했지만, 평민들이 군에 복무하지 않겠다면 귀족들은 다른 방법이 없었기 때문에 결국 귀족들은 평민들의 요구를 받아들여 평민회의(Concilium Plebis)를 만들고, 호민관(tribunus) 2명을 선출하도록 했다. 후에 호민관의 수는 4명으로 늘었고, 10명이 될 때도 있었다.

기원전 451/450년, 귀족계급의 권리를 중심에 두었던 관습법을 타파하고 평민들의 성문법 제정이 실현되어 로마 최초의 성문법인 12표법이 제정되었다. 비록 여전히 귀족·평민 간의 통혼이 금지되어 있었지만, 이를 토대로 평민의 지위가 법적으로 조금씩 향상되어 귀족과 거의 비슷한 지위를 누렸다. 기원전 367년, 리키니우스와 섹스티우스가 발의한 법에 따라 평민 중에서도 집정관이 나올 수 있게 되었다. 평민 출신의 집정관을 허용하는 리키니우스-섹스티우스 법(法)이 제정된 것이다. 이렇듯 큰 내란 없이 평민과 귀족 간 갈등이 해결된 것을 두고 일각에서는 실리를 중시하는 로마인의 특성 때문이라고 했다.

그러나 다른 한편, 평민들이 획득한 것은 법적 성취일 뿐, 경제나 공직 점유는 여전히 귀족들의 특권이었다며 그것을 여실히 보여준 것이 "그라쿠스 형제" 사건이었다고 했다. 역사가 몸젠(Theodor Mommsen)도 그의 저서 『로마사(Römische Geschichte)』에서 로마인은 에트루리아인 타르퀴니우스 왕정 시대부터 그라쿠스 형제 시대에 이르기까지 "민중이란 결코 '통치하는 것'이 아니라, '통치되는 것'이라는 원칙을 버리지 않았다"라고 말했다.

언덕 이야기로 돌아가서, 제국 시대에 들어와서 아벤티노 언덕은 다시 귀족들의 거주지가 되었다. 트라야누스와 하드리아누스가 황제가 되기 전에 이곳에서 살았고, 트라야누스의 친구 루치오 루치니우스 수라의 집도 이곳에 있었다. 비텔리오(Aulo Vitellio Germanico) 황제와 셉티미우스 세베루스 황제 시대의 대신이었던 루치오 파비오 칠로네(Lucius Fabius Cilo Septiminus Catinius Acilianus

Lepidus Fulcinianus)도 이곳에서 살았다. 결국 가난한 백성들은 더 남쪽에 있는 엠포리움(Emporium) 포구(아벤티노 언덕과 테스타치오 지역 사이에 있었을 것으로 추정) 근처로 내려가거나 테베레강의 반대편으로 거주지를 옮기게 되었는데, 그곳이 바로 저 유명한 '트라스테베레('테베레강 저편'이라는 뜻)' 지역이다.

아벤티노 언덕을 중심으로 세워진 로마 시대의 대표적인 건물들은 언덕의 발치에 있는 카라칼라 황제의 목욕장과 근처에 있던 외국인들의 신 '루나(Luna, 달) 신전'과 로마의 시민권을 소지한 점령지에서 온 사람들을 위한 '미네르바 신전'을 들 수 있다.

대전차 경기장 쪽으로는 기원전 495년에 세운 '메르쿠리우스 신전'과 493년, 독재자 아울로 포스투미오(Aulo Postumio)가 지은 디오니시오와 코레 성지가 있었다. 이 신전들은 후에 성녀 프리스카와 발비나 성당으로 바뀌었다. 여기서 처음으로 초기 로마 시대 그리스도교의 흔적을 찾을 수가 있다.

로마 시대 귀족과 평민들이 살던 집터로 추정되는 곳과 성당들이 있던 곳에는 과거 여러 신전이 있었다. 그 지하에서, 많은 모자이크, 그림, 조각 등이 발견되었다. 건물 천장에 그려진 그림을 통해 당시의 예술 감각도 알 수 있었다. 거기에 새겨진 기록들은 신전이나 성당의 정확한 내력을 알 수 있는 귀중한 보고(寶庫)가 되었다.

중세기에 들어와 언덕에는 성녀 사비나 성당, 성 보니파시오와 알레시오 성당, 성녀 프리스카 성당이 세워졌고, 그 옆 '작은 아벤티노'라고 부르는 언덕에는 성녀 사바 성당과 성녀 발비나 성당이 세워졌다. 좁은 언덕에 이렇게 많은 성당이 있다는 것은, 과거에 그만큼 많은 신전이 있었다는 뜻이다. 그것도 주신들은 대개 캄피돌리오와 팔라티노에 있었고, 실생활과 관련된 잡다한 신들을 모시던 신전이 많았다. 로마인들도 우리처럼 가신(家神), 동신(洞神) 등 집안과 마을, 골목, 질병, 여행, 도적, 화재 등 일상생활의 잡다한 일과 관련한 신 숭

1) 콘솔리니 레스토랑이 보이는 아벤티노 언덕

배 의식이 많았음을 알 수 있다.

1765년, 피라네시(Giovan Battista Piranesi, 1720~1778)는 '몰타 기사단 광장'을 정리했다. 피라네시는 베네치아 출신의 건축가이자 조각가며 무대장식가로 휴머니즘 사상에 입각한 인간의 존엄성과 로마제국 스타일의 웅장함과 장엄함을 건축적인 미로 표현한 인물이다. 광장의 이름은 바로 옆에 있던 '몰타 기사회 궁'에서 비롯되었다. 피라네시의 무덤도 이곳에 있다.

20세기에도 언덕은 중요한 정치적 장소가 되었다. 1924년 마테오티(Giacomo Matteotti)가 파시스트들의 허위 투표와 폭력을 국회에서 고발한 뒤, 그들에 의해 납치되어 암살당하자 파시스트에 반대하던 의원들이 이곳에 모여 국회를 열었다. 파시스트 군대를 해산시키지 않는 한, 다른 법률들을 통과시켜 봐야 아무 소용이 없으므로 의원들이 국회가 있는 몬테치토리오의 회의실로 들어갈 이유를 찾지 못하겠다고 항의한 데 따른 것이었다.

언덕은 고대나 현대나 주류에서 밀려난 사람들이 목소리를 내기 위해 '뭉치던' 곳이었다. 동시에 여기에 지어진 건물들의 건축적이고 미학적인 가치는 지금도 로마인들이 가장 살고 싶어 하는  거주지로 손꼽히고 있다. 테베레강과 마주하고 있는 언덕의 반대편 절벽 부근까지 '역사지구(Rione storico)'에 포함된다. 유적지 일부를 개조하여 식당으로 사용하고 있는 유명 맛집 '콘솔리니(Consolini) 레스토랑'도 여기에 있다.

카라칼라 황제의 목욕장 Terme di Caracalla

필자가 이탈리아에서 처음 오페라를 감상한 곳이다. 1990년대 어느 여름밤, 지인들과 함께 찾았는데, 가난한 유학생이라, 가장 싼 표를 구해 오는 바람에, 무대에서 가장 먼 좌석에 앉았다. 오페라 가수들의 움직임과 노래는 아득히 들려오고, 유적지 안에 울창한 소나무에 달라붙은 매미 소리만 가까이서 요란하게 들렸던 기억이 생생하다.

그래도 고대 유적지를 무대로 여름밤에 펼쳐지던 음악회가 이탈리아에서 경험한 몇 안 되는 특권 중 하나임은 틀림없다고 생각했다. 시칠리아 타오르미나의 야외극장에서부터 베로나의 아레나 극장까지, 희미한 가로등 너머로 보이는 바다와 소나무와 하늘빛은 견줄 게 딱히 있을 것 같지 않은 이탈리아의 최고 매력중 하나라고 생각한다.

1990년 로마에서 개최한 월드컵 개막 공연도 이곳에서 있었고, 세계 삼대

클래식 음악의 거장이 함께 무대에 섰다. 루치아노 파바로띠, 호세 카레라스, 플라시도 도밍고의 공연은 많은 사람에게 깊은 인상을 주었던 걸로 기억된다. 2000년 이후 유적지 보호를 위해 모든 공연시설이 철거되고 유적지는 고대의 모습으로 되돌아갔다.

카라칼라 혹은 안토니니안(카라칼라 황제의 이름)의 목욕장이라고 불리는 이곳은 제국 시대에 세워진 규모가 큰 목욕장 중 하나다. 그 흔적은 지금도 유적지와 근처 건물들을 통해 충분히 짐작할 수 있다. 건물은 카라칼라 황제가 서기 212~217년에 지은 것으로 근처에 살고 있던 평민들을 위한 공중목욕장이었다. 주로 귀족들의 보호를 받던 예민(隷民, clientes)이나 하급 시민들을 위한 것이었다.

여기에 공급되던 물은 아피아 가도를 따라 로마로 들어온 마르치아(Acqua Marcia 혹은 Acqua Antoniniana) 수로의 것이다. 이후 세베루스 가문의 마지막 두 황제, 엘라가발루스와 알렉산드루스, 그리고 더 후에는 아우렐리아누스, 디오클레시아누스, 테오도루스 황제들을 거치면서 목욕장에 화려한 장식이 더해졌다. 5세기경, 작가 실비우스(Polemius Silvius)는 이곳을 로마 칠경(七景)의 하나로 꼽을 만큼 장식이 많고 화려했다고 전했다. 537년 고트족의 왕 비티게스(Vitiges)가 수로를 차단하면서 목욕장의 기능을 할 수 없게 되었다.

이곳에서 발견된 예술작품은 그 수를 헤아리기 힘들 정도다. 그것들을 통해 당시 목욕장의 화려함을 충분히 가늠해 볼 수 있다. 특히 16세기에 발견된 세 개의 거대한 황소조각상, 플로라, 헤라클레스 등은 파르네세 가문의 수집품이 되어 현재 국립 나폴리 고대박물관에 소장되어 있다. 여기서 사용하던 욕조는 파르네세 광장에 있고, 1824년에 발견된 아틀레티(Atleti) 모자이크와 토르소는 바티칸박물관의 벨베데레 정원에서 찾아볼 수 있다. 19세기에도 계속해서 발굴이 이어졌다.

1901~1912년, 지하가 추가로 발견되어 1938년까지 발굴 작업이 있었는데, 이때 목욕장에서 필요한 물품들을 보관하는 서비스 공간과 함께, 로마에서 가장 큰 '미트라스 사당(Mitreo)'이 담장 가까이에서 발견되었다. 고대 로마의 미트라 숭배사상(mithraismo)은 매우 보편적이었다. 원래 페르시아의 신 미트라(Mitra)가 '생명'을 상징하는 '황소'를 죽이는 것으로, 이를 토럭터니(Tauroctonia)라고 하여 숭배했다.

여기에 소개하는 이 상은 근처에 있던 막시무스 전차 경기장의 미트라 사당 지하에서 발견한 것으로, "로마 오페라 극장"에 소장된 〈미트라 상〉이다.

미트라가 황소를 죽이고, 개와 뱀이 피를 핥고 전갈은 황소의 생식기를 공격하고 있다. 미트라 뒤에는 솔 인빅투스(무적의 태양신) 헬리오스가 있어, 그에게 태양신의 힘을 주고, 그 힘으로 황소를 죽인다고 한다. 황소의 피로 물든 대지는 비옥하여 농부가 씨를 뿌린다.

일각에서는 기원전 1세기경, 동방으로 원정 갔던 로마 군인들을 통해 페르시아의 종교가 로마제국으로 유입되어 널리 퍼졌다고 하고, 다른 일각에서는 로마제국이 커지면서 식민지의 다양한 종교가 섞여 만들어낸 독특한 종교문화라고도 한다. 아무튼 '미트라 숭배'는 서기 380년 테오도시우스 황제(Flavio Teodosio, 347~395)의 "테살로니카 칙령"으로 그리스도교가 국교로 선포될 때까지, 로마에서 인기를 끌었던 신앙이었다. 제사를 지낼 때, 여성은 참석할 수 없

2) 토럭터니아를 표현한 〈미트라 상〉 조각 부조
3) 카라칼라의 목욕장 풍경, 서동화 수채화

고, 군인과 일부 귀족들과 행정관들만 참석할 수 있었다.

　다시 목욕장으로 돌아가서, 고대 로마의 많은 도시에는 최소한 한 개 이상의 공중목욕탕이 있었고, 도시에서 생활하는 제국의 시민들은 목욕탕에서 시간을 보내는 것을 사회생활의 중요한 일과 중 하나로 간주했다.

　카라칼라 목욕장의 규모는 한 번에 약 1,500명을 수용할 수 있을 정도였다. 목욕장은 두 층으로 되어 있었고, 여러 개의 탕으로 들어가기 전, 한쪽에 전체 건물을 지탱하는 큰 건물이 있었다. 건물의 바깥에는 양편에 반원형의 큰 정원과 거실이 있었다. 늘어선 기둥들 양쪽으로 반원형의 회당이 있고, 그 한복판에는 큰 나무가 한 그루 있었다. 양편 반원형의 두 방은 도서관으로 추정된다. 지금은 오른쪽 방만 남아 있다. 건물의 내부와 주변을 연결하던 복도는 회랑식이었고, 주변에는 잔디가 깔려 있었을 것으로 추정된다.

3)

　목욕장 내, 건물들은 제각기 기능이 다르듯이 형태도 모두 달랐다. 굳이 똑같은 양식으로 지어야겠다고 생각하지 않은 것 같다. 목욕장 입구 쪽에는 '아포디테리움(apodyterium)'이라고 하는 탈의실과 네 개의 거대한 화강암 기둥으로 장식된 야외 수영장이 있었고, 장방형, 타원형, 정사각형, 반원형 등 여러 형태의 방에 있던 욕조들과 그것을 잇는 복도, 실내 체육관, 옥외 체육관 등이 있었다. 야외 수영장을 장식했던 네 개의 화강암 기둥 가운데 단 하나가 남아 있었는데, 그것을 1563년 비오 4세 교황이 피렌체와 토스카나의 대공 코시모 1세에게 기증하여 오늘날 피렌체 '삼위일체 광장(Piazza di Santa Trinita)'에서 "정의의 여신"을 떠받치고 있다.

4)

장방형으로 된 방의 출입구는 약간 기울어져 있었는데 그것은 방 온도가 떨어지는 것을 방지하기 위해서였다. '라코니움(laconicum, 그리스 남부 라코니아 지방의 이름에서 유래)'이라고 불리는 이곳은 증기탕, 곧 사우나실이었다. 다음은 '칼리다리움(calidarium, 열탕)'으로 방 중앙의 큰 욕조에서는 더운물이 계속해서 흘렀다. 칼리다리움은 온탕, 포룸(미팅장소), 수영장과 함께 전체 목욕장의 중심인 대들보 아래에 있었다. '테피다리움(tepidarium, 온탕)'은 이 목욕장에서 가장 작은 공간이지만, 두 개의 탕으로 구분되어 있었고, 가운데 목욕장에서 가장 큰 십자 형태의 포룸이 있었다. 포룸에서 '프리지다리움(frigidarium, 냉탕)'으로 바로

4) 카라칼라 황제의 목욕장 단면, 서동화 수채화

갈 수 있는 지름길도 있었다. 냉탕으로 사용했던 욕조는 현재 파르네세 광장에 있다. 수영장의 벽에는 신들을 상징하던 네 개의 거대한 기둥이 있었다. 이 기둥들은 지금도 있다.

카라칼라 황제의 원래 이름은 바시아누스 안토니우스다. '카라칼라'는 그가 즐겨 입던 긴 코트 형태의 외투 이름 '카라칼루스(Caracallus)'에서 비롯되었다. 황제는 자기가 그런 스타일의 외투를 좋아한다고 해서 자기 군인들에게도 똑같은 외투를 입도록 했다. 그래서 당시 로마인들은 황제를 가리켜 '카라칼라 (외투 입은 사람)'이라고 불렀다.

어머니 율리아 돔나가 보는 앞에서 동생 제타를 죽이고 황제가 된 그의 재위 기간(서기 212~217년)에 로마는 어떤 형태의 문화도 꽃을 피우지 못했다. 유일하게 그의 이름으로 지은 이 목욕장조차 본인은 정작 완공을 보지 못했다. 그가 로마를 떠나 외지에서 돌아오지 못하고 암살당했기 때문이다. 그에 관해서는 앞서 공회당의 셉티미우스 세베루스 개선문에서 이야기한 바 있다.

카라칼라 황제의 목욕장 Terme di Caracalla
주소: Via delle Terme di Caracalla, 52
연락처 및 예약: https://www.coopculture.it/it/poi/terme-di-caracalla/
전화: +39 06-0608
개방시간, 휴관일, 입장료, 할인과 무료 조건 등은 위 연락처로 확인

체스티우스의 피라미드 Piramide di Caio Cestio

기원전 18~12년에 지은 가이우스 체스티우스의 무덤(Sepulcrum Cestii)이다. 그는 고대 로마의 네 가지 종교계급인 신관(Pontefici), 점복관(Auguri), 7인 제관(Septemviri Epulones), 15인 평민 제관(Quindecimviri sacris faciundis) 가운데 하나인 7인 제관의 한 사람으로 알려졌다. 콘크리트와 벽돌을 쌓고 카라라(Carrara)에서 가져온 백색의 대리석을 입힌, 오늘날 로마에서 볼 수 있는 유일한 피라미드로 이집트 기자(Giza)의 것을 본떠 만들었다.

피라미드는 330일 혹은 그보다도 짧은 기간에 완성되었다. 체스티우스는 피라미드의 동쪽 아래에 "멜레와 포티 가(家)의 유산에 따라 클라우디아의 아들 신관 푸블리 루치우스가 330째 날 완성하였음"이라고 기록되어 있듯이, 그 기간 안에 마쳐야만 정해진 유산을 물려받을 수 있었던 것 같다. 유산상속은 피라미드의 완공을 며칠 앞당기도록 재촉했을 수도 있다.

형식적인 면보다는 실용성을 강조하는 로마인들의 특성과 달리, 가로 5.95m, 세로 4.10m, 높이 4.80m의 거대한 볼륨에서 실제로 관이 들어간 용적 비율은 1%밖에 되지 않는다. 피라미드의 동서 양쪽의 높이 3분의 2지점에 체스티우스의 이름과 직함이 새겨져 있고, 동쪽의 높이 3분의 1지점에 건축 상황이 묘사되어 있다.

무덤 내부는 이집트의 피라미드와 같은 반원형 천장 구조에 흰색 바탕의 벽에는 사각형 액자 모양의 틀 속에 폼페이 양식의 벽화가 그려졌다. 천장과 벽에 있는 그림은 승리의 여신 니케를 비롯하여 여제사관 등 4명의 인물이 손잡

5) 1474년 알렉산드로 스트로찌가 만든 <로마시 지도>

이가 달린 항아리를 들고 나체로 서 있는데, 보존상태가 좋은 편이라고 한다. 벽 끝에는 망자의 초상화로 추정되는 그림이 있고, 그 옆에는 구멍이 하나 있는데, 피라미드의 보물을 훔쳐 가려는 도둑들의 소행으로 추정된다.

피라미드는 로마가 이집트를 점령하기 얼마 전에 지은 것으로, 당시 로마에서는 새로운 점령지로 떠오른 이집트의 화려한 문화가 유행하고 있었다.

서기 3세기에 들어와서 아우렐리아누스 황제(Lucius Domitius Aurelianus, 재위 270~275?)가 야만족들의 침략을 막기 위해 로마의 성벽을 쌓을 때, 피라미드는 성벽의 일부가 되었다. 피라미드 옆에 있는 성문은 그곳을 통해 성 바오로가 순교하고 묻힌 성지로 간다고 해서 "성 바오로 성문"이라고 한다. 피라미드 뒤쪽에는 로마시에서 개신교도들에게 허락한 공동묘지가 있다. 여기에는 로마를 사랑한 외국의 작가들도 묻혀 있는데, 영국의 낭만파 시인 셸리(Percy Bysshe Shelley, 1792~1822)와 키츠(John Keats, 1795~1821)도 있다. 키츠의 비문에는 "물 위에 자신의 이름을 새겨 두었던 사람, 이곳에 잠들다."라고 적혀있다.

5)

1474년, 알렉산드로 스트로찌(Alessandro Strozzi)가 설계한 로마시 지도에는 보르고(Borgo) 지역에 1499년까지 또 한 개의 피라미드가 있다고 묘사되어 있다. 중세 로마인들은 두 개의 피라미드를 두고, 로마를 창건한 쌍둥이 형제의 것으로 보았다. 하나는 '레무스의 것'이고, 다른 하나는 '로물루스의 것'이라는 잘못된 신심이 확산되면서 두 피라미드를 잇는 순례 행렬까지 생겨났다고 한다. 로마의 건국 신화와 체스티우스 피라미드가 당시에 로마를 찾았던 사람들에게는 매우 놀라운 것으로 비쳤기 때문으로 보인다. 16세기에 교황 알렉산드로 6세가 보르고 누오보(Borgo Nuovo) 거리를 새로 만들면서 보르고 지역에 있던 피라미드는 없앴다고 한다.

페트라르카(Francesco Petrarca)는 착각했는지, 자신의 한 저서에서 피라미드를 '레무스의 무덤'으로 언급했는데, 여기에 대해 피오렌티노(Poggio Fiorentino)는 "위대한 인사가 작은 나무에 가려진 기록조차 확인해보려는 의지가 없었다"라며 질책했다. 필자가 논문을 쓰거나 어떤 일을 할 때, 조금이라도 의구심이 생기면 무조건 찾아보거나 물어보는 습관은 이런 역사적인 사건들을 통해 배운 것 중 하나다. 때로 자료를 찾는 일이 귀찮다고 생각될 때, 나는 페트라르카를 생각한다. 대충 넘어갔다가 눈 밝은 사람한테 띄어 비난을 면치 못한 페트라르카의 실수가 언제든지 내 것이 될 수 있다고 생각하면, 정신이 번쩍 든다.

체스티우스의 피라미드 Piramide di Caio Cestio
주소: Via Raffaele Persichetti
연락처 및 예약: https://www.coopculture.it/it/poi/piramide-cestia/
개방: 허용 안 함

막시무스 경기장 Circus Maximus

로마에서 가장 오래된 대형 경기장으로, 기원전 6세기 중엽 타르퀴니우스 (Lucius Tarquinius Priscus)가 팔라티노 언덕과 아벤티노 언덕 사이에 경기장에 필요한 이동식 건물과 함께 처음 지었다. 기원전 2세기, 카이사르 시대에 와서 증축되었다. 로마 건국 초기 로마인들이 사비니 여인들을 약탈해온 곳도 바로 이곳이라고 전해진다. 테베레강에서 가까워 오래전부터 상인들이 북적이기도 했다.

로마의 국가체계가 마련되면서부터 선거 장소로 활용되기도 했고, 이민족과 물물교환이 이루어지고 로마시민들을 위한 시장이 열리기도 했다. 후에 '헤라클레스의 제단(Ara massima di Ercole)'이 만들어지면서 종교의식을 하는 장소로, 로마시민들의 사교 장소로, 각종 경기와 오락 장소로 활용하였다.

카이사르가 증축한 건물은 화재로 모두 소실되었다. 아우구스투스 황제가

재건한 뒤 이집트의 람세스 2세의 오벨리스크를 옮겨와 장식하면서부터 경기
장의 모습이 달라지기 시작했다. 오벨리스크는 16세기에 교황 식스투스 5세
가 '국민의 광장(Piazza del Popolo)'으로 옮겼다. 아우구스투스 황제 때 재건한 건
물들은 티베리우스와 네로가 손을 보았으나 도미티아누스 시절에 일어난 대
화재로 모두 소실되었고, 서기 103년 트라야누스가 다시 지었다. 지금 우리가
볼 수 있는 경기장의 모습은 큰 틀이 그때 완공된 것이다.

팔라티노 언덕 황제들의 궁전에서도 내려다보이는 경기장은 언덕 바로 밑
에 로얄석을 두기도 했다. 서기 357년, 콘스탄티누스 2세가 이집트에서 가져
온 두 번째 오벨리스크와 경기장 중앙에 길게 스피나(낮은 벽)를 만들어 장식했
다. 오벨리스크는 지금 라테란의 성 요한 대성당 광장으로 옮겼다. 콘스탄티
누스와 그의 아들이 통치하던 시절에는 30만 명의 관객을 수용할 만큼 경기가
활발했다.

기록에 따르면, 마지막 경기는 로마인의 경기가 아니라 서기 549년, 토틸라
족이 벌인 경기다. 이곳은 영화 〈벤허〉에서 보듯이, 기본적으로는 마차 경기
장이지만, 운동경기와 맹수싸움 등 다른 여러 가지 경기가 펼쳐지기도 했다.

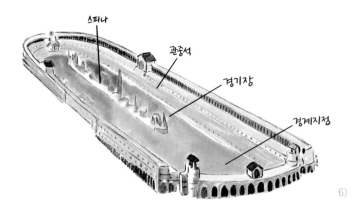

경기장의 규모는 길이 621m, 폭 118m에 평균 2만 5천 명을 수용할 수 있을
정도였다. 관중석은 여러 층으로 되어 있고, 계단과 복도로 이어져 있었다. 내

6) 〈경기장 단면도〉, 서동화 수채화

부의 공용 공간과 함께 바깥쪽으로는 열린 상점이 이어져 있었다. 경기장 안에는 많은 조각상, 상점, 신전 등으로 채워져 있었다.

경기는 대개 일곱 바퀴를 도는 형식이었다. 경기장의 중앙 스피나 위에는 몇 바퀴를 돌았는지 일곱 개의 달걀과 돌고래가 세워져 있었다. 달걀과 돌고래에서는 한 바퀴씩 돌 때마다 물이 뿜어져 나오기도 했다.

한때 해전 놀이도 이곳에서 했다. 테베레강에서 물을 끌어다 채우고 검투사 팀과 사형선고를 받은 죄인 팀으로 나누어 실전과 똑같은 경기를 펼치기도 했다. 유사시 바다에 나가서 전투를 할 수 있게끔 훈련 시키는 목적도 있었던 것 같다.

"로마인들에게 막시무스 경기장은 신전이고 집이며, 만남의 장소이자 욕망이 실현되는 곳이다. 그들은 광장이나 교차로에서, 혹은 거리에서 함께 모여 이 경기, 저 경기에 대해 열띤 토론을 한다. … (중략) … 기다리던 경기 날이 오면 모든 사람이 경기장으로 성급히 온다. 해가 뜨기 전부터 마치 전차를 타고 경주하는 것처럼 서둘러 오는 것이다. 많은 사람이 경기 결과에 대한 조바심 때문에 눈을 붙이지 못한 채 밤을 지새우기도 한다."(암미아노 마르첼리노, 『업적록(Res Gestae)』, 28, 4, 29-31).

"경기장 주변에 모여든 점쟁이와 점성가들은 걱정하는 관중들에게 어떤 전차가 우승할 것인지 점을 쳐 주기도 했다."(키케로, 『예언론(De divinatione)』, 1, 132).

로마인들의 함성과 말발굽 소리가 천지를 진동할 것 같은 이곳은 역사와 세월의 흐름 속에서 전혀 다른 용도로 사용되곤 했다. 이스라엘인들의 공동묘지

(1645년)가 되기도 했고, 가스 제조공장(1852년)이 세워지기도 했으며, 20세기에 들어와서는 이 넓은 땅에 씨를 뿌려 농사를 짓기도 했다.

그러나 대부분의 로마 지역이 그렇듯이 고대의 분위기를 완전히 바꾸지는 못했다. 고대의 모습과 분위기는 지금도 팔라티노 언덕 아래 체르키 가(via dei Cerchi) 끝에 있는 몇몇 가내 수공업 상점과 식당에서 느낄 수 있다. 허름한 듯한 건물 안으로 들어가면 생각보다 넓은 내부에 가공하지 않은 건축 재료로 지은 분위기가 압권이다. 벽과 천장, 거기에 걸린 청동 샹들리에가 상점과 식당을 찾는 손님의 눈길을 끈다. 앞에 난 경기장을 지금과 같이 정리한 것은 1911년이다.

1959년, 미국 MGM사가 이곳에서 '벤허'를 촬영하려고 했으나 유적지 관리 위원회에서 영화 촬영 세트장 설치를 거부하여 아피아 안티카(Appia Antica) 가(街)에 있는 마센치오 경기장(Circo di Massenzio)에서 촬영했다는 이야기도 있다. 현재 도심에 있어 파손될 유물(?)이 없고 차지하고 있는 공간이 넓어 대규모 시민행사장으로 활용하고 있다. 접근성이 좋은 것도 강점이다. 콘서트, 각종 공연, 성년(聖年) 행사, 시위 등 여기서 안 하는 게 없다. 가수들의 라이브공연도 많다. 그 중 안토넬로 벤디띠(Antonello Venditti)는 콘서트 앨범을 '1983년의 막시무스 경기장(Circo Massimo del 1983)', '2001년 막시무스 경기장(Circo Massimo 2001)'으로 내기도 했다.

2001년에는 로마 축구단이 이탈리아 국가대표 선수권을 획득한 기념행사를 열었고, 2002년 3월에는 이탈리아 노동조합이 주축이 되어 노동법 제18조 개정을 반대하는 시위가 벌어지기도 했다. 이탈리아 노동법 제18조는 노동시장의 유연화와 이를 통한 새로운 일자리 창출을 목적으로 하고 있지만, 실상은 자유로운 해고를 통해 노조 활동을 무력화시키고, 기업에는 임시직과 계약직을 확대할 수 있는 법적인 토대를 마련하는 것이었다. 명분은 실업자를 줄인다고 하지만 실업자 감소보다 합법적인 비정규직 인구만 늘리는 결과를 가져온다고 해서 한참 비난의 이유가 되었다. 2006년 7월 10일에는 이곳에서 이탈리아 월드컵 우승을 축하하는 행사를 치르기도 했다.

지금은 풀만 무성한 채 여름날 쉴 만한 나무 한 그루 없는 이 넓은 공간이 긴 세월 동안 많은 로마인의 문화 공간이 되어주었다는 사실이 믿기지 않을 정도다. 필자는 지금도 이탈리아의 대표 축구선수 토티(Francesco Totti, 1976~)와 바조(Roberto Baggio, 1967~)가 공을 향해 달리고, 미하엘 슈마허(Michael Schumacher, 독일, 1969~)가 이탈리아의 대표적인 스포츠카 페라리를 타고 질주하던 모습을 회상하면, 이곳에서 달리던 전차 경주를 떠올리곤 한다. 축구 경기와 자동차경주에 열광하는 장화 반도의 사람들이 2천 년 전에는 전차 경기에 열광했을 것이다. 교통과 통신의 발달로 다양한 엔터테인먼트를 즐기는 요즘의 우리가 봐도 한정된 그때의 상황에서 원형극장, 원형경기장, 마차경기장 등을 지어 다양한 놀이문화를 즐겼다는 것은 놀라운 일이 아닐 수 없다. 그런 점에서 로마인들은 '호모 루덴스(homo ludens, 노는 인간)'의 면모를 가감 없이 보여주었다고 하겠다.

막시무스 경기장 Circo Massimo
주소: Via del Circo Massimo
경기장은 항상 개방

* 참고: https://sovraintendenzaroma.it/content/circo-massimo-2

코스메딘의 성모 마리아 성당과 진실의 입

S. Maria in Cosmedin & Bocca della Verità

로마 시대에 이곳은 시민에게 음식을 제공하고 식량을 저장하던(Statio Annonae) 곳이었다. 뒤에 '헤라클레스의 제단'이 생기면서 종교적인 성소가 된 것은 물론, 이 일대를 중심으로 생활하던 노점 상인과 시장 상인을 위한 대규모 시장이 열리던 장소가 되었다. 기원전 1세기, 건축가이자 작가 비트루비우스(Marcus Vitruvius Pollio, 기원전 80/70?~23)는 키르쿠스 막시무스의 입구가 되는 이곳에 사각형의 신전이 하나 있었고, 거기에 헤라클레스를 모셨다고 기록하고 있다.

그러나 지금과 같은 모습을 갖게 된 것은 서기 6세기경 성당으로 용도가 바뀌면서부터이다. 처음에 지었던 작은 성당은 교황 그레고리오 1세가 지었는데, 그때부터 7세기 초까지 그레고리오 1세 교황의 가문이 이 일대의 땅을 소유했다고 한다. 8세기에 들어와, 교황 하드리아누스 1세가 성당을 재건했다. 그때 설계한 성당의 내부가 지금 우리가 보는 것과 같은 세 개의 복도 형태와 화려한 장식들이다.

성당 주변은 한때 그리스인들의 게토가 형성될 만큼 그리스인들로 붐볐다. 그 덕에 성당은 일찍부터 그리스인들의 구심점이 되었고, 후에 성상 파괴주의자들의 박해를 피해 동방교회에서 도망 온 그리스 수도자들이 머물렀던 곳이기도 했다. 성당을 '그리스 학파의 성 마리아 성당'이라는 이름으로 부르기 시작한 것도 이때부터이다. 지금의 이름 '코스메딘(kosmidion)'은 그리스어로 '장식'이라는 뜻이다.

12세기에 지어진 로마네스크 양식의 종탑은 현재 로마에 남아 있는 로마네스크 양식의 종탑 가운데 가장 아름다운 것으로 유명하다. 정교한 모자이크 바닥과 고딕 양식의 제대, 설교단과 샹들리에, 그리고 감실에 그려진 '동방박사들의 경배' 등은 이 성당에서 유명한 작품들이다. 지금도 이곳에서는 동방교회의 전례로 미사를 드린다.

성당에는 순교자들의 유해도 모셔져 있다. 다만 로마에서 흔히 보듯이 유해

위에 성당이 세워진 것이 아니라, 유골 소성당이 따로 있다. 소성당은 이 자리에서 발견된 헤라클레스 신전(Tempio di Ercole)의 '마씨마 제단(Ara Massima)' 받침을 중심으로 지었다.

그러나 관광객들이 이 성당을 찾는 가장 큰 이유는 성당 입구 좌측에 있는 '진실의 입'에 손을 넣기 위해서다. 기원전 1세기경에 조각한 것으로, 지름 1.75m, 무게 1.3t이 넘는 이 얼굴은 수염이 덥수룩하고 눈, 코, 입은 텅 비어 있는 돌덩어리다. 상은 유피테르의 얼굴이라는 둥, 강의 신 홀리비오라는 둥, 그저 신탁을 의미할 뿐이라는 둥, 행운을 상징한다는 둥 갖가지 설이 있다. 그런만큼 상의 기능에 대해서도 분명하게 전해오는 것은 없다. 분수로 사용했는지, 누군가의 무덤 문으로 사용했는지, 로마 시대 하수구(cloaca)의 뚜껑으로 사용했는지 정확한 것은 아무것도 없지만, 생긴 모양으로 봐서 하수구의 뚜껑으로 사용했을 가능성이 가장 크다. 이탈리아에서 가장 오래된 하수구 클로아카 마씨마(Cloaca Massima)가 이 근처에 있기 때문이다.

이렇듯 조각상은 기원과 기능의 불분명함에도 불구하고 오래전부터 유명했던 것으로 보인다. 11세기에 나온 『로마의 전설(Mirabilia Urbis Romae)』이라는

7) 코스메딘의 성모 마리아 성당 내부

책의 서문 "중세 순례자를 위한 안내서"에 이 입과 기도의 효험에 대해서 언급하고 있다. 입에다 대고 이렇게 말하는 것이다. "폰타나의 성 마리아 성당에는 파우노(Faunus, 자연 신)의 신전이 있다. 마귀가 나타나 율리아누스(Flavius Claudius Iulianus, 331~363, 로마제국의 마지막 비그리스도인 황제)를 유혹했지만, 율리아누스는 성공하지 못했다." 율리아누스는 자신을 이교도로 고백하고, 362년 2월 4일 모든 종교의 자유를 인정하는 포고령을 발표했다. 포고령에서 모든 종교는 법 앞에서 평등하며 로마의 영토 내에서 제국은 특정 종교를 강요하지 않는다고 명시했다. 이것은 그리스도교가 공인된 후 다른 종교를 박해하던 정책을 멈추고, 로마가 지닌 본래의 종교적 관용을 반영한 것이라고 할 수 있겠지만, 종교의 흐름은 이미 그리스도교로 향하고 있었다. 사산조 페르시아와의 원정에 나섰다가 죽음을 맞은 젊은 황제 율리아누스의 모든 반(反) 그리스도교 정책은 폐기되고, 로마제국의 다신교적인 신앙은 막을 내렸다. '헛된 발길질은 하지 말라'는 뜻으로 해석하기도 했다.

12세기의 한 독일 문헌에도 이교신과 이교주의를 복원한 율리아누스 황제와 '진실의 입' 뒤에 숨겨진 마법의 힘에 대해 비교적 자세히 서술하고 있다. 율리아누스 황제는 신뢰를 저버리고 한 여자를 속이고 이교신에게 자기의 신앙을 맹세한 탓에 '진실의 입'에 손이 물려 빼지 못했다는 것이다.

중세기에 '진실의 입'은 부부간의 신뢰를 확인하는 장소로 사용했다. 15세기에도 이곳을 찾았던 이탈리아와 독일의 남성 순례객들 사이에서는 아내가 남편에게 충실한지를 입증하는 장소라고 하여, 아내에 대한 모든 의심을 없애는 '진리의 돌'이라고 생각했다. 이 시기에 쓴 것으로 추정되는 또 다른 독일의 한 문헌에는 "멍청한 로마의 황제를 배신한 황후의 손은 이 돌도 삼키지 않았다"라고 함으로써 아무리 황제라고 해도 '멍청'하면, 황후가 외도해도 진리의 돌까지 눈감아 준다고 비꼬았다.

    당시 대중들 사이에서 나돌던 이야기도 흥미롭다. 어떤 부정한 여자가 자기를 의심하는 남편을 데리고 이곳에 와서 뒤에 애인을 숨겨둔 채 '진실의 입'에 손을 넣어 무사한 것을 보여줌으로써 결백을 주장했다고 한다. 애인을 숨겨둔 것은 혹여 중간에 자기를 잘 아는 사람이 개입해서 실제로 손이 잘릴까 염려했기 때문이라는 것. 또 다른 이야기는 어떤 부정한 여자가 한 남자를 짝사랑했는데, 남자가 외면하는 것을 보자 그 남자를 데리고 이곳에 와서 '진실의 입'에 손을 넣었다. 많은 구경꾼이 지켜보는 가운데 그녀는 사랑을 입증했고 대중이 증인이 된 마당이라 그 남자는 그 여자를 데리고 갈 수밖에 없었다. 남자로선 부당해도 저 무시무시한 입에서 여자의 손이 무사했다는 것은, 여자가 진실을 말했음을 의미했고, 대중 앞에서 자기의 사랑을 증명해 보였기 때문에 어쩔 수 없이 그 여자를 아내로 삼아야 했다.

    그리고 보면 이곳은 남녀 간 사랑을 주제로, 이상한 논리와 술책이 무성했던 곳으로 보인다. 난잡한 사랑을 즐기면서도 순결한 아내를 갈망하는 남성들에게 '진실의 입'을 이용하여 감정적인 보복을 서슴지 않았던 당시 여성들의 책

략도 놀랍고, 진실의 입에 관한 속설이나 여성들의 책략을 남성들이 과연 몰랐을까 하는 의구심도 든다.

1485년 이후, '진실의 입'은 로마를 방문한 사람들의 단순한 관심거리에서 화가와 문인들의 작품 속에서 자주 등장하기 시작했다. 원래 상은 성당 현관의 문밖에 있었는데, 1631년 교황 우르바노 8세가 현관 복원 공사를 하면서 지금의 자리로 옮겼다.

영화 〈로마의 휴일〉은 이 상을 홍보하는 데 지대한 공헌을 했다. 영화 속에서 유럽을 순방하던 앤 공주가 로마를 방문한다. 왕실의 각종 규제와 정해진 일정에 피로를 느끼던 중, 거리로 나가 잠들었다가 죠 브래들리라는 기자의 눈에 띄어, 그의 집에서 하룻밤 묵게 된다.

처음에 그녀가 공주인 줄을 모르고 아무렇게나 대하던 죠는 이튿날 신문사에 출근하여 그녀의 신분을 알고 특종 기삿감을 놓치지 않기 위해 급히 집으로 돌아간다. 죠는 공주의 사생활을 취재하려고 일부러 앤에게 접근하여 그녀가 원하는 것이면 무엇이든 해주겠다고 나선다. 앤은 그의 호의를 사양하고 혼자 거리로 나오고, 죠는 그녀의 뒤를 미행한다. 앤은 시장을 구경하고 머리카락을 자르고 스페인 광장에서 아이스크림도 사 먹는다. 죠는 광장에서 우연을 가장하여 앤을 만나 그녀와의 동행을 자처한다. 그들은 노천카페에서 차를 마시고, 콜로세움을 구경하고, 죠가 '진실의 입'에 손을 넣어 순진한 앤을 놀라게 하기도 한다. 그리고 스쿠터를 타다가 사고를 내어 경찰서에 연행되기도 한다.

그날 밤 앤과 죠는 배 위의 무도회에 놀러 갔다가 왕실의 경호원들에게 발각되어 몸싸움 끝에 탈출하여 집으로 돌아오면서 서로에게 묘한 감정을 느끼게 되지만, 앤은 자신에 대한 뉴스를 듣고 궁으로 돌아가야 한다는 것을 깨닫고 아쉬운 마음으로 죠와 작별한다. 다음 날 공주의 기자회견 석상에서 죠는 특종기사를 위해 찍었던 사진이라면서 공주에게 선물로 건네며 영화는 끝이 난다. 1950년대의 은은한 사랑을 느낄 수 있는 작품으로, 이 영화로 인해 로마가 더 유명해지기도 했지만, 영화 역시 로마의 덕을 크게 본 것 같다.

코스메딘의 성모 마리아 성당 S. Maria in Cosmedin
주소: Piazza della Bocca della Verità, 18
연락처 및 예약: https://www.cosmedin.org
전화: +39 06 6787759
개방시간: 09:30-17:50
휴관: 1월1일

야누스의 아치 Arco di Giano

9) <포룸 보아리움(Forum Boarium)>, 서동화 수채화

사각형의 이 아치는 4세기 중반 콘스탄티누스 대제 시절에 세워진 것으로, 포룸 보아리움(Forum Boarium) 가장자리쯤에 있는 문이다. 포룸 보아리움은 테베레강과 팔라티노와 아벤티노 언덕 사이, 곧 지금의 '진실의 입' 주변에 있었을 것으로 추정되는 가축시장이다. 그 옆에 있던 포룸 홀리토리움(채소시장)과 함께 테베레강을 이용하여 로마시를 드나들던 상인들의 거점지역이었다. 아치는 원형이 잘 보존된 편이다.

라틴어 '야누스(Ianus)'는 '지붕이 있는 길' 혹은 '문'이라는 뜻이다. 중요한 상점가의 사거리 한복판에 세워진 이 문의 이름 '야누스'는 그리스에는 없고 로마에만 있는 신으로, 처음과 마지막을 담당하고 안과 밖을 다스리던 신이다. 앞뒤가 다른 두 얼굴을 가진 문의 수호신으로 말이다. 이런 이유로 이 자리에 세워진 것으로 짐작된다. 이 문의 바로 뒤쪽으로 이어진 로마 공회장(포룸)과 혼잡한 서민들의 강변 시장 구역을 가르는 기능을 한 것으로 보인다.

오늘날 야누스의 이름에서 유래한 대표적인 말이 '제뉴어리(January, 1월)'다. 한 해가 시작되는 첫 달, 처음과 마지막, 안과 밖을 담당하며 앞뒤가 다른 두 얼굴의 문의 신이 한 해를 여는 것은 당연한 일일 것이다.

아치의 특징은 로마 공회당에서 보던 것처럼 승리를 상징하지 않는다. 포룸 보아리움에서 일을 하던 상인들이 오후의 뜨거운 햇빛을 피해 시에스타를 즐기며 잠시 쉬었던 장소로 활용했다. 건물은 가로 12m, 세로 16m이고, 사방에 48개의 벽감이 있어 그 속에 석상들을 세웠다. 중세기에는 로마 시대부터 권력가였던 귀족 가문 프란지빠네(Frangipane) 가(家)에서 이 문을 개인 성채로 사용하기도 했다. 그러나 1830년대에 들어와 아치 일부가 훼손되자 꼭대기를 장식하던 피라미드 장식까지 모두 제거했다.

포룸 보아리움 근처 벨라브로(Velabro) 평지에 세워져 있던 성 조르지오(San Giorgio) 성당에는 이 건물과 관련한 몇 가지 기록과 함께 야누스의 아치 꼭대기를 장식했던 것으로 추정되는 조각이 19세기까지 남아 있었다고 전한다. 하지만 그 장식을 살리면서 아치를 복구하는 작업은 불가능했던 모양이다.

야누스의 문 (Arco di Giano)
주소: Via del Velabro, 5
문은 항상 볼 수 있음

정복자 헤라클레스 신전 Tempio di Ercole Vincitore

로마 공회당 안에 있는 베스타(Vesta) 신전과 같은 원형의 건물 모양 때문에 흔히 '베스타 신전'으로 혼동하기도 한다. 혼동은 사실 르네상스 때부터 시작되었다.

1132년의 한 문서에는 "포룸 보아리움 지역에 세워진 고대의 신전이 '카로챠(마차)의 성 스테파노(Santo Stefano delle Carrozze) 성당'으로 사용되고 있다. 성당에서 가까운 테베레강에서 17세기경, 성모 마리아 성화가 발견되었는데, 성화에서 빛이 흘러나왔다"라고 한다. "그래서 그 성화를 모신 성당을 '태양의 성모 마리아(Santa Maria del Sole) 성당'이라고 불렀고, 성당은 전체 20개의 화려한 코린트식 기둥들로 둘러싸인 순수한 그리스 양식의 고대의 신전이었다"라고 기록하고 있다.

원래 이 자리에는 로마에서 가장 오래된, 기원전 146년에 지은 유피테르 신전이 있었는데 모두 소실되었고, 기원전 120년경에 지은 대리석 건물 잔해가 나중에 다른 신전을 짓는 데 재활용되었다. 기원전 2세기경에 지은 신전에는 소아시아에서 살던 그리스인 스코파스(Skopas)가 올리브기름의 수호신 헤라클레스(Hercules Olivarius) 동상을 조각하여 세웠다. 이 조각가가 바로 기원전 2세기 로마에서 활동하던 고대 그리스의 건축가 헤르모도로 살라미나(Ermodoro di Salamina)와 동일인이 아닐까 추정되기도 한다. 아무튼 고대의 자료들은 아벤티노 언덕 아래 지금의 그레코 가(街)에 있었을 것으로 추정되는 트리제미나 성문(Porta Trigemina) 밖에 있던 '정복자 헤라클레스 신전(Tempio di Ercole Vincitore)'과 기원전 120년경에 건설되었을 것으로 추정되는 또 다른 신전의 역사에 대해 언급하고 있는데, 둘은 같은 신전을 두고 하는 말인 것 같다.

로마의 한 부유한 상인, 헤르센누스(Marcus Octavius Hersennus)는 상인들과 계절에 따라 가축을 몰고 이동하는 유목민들의 수호신 헤라클레스를 올리브기름의 수호신으로 섬겼다. 그 전통은 지금도 국제 행사인 '이탈리아의 식품 및 와인 워크숍'을 이탈리아어로 '에르꼴레 올리바리오(Ercole Olivario)'라고 하는 데서 찾아볼 수 있다. 이탈리아어로 'Ercole'는 헤라클레스이고, 'Olivario'는 올리브와 관련된 말이기 때문이다.

신전은 기원전 2세기 로마의 상인들과 당시 그들의 경제력을 입증하기라도 하듯, 그리스 예술가들을 불러 지은 헬레니즘 대리석 건축의 정수를 보여주고 있다. 그러나 이 건물이 고대 로마의 것으로 공식 인정을 받는 데는 시간이 오래 걸려, 1935년에야 이루어졌다. 이것은 로마가 고대 건축물의 각축장 혹은 노천 박물관이라고 할 수 있을 만큼 가치 있고 오래된 고대 건물이 얼마나 많은지를 보여주는 한 사례라고 할 수 있다. 고대 건물이 흔하다 보니 기록이 정확하지 않거나 건물의 정체가 모호하면 그것을 규명하여 공인하기까지는 많은 시간이 걸리게 된다. 이탈리아인의 특성상 천천히(?), 아주 천천히 규명하기 때문이다.

포르투노 신전 Tempio di Portuno

공화정 시절에 세워진 것으로 추정되는 이 신전은 전형적인 '로마의 신'이라고 할 수 있는 항구와 문들의 신 '포르투노(Portunus)'에게 바쳐졌다.

고대 로마에는 특수한 역할을 담당한 신들에게 제사를 지내던 '플라미니 사제단'이 있었다. 이 사제단은 플라미니 대사제(Flamines maiores) 3명, 플라미니 소사제(Flamines minores) 12명으로 구성되어 있다가, 후에 카이사르의 영광을 위해 한 명의 플라미니 대사제가 추가되었다. 제국 시대에 이르러 죽은 황제들의 명복을 비는 임무가 플라미니 사제단에게 추가되어 한 명씩 선(先) 황제의 제사를 맡았다.

플라미니 대사제는 최고사제회(Pontifex Maximus)의 사제단(Collegium Pontificum)에서 임명했는데, 그들은 유피테르, 유노, 마르테, 퀴리노 같은 일류급 신들을 섬기던 사제였다. 다음 이류급 신들을 섬기던 사제들이 플라미니 소사제였다. 포르투노 신을 섬기던 사제는 플라미니 소사제 집단에서 선출되어 매년 8월 17일에 열리던 포르투날리아(Portunalia) 축제를 관장했다. 이 축제의 이름은 나중에 티베리날리아(Tiberinalia)로 바뀌었다. 매년 같은 날 티베리노 항구가 있던 이곳 포르투노 신전에서 축제를 개최했기 때문이다.

포르투노 신전(Tempio di Portuno)은 테베레강의 에밀리오 다리 근처에서 열리던 '포르투날리아의 날(Giornata di Portunalia)'을 기념하여 헌정된 것으로 추정된다.

'포르투노 신'에 대한 최초의 기록은 베르길리우스의 『아에네아스』다. 아에네아스의 친구 클로안토스는 트로이를 떠나 갖은 고생을 하던 중 해전을 치르게 되었는데, 기운이 빠져 노를 더는 젓지 못해 배가 꼼짝없이 적군에 포위당하자 포르투노 신에게 도움을 간청했다. 신이 그의 청을 듣고 배를 전진시켜 무사히 빠져나올 수 있었다.

그리스 신화를 모방하는 과정에서 로마인들이 그리스 항구의 수호신 팔레몬을 로마식으로 변형한 신이 아닐까 싶기도 하다.

아무튼 헤라클레스 신전과 나란히 고대 로마의 포룸 보아리움(가축시장)을 대표하던 신전이라고 할 수 있다. 기원전 80~70년경에 지었을 것으로 추정되며, 이오니아식 기둥에 트라베르틴 대리석과 아니에네(Aniene)강의 석회암으로 지은 전형적인 로마식 건축물이다. 그러나 건물의 가장 오래된 부분은 기원전 4세기 말에서 3세기 초까지 거슬러 올라간다. 이렇게 추정하는 것은, 이 신전 건축에 사용된 석회암이 기원전 3세기경에 건설되었다가 지금은 잘린 채 일부만 남아 있는 테베레강의 에밀리오 다리(Ponte Emilio 혹은 Ponte Rotto)와 같기 때문이다.

이 신전도 그리스도교가 뿌리를 내리던 중세 시기에는 성당으로 바뀌어 사용했고, 9세기에 이르러 3세기 이집트의 성녀로 한때 매춘부로 있다가 회심한 뒤 수도자가 되어 성인품에 오른 매춘부들의 수호성인 마리아 에지치아카(Maria Egiziaca, 344?~421?, 이집트 알렉산드리아)에게 봉헌한 성당이 되었다.

성녀는 이집트 콥트교회, 그리스 정교회, 그리고 로마 가톨릭교회에서 모두 공경하고 있다. 12살에 집을 나와 방황하며 길에서 매춘으로 연명하다가 29살에 예루살렘에서 온 한 순례자 단체를 만났다. 알렉산드리아에서 배를 타고 떠나는 그들과 합류하기 위해 배 관계자들을 돌아가면서 유혹했고, 결국 배에 올라 예루살렘에 도착할 수 있었다. 예루살렘에 도착하여 대성당을 방문했지

10) 1880년 에토레 로슬러 프란츠(Ettore Roesler Franz)의 작품 속에 나오는 에밀리오 다리

10)

만, 죄인으로 취급받아 성전에 들어가는 것조차 허락되지 않았다. 며칠을 성전 밖에서 기다린 끝에 겨우 성전에 들어갈 수 있었던 에지치아카는 '하느님의 어머니' 마리아의 이콘 앞에 무릎을 꿇고 앉아 기도했고, 이후 십자가만을 섬길 것을 맹세했다. 그때 '하느님의 어머니'로부터 이런 말을 들었다고 한다. "네가 요르단강을 건너면 거기에서 참된 행복을 찾으리라." 요르단강을 건넌다는 건 깊은 참회를 동반한 세례를 의미하는 것으로, 물로 죄를 씻고 성체를 영한다는 뜻이다. 에지치아카는 즉각 회개하여 세례를 받고 광야에 머물며 긴 참회의 생활을 했다.

5세기 이후, 그녀의 이름은 팔레스타인에 있는 어느 은수자의 무덤에 등장하여 그곳을 그녀의 무덤으로 추정하고 있다. 1492년부터 가톨릭교회의 전례력에 등장하기 시작했고, 16세기 이후 더 자주 언급되기도 했다.

1500년도 중후반에 들어서면서 아르메니아인들이 이 일대에 게토를 만들자, 1571년, 교황 비오 5세가 아르메니아인들에게 이 성당을 사용하도록 했고, 그 바람에 1921년까지 이탈리아 아르메니아인의 구심점이 되었다.

그러나 이탈리아 정부의 반환 요청이 1916년부터 이어지면서 아르메니아인들은 돌려주지 않을 수 없게 되었다. 거기에는 고대의 신전을 보존한다는 차원에서 더는 성당으로 사용하지 못하도록 한 것도 한몫하였다. 어떻게 보면 '신전에서 성당으로', 다시 '성당에서 신전'으로 왔다 갔다 하는 이탈리아의 문화 정책 같지만, 고대 건축물을 문화재로 원형을 보존하려는 의미로 보인다. 로마는 도시가 송두리째 유네스코 세계문화 유산에 등재되어 있기 때문이다.

신전의 외부는 성당으로 사용했다는 흔적조차 없을 만큼 신전 원형이 잘 보존되어 있는 반면에, 내부는 여전히 성 마리아 에지치아카의 일화가 벽화로 남아 있다.

---

11) 틴토레토(1582~1587) 작, 〈성녀 마리아 에지치아카〉(1583~1587경), Scuola Grande di San Rocco 소장, 베네치아.

넷째 언덕, 비미날레
Collis Viminalis

멀리 아니에네강과 테베레강을 가르는

로마에서 가장 작은 언덕

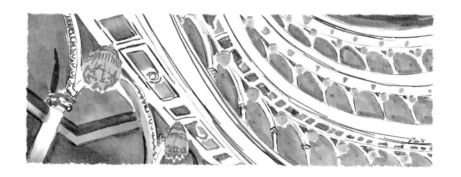

비미날레 언덕: 돌들의 화려한 잔치 Colle Viminale

언덕의 이름은 이곳에 많이 있던 버드나무(vimine)에서 유래했다. 로마의 일곱 언덕 가운데 비교적 작은 이곳은 에스퀼리노, 퀴리날레와 함께 삼각형의 구도를 이룬다. 퀴리날레를 중심으로 생활하던 사비니족이 인구가 증가하자 여기까지 진출하기도 했다.

로마 시대에는 지금의 나치오날레 가(街)를 통해 그 아래 수부라(Suburra) 지역까지 이어진 비쿠스 롱구스(Vicus Longus) 가도, 현재 우르바나 가(街)에 해당하는 비쿠스 파트리치우스(Vicus Patricius) 가도로 둘러싸여 있었다. 아우구스투스 황제 시절에는 로마 제6구역으로 분류되어 중간 계층이 주로 살았고 공공건물은 거의 없었다. 그러나 고대의 비쿠스 파트리치우스에 속하던 지금의 발보 가(via Balbo), 파니스페르나 가(via Panisperna), 산타 푸덴치아 나(Santa Pudenziana)에 있는 몇몇 건물의 지하에서는 기원전 2~1세기 부유층의 집터가 발견되기도 했다.

비미날레 언덕은 로마의 서민들이 많이 모여 살던 수부라 지역 뒤쪽에 있어 서민적인 분위기가 가장 많이 남아 있는 언덕이라고 할 수 있다. 비미날레와 에스퀼리노를 가르는 수부라의 중심가도 카부르 가(via Cavour)는 지금도 서민적인 거리다.

수부라에는 직공들과 상인들이 많이 모여 살았기 때문에 다른 언덕에 있는 고급 주택가의 조용한 분위기와는 전혀 달랐다. 직공들의 작업장과 상점이 즐비했고, 그만큼 소음과 인파로 종일 북적였다. 수부라의 상점에는 그 지역 사람들만 드나든 것이 아니라, 다른 언덕에 살던 귀족과 그들의 노예들도 찾았다. 로마인들에게 수부라는 '없는 것이 없는' 중심 상업 지구였다.

각종 작업장과 상점은 행인들에게 개방되어 있었고, 좁은 거리에는 동방에서 가져온 향신료를 파는 행상꾼들과 구경꾼들, 물건을 사러 나온 사람들로 붐볐다. 그러다 보니 각종 분쟁에서부터 시작하여 사건 사고가 끊이지 않았고, 화재도 빈번히 일어났다. 지금도 로마 공회장 너머로 볼 수 있는 석벽은 아우구스투스 황제의 명으로 수부라에서 자주 발생하던 화재와 소음이 로마 공회장으로 넘어오는 것을 막기 위해 세운 것이다.

카이사르는 바로 이곳 수부라에서 태어났다. 이곳에서 태어나 살았다고 해서 모두 중산층 이하의 집안이라고는 할 수 없지만, 카이사르는 이곳에서 37세의 나이로 최고 제사장에 올라 로마 공회장 안에 있는 관저로 이사할 때까지 살았다.

비미날레 궁: 총리 공관 및 내무성
Palazzo del Viminale: Presidenza del Consiglio dei Ministri e
Ministero dell'Interno

다른 언덕들과 달리 이 언덕은 로마 시대 행정의 중심지였던 로마 공회장에서 멀리 떨어져 있었던 것도 아닌데 크게 주목받지 못한 것 같은 느낌이 든다. 예컨대 카피톨리노 언덕은 공회당을 중심으로 신들의 거처로 알려져 있었고, 팔라티노 언덕은 왕정 시대에서 제국 시대까지 황제들의 궁전이 있었다. 첼리오 언덕은 폼페이우스가 살았고, 아벤티노 언덕은 평민(Plebs)들의 거점이었는데, 비미날레는 퀴리날레와 에스퀼리노 사이에 살짝 이름만 올려놓은 형국이다.

실제로 비미날레, 퀴리날레, 에스퀼리노 언덕은 다른 4개 언덕과 달리 테베레강의 선착장과 시장에서 멀리 떨어져 있고, 로마 공회장에서 행정, 사법, 종교 생활 등이 이루어지고 있었기에 중심지에서 벗어날 수밖에 없었을 것이다. 그래서인지 비미날레 언덕의 중심부라 할 수 있는 현재 비미날레 궁의 모태가 될 법한 고대 건물의 존재 여부에 대해서도 알려진 것이 없다.

그런데도 '비미날레 궁(Palazzo del Viminale)'은 이탈리아의 총리 공관 및 내부 행정을 총괄하는 정부 부처로, 뉴스에서는 '내부성'이라는 이름 대신 그냥 언덕의 이름 '비미날레'로 부른다.

궁은 1911년, 이탈리아 총리를 여러 번 지냈던 졸리티(Giovanni Giolitti, 1842~1928)의 명에 따라 건축가 만프레디(Manfredo Manfredi, 1859~1927)가 설계하여 1925년에 완공했다. 그리고 바로 그해부터 이탈리아 공화국의 총리 겸 내무부 장관(당시에는 한 사람이 총리와 내무부 장관직을 맡았다)의 거처 및 집무실로 사용하기 시작했다. 1961년에 총리와 내무부 장관이 분리되었지만, 공관은 여전히 함께 쓰고 있다.

단단한 대리석의 5층 건물에 수십 개의 방이 미로처럼 연결된 이 궁은 독특한 나무 장식과 각종 대리석 및 석고세공 등으로 위용을 자랑하고 있다. 오늘날 이탈리아 행정의 권위를 상징한다.

비미날레 궁 Palazzo Viminale
주소: Piazza del Viminale
연락처 및 예약: https://www.interno.gov.it/it/viminale/palazzo

건물의 뒤편에 있는 정원에서 건물을 바라보면, 건물의 정면과 전혀 다른, 마치 정면과 뒷면이 완전히 분리되어 또 다른 건물의 정면을 보는 듯하다. 이곳의 문은 분명히 건물의 뒷문이겠지만, 이 문 역시 별도의 정문처럼 느껴진다.

이 문으로 들어가 만나는 첫 번째 건물은 '왕립 물리학연구소(Regio Istituto di Fisica)'다. 이탈리아 출신의 핵물리학자 엔리코 페르미(Enrico Fermi, 1901~1954)가 소위 '파니스페르나 가(街)의 학우들'과 함께 화학실험을 했던 곳이다. '파니스페르나 가의 학우들'이라고 부른 이유는 이 건물의 후문, 곧 연구소의 문을 열고 나가면 파니스페르나 가로 이어졌기 때문이다.

엔리코 페르미는 실험과 이론을 겸비한 이탈리아가 낳은 20세기 최고의 핵물리학자다. 1938년 노벨 물리학상을 받은 뒤, 부인 로라가 유대인인 탓에 스웨덴에서 노벨상 수상 후, 곧장 미국으로 망명하여 핵분열 반응을 연구했다. 원자번호 100번 원소 '페르뮴'은 그의 이름을 딴 것이다. 페르미는 그 뒤, '맨해튼 프로젝트'에 참여하여 원자폭탄을 개발하는 데 기여하기도 했다. 바로 이 원자폭탄이 1945년 일본에 투하되어 제2차 세계대전 종식을 가져왔다.

---

1) '파니스페르나 가(街)의 학우들'로 왼쪽부터 오스카 다고스티노(Oscar D'Agostino), 에밀리오 세그레(Emilio Segrè), 에도아르도 아말디(Edoardo Amaldi), 프랑코 라세띠(Franco Rasetti), 그리고 가장 오른쪽이 엔리코 페르미(Enrico Fermi)다.

건물에는 '왕립 화학연구소(Regio Istituto di Chimica)'도 있어서 20세기 초 이탈리아의 과학이 정부의 지원과 보호 아래 연구가 활발히 이루어지고 있었음을 알 수 있다. 건물 내에는 여러 개의 도서실과 자료보관실이 있어, 국가 행정과 관련한 중요한 많은 자료가 소장되어 있다.

성녀 푸덴치아나 대성당 Basilica di Santa Pudenziana

파니스페르나 가의 왕립물리학연구소에서 조금 더 아래로 로마 공회당 쪽으로 가다 보면 고대 로마 시절 비쿠스 파트리치우스(vicus Patricius)에 오래된 작고 소박한 성당이 하나 있다. 로마에 이런 성당은 널렸다시피 한데, 굳이 이 성당을 소개하는 이유는 이 작은 성당에 엄청난 교회사적인 역사가 담겨 있기 때문이다.

우선 이 성당은 로마에서 가장 오래된 성당 가운데 하나다. 네로 황제 시절 원로원 의원을 지낸 푸덴스(Senatore Pudens)의 딸 푸덴치아나와 프라시데에게 봉헌된 성당이다. 푸덴치아나가 푸덴스의 딸이라는 것은 로마시에 보관된 공식 문서에서 확인된다. 물론 그에게는 아들도 둘 있었지만, 그에 관해서 알려진 것은 없다. 딸만 둘 다 순교자로 기록되어 있다. 5세기, 한 무명의 작가가 기록한『순교자 실록(Martyrologium Hieronymianum)』5월 9일 자 순교자 명단에 푸덴치아나와 프라시데가 순교했고, 프리쉴라 공동묘지에 묻혔다고 적혀있다.

푸덴스는 성 베드로의 추종자였다. 로마인들 사이에서 전해오는 이야기에 따르면, 베드로가 푸덴스의 집에서 7년을 살았다고 한다. 가톨릭 신자들은 초기 한국교회사에서 주문모 신부가 강완숙 골롬바의 집에서 6~7년간 숨어 지낸 것을 생각하면 된다. 바오로 사도도 푸덴스를 잘 알고 있었던 것으로 보인다. 그가 티모테오에게 보낸 둘째 편지(4,21)에서 그를 언급하는 말이 있다. "에우불로스와 푸덴스와 리노스와 클라우디아와 그 밖의 모든 형제가 그대에게 인사합니다. 주님께서 그대의 영과 함께 계시기를 빕니다. 은총이 여러분과 함께하기를 빕니다." 이것은 그만큼 사도들과 친분이 있었다는 것을 말해준다. 푸덴스는 베드로에게 세례를 받고, 네로 황제의 박해 시기에 베드로와 함께 순교했다.

푸덴스의 집에 사도들이 머물렀다면, 당연히 신자들이 모여들었을 것이고, 도무스 푸덴치아나(푸덴치아나의 집)는 도무스 에클레시에(Domus Ecclesia, 가정교회)였을 것이다. 이후 여전히 박해가 계속되는 가운데, 이 가문에서 154년, 비오 1세라는 이름으로 주교가 나왔다. 로마의 주교는 교황이다. 그는 평신도 시절부터 자기 집에서 교우들과 함께 모임을 가졌다. 여전히 도무스 푸덴치아나(푸덴치아나의 집)는 도무스 에클레시에(Domus Ecclesia, 가정교회)였고, 푸덴치아나 교회였다. 지금 그 흔적은 거의 찾아볼 수 없지만, 성당으로 건물이 지어진 것이 4세기라는 게 막연한 연관성을 떠올리게 한다. 물론, 이후에 계속해서 증축과 개축을 거듭했다. 지금 보는 것과 같은 모습은 19세기에 최종 손을 본 것이라고 한다.

그러나 이 성당에서 5세기 이후 한 번도 손을 보지 않고 그대로 전해오는 것이 하나 있는데, 그것은 이 성당의 백미이기도 한 중앙제단 뒷면에 있는 반원형의 모자이크다. 개인적으로 로마에서 반드시 봐야 할 모자이크 작품이라고 생각한다. 초창기 그리스도교 미술의 아름다움과 역사적이고 신학적인 의미가 매우 큰 작품이다. 무엇보다도 그 의미가 지금도 유효하다는 게 압권이다. 그런 점에서 이 작품은 세계적으로도 거의 유일하다고 봐야 할 것이다.

작품은 410~417년의 것으로 밝혀졌다. 교황 인노첸시오 1세 재임 시기다. 알라리크에 의한 서고트족의 로마약탈이 있었던 직후다. 이것은 로마제국으로서는 엄청난 사건이었고, 그로부터 약 60년 후인 476년에 서로마는 멸망하게 된다. 알라리크에 의해 콘스탄티누스 시절에 붐을 이루어 지었던 많은 성당이 파괴되었는데, 다행히 이 성당은 용케 살아남았다. 그것은 모자이크 작품 속에서 그리스도가 손에 들고 있는 책에서 입증하는 것처럼, 모자이크 자체의 생명력 덕분이라고 해석했다. 거기에는 "주님께서 푸덴치아나 성당을 구해 주셨나이다(Dominus Servator Ecclesiae Pudentianae)"라고 적혀있다.

교황 인노첸시오 1세는 로마약탈로 초토화가 된 힘든 시기에, 로마 신자들에게 예수 그리스도에 의한 통치야말로 튼튼한 '하늘의 도성'임을 말하고자 했다.

"인간의 도시"인 로마는 이미 저물고 있는데 반해, 인간 세상에 새로 건설한 "하느님의 도시"로 교회를 소개했다. 그리고 이제 막 종결된 두 공의회, 니케아(325)와 콘스탄티노플(381)에서 정의한 "참 하느님이며 참 인간이신" 그리스도에 관한 그리스도론을 소개했다. 그러니까 이 작품에는 교회론과 그리스도론이라는 신학적 의미가 역사의 현장에서 체험한 것을 토대로 신앙고백의 형태로 표현했다고 하겠다.

　모자이크 작품에 근본적인 영감을 주는 첫 번째 글은 잘 알려진 성 아우구스티누스의 『신국론』이다. 아우구스티누스가 이 글에서 말하는 "인간의 도시"는 파괴되고 있는 로마다. 반면에 묵시록 17~18장에서 언급하는 "하느님의 도성"은 교회다. 교회는 '로마-이후' 시대를 새로 재편성하고 보편적 전망 안에서 더 문명화된 시대를 선도하게 될 것이다.

　'하느님의 도성'에 대한 이미지는 모자이크 작품 속에서 로마제국 원로원 의원의 옷을 입은 사도들에 둘러싸여 콘스탄티누스의 옥좌에 앉은 영광스러운 지배자 그리스도의 모습을 통해 알 수 있다.

　아우구스티누스가 말한 "하느님의 도성"은 "인간의 도시" 로마를 대체하고, 그것은 오늘날 유럽이라고 하는 근대 서구 문명의 "그리스도교 뿌리"가 된다. 예컨대, "모든 인간존재는 평등하다"라는 교회[하느님의 도성]의 기본적인 가르침은 인간이 '하느님의 모상'이라는 데 있다. 이것은 평등사상뿐 아니라, 사랑, 희망, 정의 등 모든 서구사상의 가치이기도 하다. 그리스-로마 문명에서 "인간의 도시"에는 그리스인과 로마인은 "인간"이고, 완전한 권리를 가진 시민이지만, 그 외 문화와 인종에 속하는 사람은 소위 "야만인"이었다. 그러나 "하느님의 도성"에서 모든 인간은, 어떤 인종이나 성(性)이나 문화 혹은 종교를 가졌건 모두 "인간"이고, 모두 존엄하고 똑같은 권리와 의무를 지닌다. 양도할 수 없는 절대적인 가치를 지닌다. 왜냐하면 모든 개인이 하느님 인격의 모상이기 때문이다.

　인노첸시오 1세가 이 모자이크를 통해 말하고 싶었던 것은 바로 전에 종결한 두 공의회에서 결정한 그리스도론이다. 이것은 오늘날 모든 그리스도인에게까지 영향을 미친다. 그리스도교 신앙의 모든 중심은 그리스도가 하느님의 아들이고, 말씀이 사람이 되신 분이라는 것을 믿는 데 있다. 인성과 신성을 동시에 지닌 분이라는 것을 두 손가락으로 축복하는 그리스도의 모습으로 모자이크에 담았다. 이후 서구의 모든 조형예술에서 이것은 근본적인 모델이 되었다.

8~9세기 비잔틴 모자이크에서 등장하던 〈우주의 지배자(Pantocrator)〉(모자이크, 위 그림)로 표현된 그리스도론의 원조인 셈이다. 그리스도는 성인들에 둘러싸여, 묵시록의 네 동물이 배경으로 있는 가운데 우주를 축복하는 통치자로 표현된다. 네 동물은 후에 4대 복음사가들을 상징하는 것으로 해석되었다. 마태오(사람 혹은 천사), 마르코(사자), 루카(황소), 요한(독수리)이다. 이들이 있는 천상 하늘에는 노을을 표현한 듯 구름 사이에 붉은빛이 감돌고 있다. 해가 저무는 시간은 우주의 종말을 알리는 묵시론적인 개념이다.

실제로 이 작품을 의뢰한 인노첸시오 1세 교황은 405년에 신약성경 정경에 묵시록을 포함하도록 한 교황이다. 묵시록은 사도 요한이 1세기 말(서기 100년경)에 쓴 책이다. 그때는 로마제국이 최고 전성기를 누리던 시대였고, 무엇보다도 예수께서 예언했던 대로 예루살렘과 거기에 있던 성전이 파괴된 직후였다. 하지만 로마와 로마제국의 파괴도 예언된 일이었다. 요한이 살아있던 시대에는 상상조차 할 수 없었던 일이었지만 말이다. 그러나 이제, 5세기에 이르러, 겁에 질린 그리스도인과 로마라는 거대한 제국이 백성이 보는 앞에서 쇠퇴가 현실이 되어가고 있었다. 믿을 수 없지만, 묵시록에서 예언한 대로 일어나고 있었다.

이렇게 역사적인 맥락에서 신학적인 가르침이 풍부하게 담긴 모자이크 작품은 이것 외에도 커다란 무대효과와 창조적인 또 다른 신학적 의미를 함축하여 표현하기도 했다. 그리스도 뒤에 있는 언덕은 갈바리오이고, 거기에 콘스탄티누스는 '보석으로 장식된 십자가'-도상학에서는 이를 "크룩스 젬마타(crux gemmata)"라고 한다-를 세웠다. 이것은 그리스도가 못 박힌 갈바리오와 그분의 무덤에 콘스탄티누스가 예루살렘 대성당을 세운 것을 말한다. 그러니까 "크룩스 젬마타(crux gemmata)"는 그리스도의 수난과 영광을 의미하는 것이다. 그것이 도상학에 도입되어 처음으로 선보인 것이 바로 이 모자이크다. 이후 비잔틴 모자이크에서 자주 보게 되는데, 라벤나의 성 아폴리나레 성당에도 있다. 만약 언덕이 갈바리오고, 그리스도 뒤에 있는 도시가 예루살렘이라면, 70년에 로마인들이 처음 파괴한 것을 콘스탄티누스가 재건한 것이 된다. 그러나 도시의 지붕이 금으로 장식되어, 도시는 '천상 예루살렘', 곧 묵시록의 마지막 환시(묵시 21,2)처럼 교회를 표현한다고 하겠다.

예수 그리스도의 양쪽에는 오른쪽에 베드로, 왼쪽에 바오로가 있고, 그 뒤에서 월계관을 씌워주고 있는 두 여성이 있다. 한때 푸덴치아나와 프라시데 성녀라고 했지만, 사실 이것은 "개종한 유대인 교회(Ecclesia ex Circumcisione)"와 "이방인 교회(Ecclesia ex Gentibus)"를 상징한다. 베드로와 바오로 사도가 전교의 대상으로 삼았던 교회를 의미한다.

이것을 확신할 수 있는 근거가 아벤티노 언덕에 있는 산타 사비나 성당의 또다른 모자이크다. 두 여성은 아래에 라틴어로 적힌 말처럼 두 교회를 상징한다.

마지막으로 어쩌면 가장 현시적인 것으로, 지금까지 이야기한 교회론과 그리스도론을 함축하는, 모자이크, 그 자체가 지니는 의미가 있다.

당시는 니케아 공의회(325)와 콘스탄티노플 공의회(381)를 거

친 후였기에, 카파도키아의 삼총사 신학자들로 일컫는, 대(大) 바실리오, 나지안조의 그레고리오, 니사의 그레고리오의 교회론이 강조되고 있었다. 특히 니사의 그레고리오는 교회에 관한 "그리스도의 신비체"라는 바오로의 가르침을 해설하면서, 부활한 그리스도가 역사 안에서 '생생하게' 살며 활동하고 있다고 소개하며, 모자이크처럼 존재한다고 했다. 여기서 '모자이크'의 테쎄라(Tessera, 모자이크를 이루는 작은 조각)는 그리스도인들이다. 그레고리우스에게 그리스도인들은 역사에서 일하는 부활하신 주님을 '살아 있게' 하는 모자이크 조각(테쎄라)과 같은 것이다.

이것을 다시 집어 드는 것이 제2차 바티칸공의회의 위대한 신학자 중 한 사람이었던, 앙리 드 뤼박(Henri de Lubac) 신부다. 예수회 출신의 앙리 드 뤼박은 『가톨릭시즘(Catholicism)』이라는 저서에서 모자이크 알갱이 같은 그리스도인 존재를 회상했다.

5세기, 풍전등화 같은 격동적이고 열악한 상황에서, 카타콤바에서 보듯이 성당 장식에 왜 '착한 목자'가 아니고, "우주의 지배자 그리스도(Cristo Pantocratore)"를 주제로 삼았는지, 왜 프레스코화가 아니라 모자이크 기법으로 표현했는지, 그 시대에 왜 그렇게 모자이크 미술이 활발했는지, 그 이유를 말해준다고 하겠다.

서양 미술사에서 그리스도교 신학은 너무도 중요한 모티브가 되었고, 미술의 품격을 한층 높여주었다는 생각이 든다. 무명의 푸덴치아나 모자이크 작가는 정말 놀라운 신학자며 예술가였던 것으로 보인다.

푸덴치아나 성당
주소: Via Urbana, 160
연락처 및 예약: https://www.stpudenziana.org
전화: +39 06 4817292
개방시간, 휴관일, 입장료 등은 위 연락처에서 확인

로마 오페라 극장 Teatro dell'Opera di Roma

비미날레 궁과 디오클레티아누스의 목욕장과 테르미니역 사이에 있는 "로마 오페라 극장"은 1879년에 지었다. 극장은 1880년 11월 27일에 개관했는데, 당시에는 3,500석의 객석을 갖춘 유럽 최대의 오페라 극장이었다. 19세기에 이 정도 규모의 오페라 전용 극장이 있었다는 것은 당시 로마인들의 음악 사랑을 엿볼 수 있는 측면이라고 할 수 있을 것이다.

개관기념으로 로씨니의 〈세미라미테〉가 공연되었고, 마스카니의 〈카발레리아 루스티카나〉가 초연되었다. 잠시 쉬는 의미에서 이 두 오페라 작품에 대해서 살펴보자.

　로씨니(Gioacchino Antonio Rossini, 1792~1868)의 오페라 〈세미라미데〉는 그의 오
페라 시리즈 대표작 중 하나다. 로씨니는 도니제띠(Gaetano Donizetti, 1797~1848),
벨리니(Vincenzo Bellini, 1801~1835)와 함께 19세기 전반, 이탈리아의 오페라 무대
를 화려하게 이끌었던 사람 중 하나다. 이탈리아 벨칸토 창법을 최고의 표현
력으로 보여주는 가창 기술이 〈세미라미데〉의 백미라고 할 수 있다. 로씨니는
멜로디의 구성에서 타의 추종을 불허했던 천재성으로 이탈리아 벨칸토의 낭
만주의적 예술성을 꽃피웠다는 평가를 받았다.

　〈세미라미데〉는 바빌론의 왕비 이름이다. 로씨니는 단테의 『신곡』에서 모티
브를 찾았다. 지옥의 두 번째 옥(獄)에서 음탕한 죄를 지은 영혼 중 하나로 등
장한다. 왕비는 권력과 사랑을 쟁취하기 위해 정부 아수르와 함께 왕이자 남
편인 니노를 암살하는 것으로 오페라는 시작된다. 남편이 죽자 왕좌를 물려줄
남자로 애인 아수르와 인도의 젊은 왕 드레노를 떠올렸으나, 곧 그녀는 영웅

아르사체에게 왕좌를 물려주고 싶어 한다. 왜냐하면 아르사체가 죽은 니노와의 사이에서 자기가 낳은 아들인지 모른 채, 그를 흠모하고 있었기 때문이다.

무서운 천둥소리와 함께 니노의 유령이 아르사체의 꿈에 나타나 그가 자기 아들이라는 사실과 엄중히 다스려야 할 범죄가 있다는 점을 암시한다. 아르사체는 아버지가 세미라미데와 아수르에 의해 살해되었다는 사실을 알게 되고, 그들을 단죄하지 않을 수 없는 처지가 된다. 아르사체는 세미라미데에게 회개할 시간을 주며 빌지만 결국 마지막 장면에서 아르사체는 어머니를 아수르로 오인하고 칼로 찌른다. 니노의 복수는 성공하고 신들의 진노도 사라진다. 젊은 영웅 아르사체는 새로운 왕으로 추대된다. 작품에서 잘 알려진 아리아는 '아름답고 매혹적인 꽃(Bel raggio lusinghier)'이다.

〈카발레리아 루스티카나(Cavalleria rusticana, '시골 기사도')〉는 1막짜리 오페라로 베르가(Giovanni Carmelo Verga, 1840~1922)의 단편 소설을 기초로 메나쉬(Guido Menasci, 1867~1925)와 토체티(Giovanni Targioni Tozzetti, 1712~1783)가 쓴 대본에 피에트로 마스카니(Pietro Mascagni, 1863~1945)가 곡을 붙인 것이다. 마스카니의 수작이기도 한 이 작품은 1890년 로마에서 초연되어 기록적인 대성공을 거두면서 당시 26세의 청년 음악가 마스카니를 일약 이탈리아 오페라계의 스타로 올려놓았다.

〈카발레리아 루스티카나〉는 시칠리아섬을 배경으로 한 투리두와 알피오, 그리고 투리두의 연인이었다가 이제는 알피오의 아내가 된 로라의 삼각관계를 다룬 연애 비극이다. 투리두를 흠모하던 산투차는 투리두가 아직도 옛 연인 로라를 잊지 못하고 있는 걸 눈치채고 혼자 가슴을 태운다. 산투차는 투리두를 붙잡고 마음을 돌릴 것을 애원하지만, 투리두는 이를 거부하며 질투 많은 너의 노예가 되지 않을 것이라고 한다. 그리고는 때마침 성당으로 들어오는 로라를 보고 따라 들어가 버린다. 흥분한 산투차는 그때 나타난 알피오에게 지금 로라가 투리두와 같이 있다는 것과 그들의 과거에 대해 말해 버린다. 아내의 정숙하지 못한 행동을 알게 된 알피오는 격분하여 복수를 맹세한다. 투리두와 알피오의 결투로 투리두가 죽고 마을 사람들이 달려와 투리두가 죽었다는 비보를 알리자 놀란 산투차는 그 자리에서 기절한다. 공포의 분위기 속에서 일동이 엄숙한 자세를 취하고 있는 사이에 비극의 막은 내린다.

　오페라는 종교적인 색채를 띤 아름다운 멜로디로 일부 간주곡들이 단독으로 클래식 라디오 프로그램이나 텔레비전 CF에 자주 등장하는 것으로도 유명하다. 영화 〈대부 3〉의 배경음악으로, MBC 드라마 '베토벤 바이러스'의 삽입 음악으로 등장하기도 했다.

로마 오페라 극장
주소: Piazza Beniamino Gigli
연락처 및 예약: https://www.operaroma.it
전화: +39 06 481601

디오클레티아누스의 목욕장과 테르미니역
Terme di Diocleziano e Stazione di Termini

　디오클레티아누스 황제의 목욕장(Terme di Diocleziano)은 고대 로마에서 규모가 가장 큰 목욕장이다. 디오클레티아누스는 그리스도교를 박해한 황제며 처음으로 이분통치, 사분통치 체제를 만들어 실행한 황제이기도 했다. 그의 이분통치에 처음 끌려 들어온 사람은 그의 전우였던 막시미아누스였다. 284년, 디오클레티아누스(Valerius Diocletianus)는 막시미아누스(Marcus Aurelius Valerius Maximianus)를 카이사르로 임명한 다음 갈리아로 파견하여 공을 세우게 하고, 그것을 인정하여 아우구스투스라는 칭호를 내려 정식 공동통치자로 선포했다.

이것은 로마제국이 혼자서 통치하기에는 너무 크고, 방대한 제국의 원활한 통치를 위해서는 제국을 둘로 나누는 것이 좋겠다는 판단에 따른 것이었다. 이분통치는 말 그대로 제국을 서방과 동방으로 나누어 분할하여 통치하는 것이다. 한마디로 로마제국의 황제가 둘이 되는 것이다. 막시미아누스는 서방을, 디오클레티아누스는 동방을 맡으면서 시작되었다. 이런 형태의 이분통치는 7년가량 유지되면서 제국 역사상 거의 완벽하다고 할 정도로 많은 성과를 이루었다. 그러나 293년에 이르러 디오클레티아누스는 두 황제만으로는 늘어나는 외부의 침입과 방대한 제국의 행정을 모두 감당할 수 없다고 판단하여 동·서방의 두 황제 아래 각각 부황제를 하나씩 두는 것으로 또 바꾸었다. 이것이 유명한 사분통치다. 칭호는 황제는 아우구스투스를 사용하고, 부황제는 카이사르를 사용하기로 했다. 이것은 후에, 이들의 후임자가 된 콘스탄티누스 (Flavius Valerius Constantinus)와 막시미아누스와 막센티우스 부자에 이르러 변질되어 결국 내전으로 몰고 가 국력을 소진하는 원인이 되었다.

2) (왼쪽) 베네치아의 성마르코 대성당 외벽 모퉁이를 장식하고 있는 사두정 조각상: 두 정제가 각자의 부제와 포옹하고 있다. (오른쪽) 사분통치의 지역 배분 지도
3) 조반니 바티스타 피라네시(Giovanni Battista Piranesi, 1720-1778), <디오클레티아누스 황제의 목욕장>, 에칭 판화, 1774년

목욕장은 서기 298년 디오클레티아누스가 동방의 아우구스투스였고 막시미아누스가 서방의 아우구스투스를 지내던 시절에 막시미아누스에 의해 짓기 시작하여, 두 황제가 퇴위한 뒤 306년에야 완공되었다.

3)

Veduta degli avanzi superiori delle Terme di Diocleziano

목욕장은 퀴리날레, 비미날레, 에스퀼리노 일대에 살던 시민들을 위해 지었다고는 하지만 남아 있는 비문으로 보아 두 황제를 기리기 위해 지은 것이다. 발견 당시에 여러 조각으로 깨져 있던 비문은 현재 목욕장 박물관 현관에서 볼 수 있다. 거기에는 이렇게 적혀있다.

우리의 불굴의 주군 디오클레티아누스와 막시미아누스,
존엄한 '어르신들',
황제와 카이사르들의 어버이,
우리 주군 콘스탄티우스와 존엄한 영웅 막시미아누스,
존귀하신 세베루스와 막시미아누스께서
당신 백성 로마인들에게 기쁨이 될 디오클레티아누스의 목욕장을 선사하노니,

존엄한 막시미아누스가 아프리카에서 귀환한 것을 계기로,
디오클레티아누스의 이름으로 장엄한 건축과 그 밖의 세부 공사를 명하고
강복하노라!

헌정문을 통해 목욕장의 완공 시점을 알 수 있다. 막시미아누스가 아프리카에서 돌아왔을 때는 298년 가을이고, 디오클레티아누스와 막시미아누스가 퇴위한 것은 305년 5월 1일이다. 콘스탄티우스 클로로(콘스탄티누스의 아버지)가 죽은 날은 306년 7월 25일이니, 건물의 완공은 305년 5월에서 306년 7월 25일 사이에 있었다는 것이다.

이 엄청난 건물을 짓기 위해서는 주변에 있던 많은 기존 건물들을 헐어야 했을 것이다. 기존 건물의 흔적들은 '공화국 광장(Piazza della Repubblica)'의 지하철 공사 과정에서 드러났다. 목욕장의 건물이 디오클레티아누스의 인장이 찍힌 벽돌로 지어진 것으로 보아 한때 벽돌 제조 과정에서 인장을 찍는 풍습이 있었는데, 그것이 사라졌다가 이 목욕장을 지으면서 부활한 걸로 추정된다. 목욕장은 태양열을 이용하여 열탕의 온도가 떨어지지 않도록 남동쪽으로 설계되었다. 목욕장 중앙에는 거대한 회랑식 건물이 있었고, 양편으로 탕(열탕, 온탕, 냉탕 등)이 작은 기둥들 사이에 칸칸이 있었다. 건너편의 큰 기둥들 사이 북서쪽과 남동쪽에 체육관이 있었다.

목욕장은 티부르티나 성문(Porta Tiburtina)에서 시작된 마르치아(Marcia) 수로의 물줄기에서 물을 공급받았는데, 물 저장고는 '테르미니 수고(水庫)'라고 불릴 만큼 그 양이 대단했다고 한다. 이 수고는 1876년, 테르미니 역사(驛舍)를 건설하면서 허물었다. 역의 이름 테르미니는 테르메(terme), '목욕장'이라는 이름에서 비롯했다.

목욕장의 형태와 크기는 카라칼라 황제의 것과 유사하지만 차지하고 있는 방대한 면적은 그 두 배에 달했다. 제국 시대 말기까지, 목욕장은 여러 이민족

4) 안드레아 팔라디오, <디오클레티아누스의 목욕장 단면과 구간>(일부분) in 『로마의 목욕장 (Le Terme dei Romani)』, 1732; 사진 © Universitätsbibliothek Heidelberg

의 약탈과 침입 속에도 여전히 목욕장으로 기능했다. 그러나 537년 고트족이 수로를 차단하자 더는 목욕장으로 사용할 수가 없었다.

이후 목욕장 유적지는 수 세기에 걸쳐 로마 귀족과 건축가들이 자신의 저택을 짓거나 다른 공공건물을 짓기 위해 건축 자재를 구하는 장소로 전락했고, 심지어 말 훈련장으로 사용하기도 했다. 그런데도 목욕장의 위용은 조금도 줄어들지 않았고, 1400년도 이후에는 로마를 찾은 많은 예술가가 이곳에서 예술적 영감을 얻기도 했다. 16세기의 건축가 안드레아 팔라디오(Andrea Palladio, 1508~1580)는 목욕장을 송두리째 스케치하기도 했다.

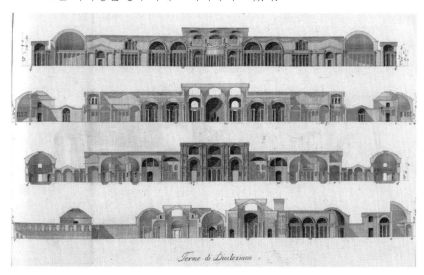

Terme di Diocleziano

1560년, 카르투지오회 소속의 한 수사는 온탕(tepidarium)으로 사용하던 유적지를 정리하여 '천사들에게 봉헌한 성당'으로 사용하고자 교황 비오 4세에게 고(古) 건축물 사용 허락을 요청했다. 수사는 성당과 함께 수도원도 지었으면 좋겠다고 했다. 이에 교황은 1561년, 성 베드로 대성당 공사 책임을 맡고 있던 미켈란젤로에게 성당과 카르투지오 수도원을 설계해 달라고 요청했다. 이렇게 '천사들의 성 마리아와 순교자들의 대성당(Basilica di Santa Maria degli Angeli e dei Martiri)'이 탄생했다. '순교자들에게 봉헌'한 이유는 디오클레티아누스 황제가 303년 최후의 그리스도교 대박해를 감행하였을 때, 잡혀 온 많은 그리스도인 포로들이 이 건물 공사에 투입되었기 때문이다.

　디오클레티아누스 황제는 인간을 정치적인 관점에서 바라보고, 사회적 조건을 강화하는 수단으로 처한 상황에 따라 개인을 규정했다. 그러나 인간에 대한 그리스도교적 관점은 사회적 혹은 정치적인 피라미드에서 차지하는 위치에 따른 것이 아니라, 하느님에 의해 창조되고 그리스도에 의해 구속된 '신성한' 존재라는 것이다. 이것이 디오클레티아누스 황제가 그리스도교에 대해 관용을 베풀 수 없었던 가장 큰 이유였다.

5)

　1749년, 건축가 반비텔리(Luigi Vanvitelli, 1700~1773)는 대성당을 완전히 개조하여 지금과 같이 '열탕(calidarium)'이 있던 쪽으로 출입구를 만들었다. 제국 시절 열탕으로 사용했던 흔적은 성당에서 얼마든지 찾을 수 있다. 제대(祭臺) 안쪽에 있었을 것으로 추정되는 직사각형의 대형 수영장 흔적은 넓은 공간으로 충분히 크기를 짐작할 수 있고, 남아 있는 벽과 기둥들로도 그 규모를 알 수 있다. 네 면의 길이가 같은 그리스 십자가 형태의 넓은 대성당 내부도 당시 탕의

　5) 피라네시 에칭 판화, 대성당 내부(1835~1839)

규모를 입증하고 있다. 대성당 내부에서 위를 보면 좌, 우, 중앙에 불룩 들어간 교차궁륭의 둥근 천장을 여덟 개의 원통형 화강암 기둥이 떠받치고 있다. 이 기둥들이야말로 고대 건축의 빛나는 한 측면을 원형 그대로 감상할 수 있는 중요한 자취라고 할 수 있다.

대성당 내부 바닥에는 태양의 위치를 통해 시간을 측정했던 흔적도 있다. 여기에 새겨진 태양의 위치기록표는 매시간을 재기도했고, 한 해의 주기를 재기도했다.

교황 그레고리오 13세(1572~1585 재임)는 건물 일부를 곡물창고로 사용하도록 했는데, 그것이 오늘날 팔각형의 '로마 국립박물관(Museo Nazionale Romano)'이다. 이 건물은 한때 천문관(Planetario)으로 사용하기도 했다. 이 박물관에 대해서는 좀 더 뒤에서 살펴보기로 하겠다. 목욕장 시설 중 일부를 창고로 사용하던 곳은 나중에 감옥, 병원, 숙박소 등의 여러 공공건물로 활용하다가 지금은 그중 한 부분을 다양한 교육기관으로 사용하고 있다.

비미날레 언덕에서 가장 넓은 면적을 차지하고 있던 이 대형 목욕장은 5세기까지 로마 최고의 목욕장으로, 3,000명의 인원을 수용할 수 있는 규모였다. 당시의 웅장함을 예측할 수 있는 사례로, 1800년도 말, 건축가 가에타노 코흐 (Gaetano Koch, 1849~1910)가 설계한 공화국 광장은 반원형으로 된 당시 목욕장의 현관(esedra)이었다고 한다.

현재 이 광장 한복판에는 1901년, 팔레르모 출신의 건축가 루텔리(Mario Rutelli)가 설계한 나이아드 분수가 있다.

나이아드는 호수의 님프, 강의 님프, 바다의 님프, 지하수의 님프다. 분수 한복판에는 1912년에 조각한, 자연을 지배하는 인간을 상징하는 글라우코스 (Glaucos) 그룹상이 있고 주변에 나이아드들이 있다.

　이탈리아어로 '글라우코'라는 말은 그리스어 '글라우코스(Γλαῦκος)', '빛남'이
라는 뜻의 그리스 신화에 등장하는 여러 인물의 이름이다. 그중 잘 알려진 인
물로, ① '폰티우스'라는 별명을 가졌던 바다의 신 '글라우코스'가 있었다. 원래
어부며 잠수부였지만, 바다의 신 멜리케르테스를 사랑하여 바다에 뛰어들었
다가 신으로 변신하여 예언할 수 있는 능력을 부여받았다. 조개와 해초로 덮
인 수컷 인어로 묘사되기도 한다. ② 테베 포르트니애의 '글라우코스'는 코린트
의 왕 시시포스와 그의 비(妃) 메로페의 아들이자 벨레로폰의 아버지였다. 그
는 자기가 사육하던 암말들에게 인육(人肉)을 제공했다가 결국 자기도 말들의
먹이가 되고 말았다. ③ 크레타의 왕 미노스와 그의 부인 파시파이의 아들인
'글라우코스'는 어릴 때 꿀단지에 빠져 죽었다. 이에 왕이 예언자 폴리에이도
스를 불러 아들을 살려보라고 했지만 불가능하다고 고백했다가 글라우코스의
시체와 함께 감금되고 말았다. 감금된 곳에서 그는 독성이 강한 뱀을 죽였는

데 다른 뱀이 그 뱀 위에 어떤 약초를 놓자 되살아나는 것을 목격하고 그 약초를 이용하여 같은 방법으로 죽은 글라우코스를 회생시켰다. ④ 벨레로폰의 손자인 '글라우코스'는 트로이 전쟁에서 트로이 왕 프리아모스를 도운 리키아의 왕자다. 그가 전투에서 친구 디오메데스와 적군으로 싸우고 있는 걸 깨닫고, 싸움을 멈추고 서로 갑옷을 바꾸어 입었다. 글라우코스의 갑옷은 금으로 된 것이었고, 디오메데스의 것은 청동으로 된 것이었다. 여기에서『일리아드』(제6편 236)에서 표현하고 있는 '청동 대신 금'이라는 말이 생겨났다. 지금은 잘못된 교환을 의미하는 속담으로 널리 사용하고 있다.

테르미니 역 정보
주소: Piazza dei Cinquecento
연락처 및 예약: https://www.rfi.it/it/stazioni/roma-termini.html
https://www.instazione.shop/roma-termini
항상 개방

국립 로마 박물관 Museo Nazionale Romano

기원전 5~3세기 고대 도시에서 출토된 그리스, 로마의 예술작품들을 전시할 목적으로 설립되었다. 박물관 건립은 1651년으로 거슬러 올라간다. 독일인 예수회 사제 아타나시우스 키르허(Athanasius Kircher, 1602~1680)는 고대의 예술작품들을 수집(Wunderkammer)하여 예수회 로마 본부(Collegio Romano)에 소장했고, 그것을 1870년 이후 이탈리아 왕국이 설립되고 로마가 수도가 되면서 그 기념으로 고대 유적지인 이 자리에 박물관이 설립되었다.

　1889년에 국립박물관으로 설립되었지만, 1901년에 이탈리아 정부가 빌라 루도비지(villa Ludovisi)를 사들이면서부터 박물관으로서 면모가 제대로 갖추어지기 시작했다고 할 수 있다. 디오클레티아누스 황제의 목욕장을 개조하여 만든 박물관은 1911년에 '만국박람회'를 계기로 손을 보기 시작하여 1930년에 완공되었다.

　1990년도에 들어와 소장품들을 네 곳으로 나누어 전시하기 시작했다. 네 곳은 현재 똑같은 "로마 국립박물관"이라는 이름으로 각기 다른 건물의 이름을 붙여 4개의 박물관으로 구분하고 있다. ① 디오클레티아누스 목욕장 국립박물관(Terme di Diocleziano), ② 마씨모 궁 국립박물관(Palazzo Massimo alle Terme), ③ 알템프스 궁 국립박물관(Palazzo Altemps), ④ 발비의 묘소(Crypta Balbi) 혹은 발비 궁 국립박물관(Palazzo Balbi)이다.

　박물관들에는 그리스, 로마 시대의 조각과 벽화, 비문 등 고대 예술과 관련하여 세계 최고라고 손꼽히는 유물들이 전시되어 있다. 특히 루도비지(Ludovisi) 가문에서 소장하고 있던 소장품들은 네 개로 구성된 국립 로마 박물

6) 디오클레티아누스 목욕장 박물관의 팔각 전시실(Aula Ottagono)

관(Museo Nazionale Romano)에 고루 전시되어 있다. 하나씩 살펴보기로 하자.

① 디오클레티아누스 목욕장 국립박물관 Terme di Diocleziano

국립 로마박물관 본관이다. 카르투지오 수도회에서 교황청에 요청하여 미켈란젤로가 디오클레티아누스 황제의 목욕장 일부 건물을 수도원으로 설계할 때, 수도원 내에 있던 건물이다. 그래서 지금도 박물관의 입구에서 매표소를 통과해 안으로 들어가면 수도원 안뜰이 나타나는데, 이 안뜰을 둘러싸고 조각, 신전의 기둥, 석관 등이 늘어서 있다.

박물관의 1층에는 로마 시대 이전, 이탈리아 땅에 정착하여 찬란한 문명을 이룩했던 에트루리아(Etruria)의 발전사를 한눈에 볼 수 있는 연표와 문화유산들, 루도비지 가문과 독일인 아타나시우스 신부가 수집하여 예수회에서 소장하고 있던 소장품들이 전시되어 있다.

박물관에서 볼 수 있는 대표적인 작품은 〈베스파시아누스 황제의 초상〉, 〈고르디아누스 3세와 갈리에누스의 초상〉, 로마 근교 〈아칠리아에서 출토된

석관(Sarcofago di Acilia)〉, 높이가 1m가 넘는 3세기 로마시대의 것으로, 고대 로마와 신로마(EUR)를 잇는 대로(大路) 크리스토포로 콜롬보(Cristoforo Colombo) 가도(街道)에 있는 아우렐리아누스의 성벽에서 발견된 〈율리우스 아킬레우스의 석관(Sarcofago di Iulius Achilleus)〉 등이 있다. 280년경, 상인들이 곡물을 나누어주는 서민의 모습이 새겨진 〈안노나 석관(Sarcofago dell'Annona)〉도 있다.

박물관의 2층에는 로마 근교 오스티아 고대 유적지(Ostia Antica)와 티볼리 등의 저택에서 발굴한 로마 시대의 벽화와 모자이크가 전시되어 있다. 그 외에도 화려한 조각 장식과 함께 전설이나 신화, 역사에서 소재를 따온 부조가 새겨진 '오스티아 제단'과 같은 작품과 석관들이 다량 전시되어 있다.

조각상 중에는 젊은 시절의 온화한 모습의 〈네로(Nero) 황제의 초상〉도 있고, 하드리아누스 황제의 총애를 받은 미소년 〈안티노오스(Antinous)의 초상〉 등 여러 초상도 있다.

국립로마 박물관 (Terme di Diocleziano)
주소: Via Enrico de Nicola, 78. 00185 Roma
연락처 및 예약: https://museonazionaleromano.beniculturali.it/terme-di-diocleziano/
박물관의 개방시간, 휴관일, 입장료(4곳 통합권 포함), 할인과 무료 조건 등은
위 연락처에서 확인

② 마씨모 궁 국립박물관(Palazzo Massimo alle Terme)

　1883~1886년, 건축가 가밀로 카스트루치(Camillo Castrucci)가 예수회에서 사용하고 있던 빌라 몬탈토-페레티(villa Montalto-Peretti)를 증축하여 완공했다. 이후 여러 차례 건물의 주인이 바뀌었고, 1981년 마지막으로 이탈리아 정부가 매입하여 개축한 후 1995~1998년에 박물관으로 문을 열었다.

　이곳에는 기원전 1세기에서 서기 1세기 때의 '고대 예술품'과 '화폐와 금은 세공품'들이 전시되어 있다. 예컨대, 〈원반 던지는 사람〉, 〈라비카나 가(街)의 아우구스투스〉, 기원전 40~20년경에 그렸을 것으로 추정되는 프리마 포르타 지역, 리비아의 지하 빌라에서 1863년에 발견된 〈지하세계의 님프〉와 〈정원 벽화〉가 있다. 로마의 포르토나쵸 지역에서 발견된 석관(Sarcofago di Portonaccio)과 〈쉬고 있는 격투사(Pugilatore in riposo)〉도 있다.

빌라 리비아의 정원 벽화, 작가 미상, 기원전 40-20년경

잘 알려진 몇 개의 작품을 살펴보자.

〈원반 던지는 사람(Il Discobolo)〉은 카스텔 포르치아노(Castel Porziano)에서 출토된 기원전 5세기경 그리스의 청동 조각을 기원전 2세기 로마에서 모작한 대리석 작품이다. 원작은 기원전 450년경 그리스 조각가 미론(Myron)의 것이다. 그는 리시포스, 프락시텔레스와 함께 고대 그리스를 대표하던 삼총사로 거론되는 조각가다.

란첼로티 컬렉션(Lancellotti Collezione) 혹은 란첼로티의 원반 던지는 사람 (Discobolo Lancellotti)으로도 알려진 이 작품은 한 운동선수로 보이는 사람이 원반을 던지려는 최고의 긴장된 순간을 포착한 것이다. 한때 우리나라의 체육교과서나 미술 교과서에도 나왔던 이 작품은 신화에 등장하는 "아폴로와 휘아킨토스" 이야기가 소재다.

미소년 휘아킨토스에게 빠진 아폴로는 어디를 가든 그를 데리고 다니면서 그에게 열중하느라 자기의 소중한 리라도 화살도 돌보지 않게 되었다. 그래서 다른 신들(일설에는 서풍의 신 '제피로스'를 말하기도 함)의 미움을 받게 되었다. 어느날 아폴로와 소년은 원반던지기 놀이를 하게 되었는데, 기술과 힘을 겸비한 아폴로가 원반을 하늘 높이 들어 멀리 던졌고, 휘아킨토스는 원반이 날아가는 것을 쳐다보았다. 경기에 열중한 소년도 어서 던져보고 싶어 원반을 잡으려고 달려갔다. 그때 땅에 떨어진 원반이 튀어 올라 휘아킨토스의 이마에 떨어졌다. 아폴로는 그를 안아 출혈을 막고 육체를 떠나려는 생명을 붙잡기 위해 갖은 노력을 했지만, 휘아킨토스의 머리는 아폴로의 어깨 위로 서서히 늘어지고 말았다. 이 장면을 영국의 시인 키츠는 「엔디미온」에서 이렇게 노래했다.

아니, 그들은 저 원반 던지는 자들에게
눈길을 주어 둘을 한마음으로 지킬 수도 있었으리라.
제피로스의 잔혹한 손이 그를 죽였을 때
그의 슬픈 죽음을 측은히 여겼으리라 …

이 작품과 관련한 또 다른 이야기는 "건강한 신체에 건강한 정신이 깃든다"라는 말이다. 체육교육의 오랜 격언이기도 했던 이 말은 원래 고대 로마의 풍자시인 유베날리스(Decimus Iunius Iuvenalis, 서기 55서기 55/60?~127)가 한 말로, "건전한 신체에 건전한 정신까지 갖춘다면 금상첨화다(Orandum est ut sit mens sana in corpore sano)"라는 말에서 유래했다. 고대 그리스의 탁월한 작품을 모작하던 로마가 올림픽을 열고 신체를 단련하던 고대 그리스의 이런 모습을 보면서 나온 말로 추정된다. 하지만 사실 유베날리스는 이 말을 비꼬는 뜻으로 썼다고 한다. 구릿빛으로 번들거리는 근육을 자랑하면서 폐활량 가득히 숨을 머금었다가 황소처럼 거칠게 토해내며 격투를 벌이는 격투사들을 보면서 오로지 몸의 기능성만 한껏 키운 저런 멍청한 것들이 정신까지도 갖췄다면 얼마나 좋겠는가 하는 뜻으로 했던 말이라고 한다. 건강한 신체와 건전한 정신의 조화는 인간으로서 가장 바람직한 형상이리라!

유베날리스는 이런 식의 말을 잘했던 인물인 것 같다. 역사상 남성주의자들로부터 가장 잔인한 평을 받았던 클라우디우스 황제의 부인 발레리아 메살리나(Valeria Messalina, 서기 25~48)에게도, "무척 피곤한데 만족스럽지는 않다(lassata viris necdum satiata)!"라고 평했다니 말이다. 그녀는 욕정을 채우기 위해 해방 노예들을 괴롭혔고, 궁정에서 벌어지는 여러 살해 음모에 가담하여 데리고 놀던 해방 노예들을 죽음으로 몰기도 했다. 그런 메살리나에게 '욕정을 채우느라 고달프게 살지만, 만족을 모르는 생활'을 비꼬았던 것이다.

그리스 말에 칼로카가티아(kalok'agathia)라는 말이 있다. 이 말은 플라톤의 『대화』에 나오는 말로, 칼로스(kalos, 아름다운, 훌륭한)와 아카토스(agathos, 좋은)가 합쳐진 말이다. 우리말로 굳이 옮기자면 '훌륭하고도 훌륭한', 또는 '선미(善美)한'이라고 할 수 있다. 그리스 사람들은 육체의 아름다움뿐 아니라, 육체의 아름다움에서 정신과 영혼의 아름다움으로 고양되는 것을 이상으로 여겼다. 그래서 아름다운 육체는 아름다운 정신을 담아내야 한다. 유베날리스가 격투사를 보고 뇌까렸듯이 뛰어난, 탁월한, 멋있는 육체에 아름다운 정신까지 갖추어야 한다. 신체의 아름다움과 정신의 선함이 함께 조화를 이룬 것, 그것이야말로 좋고도 좋은 것이며 선미한 것이다.

육체의 아름다움이 완벽하게 구현된 남성을 보면 그 균형 잡힌 몸과 몸매는 보는 이로 하여금 조화로운 정신을 일깨운다. 소크라테스가 동성애자였다느니 하는 말은 그래서 오늘날 호모섹슈얼의 관점에서 보면 오해의 여지가 있다고 보는 것이다. 소크라테스나 고대 그리스의 자유 시민들은 미소년을 사귐으로써 순수하고 맑고 아름다운 정신을 탐미한 것이라고 보기 때문이다.

칼로카가티아의 이념은 이후 헬레니즘, 르네상스를 거치면서 예술적 표현의 이념이 되었다. 그리스와 로마의 조각이 그러하고, 르네상스의 미술이 그러하듯, 인체의 비례에 탐닉하고 인체의 황금비율을 그토록 추구한 것은 인체에서 칼로카가티아를 찾은 것이 아닐까? 우리가 지금 박물관에서 만나는 그리스 시대의 남성이나 여러 경로로 보게 되는 남성 신들의 아름다운 누드 상은 그러한 그리스 사회의 분위기 속에서 조각되었을 것이다. 오늘날 우리가 열광하는 '몸짱'에도 이러한 칼로카가티아의 정신이 포함된다면 하는 생각을 해 보게 된다.

원반이 주는 이미지처럼, 힘이 넘치는 몸을 격하게 비틀어 균형이 깨질 법한 상황인데도 불구하고 몸 전체에 원반과 같은 둥근 이미지를 선사하고 있다. 부드러움과 강함, 둥금과 날카로움이 섬세하게 조각되어 최고의 조화를 이루고 있다. 어깨와 가슴, 배와 다리로 이어지는 근육 또한 대단히 사실적으로 표현되어 있다. 이 상을 가만히 보고 있으면 로마문화가 얼마나 그리스와 이집트 문화의 영향을 받았으며, 그들의 문화를 여과 없이 모방했는지도 알 수가 있다.

미론이 표현한 '원반 던지는 사람'의 모습은 흔히 고대 이집트의 화가들이 그려낸 인물들처럼 몸통은 정면을, 다리와 팔은 측면을 보여주고 있다. 신체의 각 부분에서 이상적인 특징들만 뽑아 다시 조합하여 한 사람의 신체를 묘사하던 고대 이집트 미술의 기법을 그대로 취하고 있는 것이다. 모델에게 이러한 자세를 취하게 하여 신체가 움직이는 동선을 따라 그대로 표현한 것처럼 보인다. 당시의 화가들이 공간성에 비중을 둘 때, 미론은 공간성에 운동성까지 이미 확보하고 있었던 것 같다.

기원전 50년경의 청동상 **〈쉬고 있는 격투사(Pugilatore in riposo)〉**는 격투를 하다가 지칠 대로 지쳐서 잠시 쉬고 있는 장면을 조각한 것이다. 사실 푸질라토레(pugilatore)는 '권투선수'라는 뜻인데, 그대로 번역하면 아무래도 오늘날 우리가 생각하는 프로 '권투선수'를 떠올리기 쉬울 것 같아 경기의 성격상 '격투사'로 번역했다. 고대 로마의 격투 경기는 오늘날 우리의 권투와 레슬링, 심지어 태권도까지 혼합된 이종격투기와 비슷했다.

팔뚝에 끈이 둘러 있고 손가락과 손바닥에 감긴 가죽끈에 이름이 새겨져 있

어 아폴로니오스(Apollonios)의 작품임을 말
해준다. 그는 바티칸박물관에 있는 〈벨베
데르의 토르소〉의 작가이기도 하다.

  격투사는 자리에 앉아서도 시선을 적을
향해 두고 있다. 단련된 근육과 어깨와 얼
굴의 상처 등이 사실적으로 표현되고, 옆
으로 살짝 머리를 돌려 쳐다보는 자세는
고전 양식에서 발생해 헬레니즘 조각에서
자주 등장하던 콘트라포스토(Contrapposto,
동체가 안정을 유지하기 위해 자연스레 취하게 되
는 비대칭의 균형 미학)로서 이전의 아르카이
크(Archaic) 조각처럼 정면을 똑바로 보고 있는 부자연스러운 자세와는 매우 다
르다.

  근육으로 단련된 몸에 정돈된 수염과는 달리, 조각상의 주인공은 피로에 지
친 나이 든 남성으로 보인다. 오른쪽 어깨에 난 깊은 상흔과 허벅지에 떨어진
핏방울, 주저앉은 코와 터진 입술, 상처 자국으로 가득한 얼굴은 막연한 누군
가의 초상을 보는 것 같다. 나는 우리 시대 아버지들을 보는 것 같아 코끝이 시
큰거리고 눈가가 아파왔다. 처음 이 작품을 만나던 때에 필자는 김정현의 소
설『아버지』와 조창인의『가시고기』를 연달아 읽으면서 우리 시대의 '아버지'에
대해 생각하고 있었다. 아버지라는 이유로 무조건 지고 가야 하는 삶의 책임
과 무게 앞에서 약자로 살아가는 우리 시대의 아버지, 내 아버지의 고단한 삶
의 초상을 보는 듯한 착각에 빠졌다. 삶에 지친 듯 털썩 주저앉아 쉬면서도 쉬
지 못하고, 피하고 싶은 삶의 무게를 고통의 눈길로 바라보는 모습 속에서 극
성스러운 어머니들에 가려져 고독한 존재로 살아가는 우리의 아버지와 백혈
병에 걸린 아들에게 밝은 세상을 선물하고 고독하게 삶을 마감한 가시고기 속

아버지가 투영되었다. 아버지의 표상이 된 격투사가 무엇을 위해 싸우고 있는가, 누구를 위해 저토록 피땀을 흘리는가를 생각하느라 오래도록 발길을 떼지 못했다.

살루스티아니(Salustiani) 정원에서 출토된 〈**상처 입은 니오베의 딸**(Statua di fanciulla ferita)〉은 기원전 5세기 그리스 조각을 모방한 것으로, 니오베의 딸들 가운데 하나가 아폴로가 쏜 화살을 뽑기 위해 손을 등 뒤로 돌리는 모습을 표현하고 있다.

앞서 언급했듯이 그리스 신화에 등장하는 유피테르는 모든 신들의 아버지이면서 복잡한 여자관계로 인해 항상 분쟁 거리를 만들었던 신이다.

바람둥이 유피테르의 여자 중에는 레토가 있었는데, 그녀는 자식이 둘밖에 없었다. 그러나 7남 7녀를 둔 다복한 여자 테베의 왕비 니오베는 이런 레토를 얕보았다. 화가 난 레토는 자신의 두 자녀 아폴로와 아르테미스를 불러 니오베의 자식들을 차례로 죽이라고 시켰다. 아폴로와 아르테미스는 활을 쏘아 니오베의 열네 명의 자식을 모두 죽였다.

이 이야기는 수 세기에 걸쳐 미술계의 인기 있는 소재 중 하나가 되었다.

고통을 동반한 극적인 자태의 아름다운 소녀를 잘 표현했다고 평가받았다.

같은 이야기를 소재로 한 다른 작품 가운데 유명한 것은 피렌체 우피치 미술관에 있는 〈니오베의 자식들〉이 있다.

1878년, 안치오(Anzio)에 있는 네로 황제의 별장에서 발견된 **〈안치오의 소녀**(Fanciulla di Anzio)**〉**도 여기서 볼 수 있는 작품이다. 이 작품도 그리스 원작을 모방한 것이다. 리시포스(Lysippos) 스타일에 가까운 이 작품은 작가가 성물을 들고 조심스럽게 제단으로 나아가는 소녀를 특정 공간 속에 그대로 가두어 버린 느낌이다.

기원전 4세기경 그리스의 조각가로 활동했던 리시포스는 원래 메달을 제작하다가 자연을 관찰하고, 앞서 폴리클레이토스(Polykleitos)가 조각한 청동상 〈도리포로스(Doryphoros, 창을 멘 남자)〉(기원전 450~440경)를 연구하여 혼자 조각을 습득한 인물이다. 그가 공부했다는 폴리클레이토스의 〈도리포로스〉는 로마 시대에 대리석으로 모작한 작품 하나가 국립 나폴리 고고학 박물관(Museo Archeologico Nazionale di Napoli)에 있다.

리시포스의 조각은 몸매가 호리호리한 새로운 인체 비례와 사실적인 자연주의로 유명하다. 그는 폴리클레이토스의 이상적인 남성상의 비례를 수정하여 오늘날 균형 잡힌 미(美)의 기준으로 삼고 있는 팔등신의 인물상을 만들었다. 그리스 고전이 헬레니즘 시대로 넘어가는 과도기에 프락시텔레스

(Praxiteles), 미론(Myrōn)과 함께 뛰어난 많은 조각을 남긴 인물이 되었다.

로마의 작가 플리니우스(Gaio Plinio Cecilio Secondo, 61~113)에 따르면, 리시포스는 1,500점이 넘는 청동상을 제작했다고 한다. 그러나 남아 있는 것은 하나도 없고, 진품에 가까운 모사본도 한두 점을 제외하고는 찾아볼 수가 없다. 겨우 한 점이 바티칸박물관에 있는 〈아폭소메노스〉로 추정하고 있다.

여기서 잠시, 리시포스의 작품으로 알려져 지금은 토리노 국립 고대박물관에 있는 유명한 것 하나를 소개한다. 물론 로마 시대의 모작으로 기원전 160년 경의 작품으로 추정하고 있다.

〈**카이로스**(Kairos)〉라는 작품이다. 카이로스는 그리스어로 '시간'이다. 그리스도교 신학에서 '카이로스'는 '하느님 은총의 시간'이다. 일상적인 시간, 가만히 있어도 흘러가는 자연적인 시간이자, 흔히 인간의 시간이라고 하는 '크로노스(Chronos)' 속에서 하느님이 작용하는 시간, 특별한 시간을 '카이로스'라고 했다. 그런 특수한(?) 시간의 개념을 리시포스는 너무도 정확하게, 정말 놀랍도록 잘 표현했다. 한 장면에 담겨 있는 예술적 표현이 수십 마디의 언어보다 얼마나 더 간결하고 함축적인지를 잘 보여주고 있어 소개하려는 것이다.

작가는 앞머리에 숱이 몰려 있고, 뒤는 대머리인 조각상을 만들어 집 정원에 두었다. 조각을 본 사람들이 이상한 모습에 웃다가 동상 밑에 새겨진 글을 보고는 숙연해졌다고 한다. 문답으로 이루어진 글은 이렇게 적혀있었다.

너는 누구인가?

나는 모든 것을 지배하는 시간이다 …

왜 머리카락이 머리 앞으로 내려와 있지?

내가 오는 것을 쉽게 잡을 수 있게 하려고 …

그런데 왜 뒤는 대머리지?

내가 지나간 다음에는 누구도 나를 잡을 수 없기 때문이지…

발뒤꿈치와 어깨에는 날개가 있고, 손에는 칼과 저울을 들고 있는 이 상은 '목적을 가진 사람'에게만 포착되는 의식적이고 주관적인 시간, '카이로스'를 인격화한 것이다.

마씨모 궁 국립박물관(Palazzo Massimo)
주소: Largo di Villa Peretti, 2
연락처 및 예약: https://museonazionaleromano.beniculturali.it/palazzomassimo/
전화: +39 06 480201
박물관의 개방시간, 휴관일, 입장료 등은 위 연락처에서 확인

③ 알템프스 궁 국립박물관(Palazzo Altemps)

이 박물관은 다른 로마 국립박물관들과 꽤 떨어진 나보나 광장(Piazza Navona) 근처 성 아폴리나레 광장(Piazza di Sant'Apollinare) 44번지에 있다. 이 건물은 원래 15세기 리아리오(Riario) 가(家)에서 지었다가, 16세기 알템프스(Marco Sittico Altemps) 추기경이 사들여 사용하던 것을 1982년, 이탈리아 정부에서 매입하여 1997년부터 박물관으로 사용하고 있다.

여기에는 본콤파니-루도비지의 수집품과 마테이의 수집품, 그 외 고대 작품들을 비롯하여 '이집트 박물관 소장품' 등이 전시되어 있다. 주요 작품으로는 〈자살하는 갈라티아인(Galata suicida)〉, 〈루도비지의 옥좌(Trono Ludovisi)〉와 〈루도비지의 석관(Sarcofago Ludovisi)〉 등이 유명하다.

7)

두 인물로 구성된 **〈자살하는 갈라티아인(Galata suicida)〉**은 기원전 3세기 그리스의 청동상을 모방한 로마 시대 모작품이다. 이 작품은 이름도 여러 가지다. 〈아내를 죽이고 자결하는 갈리아인〉, 〈죽어가는 갈라티아인〉 혹은 루도비지의 컬렉션으로 있었던 탓에 〈루도비지의 갈라티아인〉이라고 부르기도 했다.

말이 모작 혹은 사본이지 원작의 성격을 잘 보여주고 있어 원작처럼 느껴진다. 원래는 다섯 개의 작품이 모여 군상을 이루고 있었던 것으로, 기원전 3세기, 그리스 소아시아의 반도 국가 페르가몬(Pergamon)의 왕 아탈로 1세(Attalo I)

7) 알템프스 궁 내부 복도

가 갈라티아인들을 이긴 전쟁을 기념하기 위해 조각하도록 했다. 패전한 갈라티아인 전사가 아내를 죽이고 자신도 죽는 처참한 순간을 표현했다. 치욕보다는 죽음을 선택한 군인의 신념을 담고 있다고 하겠다. 작품이 갖는 균형미가 탁월하며, 몸의 중심을 잃고 쓰러지는 자와 쓰러지는 자를 지탱하며 자신의 운명 또한 결정해야 하는 절박한 순간에 처한 자의 자세, 부드러움과 강함이 극적인 대비를 이루고 있다.

이곳에서 만날 수 있는 또 다른 귀중한 작품은 **〈루도비지의 옥좌**(Trono Ludovisi)**〉**다. 기원전 460년경의 그리스 원작을 로마인들이 모작한 것이다. 세 쪽짜리 대리석 작품이다. 1887년 로마의 루도비지 저택에서 구획정리를 하다가 발견했다.

유사한 작품이 존재하지 않아 독보적인 것으로 부조의 특이한 모양과 형태로 인해 발견 직후부터 많은 논란이 있었다. 윗부분이 잘린 채 발견되어 원래의 모양이 어땠는지, 정확한 기능이 무엇이었는지 알 수가 없다. 어떤 학자는 베누스 여신의 거대한 동상의 옥좌가 아닐까 추정했다. 그러나 또 어떤 사람은 계단의 난간이나 신전의 윗부분이라고도 했다. 용도의 불분명함 속에서도 모두 입을 모으는 것은 '베누스의 탄생'을 묘사하고 있다는 것이다.

그리스 신화에서 아프로디테는 아름다움과 사랑을 상징하는 여신이다. 로마에서는 베누스로, 호메로스의 『일리아스』에 유피테르와 바다의 요정 디오네 사이에서 태어났다고 하고, 헤시오도스는 『신통기』에서 크로노스가 아버지 우라노스의 성기를 낫으로 잘라 바다에 던지자 주위에서 거품이 일며 아프로디테가 태어났다고 전했다.

크로노스가 유피테르의 아버지라는 것을 생각할 때, 두 시인의 주장은 큰 시간 차이를 보인다. 다만 한 가지 공통점은 아프로디테/베누스가 바다의 물거품 속에서 태어났다는 점이다. 이 책의 초판본에서 필자는 호메로스의 주장을 따랐다. 그래서 베누스를 유피테르의 딸로 묘사한 바 있다.

작품은 '옥좌'라는 제목에서 보듯이, 용도를 베누스 여신 동상의 옥좌에 무게를 두는 걸로 해석된다. 〈루도비지의 옥좌〉는 베누스가 키프로스(Cyprus) 바다의 물거품 속에서 탄생하는 것을 조각한 것으로, 옥좌의 등받이에 해당하는 상단 부분이 파손되어 여신의 탄생을 돕는 요정의 머리 부분이 없어졌다. 자연스러운 구도와 인물의 배치가 조화를 이루고, 흘러내리는 듯한 옷의 주름이 섬세하게 표현되었다. 이오니아식 전통에 그리스 본토의 영향을 받은 장식적인 미가 기원전 5세기 후반의 고전 양식이라고는 믿기지 않을 만큼 탁월하다.

〈**루도비지의 석관**(Sarcofago Ludovisi)〉은 3세기 로마 시대의 것으로, 1621년 티부르티나 성문의 한 무덤에서 출토되었다. 석관은 몸체만 남아 있다. 몸체가 발견될 당시, 먼저 발견된 뚜껑이 독일의 마인츠에서 전시되고 있었는데, 1945년 제2차 세계대전 시에 소실되었다. 석관에는 로마인들이 이민족들과 전쟁을 벌이는 장면이 대단히 역동적으로 묘사되어 있다.

격렬한 장면은 네 단으로 나뉘어 있다. 아래 두 단에는 말을 타고 있거나 서 있는 이민족들이 패하고 있는 극적인 장면이 있고, 위의 두 단에는 전쟁을 종식하려는 듯 강한 기세로 적군을 쓰러뜨리는 로마군과 기사들이 배치되어 있다.

인물들의 자세와 행위는 매우 사실적이다. 정면을 보는 사람, 측면을 보는 사람, 등을 보이는 사람, 바닥에 쓰러진 사람, 엎어진 사람, 구부린 사람, 말에서 떨어지는 사람, 죽어서 나뒹구는 사람, 말 위에서 지휘하는 사람, 악기를 부는 사람 등.

작품에는 여백이 하나도 없다. 인물들이 빼곡히 채워져 있다. 전체적으로 수평과 수직이 대칭을 이루고, 전쟁터라고 할 수 있는 공간은 한 치의 빈틈도 없다. 작품에 사용된 연장과 옷의 주름, 머리카락, 털, 갑옷, 가장 오른쪽에 있는 군인이 입고 있는 사슬갑옷 등을 통해 엿볼 수 있는 탁월한 명암효과는 이 작품의 품위를 한층 격상시킨다.

그 밖에도 〈루도비지의 헤르메스(Hermes Ludovisi)〉와 괴테도 감탄했다는 〈루도비지의 유노(Giunone Ludovisi)〉, 〈오레스테스와 엘렉트라(Oreste ed Elettra)〉도 잘 알려져 있다.

〈오레스테스와 엘렉트라〉는 트로이와의 전쟁에서 그리스군을 총지휘했던 아가멤논의 아들과 딸이다. 아가멤논이 집을 비운 사이에 아내 클리타임네스트라는 부정한 짓을 저지르고 남편이 귀환하자 정부(情夫) 아이기토스와 짜고 남편을 암살했다. 그리고 후환이 두려워 아들 오레스테스마저 죽이려고 했다. 오레스테스의 누이 엘렉트라가 이 사실을 알고 동생을 포키스의 왕인 숙부 스트로피오스에게 보내어 생명을 구했다. 오레스테스는 스트로피오스의 궁전에서 왕자 필라데스와 함께 성장했는데, 그들의 뜨거운 우정이 유명하다.

그 사이 엘렉트라는 성안에서 사사건건 어머니의 심사를 긁으며 반항하고 경

멸하다가 결국 성안의 가장 어두운 방에 갇혀 성년이 될 때까지 지내야 했다.

어느 날 클리타임네스트라는 악몽을 꾸고 아가멤논의 영혼을 달래기 위해 엘렉트라를 아가멤논의 무덤으로 보냈는데, 거기서 변장하고 나타난 동생 오레스테스와 사촌 필라데스를 극적으로 만났다. 세 사람은 클리타임네스트라와 아이기토스를 죽이는 데 성공했다. 죽기 전에 클리타임네스트라는 아들 오레스테스에게 젖가슴을 보이면서 "이게 네가 먹고 자란 젖이란다"라는 말로 동정심을 유발하려 했지만, 엘렉트라가 "억울하게 돌아가신 아버지를 잊지 말라"며 동생을 분노하게 했다.

그 후 엘렉트라는 필라데스와 결혼하여 필라데스의 고향으로 돌아갔고, 오레스테스는 어머니를 죽인 벌로 복수의 여신에게 쫓겨 다니다가 아크로폴리스의 언덕에서 아테나 여신이 정한 규정에 따라 무죄로 해방되었다. 신화의 이 이야기에서 우리가 알고 있는 '엘렉트라 콤플렉스'가 생겨났다. 아버지에 대한 깊은 애정과 어머니에 대한 증오를 상징하는 말로 19세기 프로이트가 주장했다.

알템프스 궁 국립박물관(Palazzo Altemps)
주소: Piazza S. Apollinare, 46
연락처 및 예약: https://museonazionaleromano.beniculturali.it/palazzoaltemps/
전화: +39 06 684851
박물관의 개방시간, 휴관일, 입장료 등은 위 연락처에서 확인

④ 발비의 묘소 국립박물관(Crypta Balbi)

로마 국립박물관을 구성하고 있는 마지막 건물이다. 푸나리 가(via dei Funari)에 있는 성녀 가타리나 성당과 폴란드의 성인 스타니슬라오 성당을 포함한 7천 평방미터 규모의 건물 안에 있다.

건물은 1981년에 정부에서 매입하여 일부만 2001년부터 박물관으로 사용하고 있다.

첫 번째 방은 '로마의 고고학·역사학적인 풍경'을 주제로 로마 유적지에서 발굴된 유물들이 전시되어 있고, 두 번째 방은 '고대에서 중세까지, 로마, 고고학과 역사'라는 이름에서 알 수 있듯이, 5~10세기 사이 로마의 생활과 변화를 조명하고 있다.

발비의 묘소 국립박물관(Crypta Balbi)
주소: Via delle Botteghe Oscure, 3
연락처 및 예약: https://museonazionaleromano.beniculturali.it/en/crypta-balbi/
전화: +39 06 684851
박물관의 개방시간, 휴관일, 입장료 등은 위 연락처에서 확인

나치오날레 길을 따라

비미날레 언덕의 마지막은 퀴리날레 언덕과 경계를 이루며, 길게 나 있는 나치오날레[Nazionale, 내셔널] 대로(大路)다. 도로 양쪽에 있는 상점들은 중저가의 물건이 많은 쇼핑가이기도 하다.

공화국 광장과 베네치아 광장을 잇는 로마의 대표적인 길로, 상점들 외에도 볼거리가 많다. 이탈리아 왕국의 수도가 피렌체에서 로마로 옮겨지면서 테르미니역과 당시 로마의 중심 가도인 코르소 가(via del Corso)를 연결하기 위해 몬시뇰 메로데(Merode)가 성 비탈레 계곡과 로마 시대 비쿠스 론구스 지역을 관통하는 이 일대를 매입했다. 당시 교황궁이었던 퀴리날레 궁을 중심으로 메로데의 로마시 프로젝트에 포함된 지역이었기 때문이다. 여기서 가장 먼저 만들어진 길이 '누오바 피아 가(Via Nuova Pia, 현재의 Via XX Settembre)'이다. 이후 길은 조금씩 확장되어 토리노 가, 피렌체 가, 나폴리 가, 모데나 가 등이 생겨났고, 이 일대를 중심으로 1871년부터 새로운 로마시 행정이 시작되었다.

로마에서는 비교적 크고 넓은 이 길을 따라 1870년도 이후, 대형 호텔과 성당이 세워지고, 로마의 신흥 귀족들이 저택을 짓고, 공공건물이 들어서기 시작했다. 이 시기에 세워진 건물들로 "상설 전시관(Palazzo delle Esposizioni, 1883)", "엘리세오 극장(Teatro Eliseo, 1900)", 이탈리아 은행(Banca d'Italia)이 있는 "코흐 궁(Palazzo Koch, 1892)" 등이 있다.

"상설 전시관"은 신고전주의 양식으로, 1927~2004년까지 4년에 한 번씩 열리는 로마 전시회 사무실과 전시실로 사용되다가 지금은 4년마다 열리는 예술전시회 장소로 쓰고 있다. 건물 내에는 139석의 극장과 90석의 음악실, 커피숍과 대규모 식당, 서점도 있다.

나치오날레 가의 건축과 로마시 프로젝트는 "국립 드라마 극장(Teatro Drammatico Nazionale)"을 허물고 알도브란디니 빌라(Villa Aldobrandini) 정원의 북쪽 일부를 평평하게 고른 다음 벽을 쌓는 것에서 시작되었다. 공사가 진행되던 1875년에 오늘날 라르고 마냐나폴리(largo Magnanapoli)의 중앙에 있는 "산괄리스 성문(Porta Sanqualis)"(우측 사진) 유적지가 발견되기도 했다.

퀴리날레 언덕의 서쪽 끝자락에 있는 이 성문은 당시 퀴리날레 언덕에 살던 사비니(Sabini) 족과 다른 지역의 사람들을 구분하던 경계로 추정된다. '산괄리스'라는 이름도 사비니족이 신봉하던 신의 이름일 것으로 추정되지만 명확한 근거는 없다.

다섯째 언덕, 에스퀼리노

Collis Esquilinus

로마의 새로운 중심, 가장 넓은 언덕

에스퀼리노: 로마의 새로운 중심

일설에 따르면, 카피톨리노, 팔라티노, 첼리오 언덕처럼 도시의 부유층들이 주로 살던 곳을 '인 퀼리니(in quilini)', 즉 '도시 내부'라고 불렀고, 그들을 '내부인들(gli inquilini)'이라고 했는데, 그들과 달리 에스퀼리노 언덕처럼 '바깥'쪽으로 비켜난 곳을 '엑스 퀼리니(ex-quilini)'라고 했고, 거기 사는 사람을 '외부인들(gli exquilini)'이라고 한 데서 언덕의 이름이 유래했다고 한다. 또 다른 설은 이곳에 있던 거대한 참나무, 에스쿨리(aesculi(eschi))의 이름에서 유래했다는 이야기도 있다. 신성시했던 나무였던 것 같다.

아무튼 로마가 세워진 일곱 언덕 중 가장 큰 면적을 자랑하던 곳이다. 여기에는 산 사람은 물론 공동묘지와 신전까지 있어, 두루 살았던 지역이라고 할 수 있다. 언덕은 세 개의 구릉으로 이루어져 있는데, 남쪽의 오피우스(Oppius), 벨리아(Velia)와 접해있는 서쪽의 파구탈(Fagutal), 북쪽의 치스피우스(Cispius)가 그것이다.

20세기에 들어와서 이민족 상인들의 주 무대가 된 곳이기도 하다. 로마의 중앙역 테르미니가 가까이에 있었던 탓으로 보인다. 한국인 식품점도 이곳에 있고, 로마의 차이나타운도 이 언덕에 있다. 동시에 서방교회에서 성모 마리아에게 봉헌한 첫 번째 대성당 '성모 마리아 대성당(Basilica di Santa Maria Maggiore)'이 있는 곳이기도 하다.

성모 마리아 대성당 Basilica di Santa Maria Maggiore

"눈의 성모 마리아 대성당", "리베리우스의 대성당", 혹은 "설지전(雪地傳) 성당"등 여러 이름으로 알려진 "성모 마리아 대성당"은 에스퀼리노 언덕의 꼭대

기 치스피우스 위에 있다. 로마의 4대 대성당 중 하나이며, 크기는 가장 작지만, 서방교회에서 최초로 성모 마리아께 봉헌된 대성당이다. 5세기 때 처음 지은 성당을 허물지 않고, 그것을 축으로 거듭 증축하여 오늘에 이르고 있다. 또 로마 도심에 있지만, 라테란조약에 따라 바티칸영토로 인정받고 있다.

'설지전'이라고 하는 것은 '눈의 전설'이 있었다는 것을 말한다.

4세기 중반, 리베리우스 교황 시절(서기 352~366년), 요한이라는 한 귀족이 살았다. 그는 나이가 들도록 재산을 물려줄 자식이 없자 재산을 어떻게 유용하게 쓸 것인가를 두고 항상 성모 마리아께 기도했다.

어느 날, 성모 마리아가 꿈에 나타나 이튿날 눈이 온 장소에 성당을 하나 지어달라고 부탁했다. 모름지기 성당은 성체성사, 곧 아들 예수 그리스도께 제사 지내는 장소이니만큼 아들을 기념해 달라는 뜻이다. 그런데 이튿날은 8월 5일 한여름이었기 때문에 이상한 생각이 들어, 평소 친분이 있던 리베리우스 교황을 찾았다. 꿈 이야기를 듣던 교황은 자리에서 벌떡 일어나, 자기도 간밤

1) 성모 마리아 대성당 내부

에 같은 꿈을 꾸었다고 했다. 함께 꿈에서 일러준 에스퀼리노의 치스피우스에 와서 보니 계절을 잊은 듯 눈이 하얗게 쌓여 있었다고 한다. 이에 교황은 그 자리에서 들고 있던 목장(牧杖)으로 눈이 내린 자리에 선을 그어 성당 터를 정했고, 요한이 비용을 내 성당의 기초공사를 닦았다.

431년, 에페소 공의회에서 성모 마리아를 "테오토코스(Θεότοκος)", '천주의 모친'으로 선포하자, 성당은 증축과 함께 공사가 빠르게 진행되었다. 이후 로마 제국의 멸망과 이민족들의 로마 침입 등으로 오랜 세월에 걸쳐 완공을 보지 못했다. 관심 있는 교황이 나오면, 개축과 증축, 신축을 이어가는 정도였다. 그러다 보니 한 건물에 다양한 건축양식을 보여주고 있는 것도 이 성당의 특징이 되었다.

12세기 중반, 에우제니오 3세 교황 시절에 바닥 모자이크가 완성되었고, 필립보 루수티(Filippo Rusuti, 1255~1325)가 조각한 현관의 윗부분은 13세기의 걸작

이 되었다. 1300년 첫 번째 희년(성년)을 준비하면서 중앙제단 뒤 천장의 '승리의 아치'에 "동정녀의 대관식"과 "어린 시절 예수와 마리아 일화"가 모자이크로 장식되었다. 이 모자이크는 마리아를 주제로, 성당의 후진 천장 장식으로 등장한 첫 번째 사례였다. 이전에는 시칠리아 몬레알레 대성당에서 보듯이 "그리스도 판토크라테"처럼 그리스도를 주제로 한 작품이었는데, 거기에서 상당히 진일보한 것이 되었다. 옥좌에 앉은 마리아 곁에는 구세주가 있다. 마리아의 모습은 당시 비잔틴에서 유행하던 왕후의 옷을 입고 로마에서 공경하던 마리아 신심 관련 특징들을 담았다. 요컨대 동방의 양식과 로마의 예술적 정신이 결합한 '그리스도교-비잔틴-로마' 예술의 천년을 마무리하는 것이라고 할 수 있다.

15세기 에스파냐의 이사벨라 여왕과 친분이 있던 교황 알렉산드로 6세 보르자(Alessandro VI, 1492~1503 재임) 시절, 건축가 줄리아노 다 산갈로(Giuliano Giamberti da Sangallo, 1445~1516)는 대성당의 본당 천장을 사각형의 상자 문양으로 만들고, 때마침 콜롬보가 신대륙, '처녀의 땅'을 발견하고 가져온 금을 여왕에게 바쳤고, 여왕은 알렉산드로 6세에게 봉헌했다. 다 산갈로는 그 금을 이 대성당의 천장 장식에 활용했다고 한다.

1605년 바오로 5세 보르게세 교황은 대성당 안에 자기네 가문 소성당을 짓기로 하고, 건축가 플라미니오 폰치오에게 의뢰하여 그리스 십자가 형태로 완성했다. 소성당 안에는 후에 클레멘스 8세와 바오로 5세가 묻혔다.

이 소성당에서 유명한 것은 중앙제단에 있는 제단화다. 전통적으로 성 루카의 성모 성화로 알려진 이 성화를 로마인들은 Salus populi romani, 즉 '로마인들을 구원하는' 어머니로 부르고 공경해왔다. 복음사가 루카의 전통으로 알려진 것은, 원래 루카가 직업이 의사여서 그의 복음서가 다른 복음서와 달리 인물묘사가 정교하고 섬세하여 마치 이미지를 보는 것 같다고 해서 그를 향한 오마주로 성화에 '루카'이름을 붙였다는 설도 있고, 그가 실제로 화가이기도 해서 성화를 그렸다는 설도 있다. 아무튼 비잔틴 양식의 이 성화는 로마인들이 어려움에 부닥칠 때마다 달려와 청원과 중재 기도를 했고, 페스트 팬데믹으로 많은 시민이 죽어갈 때 성체행렬의 선두에 서기도 했다. 로마인들의 아픔의 현장에서 그들을 위로하고 그들과 함께해 온 성모 마리아였다.

예수회는 설립 초기부터 이 성화에 대한 공경이 각별했고, 16세기 말~17세기 초, 사지(死地)나 다를 바 없는 곳으로 선교사들을 파견할 때, 이 성화의 사본을 만들어서 보냈다. 남미는 물론 인도, 일본, 중국 등지로, 선교사들이 가는 곳이면 어디건 가장 많이 전 세계로 간 성화였다. 그래서일까. 근대 이후 일본, 중국, 한국의 성모 성화는 루카 전통의 이 성화를 모델로 하는 것으로 파악된다. 현재 예수회 출신인 프란체스코 교황은 해외 사목방문 시, 로마를 떠나고 들어올 때, 이 성화 앞에 와서 기도하는 걸로도 유명하다.

소성당의 제단화 위에는 리베리우스가 눈 내린 에스퀼리노 언덕에서 지팡이로 성당 터를 정하고 있는 장면이 조각되어 있다.

18세기, 베네딕토 14세(Benedictus XIV, 1741~1743 재임) 교황 시대에 이르러 페르디난도 푸가(Ferdinando Fuga, 1699~1782)의 설계에 따라 성당의 정면이 바로크 양식으로 바뀌는 등 대대적인 공사가 이루어졌다. 그 시기에 나폴리 출신의 위대한 바로크 시대 건축가 베르니니가 사망했고, 그의 소망에 따라 중앙 제대 오른쪽 바닥에 안장했다.

성당 안으로 들어서면 40여 개 로마 시대의 것으로 보이는 기둥들이 중앙통로를 양쪽으로 채우고 있다. 과거 유노 신전을 장식하던 것이다. 기둥들 위에는 기둥과 기둥 사이, 36편의 구약성경의 내용을 묘사한 모자이크 작품이 있다.

중앙제단 아래에는 베들레헴에서 가져왔다는 구유 일부가 은으로 만든 보관함에 담겨 보존되어 있고, 그 앞에는 성모 신심이 각별했던 교황 비오 9세의 동상이 있다. 비오 9세는 1854년 12월 8일, '원죄 없이 잉태되신 성모 마리아 교의(Dogma dell'Immacolata Concezione)'를 선포했다.

본당의 좌측 통로 중간에는 '평화의 모후(母后)' 동상이 있다. 제1차 세계대전 당시 교회를 이끌었던 교황 베네딕토 15세(Benedictus XV, 재위 1854~1922) 때 조각한 것으로, 아들을 지키려는 어머니의 강한 의지가 잘 묘사되어 있다. 베네딕토 15세는 전쟁 중에 희생당하는 많은 백성을 보면서 조직과 기구를 만들어 파견하는 한편, 그들을 성모 마리아에게 의탁하며, 성모 호칭 기도문에 '평화의 모후여, 우리를 위하여 빌어주소서'라는 문구를 첨가했다.

성당의 종탑은 높이가 75m로, 로마에 있는 로마네스크 양식의 종탑 가운데 가장 높다. 1377년, 그레고리우스 11세(Gregorio XI, 재임 1330?~1378)가 교황들의 오랜 아비뇽 생활에서 벗어나 무사히 로마로 귀환한 것에 감사하며 성모 마리

2) 성모 마리아 대성당의 중앙제단 아래에 있는 구유 보관함

아께 봉헌했다고 한다.

대성당 앞 광장에는 마센치오(Massenzio)가 세운 궁전의 대리석 기둥 여덟 개 가운데 유일하게 남아 있던 기둥을 1614년, 마데르노(Carlo Maderno, 1556~1629)가 이곳으로 옮겨왔다. 기둥 꼭대기에는 베르트(Guglielmo Vert)가 조각한 '성모와 예수상'이 있다. 기둥 밑에는 분수대가 새겨져 있는데, 이는 만민들이 공경의 근원이신 성모 마리아의 사랑을 목말라 한다는 것을 상징한다.

성모 마리아 대성당 Basilica di Santa Maria Maggiore
주소: Piazza di Santa Maria Maggiore
연락처 및 예약: sagrestiasmm@org.va
전화: +39 06 69886800
개방시간: 07:00-18:45

쇠사슬의 성 베드로 대성당 Basilica S. Pietro in Vincoli

대성당은 442년, 황제 테오도시우스 2세의 딸이자 발렌티니아누스 3세의 부인인 리치니아 에우도시아(Licinia Eudoxia)가 에스퀼리노의 티토 황제의 목욕장 인근에 처음 지었다. 오래전부터 사도들의 이름으로(titulus apostolorum) 그리스도인들이 모여 집회를 하던 유서 깊은 장소였다. 황후의 이름을 넣어 "에우도시아나의 대성당"이라고 부르기도 한다. 성 베드로가 감옥에 갇혔을 때 그를 묶었던 쇠사슬을 보관하기 위한 목적으로 세웠다.

전해오는 이야기에 따르면, 에우도시아 황후가 예루살렘의 감옥에 갇혔을 때 베드로 사도가 사용했다는 쇠사슬을 레오 1세 교황에게 기증했고, 교황은 로마의 마메르티눔 감옥에서 사용한 쇠사슬과 비교하려고 둘을 가까이 댔더니 딱 달라 붙어버렸다고 한다. 그것을 본 황후는 동방과 서방의 쇠사슬이 합

처진 것은 정치적으로도 큰 의미를 지닌다고 생각했다. 하느님께서는 두 제국의 일치를 원하신다는 것이다. 그때까지도 동방 비잔틴과 서방교회는 통합이 묘연한 상태였기 때문이다. 두 개의 쇠사슬은 성물함에 넣어 대성당의 중앙제단 아래 보관되어 있다.

대성당은 오랜 세기를 거치며 여러 번 복원과 개축을 거듭했다. 그중 의미 있는 공사는 두 차례 있었는데, 1400년대 후반 식스토 4세 때이고, 다른 한 번은 그의 조카였던 율리오 2세 델라 로베레 교황 때다. 건축가는 줄리아노 다 산갈로가 시작했고, 더 후에 조르조 바사리가 대성당과 내부 정원(Chiostro)의 회랑(1493~1503)을 마무리했다.

그러나 뭐니 뭐니 해도 대성당에서 가장 중요한 것은 미켈란젤로의 조각 작품이 세 점 있다는 것이다. 〈모세〉와 〈라헬〉, 〈레아〉가 그것이다. 대성당의 중앙제단 오른쪽에 1505년 율리오 2세가 미켈란젤로에게 의뢰하여 제작하기로 한 그의 무덤 장식의 일부가 있다. 미켈란젤로 인생 거의 절반에 해당하는 40여 년간 그를 괴롭혔던 작품이기도 했다. 참고로 미켈란젤로는 1475년 토스카나 아레쪼 지방의 카프레세에서 태어나 1564년 로마에서 89세로 사망했다.

미켈란젤로가 자기 '인생의 비극'이라고 불렀던 율리오 2세의 '장례기념비'와 이 작품에 얽힌 이야기는 듣기만 해도 골치가 아플 정도다.

미켈란젤로가 율리오 2세 교황의 장례기념비를 의뢰받은 것은 1505년이었다(첫 번째 계약). 미켈란젤로는 매우 흥분했고, 조각으로 불후의 명작을 만들고 싶었다. 그는 직접 대리석 산지인 토스카나의 카라라(Carrara)로 가서 구상한 작품을 위해 돌을 직접 골랐다. 율리오 2세와 이야기된 장례기념비는 40개가 넘는 조각상으로 사방을 채운 거대한 작품이었다. 1505년 5월부터 12월까지, 8개월간 그는 돌을 채취해서 돌아왔다.

그런데 문제가 생겼다. 교황이 미켈란젤로를 만나주지 않는 것이다. 그동안 교황의 마음이 바뀐 것이다. 브라만테가 개입하여 교황에게 살아 있을 때 장례기념비를 만들면 빨리 죽는다며, 그것보다는 콘스탄티누스의 성 베드로 대성당을 허물고 새로 건설하는 것이 좋겠다고 했다.

1506년 봄, 카라라에서 돌이 도착할 때까지도 미켈란젤로는 교황의 마음이 다시 돌아오기를 기다렸다. 그동안 여러 차례 알현을 요청했지만 바쁘다는 핑계로 만나주지도 않았다. 브라만테가 두 사람이 만나지 못하게 훼방을 놓은 것이라고도 했다. 아무튼 열받은 미켈란젤로는 1506년 4월 18일, 뒤도 돌아보지 않고 로마를 떠났다.

막상 미켈란젤로가 로마를 떠났다는 소식을 들은 율리오 2세는 그제야 사람을 보내 다시 돌아오라고 했다. 미켈란젤로는 거절했고, 율리오 2세는 미켈란젤로가 토스카나의 포지본시(Poggibonsi)에 이를 때까지 여러 번 마차를 보내 돌아올 것을 요청했다. 미켈란젤로는 거절하고 피렌체로 돌아와 레오나르도 다빈치와 함께 베키오궁의 500인실 벽화를 그리기로 했다. 그러나 교황은 피렌체 시뇨리아(통치자) 피에르 소데리니에게 세 번이나 사람을 보내 미켈란젤로와 화해할 수 있도록 중재를 부탁했다.

기회는 이듬해에 교황이 볼로냐를 방문했을 때 이루어졌다. 교황은 미켈란젤로에게 볼로냐의 성 페트로니오 대성당에 설치할 자신의 청동 조각상을 의뢰했다. 율리오 2세는 한 손은 들어 축복하고 다른 한 손에는 칼을 든 모습으로 의뢰했지만, 미켈란젤로는 칼 대신 책을 든 교황으로 브리핑했다. 이에 교황이 따지자, 미켈란젤로는 교황에게 "내 시간은 살 수 있으나, 내 생각은 살 수 없다"라며 응수했다.

그 후, 교황은 미켈란젤로를 다시 로마로 불러 시스티나 소성당의 천장화를 맡겼다. 이것도 브라만테가 미켈란젤로를 엿 먹이기 위해 교황을 꼬드겼다는 말이 있다. 그때까지 미켈란젤로는 성 베드로 대성당의 〈피에타〉(1499년)와 피렌체 시뇨리아의 〈다윗상〉(1504년)으로 꽤 유명해진 상태였고, 그만큼 조각에만 치중하고 있었다. 회화, 그것도 프레스코화는 한 번도 해 보지 않았기 때문에 브라만테는 미켈란젤로가 실패할 거라고 예상했다. 아무튼 미켈란젤로는 교황의 의뢰를 거절할 수 없어 1508년부터 1512년까지 시스티나 소성당의 천장화 〈천지창조〉를 그렸다. 같은 시기에 브라만테가 편애하던 라파엘로는 사도궁의 집무실이 있는 4개 방을 장식했다. 이듬해인 1513년에 율리오 2세는 사망했다.

율리오 2세의 유언은 자신이 사망한 후에 미켈란젤로에게 원래 하기로 한 "장례기념비"를 만들라는 것이다. 교황의 출신 가문 델라 로베레(Della Rovere)에서는 유지를 받들어 교황이 사망한 후 3개월이 지나 1513년 5월에 미켈란젤로와 다시 계약하고(두 번째 계약) 약속대로 작업을 요청했다. 바로 그 시기에 현재 루브르에 있는 두 개의 노예상, 〈죽어가는 노예〉와 〈반항하는 노예〉를 완성했다. 〈모세〉상도 이때 계획에 넣고 초벌 작업을 했다.

그러나 알 수 없는 이유로 계획은 다시 무산되고 말았다. 연구자들은 계획을 수정하는 과정에서 의견 충돌이 있었던 걸로 추측했다. 결국 1516년, 세 번째 계약서를 작성하면서 계획을 대폭 수정했다. 동상의 수를 40개에서 10개 미만으로 크게 줄이기로 했다. 그런데 이번에는 미켈란젤로에게 사정이 생겼다. 새로 교황이 된 메디치 가문 출신의 레오 10세와 클레멘스 7세가 연이어 교황이 되면서 자기네 가문의 무덤 성당인 피렌체 성 로렌조 대성당 공사를 의뢰한 것이다. 미켈란젤로 입장에서 이들은 로렌조 마니피코의 아들들(2남과 양자)이고 어린 시절 그의 집에서 함께 자란 친구들이었다. 성 로렌조 대성당 공사는 결국 비용 문제로 무산되었다. 로마에서 성 베드로 대성당을 짓고 있어 거기에 엄청난 비용이 들어가고 있었기 때문에, 피렌체의 성 로렌조 대성당에 돈을 쓸 수가 없었다. 아무튼 그 바람에 미켈란젤로만 이도 저도 못 하게 되었고, 델라 로베레 가문과는 점점 사이가 나빠졌다. 1522년, 프란체스코 마리아 델라 로베레는 미켈란젤로에게 계약금을 돌려 달라고 요구했고, 반환 요구 소송을 하겠다고 위협했다.

1526년 미켈란젤로는 네 번째 계약서를 작성하여, 델라 로베레 가문에 보냈다. 그런데 이번에는 그쪽에서 거절했다. 계획을 너무 많이 축소했다는 이유였다.

상황이 어렵게 돌아가자, 클레멘스 7세 교황이 개입했다. 1532년 4월, 새로 작성한 다섯 번째 계약서가 전달되었다. 여기에는 교황의 허락에 따라, 율리오 2세 교황의 무덤을 바티칸의 성 베드로 대성당이 아니라 쇠사슬의 성 베드로 대성당으로 한다는 것, 일부 조각상을 완성하기는 했지만, 40개가 아니라 7개로 한다는 내용이 담겼다. 지금 피렌체 베키오궁의 500인실에 있는 〈승리의 귀재(Genio della Vittoria)〉와 아카데미아 미술관에 있는 〈4명의 포로〉는 이 시기에 제작한 것으로 본다. 이 작품들이 1525~1530년, 즉 이 시기에 완성됐기 때문이다. 그러나 알다시피 이 조각상들도 〈승리의 귀재〉만 빼고 나머지는 완성된 작품들이 아니다.

아무튼 클레멘스 7세는 미켈란젤로에게 〈최후의 심판〉(원래는 〈그리스도의 부활〉)을 맡기기 위해, 델라 로베레 가문으로부터 자유로워질 수 있도록 나름의 조치를 한 것으로 보인다. 그러나 클레멘스 7세가 1534년에 사망하는 바람에 그의 염원은 후임인 바오로 3세에게로 넘어갔다. 바오로 3세는 미켈란젤로를 델라 로베레 가문에게서 아예 벗어나도록 자의 교서(motu proprio)를 발표했다. 1536년 11월 17일 자로 발표한 이 교서는 그에게 공무(公務)로서 〈최후의 심판〉을 맡긴다는 것이었다.

미켈란젤로에게 1530년대는 델라 로베레 가문으로부터 매우 시달렸던 시기였다. 엄청난 계약금을 받았다는 둥, 그걸 떼먹었다는 둥, 그 돈으로 고리대금을 했다는 둥 말을 들었고, 여기에 대해 미켈란젤로도 적극적으로 방어를 모색 했다. 하지만 미켈란젤로를 따라다니며 비방하는데 앞장섰던 피에트로 아레티노(Pietro Aretino)는 그를 두고 '구두쇠', '배은망덕한 놈', '도둑놈'이라며 교황과 인근의 군주들에게 투서했다. 피에트로 아레티노는 훗날 미켈란젤로의 〈최후의 심판〉에 대해서도 비난을 쏟아냈고, 미켈란젤로는 바르톨로메오의 피부 껍질에 자신의 얼굴을 넣어 자화상을 그리면서 그걸 들고 있는 사람의

---

3) 피렌체 아카데미아 미술관에 있는 〈4명의 포로〉
4) 〈모세〉상 상단 부분

얼굴로 아레티노를 넣었다.

 1541년, 미켈란젤로는 〈최후의 심판〉을 완성했고, 델라 로베레 가문의 구이
도발도 2세는 바오로 3세의 중재하에 율리오 2세의 장례기념비 관련 새로운 제
안을 해 왔다. 미켈란젤로가 할 수 있는 부분만 하고, 나머지는 그의 지휘하에
다른 예술가들이 마무리할 수 있게 해 달라는 것이다. 미켈란젤로는 받아들였
고, 오래전에 시작했다가 그만둔 〈모세〉와 양옆에 세울 〈라헬〉과 〈레아〉를 조
각했다. 미켈란젤로의 나이 66세였다. 그리고 이것들이 완성된 1545년에 그는
70살이었다. 전체적인 설계와 나머지 조각상들은 다른 사람들이 했다. 그러니
까 1513년 미켈란젤로 나이 38살에 시작해서 1545년 70살에 완성한 것이다.

4)

 위에 있는 세 개의 작품부터 보자. 왼쪽에 〈무녀 시빌레〉, 가운데 〈아기를
안은 성모 마리아〉, 그리고 오른쪽에 〈예언자〉가 있다. 이 세 작품은 라파엘로
몬테루포(Raffaello Montelupo)가 했다. 1537년에 미켈란젤로가 초벌 작업을 한

것이다. 양쪽의 시빌레와 예언자는 구세주를 기다리는 인류를 의미한다.

아기를 안은 성모 마리아 발밑에는 드러누운 자세로 〈율리오 2세 교황〉이 있다. 이것은 톰마소 보스콜리(Tommaso Boscoli)의 작품이다. 이 작품들을 가르고 있는 네 개의 기둥들 위에는 촛대가 있다. 그리고 가운데는 교황을 상징하는 문장이 있다. 건축적으로 이 기념비 너머는 아치로 된 건물 벽체가 있다. 카타콤바에서 흔히 보는 죽음 너머, 태양으로 오시는 그리스도를 의미한다. 기능적으로는 아치 너머에서 대성당의 전례에 참여하는 수도자들의 기도 소리가 성당 안으로 들린다.

한편 아래 있는 세 개의 작품은 모두 미켈란젤로의 것이다. 〈모세〉의 양쪽에 있는 〈라헬〉과 〈레아〉는 각각 '관상적인 삶'과 '활동적인 삶'을 상징한다. 가운데 모세는 구약성경의 "탈출기"에서, 이집트에서 종살이하는 유다 백성을 해방하는 민족의 영도자로 표현했다. 작품에서 미켈란젤로는 시나이산에서 십계명을 받아들고 내려왔을 때, 유다 백성이 황금송아지를 숭배하는 것을 보고, 분노와 슬픔, 고통과 실망감을 표현하고 있다. 손에는 이제 막 하느님으로부터 받은 십계명이 적힌 석판을 들고, 자기 백성을 향해 고개 돌려 착잡한 감정을 드러내는 순간을 포착했다.

모세의 머리에 있는 뿔(사실은 빛)은 모세를 가리키는 도상학적 상징인데, 이것은 탈출기 34장 29절에 나오는 "모세가 주님과 함께 말씀을 나누어, 이마에서 두 줄기 빛이 나왔다"라는  말을 예로니모 성인이 성경을 히브리어에서 라틴어로 번역하면서 히브리어로 '광선'이라는 "카란(karan)" 혹은 "카르나임(karnaim)"을 '뿔'이라는 뜻의 "케렌(keren)"으로 잘못 번역하여 생긴 오류에서 비롯되었다. 12세기 영국에서 나온 버리 성경(Bibbia di Bury)이나 13세기 월터 필사본(Manoscritto Walters)에서도 이를 그대로 인용했고, 그 바람에 중세 이콘 도상학에서는 그대로 '뿔'이 되었다. 미켈란젤로 역시 모세의 머리에 난 뿔로 표현했는데, 그것은 모세가 십계명을 두 번이나 받아야 했던 사실을 인식한 데 따른 것이었다. 모세가 시나이산에서 십계명을 들고 내려와 보니, 자기네 민족이 황금송아지를 만들어 섬기고 있는 걸 보고 열 받아 계명이 적힌 판을 그 자리에서 깨트렸다고 했다. 모세에게 자신의 감정을 이입시킨 걸로도 해석된다.

특이한 것은 모세가 대성당의 제단과 그 아래 있는 성 베드로의 쇠사슬을 바라보는 것이 아니라, 성당의 입구 쪽을 바라보고 있다는 것이다. 이것은 미켈란젤로의 교회개혁에 관한 생각을 반영했다고 볼 수 있다. 그때도 여전히 순례객들은 이 성당을 찾았고, 성 베드로의 쇠사슬의 기적에 의탁하며 봉헌예물을 바치고 돌아가곤 했다. 미켈란젤로는 마르틴 루터부터 시작된 종교개혁을

온전히 지켜본 사람이
다. 그가 보기에 루터가
아니어도, 교회는 어떤
식으로든 개혁이 필요
했다는 것을 절감했고,
그는 그것을 예술로 보
여주었다. 신자들이 제
물을 봉헌함으로써 하

느님의 은총을 얻을 수 있을 거라는 믿음에 미켈란젤로는 모세의 고개를 돌려
반대한 것이다. 그리고 모세가 시선을 향한 입구 쪽은 빛이 들어오는 곳이다.
빛으로 상징되는 삼위일체를 향한 시선만이 중요하다는 것을 말하려고 했던
것으로 보인다.

한편 작품과 연관하여 전해오는 일화가 있다. 미켈란젤로가 작업을 마치고,
모세를 한참 바라본 후에 그의 인상과 모습이 너무도 사실적이어서 자기도 모
르게 들고 있던 망치로 모세의 무릎을 툭 치며, "왜 말을 안 해?"라고 했다고 한
다. 바사리는 『미술가 열전』에서 모세의 덥수룩한 수염과 두르고 있는 옷의 결
이 너무도 완벽하여 "작업을 끌로 한 것이 아니라, 붓으로 한 것"같다고 했다.

역사 속에서 이 작품이 미친 영향은 실로 크다. 의외인 것은 프로이트
(Sigmund Freud, 1856~1939)의 심리학 연구에도 어떤 영감을 주었다는 것이다. 프
로이트는 로마 여행 중에 이곳을 여러 번 찾았다. 그가 발견한 것은 '원초적 부
성(父性)'에 대한 이미지다. 엄격하고 무서운, 잘못하면 벌을 주는 그런 부성이
아니라, 이스라엘 민족으로 표상되는 자식들의 타락을 물끄러미 바라보며 당
장 어떻게 할 것 같은 분노보다는 착잡한 심정을 감추지 못하는 그런 부성이
다. 격한 감정보다는 분노를 내면으로 삭이고 있는 부성이다. 십계명 판을 깨
트리려는 행위는 적극적이지 않다. 오히려 행위로부터 멀리 떨어져 있다. 프

로이트는 미켈란젤로의 이런 모세에 관한 두 편의 논문을 썼고, E. H 에릭슨은 프로이트가 쓴 '미켈란젤로의 모세상'에 관한 이 논문을 읽고, '아버지 됨'이 무엇인지를 깨달았다고 했다. 그래서 프로이트의 제자가 되었다고 고백하기도 했다.

　미켈란젤로가 표현한 모세의 섬세함도 눈여겨볼 만한 대목이다. 두 가지만 보기로 하자. 청색으로 표시한 오른 팔꿈치의 근육과 빨강 색으로 흘러내리듯 표현한 수염의 형태다. 오른 팔꿈치의 근육은 평소에는 보이지 않다가 새끼손가락을 치켜들었을 때만 드러나는 근육인데, 미켈란젤로는 이것도 놓치지 않았다. 과거에서부터 오랫동안 해 온 인체 연구에 관한 결과라고 할 수 있다.

　풍성한 수염은 원래 수직으로 흘러내릴 계획이었으나, 돌의 형태가 수직으로 내리기에는 모세의 왼쪽 어깨에서 가슴 부분이 부족했다. 그래서 수염을 오른쪽으로 모아서 들고 있는 모습으로 조각을 해야 했다. 역시 대가는 재료를 탓하지 않는다는 생각이 든다. 주어진 돌의 형태에 따라서, 어떤 식으로든 거기에 자기를 굽히고 맞추어 완성도를 높이는 것이다.

쇠사슬의 성 베드로 대성당 Basilica di S. Pietro in Vincoli
주소: Piazza di San Pietro in Vincoli, 4/a
연락처 및 예약: http://www.lateranensi.org/sanpietroinvincoli/
전화: +39 06 97844952
개방시간: 08:00-12:00/ (겨울철) 15:00-18:00/ (여름철) 15:00-19:00

네로 황제의 황금궁전 Domus Aurea

로마제국 시대 역사가며 전기작가였던 수에토니우스(Gaius Suetonius Tranquillus, 서기 69~122년경)가 쓴 『황제 전(De vita Caesarum)』 제8권, "네로 편"(120년경)에는 네로가 자신의 황금궁전을 완성하고 처음 입주하면서 "좋아! 드디어 인간답게 살 수 있게 되었군!"(네로편, 31, 2)이라고 말했다고 한다.

서기 64년 7월 18일과 19일 밤, 로마에 '대화재'가 일어났다. 백만 명이 조금 넘는 로마시민 중 20만 명 이상을 하루아침에 노숙자로 전락시킨 대참사였다. 화재는 잔불까지 9일간 이어졌다. 로마 시내 14개 지구 중 3개 지구는 완전히 사라졌고, 7개는 겨우 형체만 남았다. 수많은 공공건물과 신전들은 파괴되고, 4천여 개의 인술라(Insula)와 132여 채의 도무스(Domus, 주택)가 사라졌다. 특히 로마 중심은 흔적도 없이 전소되었고, 팔라티노 언덕의 황제가 살던 도무스 트란시토리아까지 소실되었다.

역사가들은 네로가 도무스 트란시토리아를 잃자, 그것을 대체하기 위해 도무스 아우레아를 건설했다고 했다. 하지만 도심 한복판에 이런 엄청난 크기의 땅을 확보한 계기가 방화로 인한 것이기에, 네로가 이걸 지으려고 일부러 방화했다는 데 더 무게를 두기도 했다.

수에토니우스는 "그는 팔라티노에서 에스퀼리노까지 길게 집을 짓도록 했다. 트란시토리아라고 부르던 건물이 화재로 전소되자 아우레아라고 하는 것을 짓도록 했다."(네로편 31,1)라고만 전한다. 도무스 아우레아는 제국 시대 황제의 궁전 중 가장 크게, 팔라티노, 에스퀼리노, 첼리오 등 세 개 언덕들 사이에 지은 것이다.

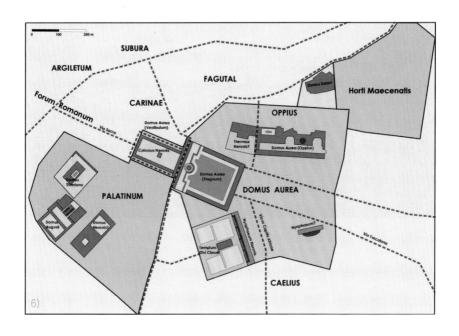

네로는 역사상 한 번도 보지 못한 규모의 궁전을 꿈꾸었다. 그러나 이것은 그가 로마를 처음 계획한 자신의 도시 "네로 폴리스"에서 축소된 것에 불과했다. 80헥타르(약 80만 제곱미터)에 달하는 방대한 규모는 로마의 가장 부유한 시민들과 제국을 송두리째 흔들면서 감행한 것이다. 아시아와 그리스에서 가지고 온 많은 동상과 로마의 신전에 세워진 시민들의 염원을 짓밟고 세웠다. 타키투스(Marco Claudio Tacito, 200~276)의 『연대기(Annali)』에 따르면, 네로는 설계도의 모든 세부 사항에 깊이 관여했고, 첼레레(Celere)와 세베로(Severo) 두 건축가를 직접 감독했다고 말한다.

7)

면적 대부분은 연회를 위한 누각이나 거실 또는 정원들로 채워졌다. 정원에는 숲과 포도원이 있었고, 세 개 언덕에 걸쳐 있는 계곡에는 작은 연못이 있었다. 연못을 더 크고 화려하게 인위적으로 만들어 테베레강의 물을 끌어다가 모의 해전 놀이를 즐겼다. 거대한 인공호수를 만든 것이다. "나우마키아(Naumachia)"라고 하는 해전 놀이는 로마인들의 엔터테인먼트의 스케일을 감지할 수 있는 척도이기도 하다. 이 해전 놀이는 단순한 뱃놀이가 아니다. 실제 전쟁을 대비한 해상훈련으로도 활용할 수 있을 만큼 큰 규모의 해전 놀이였다.

그리고 인공호수 앞에는 네로의 12m짜리 동상을 세웠다. 동상은 로마 어디에서 보더라도 보이게끔 했다. 사람들은 동상을 두고 '거대하다'는 뜻으로 '콜로살레'라고 했고, 훗날 인공호수를 막고 원형경기장을 세우면서 "콜로세움"이라고 불렀다. 무지 크다는 의미다.

네로가 죽은 후, 제국은 그에게 '담나티오 메모리에(기억 말살형)'형을 내렸고,

그와 관련한 모든 것을 지웠다. 도무스 아우레아는 물론 인공호수도, 그 앞에 세워졌던 그의 동상도 모두 사라졌다.

도무스 아우레아는 로마제국의 건축이 얼마나 진일보했는지를 보여주는 중요한 척도가 되었다. 네로는 감각적으로 누릴 수 있는 모든 걸 건축으로 구현했다. "팔각 거실(Sala Ottagono)"은 이 궁전의 백미였다. 돔 형태의 건물로 오늘날 판테온을 거실 형태로 축소한 것으로 생각하면 이해가 빠를 것 같다. 내부를 넓게 설계하여 이용할 수 있는 공간을 최대한 확보했다. 벽에는 도금한 나뭇잎으로 장식하고 팔각의 모서리는 은으로 둘렀다. 그리고 상아로 만든 개폐식 천장을 만들었다. 천장이 열리면 자동으로 향수에 적신 꽃잎이 쏟아지도록 했다. 천장에서는 빛이 건물 안으로 바로 들어오게 했다. 이런 건축 방식은 이후 제국의 모든 건축의 모델이 되었다. 방의 둥근 벽면에는 홈을 파서 그리스-로마 시대 조각상을 설치했다. 최초의 박물관 형태를 띠고 있다고 할 수 있다.

또 한 가지 매우 진보된 예술적 양식으로, 네로가 모자이크를 어떻게 활용했는지를 볼 수 있다. 이전에는 주로 바닥 장식에만 활용하던 모자이크 기법을 천장의 둥근 부분에도 활용했는데, 이것은 역설적이게도 훗날 그리스도교 예술의 토대가 되었다. 오늘날 로마의 수많은 성당과 라벤나, 콘스탄티노플, 시칠리아에서 볼 수 있는 천장 장식의 효시라고 하겠다.

오랫동안 복원공사를 마치고 1999년, 이 왕궁을 재개방하는 자리에서 미국인 고고학자 월리스 허드릴(Andrew Wallace-Hadrill)은 "네로 황제는 모든 시대의 최고의 축제를 이곳에서 누렸다."라고 했다. 그러면서 "그가 죽은 지 300년이 지난 후에도 이곳에서 개최되던 각종 행사에서 그의 초상화가 들어간 주화를 나누어 주기도 하였다. 이것은 모든 시대를 통틀어 가장 위대한 쇼맨(showman)을 기념하는 기념품이었다."라고도 했다. 네로는 자신의 동상을 보고 '예술가의 동상'이라고 했으며, 자신이 벌인 수많은 축제를 '예술 활동'이라고 했다.

이러한 네로의 '예술'을 가장 크게 비웃었던 인물은 다름 아닌 네로 황제의 오른팔이었던 페트로니우스(Gaius Petronius Arbiter)였다. 그는 네로 황제의 '아르비테르 엘레간티애(우아함을 관리하는 장관, Arbiter Elegantiae)'이기도 했다. 네로 황제의 취향에 대한 페트로니우스의 모든 견해는 곧 법률이었다. 그런 페트로니우스가 네로 황제의 암살 음모에 연루되었다는 모함으로 사형이 결정되자, 그는 자신의 운명을 기다리지 않고 스스로 죽음을 준비했다. 그는 동맥을 자른 후 죽음을 지연시키기 위해 상처에 붕대를 감고 친구들과 사소한 대화를 나누며 경쾌한 음악과 시를 들으며 여느 때와 다름없이 남은 시간을 보낸 뒤, 마지막으로 네로 황제에게 "세기의 폭군 네로여, 네 어머니와 누이동생을 죽인 것도 용서할 수 있고 로마를 불 지른 것도 용서할 수 있지만, 삼류의 실력으로 시를 쓰는 것은 용서할 수 없다. 제발 예술을 모독하지 말라"는 유서를 남기고 '강요된 죽음이지만 자연스러운 죽음처럼' 잠이 들었다.

네로에게 전해진 페트로니우스의 유서는 '친구의 죽음'을 슬퍼하며 흘리던 눈물을 휴대용 항아리에 받고 있던 네로를 미치게 하기에 충분했다.

이제,
나의 영원한 친구 네로를 버리고 하데스를 먼저 건너가려 하니 심히 슬프도다.
재미없는 세상에서 그대의 형편없는 연주 실력을 보고 위안을 얻었노라.
이런 인간도 세상을 살아간다는 것이 너무도 신기했다.
그대가 만들었다는 시(詩)라는 것에 대해 내가 한마디 평조차 안 한다면 그대가 섭섭해하겠지?
개, 돼지 같은 그대의 목소리로 읊어대는 되지 못한 노래들이여!
매일 밤 소리죽여 웃느라 긴긴밤이 그리 심심치 않았노라.
그러나 내 진정 친구로서 한마디만 충고하노니,

그대가 내리는 형벌 중 신하들이 가장 무서워하는 것이 무엇인지 그대는 아
는가?
온갖 형벌보다 더 무서운 것!
그것은 기름통보다 더 두꺼운 그대의 배를 움켜쥐고
짐짓 슬픈 체하며 예술을 논하는 그대의 흉측한 낯짝을 쳐다보는 일이었다네.
그러니 두 번 다시 그대의 낯짝을 다른 이들에게 보이지 말기를
친구로서 충고하노니 새겨들을지어다!

이후에도 네로 황제의 '예술 활동(?)'은 계속되었지만, 페트로니우스의 유서
로 인해 그가 극심한 충격을 받았으리라는 짐작은 충분히 할 수 있다.

사실 네로는 어머니가 정치적인 라이벌로 부상하면서부터 빗나가기 시작했
다. 어머니를 살해했고, 존속살해라는 비극을 시작으로 폭군이 되어간 네로는
이어서 아내와 가족들을 모두 살해했다. 그리고 자신의 스승 세네카까지 죽음
으로 몰았다. 원로원과 로마제국은 14년간 그의 폭정을 참았고, 결국 로마 방
화를 계기로 네로에게서 권좌를 빼앗았다.

네로가 죽은 후, 제국은 그와 관련한 모든 것을 철저하게 지웠고, 이후 황제
들은 바로 그 자리에 티토의 목욕장, 트라야누스의 목욕장, 베누스와 로마 신
전 등을 세웠다. 중세기를 거치면서 귀족들은 그 위에 저택을 짓기도 했다. 그
바람에 이곳 '황금궁전(도무스 아우레아)'은 역사 속에 깊이 묻히고 말았다. 그것
이 세상에 드러난 것은 르네상스 시기에 우연히, 정말 우연한 기회를 통해서
였다.

15세기 말, 한 로마인 청년이 오피우스(Oppius) 언덕에 올랐다가 구멍이 있는
줄 모르고 발을 헛디뎌 틈 사이로 빠지고 말았다. 그가 떨어진 곳은 벽화로 가
득 찬 이상한 동굴이었다. 알고 보니, 바로 네로의 '황금궁전', 도무스 아우레아

였던 것이다. 소문은 금세 퍼졌고, 당시 로마에 와 있던 르네상스의 젊은 예술가들은 앞다투어 밧줄을 타고 동굴 속으로 들어가 그림을 보았다. 오늘날 우리는 로마 시대 회화를 폼페이 유적지를 통해서 알지만, 1400년대에는 고대의 조각 작품 외에, 회화는 알려지지 않았다. 폼페이 유적지가 발견되는 것은 1748년이었기 때문이다.

아무튼 발견된 프레스코화들은 회반죽의 흰색이 회색으로 희미해졌고, 얇은 테두리, 익살스런 인물묘사 등 여러 가지 특징적인 요소가 있었다. 이런 특징들을 모두 싸잡아 "그로타(Grotta, '동굴'이라는 뜻)"에서 발견되었다고 해서 '동굴스럽다'는 의미로 '그로테스크'라고 불렀다. 그로테스크의 신비로운 장식 효과는 르네상스를 송두리째 뒤흔들었다. 핀투리키오, 가우덴치오 페라리, 라파엘

로, 미켈란젤로가 이곳에 들어와서 연구했고, 전율을 느꼈다. 이 그림들을 통해 진정한 고대 세계의 발견이 무엇인지를 이야기할 수 있게 되었다. 멜로쪼 다 포를리(Melozzo da Forli)의 제자로 그 시기 로마에서 활동하고 있던 화가며 건축가인 마르코 팔메짜노(Marco Palmezzano)는 조금도 주저하지 않고, 즉시 "그로테스크"장식을 이탈리아 전역으로 전파했다.

이곳이 당시 예술가들의 관광명소가 되었다는 흔적은 고대 벽화들 사이에 도미니코 기를란다이오(Domenico Ghirlandaio), 마르텐 반 헤엠스케르크(Marten

8) 피렌체, 우피치 미술관 동쪽(Levante) 복도 천장의 그로테스크 장식
9) 라파엘로의 바티칸 사도궁 로지아(회랑식 복도)

van Heemskerck)와 필리피노 리피
(Filippino Lippi) 등이 남긴 이름과
낙서가 있기 때문이다.

도무스 아우레아가 르네상스
예술가들에게 미친 영향은 빠르
고 강렬했다. 라파엘로가 바티
칸의 로지아 장식에 바로 적용한
것을 보면 말이다.

이것을 통해 다시 한번 생각할
수 있는 것은 고대는 이후 역사
의 끊임없는 모델이 된다는 사실이다. 역사를 두고 '오래된 미래'라고 하는 이
유일 것이다. 르네상스는 특히 더 그랬다. 르네상스야말로 고전으로 일컫는
'고대의 부활'이었기 때문이다. 고대로 인해 르네상스가 꽃을 피웠고, 그 영향
은 근대세계의 발전으로 이어졌기 때문이다. 역사의 현장에 누가 다녀가느냐
하는 것은 그래서 중요하다. 술꾼이 다녀가면 술병이 굴러다니지만, 시인이
다녀가면 시를 남기고, 화가가 다녀가면 그림을 남기고, 작가가 다녀가면 글
을 남긴다. 한마디로 낙서나 똥만 남기고 가는 사람은 되지 말아야 하지 않겠
는가!

르네상스 시대에는 언덕의 이름 오피우스를 따서 "오피우스의 도무스"로 불
리기도 한 이곳이 근처에 있는 "트라야누스의 목욕장"과 "티토의 목욕장"을 혼
동하는 바람에 "티토 황제의 궁"으로 불리기도 했다.

1500년도에 들어와 교황은 이곳을 본격적으로 발굴하도록 했고, 미켈란젤
로도 유적지 발굴단에 끼여 이곳에서 〈라오콘 군상(Gruppo del Laocoonte)〉이 발
견되는 것을 보았다. 이 상은 지금 바티칸박물관 '팔각정원'에 있다. 그 밖에도

나폴리 국립 고고학 박물관에 있는 〈베네레 칼리피기아(Venere Callipigia)〉, 로마 카피톨리니 박물관에 있는 〈죽어가는 갈라티아인(Galata morente)〉, 알템프스 궁 국립박물관에 있는 〈자살하는 갈라티아인(Galata suicida)〉, 바티칸박물관 원형 의 전시실에 있는 〈반암으로 된 잔(Tazza in porfido)〉 등은 모두 이곳에서 발견되 었다.

한편 네로가 이곳에 별도의 저택을 지었느냐에 대해서는 여전히 의문이 많 다. 원래 계획에는 있는데, 건물을 지은 흔적은 없기 때문이다. 이점에 대해 일각에서는 아예 짓지 않았다고 하고, 일각에서는 지었다가 네로가 담나티오 메모리에 형을 받자 과거 토지를 강제로 빼앗긴 시민들이 저택을 허물어 버린 것이라고도 했다.

오늘날 도무스 아우레아의 자취는 거의 남아 있지 않지만, 그가 끼친 영향 은 네로 이후 로마제국의 문화에서 르네상스에 이르기까지 적지 않다고 할 수 있다.

네로의 황금궁전 Domus Aurea
주소: Via della Domus Aurea, 1
연락처 및 예약: https://parcocolosseo.it/area/domus-aurea/
전화: +39 06 39967700
박물관의 개방시간, 휴관일, 입장료 등은 위 연락처에서 확인

10) 네로의 술잔으로 알려진 <반암으로 된 잔>, 바티칸박물관 원형의 전시실 소장, 서동화 수채화

여섯째 언덕, 첼리오
Mons Caelius

가정교회가 태어난 곳

첼리오: 제국의 관문이자 가정교회가 태어난 곳

에스퀼리노, 비미날레, 퀴리날레 언덕이 서로 어깨동무하고 있는 듯 서 있는 것과 달리, 첼리오 언덕은 다른 언덕들과 뚝 떨어져 있는 듯한 느낌이다. 가까이에 있지만, 멀리 있는 것 같다. 이 언덕에서부터 고대의 아피아 가도와 현대의 새로운 아피아 가도가 시작되고, 제국의 모든 길로 이어졌다. 그런 점에서 '로마의 관문'이 되는 언덕이라고 할 수 있다.

제국의 병사들은 끊임없이 승전보를 들고 포룸으로 달려왔고, 그래서 말발굽 소리가 끊이지 않았다. 그만큼 제국의 활기를 대변하는 곳, 일곱 언덕 가운데 유동성이 가장 컸던 곳, 르네상스 시기에는 조용히 로마에 변화를 가져오기 시작한 곳이기도 했다.

특별히 가파른 곳 없고, 대체로 무난한 것처럼 보이는 이 언덕을 생각하면 필자는 밝고 쾌청한 이미지가 떠오른다. 프라하의 '예술가 다리'는 한여름에 봐도 겨울의 우수에 찬 분위기를 느낄 수 있는 것처럼, 어디든 그 지역을 대변하는 것 같은 이미지가 있는데, 이곳 첼리오는 비가 오는 날에도, 추운 겨울에도 언제나 맑고 따뜻한 이미지를 준다.

이 언덕은 고대에는 신전들이 있었고, 제국 시대에는 그리스도교 박해가 한창이던 때 이곳에 살던 상류층 사람들 사이에서 오늘날 '교회'의 원형이라고 할 수 있는 모델이 생겨났다. 그리스도교는 그것을 '도무스 에클레시에(Domus Ecclesiae)'라고 하고, '가정교회'로 번역한다. 그런 점에서 이 언덕에 그리스도교 최초의 대성당이 세워졌다는 게 전혀 낯선 이야기가 아닐 것이다.

첼리오의 성 그레고리오 성당 Chiesa di San Gregorio al Celio

팔라티노 건너편, 대전차 경기장으로 가는 길 좌측 언덕배기에 "첼리오 언덕의 성 안드레아와 그레고리오 성당" 또는 "첼리오의 성 그레고리오 대교황 성당"이 있다.

제국 시대에 집중적으로 도시화가 진행되었고, 몇 개의 중요한 도로가 교차하는 지점이다. 제국 시대 초기에는 1층에는 상점이 있는, 오늘날의 주상복합 형태의 인술라가 많이 있었던 지역이 3세기 말에 이르러 인술라 대신 도시 귀족들의 웅장한 도무스들이 들어오면서 주택지역으로 바뀌었다.

고대 로마 시절, 프레네스티나 출신의 가문 중에 아니치(Anicii)라는 가문이 있었다. 공화정 시절에 본격적으로 공직에 발을 들이기 시작하더니 금세 출세 가도를 달렸다. 기원전 168년, 이 가문 출신으로 1년 임기의 호민관이 되어 일리릭의 왕 젠치오를 누르고, 인기를 얻어 기원전 160년 집정관에 오른 루초 아니초 갈로(Lucio Anicio Gallo)와 같은 인물이 있었던 덕분일 것이다. 제국 시대에 이르러 요직을 두루 거치며 가문의 명예를 빛냈다. 서기 4세기에 들어와 이 가문의 딸들이 암니(Amnii), 핀치(Pincii), 페트로니(Petronii), 안니(Annii), 아우케니(Auchenii) 등 로마의 여러 귀족 집안으로 시집을 가면서 친인척이 늘었다.

아니치 가문은 일찌감치 그리스도교로 개종을 했고, 그 사실을 알게 된 친척들은 조금씩 거리를 두었다. 불똥이 자기네들한테까지 튈까 두려웠기 때문이다. 이 가문 출신의 인물들을 꼽아보면, '한 달짜리 황제'로 유명한 페트로니오 마씨모(서로마의 황제, 455.03.17~455.04.22), 올리브리오(464년에 집정관, 472년에 황제), 아가피토 교황(535~536년 재임), 그레고리오 대교황(540년생), 훗날 누르치아의 성 베네딕토(할머니가 Anicius Iustinianus Probus다)까지 들 수 있다.

첼리오 언덕에 있던 도무스들 중에는 이 가문과 연루된 집들이 많았고, 그들은 대부분 그리스도인이었다. 3세기 말~4세기 초, 이 집들에서 그리스도인들이 모여 집회를 하고, "빵 자름(Fractio panis)"이라는 의식을 거행했는데, 그것이 오늘날의 전례다. "도무스 에클레시에(Domus Ecclesiae)", 곧 "가정교회"는 그렇게 생겨났다.

오늘날 아니치 가문의 가정교회가 있던 자리는 첼리오의 "성 요한과 바오로 대성당"(위의 사진)이 세워졌고, 지금도 대성당의 지하에선 로마 시대 집터의 흔

적을 볼 수 있다.

그래서일까? 로마의 결혼식 명소 중 하나로 손꼽히는 성당이 되었다.

그러나 6세기에 이르러 아니치 가문 출신의 교황 그레고리오 1세(대교황 혹은 마뉴라고도 함, 재임 590~604)가 나오면서, 자신이 오랫동안 살았던 클리부스 가(街) 반대편에 수도원을 세웠다. 그리고 그 옆에 작은 성당(575년)을 지어 안드레아 성인께 봉헌했다. 그래서 수도원과 성당을 "성 안드레아 수도원"이라고 불렀다.

그레고리오 대교황이 사망하자 수도원은 버려졌고, 그레고리오 2세 교황(715~731년 재임)이 수도원을 복원하고 지금의 "성 그레고리오 성당"을 지었다.

성당은 방대한 규모의 "성당-수도원"건물 덩어리의 한 부분에 지나지 않는다. 현재 수도원은 콜카타의 마더 테레사 수녀가 설립한 "사랑의 선교회"에서 거주하며 관리하고 있다. 이곳에 법적 사무실을 두고 있다.

그레고리오 1세 교황은 가톨릭교회 역사상 처음으로 레오 1세 교황과 함께 '대(大) 교황', 마뉴스(Magnus)라는 칭호를 받았던 인물이다.

그레고리오의 가문은 대대로 첼리오 언덕에 있는 저택에서 살았다. 반대편에는 팔라티노 언덕이 있어 고대 로마 황제들이 거주하던 궁전들의 흔적이 있었다. 그레고리오가 집에서 봤을 때, 팔라티노 저편에는 이미 폐허가 되어 개인 소유의 땅으로 전락한 대전차 경기장이 있고, 집 바로 앞에는 콜로세움이 있었다. 집이 있던 첼리오에는 로마의 이름난 귀족 가문들이 많은 도무스를 짓고 옹기종기 모여서 살았다. 어머니 실비아는 시칠리아의 부유한 집안 출신이지만, 아버지는 비록 로마제국이 망했어도 여전히 경제적, 사회적인 특권을 누리고 있을 만큼 로마의 지배계층에 있었다. 어떤 학자는 그레고리오의 고귀한 혈통을 강조하기 위해 아니치 가문과의 연관성을 언급한다며 입증되지 않은 사실이라고 하기도 하는데(Sofia Boesch Gajano), 그레고리오가 나고 자란 곳이 이곳 첼리오 언덕이라는 것만 봐도 연관성을 부인하기가 오히려 쉽지 않은 것으로 보인다. 실제로 그레고리오와 관련한 모든 자료와 업적은 아니치 가문 출신임을 더욱 공고하게 입증해주고 있기 때문이다.

구교(舊敎) 집안 출신으로 이전까지는 왕이나 로마의 신자들이 추대하여 교황이 된 것과는 달리, 그레고리오는 최초로 선거를 통해 선출되어 베드로 좌를 계승한 인물이었다. 그는 자신이 지은 "성 안드레아 수도원"에서 수도 생활을 했고, 그래서 최초로 수도 생활을 경험한 교황이기도 했다. 그는 수도 생활을 매우 사랑했고 수도원에서 관상과 공부에 몰두하는 것을 좋아했다. 그 결과 학자며 사목자로서 최초의 "성사집"과 "사목규범" 등 많은 양의 신학서, 사목서 등을 썼고, "그레고리오 성가"를 집대성했다. 이민족들의 대이동과 침입으로 밀려 내려온 피난민들을 구제하는 최초의 대규모 자선사업을 벌이는 동시에, 과거 서로마제국의 영토에 세워진 새로운 이민족들의 왕국에 선교사들을 파견했다.

그는 로마의 부자들에게 자선을 권장하며, 그들이 소유하고 있는 지상의 재화는 모든 사람과 나누어 사용해야지, 혼자만 움켜쥐고 있어서는 안 된다고 설교했다. 로마의 부자들은 하느님 앞에서 지은 죄를 용서받기 위해 재산을 기부했고, 그것은 자선사업의 전통으로 교회 안에 자리 잡았다. 가난한 사람을 향한 교황의 관심은 백성들의 신임과 지지를 얻었고, 그 힘으로 이민족들의 왕을 차례로 개종시키는 한편, 그때까지 황제가 교황을 임명하던 관행을 바꾸어 잊힐 뻔했던 교황의 수위권(首位權)을 되찾아 왔다. 서유럽에서 교회가 가야 할 방향을 확실하게 굳힌 최초의 교황이었다. 그의 무덤은 성 베드로 대성당에 있다.

이곳 "성당-수도원"건물 덩어리에는 여러 개의 기도소가 있는데, 그 중 산타 바르바라 기도소에는 로마 시대 황제나 귀족들이 점심을 먹던 10°정도 기울어진 방의 중앙에 있던 돌로 된 식탁이 있다. 그런 방을 "트리클리니움 (triclinium)"이라고 불렀는데, 지금까지 이 식탁을 같은 이름으로 부른다.

이 식탁에서 그레고리오는 매일, 열두 명의 가난한 사람을 점심에 초대하여 직접 상을 차리고 그들을 대접했다고 한다. 어느 날 누더기를 걸친 한 천사가 초대받은 가난한 사람들과 함께 식탁에 앉게 되었다. 한참 식사하는가 했더니 어느새 사라졌다는 일화가 있다. 이후 교황은 다시 한번 가난한 사람의 모습 속에 숨어 계신 하느님을 발견하고자 더욱 정성을 다해 그들을 섬겼다고 한다. 그래서 이 식탁을 두고 흔히 "트리클리니움 파우페룸(Triclinium pauperum)", 즉 '가난한 사람의 식탁'이라고 불렀다.

첼리오의 성 그레고리오 성당 Chiesa di San Gregorio al Celio
주소: Piazza San Gregorio al Celio, 1
연락처 및 예약: comunita.monastica@gmail.com
전화: +39 06 7008227
개방시간: 09:00-12:00 16:00-18:00

돔니카의 성모 마리아 대성당 Basilica di Santa Maria in Domnica

흔히 나비첼라에 있는 성모 마리아 대성당(Santa Maria alla navicella)이라고 부르기도 한다. 첼리오 언덕의 꼭대기에 세워진 성당으로 나비첼라 광장에 있다. "나비첼라(Navicella)"는 이탈리아어로 "작은 배"라는 뜻이다. 물 위를 걷는 그리스도를 그리거나 모자이크로 표현한 이미지를 일컫는다. 이 성당 앞 광장에 작은 '배 조각상'이 있는데 거기서 나온 말이다. 이곳에 광장을 조성하고, 광장 한복판에 로마 시대부터 근처에서 굴러다니던 이 조각상을 분수대로 설치한 사람은 피렌체 메디치 가문 출신의 레오 10세 교황이다.

대성당은 서기 678년 아가토네 교황이 "돔니카의 성모 마리아회(Titulus S. Mariae in Domnica)"라는 7명으로 구성된 부제단을 설립하고 그 센터로 지었던 성당이다. 아가토네도 일곱 부제 중 한 사람이었다.

중세기를 거치면서 돌보지 않았던 대성당은 메디치 가문과 인연을 맺으면서 오늘날 보는 것처럼 조성되었다. 16세기에 들어오면서 메디치 가문 출신의 추기경들이 대를 이어가며 이 성당의 "명의(名義) 추기경(cardinali titolari)"으로 이름을 올렸다.

'명의 추기경'이라고 하는 제도는 로마가 세계교회의 축소판이라는 생각에서 기인한다. 교황이 세계교회의 우두머리이자 로마교구의 교구장(주교)이고, 추기경들은 어느 지역 출신이건 교황의 협력자며, 그들을 통해 지역교회와 로마교회 간 긴밀한 '형제적 연대'를 형성한다는 의미가 있다. "명의"라는 뜻의 '티툴루스(titulus)'는 말 그대로 타이틀, 문패다. 대리석이나 나무, 양철이나 양피지에 이름을 적어 대문 위에 박아 그가 건물의 주인이라는 것을 알렸던 데서 유래했다. 이것은 초대교회 그리스도인들의 집회가 개인의 가정집에서 시작되었다는 것(도무스 에클레시에)을 증명하는 것이기도 하다. 이것이 점차 공동체의 소유를 알리는 티툴루스로 발전하면서 공동체의 설립자 이름이나 집을 기증한 사람의 이름을 대문에 새기는 전통이 생겼다. 로마교구 내 성당에서 티툴루스는 '교회법적으로 주체자'라는 의미를 갖는다.

추기경은 교황의 협력자로, 교황이 직접 주교단의 동의 없이 자의적으로 임명한다. 물론 요즘처럼 전 세계 수천 명이나 되는 주교들을 모두 파악하고 있지 못하기 때문에, 임명 전에 자문단을 통해 알아보기는 할 것이다. 이렇게 임명한 추기경에게 교황은 자신의 교구(로마) 내 성당을 하나씩 주어 법적 책임과 의무를 지운다. 그것이 "명의(名義) 추기경(cardinali titolari)"제도다.

이런 전통은 추기경이 바티칸 시국 내 장관이 아니라, 가령 피렌체 메디치가 출신의 추기경들처럼 외지인일 경우, 로마 내 피렌체인들의 구심점이 되기도 한다. 그러다 보니 어떤 추기경이 특정 본당의 티툴루스로 정해지면 쉽게 바뀌지 않는 전통이 생겼다. 물론 오늘날에는 이것도 지역별 공동체가 다변화되는 바람에 무색해졌지만 말이다. 참고로 현재 서울대교구 염수정 추기경이 티툴루스로 있는 성당은 트라스테베레의 "성 크리소고노 대성당(Basilica di San Crisogono)"이다.

다시 "돔니카의 성모 마리아 대성당"으로 돌아가서, 메디치가(家) 출신의 추기경들이 이 대성당을 티툴루스로 갖기 시작한 것은 레오 10세 교황이 추기경 시절부터다. 로렌조 마니피코의 이남(二男) 조반니(티툴루스 재임 기간 1492~1513)다. 조반니 추기경은 건축가 안드레아 산소비노에게 의뢰하여 대성당의 정면을 새로 짓고, 나비첼라 분수를 성당 앞에 만들도록 했다. 그의 뒤를 이은 사람은 미래 클레멘스 7세가 되는 로렌조 마니피코의 동생 줄리아노의 유복자 줄리오(티툴루스 재임 기간 1513~1517) 추기경이었다. 그 후 몇십 년 뒤, 명의는 다시 메디치가로 돌아왔다. 17살에 추기경이 된 코시모 1세의 아들 조반니였다. 그러나 얼마 안 가 폐결핵으로 사망하는 바람에 명의를 유지한 것은 2년(1560~1562)밖에 되지 못했다. 명의가 다시 메디치가로 돌아온 것은 코시모 1세의 육남(六男)이자 앞서 죽은 조반니의 동생 페르디난도(티툴루스 재임 기간 1565~1585) 추기경이었다. 그러나 그 역시 14살에 추기경이 되었으나, 가문의 대가 끊어지자 성직을 그만두고 피렌체로 돌아가 38살에 토스카나의 대공이 되었다. 하지만 그가 이 대성당의 명의로 있을 때 천장 장식이 이루어졌다.

메디치가의 대성당 리모델링은 로마에 조용한 새로운 변화를 가져왔다. 로마에 넘쳐나는 고대 유적지들에 대한 그들의 관심은 그때까지 천덕꾸러기로 전락한 고대의 것들에 대한 가치를 새롭게 인식하는 계기가 되었다.

대성당에서 특별히 눈에 띄는 것은 중앙제단 뒤쪽 벽면 위의 반원형 공간[흔히 앱스(apse)라고 함]에 있는 모자이크 장식이다. 파스콸레 1세 교황 시절(817~824 재임)에 만들었는데, 두 그룹의 천사들 사이에서 옥좌에 앉은 성모 마리아로 고대의 이콘을 재현한 것으로 보인다. 마리아의 발을 붙잡고 무릎을

꿇고 있는 사람은 파스콸레 1세 교황이다. 머리 부분에 금색의 동그란 후광이 아니라, 푸른색의 사각형은 림보[Limbus는 예수가 오기 이전, 구약시대에 죽어 원죄 상태에 있는 사람의 영혼이 머무는 장소로, 고성소(古聖所)라고도 함]로, 그가 아직 살아 있다는 것을 의미한다. 비잔틴의 이콘 규범은 이미지가 이렇게 자연스럽지 않고 엄격한 이차원적인 측면만 고수한다. 단지 신심의 상징으로서 가치만 유지하면 된다. 아치 위에는 가운데 구세주가 있고 양쪽으로 사도들이 있다. 양쪽 아래에는 모세와 엘리야가 있다.

돔니카의 성모 마리아 대성당 Basilica di Santa Maria in Domnica
주소: Via della Navicella, 10
연락처 및 예약: s.marianavicella@libero.it
https://www.santamariaindomnica.it
전화: +39 392 2973280
개방시간: 토-일 9:00-12:00, 16:30-19:30

1) 라테란의 성 요한 대성당 정면. 우측의 긴 주황색 건물이 로마 교구청이다.

라테란의 성 요한 대성당과 성 계단 교황청 성지

Basilica di San Giovanni in Laterano e Santuario Pontificio della Scala Santa

챌리오 언덕의 다른 한편에는 로마에서 가장 먼저 세워진 대성당이 하나 있다.

콘스탄티누스 황제가 312년에 밀비오 다리 전투에서 막센티우스를 누르고, 이듬해 313년에 밀라노에서 칙령으로 '제국의 모든 종교에 관용령'을 내렸다. 칙령의 가장 큰 수혜자가 유일신교를 믿는 그리스도교와 유대교였다. 로마제국은 다신교였기 때문에 유일신교는 제국의 법령으로 금지된 종교였다.

라테란 가문에서 소유하고 있던 이 땅과 건물은 막센티우스가 차지하고 있었고, 로마의 새 주인이 된 콘스탄티누스는 막센티우스의 누이 파우스타와 재혼했다. 파우스타 황후가 머물던 '도무스 파우스타(Domus Faustae)'는 과거 라테란 가문의 궁전이었는데, 황제는 로마를 떠나기 전에 이 궁을 포함한 일대의 땅을 교황 멜키아데스(Melchiades, 재임 311~314)에게 기증했다. 이후 교황은 라테란 가문에서 사용하던 건물을 수정하고 증축하여 대성당과 라테란 궁을 지었다. 그때부터 약 천년 간, 프랑스 아비뇽으로 교황청이 이전될 때까지(313~1308년) 이곳에서 살았다. 그래서 대성당에 붙은 타이틀은 "거룩한 라테란 성당은 로마와 모든 세계 성당들의 어머니이자 우두머리(Sacrosancta Lateranensis ecclesia omnium urbis et orbis ecclesiarum mater et caput)"다. 로마에서 가장 오래된 성당이고, 첫째가는 지위를 가지며, 세계 모든 성당의 어머니로 대접을 받는 유일한 대성당이다. 가톨릭교회의 전례력에서 유일하게 들어간 성전 봉헌기념일도 이 대성당이다. 11월 9일을 라테라노 대성전 봉헌기념일로 지낸다.

대성당은 지금도 로마의 주교좌성당(Cathedra Romana)이다. 그리고 로마의 주교는 교황이다. 교황으로 선출되면 당연직으로 로마 대교구의 주교가 된다. 어느 나라의 누가 교황으로 선출되느냐와는 별개로 로마 백성의 목자가 되는 것이다. 동시에 전 세계 주교들의 주교, 예수 그리스도의 열두 제자 중 수제자로서, 열두 제자가 갖는 고유한 목자의 사명이 모두 주어진다. 이곳에 있는 카테드라(주교좌)는 그런 의미를 지닌다. 교황으로 선출되어도 이곳에 와서 착좌식을 하는 이유다. 여기가 주교좌성당이니까.

대리석으로 만든 코스마데스크 양식의 카테드라(주교좌)의 발밑에는 4마리 동물이 조각되어 있다. 뱀, 사자, 용, 바실리스크다. 모두 악을 상징한다. 교회는 세상 속에서 끊임없이 이런 악과 싸우는 영적 투쟁의 '전투교회'다. 그리고 그 정점에 교황, 로마의 주교가 있다.

한편 대성당의 정면에 적힌 헌정문에는 324년, 교황 실베스트로 1세가 대성당을 구세주께 봉헌했고, 1144년에 루치오 2세가 두 요한, 즉 세례자 요한과 사도 요한에게 헌정하면서 성당의 이름이 지금과 같이 길어졌다. 그래서 대성

2) "사자와 독사 위를 거닐고 힘센 사자와 용을 짓밟으리라"(시편 91,13)
  출처. https://it.wikipedia.org/wiki/Diocesi_di_Roma

당의 이름은 "지극히 거룩하신 구세주와 세례자 요한과 복음사가 요한의 라테라노 대성전(Archibasilica Sanctissimi Salvatoris et Sancti Iohannes Baptista et Evangelista in Laterano)"이다.

대성당은 오랜 역사 속에서, 많은 수난을 겪었다. 그리고 그때마다 당대 예술가들이 참여하여 복원을 거듭했다. 455년에 반달족의 침입, 896년의 지진, 1308년과 1361년의 화재 등은 대성당의 수난사를 대변한다. 아비뇽으로 갔던 교황이 로마로 돌아오면서 우르바노 5세와 그레고리오 11세 때 크게 한 번 손을 봤다. 이곳에서 열린 공의회만도 다섯 번이나 된다. 1123년, 1139년, 1179년, 1215년에 있었고, 제5차 라테란 공의회는 1512년에 있었다. 또 많은 황제의 대관식이 있었고, 교황이 아비뇽에 있는 사이 혼란스러운 로마의 질서를 잡겠다고 1347년 법관이자 개혁가인 콜라 디 리엔조(Cola di Rienzo, 1313~1354)가 '기사회'를 창설하고 창단식을 가진 곳도 이곳이었다.

바로크 양식의 대성당 정면은 1734년 알렉산드로 갈릴레이(Alessandro Galilei, 1691~1737)의 작품이다. 위에 '구세주 그리스도'를 중심으로 세례자 요한과 사도 요한, 열두 명의 교회 박사들이 서 있다. 각 7m 크기의 조각상이다.

현관을 들어서면 가장 오른쪽에 성문(聖門)이 있어, 다른 로마의 4대 대성당과 함께 교황이 선포하는 성년에만 열린다. 가운데 있는 청동문은 원래 로마 공회당의 원로원에 있던 것을 가져왔다. 현관의 좌측 끝에는 콘스탄티누스의 동상이 있다.

성당 안으로 들어가 중앙 제대를 향해 서면, 내부의 넓고 아름다운 모습이 한눈에 들어온다. 1562년, 비오 4세 메디치의 명에 따라 델라 포르타(Giambattista della Porta)의 설계로 재건되었다.

중앙 본당 양편에는 12개의 벽감 속에 그리스도의 열두 제자 조각상이 있는데, 보로미니가 설계하고 그의 제자들이 완성했다. 열두 제자는 제각기 도상학적 상징들을 갖고 있어 누가 봐도 금세 누구인지를 알아볼 수 있게 했다. 가령, 성 베드로는 열쇠를 들고 있고, 성 바오로는 칼과 책을 들고 있다. 성 바르톨로메오는 벗겨진 피부를 들고 있고, 성 마태오는 세관장이었다는 것을 말해주듯이, 오른발로 돈주머니를 밟고 있다.

3) 조반니 바올로 파니니(Giovanni Paolo Pannini, 1691~1765) 작, "라테란의 성 요한 대성당 내부"(18세기 초), 푸시킨 미술관(모스크바)
4) 밀로 루스코니(Camillo Rusconi, 1658-1728)작, 〈성 마태오〉(1713~1715)
5) 1300년, 첫 번째 성년을 선포하는 보니파시오 8세

그 위에는 신약과 구약의 주요 사건을 대비하여 하느님의 구세사를 이야기하고 있는 대리석 부조가 있다. 왼쪽 구약 편에는 제대 쪽에서 현관 쪽으로 〈에덴에서 추방〉, 〈대홍수와 방주〉, 〈이삭의 희생〉, 〈요셉을 팔아넘기는 형제들〉, 〈유대민족을 이끌고 이집트를 떠나는 모세〉, 〈물고기 배에서 나오는 요나〉가 있다. 오른쪽 신약 편은 〈십자가의 희생과 회개하는 우도〉, 〈예수의 세례〉, 〈십자가 길에서 넘어지는 예수〉, 〈유다의 배반〉, 〈림보에 내려간 그리스도〉, 〈부활〉이 있다. 이 작품들은 구약성경의 모든 이야기가 결국 신약성경의 그리스도를 예시하고 있고, 결국 그리스도를 통해 하느님의 구세사는 완성될 것임을 말해 준다.

그 위에는 12명의 구약의 예언자들, 이사야, 바룩, 다니엘, 요엘, 압디아, 미카, 예레미아, 에제키엘, 호세아, 아모스, 요나, 나훔이 캔버스화로 걸려 있다. 이 두 개의 작품 맨 아래에 앞서 언급한 그리스도의 열두 제자 조각상이 있다.

입구에서 가까운 우측 회랑 끝에는 이미지 혁명을 일으킨 인물로 손꼽는, 조토가 그린 〈1300년, 첫 번째 성년을 선포하는 보니파시오 8세〉 장면이 프레스코화로 있다. 당시에는 이곳이 교황의 거주지였기 때문에, 이곳에서 성년을 선포했다. 그 역사적인 기록물의 파편 조각이 하나 남아 있는 것이다.

대성당의 중앙제단 위에는 성 베드로와 바오로의 두개골이 모셔져 있다. 제단 아래 바닥에는 시모네 기니(Simone Ghini)가 설계한 '교황 마르티누스 5세의

무덤'이 있다. 중앙 제대 뒤로 몇 개의 계단을 오르면 반원형의 천장 '승리의 아치'에 장식된 모자이크를 만난다.

대성당의 역사에 관한 많은 이야기를 담고 있는 모자이크다. 야코포 토리티(Jacopo Torriti, 13세기 중반~14세기 초)(아래 그림)의 작품으로 유명하다. 천사들에게 둘러싸인 구세주 그리스도 아래로 낙원을 상징하는 십자가에서 네 줄기의 강이 흐르고, 그 강에 목을 축이는 양들이 있다. 십자가 왼쪽에는 세례자 요한, 사도 요한, 성 안드레아가 있고, 오른쪽에는 성모 마리아, 성 베드로, 성 바오로가 있다. 이들 사이에 파도바의 성 안토니오와 아씨시의 성 프란체스코, 교황 니콜로 4세가 작게 묘사되어 나중에 추가한 것임을 알 수 있다. 추가한 인물들은 모두 프란체스코 수도회 사람들이다. 재속 프란체스코회 출신인 니콜로 4세가 추가한 것으로, 아씨시의 프란체스코가 1209년 이곳에서 인노첸시오 3세로부터 수도회 인준을 받았다.

로마제국이 멸망하고, 중세에 접어들며 유럽 국가들이 자리를 잡았고, 그 과정에서 교황과 황제 간에 터져 나온 어두운 그림자를 고스란히 안고 있는 곳이기도 하다. 황제들의 대관식을 치르기도 했고, 동·서방 교회의 화해를 위한 걸음을 시작하기도 했지만, 천년의 역사만큼 황당한 이야기도 많다. 그중 잘 알려진 사건이 소위 "끔찍한 시노드(Synodus Horrenda)"로 불린, 사후 재판이다. 재판의 역사에서도 엽기적인 재판으로 기록된 이것이 이렇게 아름다운 대성당에서 열렸다는 게 믿기지 않을 정도다.

897년 초, 스테파노 6세 교황은 전임 교황 포르모소(891~896년 재임)에 대한 재판을 진행했다. 하지만 포르모소는 이미 9개월 전에 사망했다. 죽은 사람을 재판하려니, 시신을 무덤에서 꺼내 해골에 교황의 옷을 입히고 교황이 앉던 자리에 앉혔다. 해골을 상대로 재판한 것이다. "에세쿠치오네 포스투마(Esecuzione postuma)"라고 부른 '사후 재판'이다.

포르모소 교황은 어쩌다가 이런 참담한 일을 당하게 되었을까. 그 이유를 순서대로 이야기해 보겠다.

1. 포르모소 교황은 로마 인근 오스티아(Ostia)에서 태어났다. 864년 포르투스(Porto)의 주교급 추기경에 임명되어 교황의 외교사절로 불가리아, 서프랑크 왕국을 방문하기도 했다. 특히 불가리아에서는 외교업무를 너무 잘해서 큰 곤란을 치렀다. 불가리아의 왕 보리스 1세가 포르모소의 업무 능력에 너무 크게 만족하여 당시 교황에게 불가리아 대주교로 임명해 달라고 요구한 것이다. 그러나 연달아 교황이 세 번이나 바뀌어도, 모두 교회법상 주교가 다른 교구로 갈 수 없다며 거절했다. 마음이 상한 보리스 1세는 불가리아 교회를 통째로 비잔틴의 총대주교 관할권으로 바꿔버렸다. 이것은 불가리아 교회를 로마에 더 가까이 데려가려고 한 포르모소의 노력을 수포로 만들었고, 로마에서 포르모소의 입지를 매우 곤란하게 만들었다.

그즈음 신성로마제국 황제 자리를 놓고 서프랑크의 카롤링거와 동프랑크의 아르눌프 폰 케른텐이 부딪혔다. 872년 새로 선출된 요한 8세는 '친-서프랑크계'였고, 포르모소는 '친-게르만계(동프랑크)'를 대표하는 인사가 되었다. 그러다 보니 요한 8세는 포르모소가 하는 일마다 사사건건 제동을 걸었다. 신변의 위험을 느낀 포르모소는 876년 4월 14일 밤, 로마를 떠났다. 그 소식을 들은 교황은 포르모소에게 교황의 승인 없이 교구를 이탈했고, 로마의 수도원들을 약탈하고 다녔으며, 성무 정지 중에도 전례를 거행하고, 사악한 (친-게르만계) 사람들과 손을 잡고 로마를 위험에 빠트리려 했다는 이유로 포르모소를 파문했다. 878년 8월, 포르모소는 요한 8세가 소집한 시노드에 참석하여 성직자 신분을 박탈당하고, 다시는 로마로 돌아오지 않는 조건으로 파문이 철회되었다.

그러나 요한 8세가 죽고, 새로 뽑힌 마리노 1세(882~884) 교황이 전임 교황의 강경한 태도에 반대하며, 귀양 가 있던 포르모소를 다시 로마로 불러 포르투스 교구장에 복귀시키고, 요한 8세가 친-게르만계 인사들에게 내렸던 파문을 모두 철회했다. 마리노 1세의 이런 태도는 이후 아드리아누스 3세와 스테파노 5세로 이어져 포르모소를 계속해서 등용했다. 점차 영향력이 커진 포르모소는 891년 10월 6일, 스테파노 5세의 후임으로 교황으로 선출되었다. 전하는 바에 따르면, 만장일치로 선출되었다고 한다.

2. 포르모소는 비잔틴 교회 내부에서 일어난 문제를 중재했고, 서프랑크의 왕위를 두고 벌어진 분쟁 조절에도 마음을 썼다. 그러나 이탈리아의 군주이자 카롤링거와 혼인으로 신성로마제국의 왕위를 찬탈한 스폴레토의 구이도 3세는 매우 불신했다. 그의 권력이 너무 커지는 걸 우려한 것이다. 그에게 대항할 세력을 물색하던 중에도 구이도 3세는 자신의 지위를 강화하기 위해 포르모소에게, 자기 아들 람베르토 2세에게 신성로마제국의 공동 황제로 대관식을 치러달라고 요청했다. 포르모소는 거절하고 구이도 3세-람베르토 부자의 영

6) 장 폴 로랑스(Jean-Paul Laurens), 〈시체 재판〉(1870년), 예술 박물관(Musée des Beaux-Arts), 낭트

향에서 벗어나기 위해 동프랑크의 왕 아르눌프를 끌어들였다. 아르눌프의 군대는 이탈리아로 진격해 들어왔고, 895년 구이도 3세의 뒤를 이어 신성로마제국의 황제로 있던 람베르토 2세를 폐위시켰다. 포르모소는 성 베드로 대성당에서 아르눌프의 신성로마제국 황제 대관식을 치러주었다. 그러나 황제는 얼마 안 가 통풍으로 사망했고, 포르모소도 896년 4월에 사망했다.

3. 포르모소에 이어 교황이 된 보니파시오 6세는 보름 만에 사망했고, 스테파노 6세가 교황으로 선출되었다. 스테파노 6세는 스폴레토의 공작이 된 람베르토 2세와 과거 구이도 3세의 부인 아젤트루드의 영향권 아래 있었다. 그런 까닭에 897년, 이른바 '끔찍한 시노드(Synodus Horrenda)'혹은 '시신 재판(Concilio Cadaverico)'을 소집하여 이미 선종한 전임 교황 포르모소를 재판한 것이다. 이것은 스폴레토의 공작 람베르토 2세가 어렵게 회복한 로마에 대한 영향력을 가동해 스테파노 6세를 압박하여 포르모소에게 복수한 사건이다. 스테파노 6세는 정치싸움의 꼭두각시 노릇을 한 셈이고.

포르모소의 시신을 무덤에서 꺼내 교황의 옷을 입혀 피고인석에 앉히고, 과거 요한 8세가 그에게 씌웠던 것과 같은 혐의로 재차 고발당했다. 포르모소는 살아서는 요한 8세로부터 탄압을 받았고, 죽어서는 스테파노 6세로부터 '부관참시(剖棺斬屍)'를 당한 셈이다. 재판 결과는 교황 자격 박탈과 로마제국 시기에 있었던 최고의 명예 형벌 '담나티오 메모리에(Damnatio memoriae, 기억 말살형)'가 내려졌

다. 포르모소가 재임 시에 행한 모든 정책과 교령은 무효가 되었고, 임명하고 수여한 직책도 무효가 되었다. 포르모소의 시신에서 교황의 옷은 벗겨지고, 반지를 끼던 오른손 세 번째 손가락은 절단하여 테베레강에 던져졌다.

스테파노 6세의 이런 행동은 교회 안팎에서 거센 후폭풍을 불러일으켰다. 누구보다 로마 백성들을 분노케 했다. 이유야 어떻든 로마시민들은 포르모소가 집전한 모든 서품이 무효가 되었다면, 그에게 서품받은 스테파노 6세 자신의 성직도 자동적으로 무효라는 판결을 끌어냈다. 그리고 '시신 재판'이 있은 바로 그해 여름, 그는 투옥되었고 얼마 안 가 사형에 처해 졌다.

스테파노 6세가 사망한 후, 포르모소의 시신은 한 수사에 의해 발견되어 성 베드로 대성당에 안장되었다.

대성당의 후문을 통해 밖으로 나오면 팔각형의 세례당(아래 사진)이 있다. 전해오는 이야기에 따르면, 콘스탄티누스가 이곳에서 임종을 며칠 앞두고 세례를 받았다고 한다. 그러나 실제로는 동방교회에서 아리우스파 주교로부터 받았을 확률이 높은 것으로 전해진다. 그런데도 이 세례당이 중요한 것은 오랜 세기에 걸쳐 로마 유일의 세례당이었기 때문이다.

　7) 주세페 바시(Giuseppe Vasi)의 판화 〈성 요한 광장의 풍경〉, 1752년

교황 멜키아데스가 지은 이 건물은 432년에 지금과 같은 팔각형으로 자리를 잡았다. 흔히 세례당을 팔각형으로 짓는 것은 하느님이 세상을 7일 동안 창조했고, 그래서 숫자 7까지는 인간의 영역에 들어오는 숫자지만, 8이라는 숫자는 영원의 숫자, 하느님의 숫자라는 의미가 있기 때문이다. 구약성경에서 이스라엘 민족이 사내아이에게 생후 8일 안에 할례식을 했고, 그리스도교에서 8일 안에 세례를 주던 전통은 여기서 비롯되었다. 이곳 세례당도 오랜 세기를 거치며 누차 손을 보았으나, 1637년 우르바노 8세 때 지금과 같은 최종 모습으로 손을 봤다.

세례당 앞, 라테란의 성 요한 광장에는 받침대를 포함하여 높이 45.7m의 오벨리스크가 있다. 로마의 열세 개 오벨리스크 중 단일 돌덩어리로는 로마는 물론 세계에서 가장 크다. 기원전 15세기 투트모세 3세와 투트모세 4세 때 만든 것으로, 로마에 있는 것 중 가장 오래된 것이다. 이집트 테베의 아몬-라 신전에 있었다.

서기 357년, 콘스탄티누스의 아들 콘스탄티우스 2세가 로마로 가져왔다. 원로원 의원이면서 도시 총감(praefectus urbi) 오르피토 오노리오(Memmius Vitrasius Orfitus Honorius)가 막 시무스 전차경기장 (Circus Maximus)를 장식했다. 1588년 시스토 5세가 이곳으로 옮겨 왔다.

라테란의 성 요한 광장 모퉁이에는 326년 콘스탄티누스 대제 시절, 그의 어머니 헬레나 황후가 예루살렘에서 가지고 왔다는 28개 계단이 있는 "성 계단" 성지가 있다. 계단은 예루살렘 로마 총독부 건물에 있던 것으로 예수 그리스도가 빌라도에게 재판을 받기 위해 피를 흘리며 올라간 계단이라고 한다. 그래서 이곳을 찾는 순례객들은 무릎을 꿇고 계단을 오르며 기도하는 전통이 있다. 이 안에는 '성 계단'외에도, 14세기까지 로마의 주교, 곧 교황의 개인 소성당, 산타 산토룸(Sancta Sanctorum) 성 로렌조 소성당도 있다.

건물의 외관 측면에는 옛 건물의 흔적이 남아 있다. 교황 레오 3세가 지었다고 해서 그의 이름을 넣은 대규모 연회실 트리클리니움 레오니눔(Triclinium Leoninum)(옆의 사진)의 한쪽 면이 남아 있다. 콘스탄티노폴리스의 황궁에서 보고 로마에도 큰 국가행사가 있을 때를 대비하여 만들도록 했다고 한다. '트리클리니움'은 로마 시대 황제나 귀족들의 집에 있던 연회실이다. 바닥이 10°정도 기울어져 긴 의자에 반쯤 엎드려 식사하던 방이었다.

지금 보는 것은 건물과 그곳을 장식했던 것 중 유일하게 남은 부분이다. 물론, 이후 시대를 거치면서 손을 많이 보고, 건물을 다른 용도로 쓰기도 했다.

반원형의 모자이크 장식은 아치 속에 그리스도가 제자들을 파견하는 장면이 묘사되어 있고, 왼쪽에는 그리스도가 성 베드로에게 열쇠를 주고 콘스탄티누스에게 휘장을 주고 있다. 오른쪽에는 성 베드로가 레오 3세에게 스톨라를, 샤를마뉴에게는 휘장을 주고 있다.

　대성당의 정면 앞 광장 건너편에는 아씨시의 성 프란체스코와 그의 동료 다섯 명을 조각한 군상이 있다. 1209년 아씨시의 '작은 형제(프란체스코)'가 수도회의 인준을 받기 위해 이곳을 찾았다(아래 사진). 인노첸시오 3세는 그에게서 수도회 설립 이야기를 들었다. 당시에는 십자군의 거듭되는 실패 소식을 접하며, 교회개혁을 부르짖는 급진적인 개혁파들이 많이 등장하여 교황으로서는 여간 곤혹스러운 일이 아니었다.
　이에 교황은 프란체스코의 바람이 하느님께서 원하는 것인지 잠시 시간을 갖고 기도해보자고 제안했다. 그날 밤, 인노첸시오 3세는 꿈을 꾸었는데, 이곳 라테란의 요한 대성당이 무너지고, 당황하는 교황 앞에 한 보잘것없는 젊은이가 달려들더니 자신의 어깨로 기둥을 떠받치는 것을 보았다. 교황은 그 젊은이가 바로 프란체스코라는 것을 알았고, 이튿날 프란체스코를 불러 수도회를 우선 구두로 인준해 주었다. 동상은 그것을 기념하기 위해 세웠다. 프란체스코가 찾았던 1209년은 이곳에서 교황이 거주하고 있었기 때문이다.

이렇게 첼리오 언덕을 둘러보노라면 콘스탄티누스 황제에 대해서도 이야기하지 않을 수 없다. 이 언덕에 있는 대부분의 유적지가 그와 관련되어 있기 때문이다.

콘스탄티누스는 알려진 것처럼 최초의 그리스도인 황제이고, 그리스도교와 로마제국에 크게 영향을 미친 두 가지 일을 한 황제다. 하나는 로마제국 내에서 그리스도교를 포함한 모든 종교에 관용 정책을 편 것이고, 다른 하나는 제국의 수도를 로마에서 비잔티움으로 옮긴 것이다. 비잔티움은 서로마제국이 멸망한 이후에도 콘스탄티노플이라는 이름으로 동로마제국의 중심으로 오랫동안 명맥을 유지했다.

콘스탄티누스는 디오클레티아누스 치정 하에서 사분체제(Tetrarchia, 혹은 '사두정치')의 한 축을 맡고 있던 콘스탄티우스 클로로 카이사르(副帝, 서로마)와 달마티아의 평범한 여관집 딸인 헬레나 사이에서 272년경에 태어났다. 사분체제의 모순을 염려하고 있던 아버지 콘스탄티우스의 명에 따라 콘스탄티누스는 개혁적인 황제 디오클레티아누스 밑에서 정치를 배웠다. 엄밀하게 말하면, 디오클레티아누스가 콘스탄티우스를 견제하기 위해 그의 아들을 자신의 니코메디아 궁정에 볼모로 붙잡아놓았다.

젊은 콘스탄티누스는 황제를 따르며 많은 것을 배웠지만 황제가 추진하던 것 가운데 로마의 전통을 되살리겠다는 명분으로 그리스도교를 잔인하게 박해하는 것에 대해서는 못마땅하게 여겼다. 독실한 그리스도인이었던 어머니 헬레나의 영향도 있었지만, 이미 제국은 하층민에서 귀족, 학자, 군인들에 이르기까지 속속 그리스도교로 개종하고 있던 상황에서 이미 힘을 잃은 옛 종교에 매달리는 일은 현명치 못하다고 보았다. 더욱이 디오클레티아누스 황제가 장담하던 대로 제국을 넷으로 나누어 통치하더라도 제국은 하나라고 부르짖던 사분통치의 약효도 다해가던 상황이었다.

디오클레티아누스도 이런 시대의 조짐을 간파하고 있었던지 더 큰 분열이 일어나기 전에 권력 일선에서 물러나겠다며 은퇴하고 말았다. 그러자 디오클레티아누스와 같이 서방에서 아우구스투스(正帝)로 있던 막시미아누스도 그의 뒤를 따라 은퇴하여 305년, 로마제국 역사상 유례없는 황제의 자진 퇴임이라는 대사건이 일어나게 되었다.

서방의 카이사르[부제]로 있던 콘스탄티우스와 동방의 갈레리우스는 큰 문제 없이 아우구스투스[정제]가 되었다. 그러나 그들의 후계자, 곧 새로운 부제를 선출하는 데는 심한 진통을 겪었다. 그 틈에 콘스탄티누스는 디오클레티아누스와 갈레리우스의 궁정에서 나와 아버지가 있던 볼로뉴로 갔다. 콘스탄티우스는 브리타니아 원정을 준비하던 중이었다. 부자(父子)는 함께 브리타니아 해협을 건넜지만, 얼마 안 가 콘스탄티우스가 요크에서 사망하고 말았다. 콘스탄티우스가 이끌던 현지 군단은 황제의 자주색 토가(Toga)를 콘스탄티누스에게 입혀주며, 그에게 충성을 맹세했다. 그러나 공식적인 승인이 필요했던 콘스탄티누스는 니코메디아의 갈레리우스에게 아버지의 부음 소식과 함께 자신을 정제로 인정해 달라고 요청했다. 하지만 갈레리우스는 마지못해 그를 카이사르로만 인정해 주었다.

일단 그 정도로 충분하다고 생각한 콘스탄티누스는 그 뒤 6년간 갈리아와 브리타니아에 머물며 그 지역을 잘 다스렸다. 현명하고 청렴했던 콘스탄티누스였지만 307년, 첫 아내를 버리고 막시미아누스와 동맹을 맺기 위해 그의 딸 파우스타와 결혼했다. 당시 막시미아누스는 2년 전 디오클레티아누스의 설득에 못 이겨 억지로 퇴위했던 것을 취소하고 다시 제위에 올라 아들 막센티우스와 함께 이탈리아 전역을 지배하고 있었다. 따라서 그의 결혼은 양측에게 모두 정략적인 이득을 가져다주는 것이었다. 막시미아누스와 막센티우스는 콘스탄티누스와 동맹을 맺었고 콘스탄티누스는 두 황제와 인척 관계를 맺게 되었다.

제국의 변방에서 조용히 지내던 콘스탄티누스는 311년 4월, 갈레리우스가 사망하자 제국의 세력이 일리리아, 트라키아, 다뉴브 지역을 통치하던 리키니우스와 리키니우스의 조카로 305년에 카이사르가 되어 제국의 동부를 맡고 있던 막시미우스 다이아와 자신에게 달렸다는 걸 알고 로마로 들어올 준비를 했다.

그런데 예상치 않았던 또 한 사람, 죽은 갈레리우스의 양자 막센티우스가 콘스탄티누스의 심사를 건드렸다. 늙은 황제 막시미아누스의 아들이기도 했던 그는 똑똑하고 젊은 매제 콘스탄티누스를 싫어했고, 콘스탄티누스와 겨룰 만큼 세력도 갖추고 있었기에 자기 아버지의 죽음을 구실로 콘스탄티누스를 살인자요 반역자로 낙인찍고 정식으로 대결을 선포했다. 콘스탄티누스는 그를 향해 진군하기에 앞서서 먼저 리키니우스와 협정을 맺었다. 당시 리키니우스는 동방 제국의 막시미우스 다이아와 경쟁하고 있었기 때문에, 이탈리아까지 신경을 쓸 겨를이 없었다. 리키니우스는 자기 대신 콘스탄티누스가 이탈리아를 정리해주기를 오히려 바라고 있었다.

콘스탄티누스가 로마로 진군해 오는 동안 막센티우스는 로마에 머물러 있었다. 매제의 군대가 로마 가까이 오자 그제야 대응에 나섰다. 312년 10월 28일, 양측의 군대는 로마 북동쪽 12킬로미터쯤 떨어진 플라미니우스 가도의 삭사 루브라(Saxa Rubra, 붉은 돌밭)에서 맞섰다. 밀라노에서부터 먼 길을 행군한 콘스탄티누스의 군대는 누가 봐도 지쳐있었다. 전투를 앞두고 착잡한 심정으로 지는 해를 바라보던 콘스탄티누스에게 한 줄기 계시가 내렸다고 교회사가 에우세비우스는 기록하고 있다.

"…… 하늘에서 아주 신기한 계시가 있었다. … 해가 뉘엿뉘엿 지기 시작하는 오후였다. 그는 자신의 눈으로 직접 저무는 해의 바로 위쪽 하늘에 빛의 십자가가 걸려 있는 것을 똑똑히 보았다. 십자가에는 '이 표징으로 승리하리라(In Hoc Signo Vinces)!'라는 글자가 쓰여 있었다. 그와 그의 병사들은 깜짝 놀라 이 광경을 지켜보았다."

이런 확실한 하늘의 계시에 힘입어 콘스탄티누스의 군대는 사기가 높아져 막센티우스의 군대를 계속해서 남쪽으로 몰아붙였다. 테베레강의 오래된 밀비우스 다리까지 추격하여 막센티우스의 군대를 대파하였다. 막센티우스도 결국 강물에 빠져 죽어 시신이 나중에 강둑에서 발견되었다.

밀비우스 다리에서의 전투로 콘스탄티누스는 사실상 로마제국 전체에서 절대권자가 되었다. 그리고 이듬해인 313년 밀라노에서 "종교 관용령"으로 그리스도교를 비롯한 로마제국 내에서 모든 종교의 자유를 선포했다. 그동안 다신교 사회 속에서 핍박받던 유일신교 종교들[그리스도교와 유대교]이 큰 혜택을 입은 셈이다.

콘스탄티누스가 선포한 밀라노 칙령은 황제가 제국의 각 지역에서 실무를 담당하는 지방관에게 포고하는 형식으로 작성되었다. 내용은 대략 다음과 같다.

"오늘부터 그리스도교든 다른 어떤 종교든 관계없이 각자 원하는 종교를 믿고 거기에 수반되는 제례에 참가할 자유를 전적으로 인정하노라. 그것이 어떤 신이든, 그 지고한 존재가 은혜와 자애로써 제국에 사는 모든 사람을 화해와 융화로 이끌어 주기를 바라노라. (중략) 그리스도인에게 인정한 이런 완전한 신앙의 자유는 다른 신을 믿는 자에게도 똑같이 인정하는 것은 말할 나위가 없노라. 우리가 완전한 신앙의 자유를 인정하기로 한 것은 그것이 제국의 평화를 유지하는 데 효과가 있다고 판단했기 때문이며, 어떤 신이나 종교도 그 명예와 존엄성이 훼손당해서는 안 된다고 생각하기 때문이니라."

참으로 공평하고 자유로운 정신이다. 이 정신이 현대에까지 이어져 왔다면 민족이나 국가 간에 전쟁이 일어나도 종교를 기치로 내걸지는 않았을 것이다. 칙령의 마지막 부분에는 디오클레시아누스의 탄압으로 몰수당한 교회 재산의 반환을 명하는 내용도 있다. 콘스탄티누스의 의도를 직관할 수 있는 부분이다. "몰수된 뒤 경매에 부쳐진 교회 재산은 국가가 사들이고, 이미 소유하고 있는 자에게는 반환 요청을 하고, 그에 대한 합당한 값을 국가가 보상해 줄 것이다."

'밀라노 칙령'은 어디까지나 서방정제(西方正帝) 콘스탄티누스와 동방정제(東方正帝) 리키니우스의 공동명의로 되어 있는데도 불구하고, 그리스도교 역사에서뿐 아니라 세계사에서도 이 칙령이 콘스탄티누스 한 사람의 것처럼 다루어지고 있는 것은, 콘스탄티누스가 리키니우스보다 훨씬 철저하게 그 내용을 실천했기 때문이다.

4세기 초 로마제국 내에서 그리스도교의 세력은 서방에 비해 동방이 훨씬 컸으나, 리키니우스는 그리스도교에 관한 문제를 끝까지 종교 내부의 문제로 국한하여 종교적인 해결책을 제시하는 데만 머문 반면에, 콘스탄티누스는 한 차원 넘어서 정치적인 문제로 다루었다. 로마제국이 그리스도교를 포용함으로써, 결국 로마제국의 단독 황제가 되는(324년) 초석을 놓았다고 할 수 있을 것이다.

8) 미네르비(Arrigo Minerbi) 작, 〈밀라노 칙령〉(1948년), 미네르바 문, 밀라노 두오모

여기서 한 가지 더 언급할 사항은 콘스탄티누스가 "밀라노 칙령"과 함께 로마를 비롯한 일부 영지를 교황 실베스트로 1세에게 '기증'했다는 이야기에 관해서다. 기증문서에는 제국의 영토 중 다섯 지역(로마, 콘스탄티노플, 이집트의 알렉산드리아, 안티오키아, 예루살렘)에서 교황이 최고 지위에 있고, 로마, 이탈리아, 그리고 서로마제국에서는 황제에게 휘장과 권한을 부여한다고 명시했다는 것이다. 같은 문서에서 교황에게 라테란 궁도 증여했다고 한다. 이는 나병을 앓던 황제가 기적적으로 치유되자, 그 보답으로 이루어졌다고 전했다. 서로마의 실권을 사실상 교황에게 준 것으로, 중세기 교황이 서방세계에서 종교적인 권한만이 아니라, 기증받은 영토를 다스려야 하는 이른바, 속권(俗權)을 갖게 되는 계기가 된 것이다.

　이후 콘스탄티누스가 보여준 정책들은 이 기증문서를 뒷받침하는 내용이 많았다. 집권 시기 전반에 걸쳐서, 그러니까 306년에서 337년까지, 직·간접적으로 그리스도교와 관련하여 많은 관용 정책을 폈다. 성직자들에게 과제를 면제하고, 제국의 최고 사형수들에게 행하던 십자가형을 폐지하며, 범죄자들에 대한 처벌 수단의 하나로 행하던 검투사 시합도 없앴다. 이교적인 희생 제사와 그 외 인간을 대상으로 하던 부도덕한 이교 예식을 모두 금했다. 유언장을 수리할 권한을 교회에 부여했고, 주일미사를 국법으로 정했다. 화려한 교회 건축물도 이 시기에 등장했다. 로마의 라테라노 대성전, 성 베드로 대성당과 성 밖의 성 바오로 대성당, 예루살렘의 예수 무덤 성당, 베들레헴의 성탄 성당, 콘스탄티노플 사도들의 성당과 성소피아 성당, 트리어의 아울라 팔라티나 등이 그것이다. 나아가 입법으로 교회를 국가에 편입하고, 사법상의 전권을 교황에게 위임했다. 그는 고대 로마의 국가 사제단(Collegium Pontificum)에 속한 최고 사제를 가리키던 라틴어 명칭 폰티펙스 막시무스(Pontifex Maximus)를 교황에게 부여했다. 동시에 교회의 일에도 깊숙이 관여했다. 325년의 니케아 공의회 소집이 그 대표적인 사례다. 사실 그럴 수밖에 없던 것이, 그리스도교로 방대한 로마제국을 통합하려고 했는데, 그리스도교 안에서 분열을 초래하는 이단적인 행위가 나와서는 안 되었기 때문이다.

니케아 공의회는 325년 6월 19일 니케아(지금의 튀르키예 이즈니크)에 있는 황제의 궁에서 황제가 참석한 가운데 시작되어 8월 25일 폐회될 때까지 약 두 달간 계속되었고, 약 318명의 주교가 참석했다. 공의회 결과, 황제는 그리스도의 신성(神性)을 부정한 아리우스와 그 추종자들을 이단(異端)으로 단죄하고 추방했다. 그로 인해 분열된 교회를 통일하고, 로마제국의 안정을 꾀했다. 그는 교회와 국가의 유대관계를 공고히 하는 한편, 교회의 일에 세속의 지원이 중요하다는 것을 강조했다.

"콘스탄티누스의 기증"은 그 시발점이 된 셈이다. 중세기 교회는 서방에서 영토 문제에 관한 권리를 주장하고 보편적 목적을 정당화하기 위해 이 기증문서를 활용했다. 기증문서는 1053년 레오 9세가 찾아서 재차 소개하기도 했다. 1400년대 말, 알렉산드로 6세는 이제 막 발견한 신대륙의 지배권을 두고 스페인과 포르투갈의 논쟁에 자신의 개입을 정당화하는데도 이 문서를 인용했다. "콘스탄티누스의 기증"은 서방세계 전체를 일컫는다는 것이 이유였다.

그러나 기증문서에 대한 비판은 이미 단테(Dante Alighieri, 1265~1321)에서부터 시작되었다. 그는 『신곡』에서 이렇게 언급하고 있다.

≪아, 콘스탄티누스여, 그대의 개종이 아니라
처음 부유해진 교황이 그대로부터
받은 봉물이 얼마나 큰 악의 어미가 되었던가!≫('지옥편', 제19곡, 115~117절)

이것은 교황에게 토지와 권력을 부여한 콘스탄티누스를 비판한 것이다. 이런 기조는 1440년 인문주의 학자 로렌조 발라(Lorenzo Valla, 1407~1457)에 의해 더욱 거세어졌다. 그는 이 문서가 위조라고까지 했다. 눈에 띄는 연대기 상의 오류와 4세기 이후에 나온 라틴어 사투리에 섞인 많은 야만적인 표현을 사례로 들었다. 게다가 아직 만들어지지도 않은 콘스탄티노플에 대한 언급이 있다는 건 이 문서가 허위라는 걸 입증한다고도 했다. 로렌조 발라의 논문은 1517년 종교개혁자들이 다시 들고나왔다.

그리스도교가 박해의 터널에서 벗어나 제국에 뿌리를 내리고 성장하는 과정은 이렇듯 모든 것이 녹록하지 않았다. 인간적인 욕심과 야망에 가려져 신앙의 본질까지 훼손되는 영적·도덕적 가시밭길이 이어졌기 때문이다. 콘스탄티누스는 비록 죽기 며칠 전에 세례를 받았지만, 최초의 그리스도인 황제가 되었고, 그의 치세 하에서 교회는 적극적인 후원을 받으며 성장하고 그리스도인이 보호받은 것은 분명했던 것 같다.

라테란의 성 요한 대성당 Arcibasilica papale di San Giovanni in Laterano
주소: Piazza di San Giovanni in Laterano, 4
연락처 및 예약: basilica@laterano.va
전화: +39 06 69886433
개방시간: 07:00-18:30

성 계단 성지 Santuario della Scala Santa e Sancta Sanctorum
주소: Piazza di San Giovanni in Laterano, 14
연락처 및 예약: scalasantaroma@gmail.com 전화 : +39 329 7511111
성지 개방시간:
평일 06:00-14:00, 15:00-18:30 / 주일 및 축일 07:00-14:00, 15:00-18:30
성 계단 개방시간:
평일 06:00-13:30, 15:00-18:30 / 주일 및 축일 07:00-13:30, 15:00-18:30

산타 산토룸 입장료
일반 3,5유로 / 할인 3유로 6세이상 18세미만 - 65세이상 - 대학생

예루살렘의 성 십자가 대성당 Basilica di Santa Croce in Gerusalemme

로마에는 일곱 언덕 못지않게, 일곱 개의 대성당도 유명하다. "로마의 7대 성당(Sette Chiese romane)"으로 알려진 이 성당들은 바티칸 언덕에 있는 성 베드로 대성당, 성 밖의 성 바오로 대성당, 라테란의 성 요한 대성당, 예루살렘의 성 십자가 대성당, 성 밖의 성 로렌조 대성당, 성모 마리아 대성당과 거룩한 사랑의 성모 성지(2000년에 합류, 이전에는 성 세바스티아노 대성당)다. 이 대성당들을 엮으면 20km의 순례길이 된다. 1500년대 성 필립보 네리는 이 대성당들을 순례하기 시작했고, 로마에서 신앙생활을 좀 한다는 사람들 사이에서 하나의 전통으로 자리 잡았다.

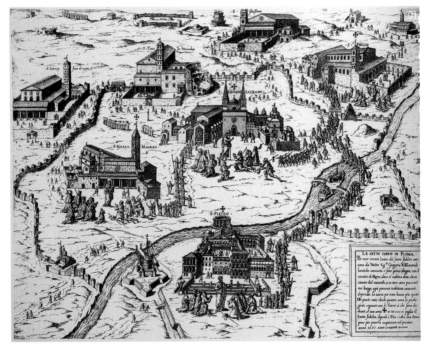

프랑스의 판화가이며 지도제작자인 안톤 래프리(Antoine Lafréry, 1512~1577)는 로마에서 활동하며 당시 로마에서 일어난 일들을 많이 기록했는데, 그중 하나

---

9) 안톤 래프리(Antoine Lafréry) 작, <로마의 일곱 성당>. 1575년 대희년
10) 조반니 바티스타 피라네시 판화, <예루살렘의 성 십자가 대성당 정면>

가 위의 작품이다. 1575년 성년에 로마의 일곱 대성당을 순례하는 순례단을 표현했다. 그러니까 예루살렘의 성 십자가 대성당은 오래전부터 로마인들에게 매우 중요한 일곱 성당중 하나였다고 하겠다.

성당이 세워지게 된 계기와 관련하여 두 가지 설이 있다. 312년, 콘스탄티누스가 막센티우스와 밀비우스 다리에서 가진 전투에서 승리를 가져다준 '십자가'에 감사하기 위해 지었다는 설이 있고, 325년 콘스탄티누스의 어머니 헬레나 황후가 예루살렘에서 찾아서 가져온 그리스도의 십자가를 보관하기 위해 지었다는 설도 있다. 어떤 이유건, 원래 이 자리는 헬레나의 집이 있던 것으로 전해진다. 그녀가 예루살렘에서 십자가를 찾아서 로마로 가져온 후 그것을 보존하기 위해 자기 집을 내어주었다는 것이다.

10)

대성당 옆에는 1144년에 안뜰이 딸린 수도원이 만들어지고, 8층 높이의 로마네스크 양식의 종탑이 완성되었다. 교황청의 아비뇽 체류 시기에는 모든 것이 버려지다시피 했으나, 후에 교황청의 로마 귀환과 함께 다시 활력을 찾아, 1561년까지 시토회가 거주하며 관리했다. 지금과 같은 바로크 양식의 전면적인 개축은 1743년, 교황 베네딕토 14세 때에 이루어졌다.

성당 정면에는 가운데 '십자가'와 양쪽에 '네 복음사가', 그리고 양쪽 끝에는 성녀 헬레나와 콘스탄티누스가 있다.

성당 내부, 코스마데스크 장식의 바닥은 20세기 초(1933년)에 마지막으로 손을 보았다. 본당 중앙의 천장에는 '성녀 헬레나의 승천'이 그려져 있고, 중앙 제대 뒤편 앱스 천장에는 '예루살렘에서 그리스도의 십자가를 찾아 들고 오는 행렬'이 벽화로 있다.

이 이야기와 관련하여 13세기, 야코포 다 바라지네(Jacopo da Varagine)가 쓴 『황금 전설(Legenda Aurea)』이라는 책이 있다. 야코포는 도미니코 수도회 출신의 제노바 주교로 그때까지 전례력에 담긴 150여 명 성인의 생애를 기록했다. 성 프란체스코와 성 도미니코는 물론 성탄, 주의 공현, 승천 등 그리스도와 마리아 관련 축일에 전해오는 이야기도 담았다. 그리스도와 관련한 축일 중에 십자가와 관련한 것은 두 번 등장했다. 5월 3일, "거룩한 십자가 발견 축일"과 9월 14일 "십자가 현양 축일"이다.

이 책에 나오는 예수 그리스도의 "참 십자가" 이야기는 이렇다.

이야기는 아담으로 거슬러 올라간다. 아담이 죽을 때가 다가오자 카인과 아벨외에 또 다른 아들 셋을 천국으로 보내 자기가 잘 죽을 수 있도록 자비의 기름을 얻어오라고 했다. 그런데 미카엘 대천사는 기름 대신 아담이 죽어서 묻히게 되면 입에 이것을 물려서 묻으라며 생명의 나뭇가지 하나를 주었다(다른 버전에는 세 개의 씨앗을 주었다는 설도 있다).

오랜 세월이 흐르는 사이, 그 나뭇가지에서 새순이 돋아나 자랐다. 솔로몬 왕은 그것을 베어 예루살렘 성전을 짓는 데 사용하도록 했다. 그런데 매우 곤란한 일이 생겼다. 일꾼들이 아무리 손을 써도 나무를 어디에 써야 할지, 마땅한 자리를 찾지 못했다. 나무의 길이가 너무 길거나 너무 짧아서, 적당한 길이

11) 베로네세, 〈성녀 헬레나의 환시〉, 피나코테크, 바티칸박물관

로 자르면 너무 짧아지고, 그냥 두면 너무 긴 탓이었다. 할 수 없이 징검다리로 사용하라고 강 위에 던져 버렸다. 시바의 여왕이 솔로몬을 방문할 때, 징검다리를 건너게 되었고, 그 나무를 알아보고 훗날 훌륭한 목재로 사용하게 될 거라고 예언했다. 그 말을 들은 솔로몬은 그것을 건져 땅속에 묻었다.

그리고 또 오랜 세월이 흘렀다.

그리스도가 빌라도로부터 재판을 받고, 십자가형에 처해 지자 이스라엘 사람들은 근처에서 큰 목재 하나를 발견하여, 십자가를 만드는 데 사용했다. 여기서부터 전설이 역사와 섞이기 시작한다. 312년, 막센티우스와 전쟁을 앞둔 전날 밤, 콘스탄티누스는 그리스도교에 대한 제국의 박해를 종식시키는 환시를 보았다. 환하게 빛나는 십자가에 "이 표징으로 승리할 것이다"라고 쓴 것을 본 것이다. 황제는 군대의 휘장에 십자가를 그리도록 했고, 밀비우스 다리 전투는 대승을 거두었다.

11)

제국이 안정되자 콘스탄티누스는 어머니 헬레나를 예루살렘으로 보내 예수의 십자가를 찾아오라고 했다. 헬레나는 고민했다. 예수의 십자가를 어떻게 찾지? 바티칸박물관의 피나코테크에 있는 베로네세(Veronese)의 작품, 〈성녀 헬레나의 환시〉는 그때 헬레나의 고심을 그린 것이다. 헬레나가 꿈인지 환시인지 의자에 앉아 눈을 감고 있고, 바닥에 아기천사가 십자가를 들고 있다. 입고 있는 붉은 망토는 그녀가 황후라는 것을 말해준다.

십자가를 찾은 헬레나는 그리스도가 사망한 당일, 사용한 십자가가 세 개였다는 것을 알게 되었다. 그런데 어느 것이 예수가 사용한 것인지 알 수가 없었다. 때마침 장례 행렬이 지나가고 있었다. 헬레나는 멈추어 세웠다. 그리고 죽은 사람에게 십자가를 하나씩 갖다 대 보았다. 그랬더니, 한 십자가를 갖다 대자 죽은 사람이 자리를 털고 일어나는 것이었다. 헬레나는 예수의 진짜 십자가를 여러 개로 분리하여 한쪽을 예루살렘에 남기고, 나머지는 로마로 가져왔다.

전설 같은 이 이야기는 중세 후기, 문학과 예술작품에서 중요한 주제로 등장하기 시작했다. 특히 프란체스코 수도회에서 좋아했다. 아씨시 성 프란체스코의 '가난'이라는 영성과 맞물렸기 때문이다. 하느님 아들의 구유와 십자가는 '가난'을 상징하는 것이고, 그래서 프란체스코 수도회 소속의 성당들에 벽화로 그려지기 시작했다. 이탈리아 토스카나주 아레쪼에 있는 성 프란체스코 대성당 내 '마조레 경당'에는 피에로 델라 프란체스카(Piero della Francesca)가 그린 〈참 십자가 이야기〉 벽화 시리즈가 있다. 피렌체 성 십자가 대성당(Basilica di Santa Croce)에도 아뇰로 가디(Agnolo Gaddi)가 그린 〈십자가의 발견〉(1380)이 있다. 이렇듯이 프란체스코 수도회가 가는 곳에는 언제나 구유와 십자가를 모티브로 한 예술작품이 많다.

중앙 제대 좌측으로 이어진 복도를 따라 들어가면 '유물 경당(Cappella delle Reliquie)'이 있다. 이곳에는 나무판에 세 언어, 라틴어, 헬라어, 아르메니아어로 적힌 '예수의 죄목'이 있다. 라틴어로 "유다의 왕 나자렛 예수(Iesus Nazarenus Rex Iudaeorum)"의 앞 글자만 따서 'I. N. R. I'라고 적은 것도 있다. 경당의 중앙에는 그리스도의 십자가 조각, 가시관의 가시, 그리스도를 묶어 채찍질했던 돌기둥의 조각, 못, 성 토마스의 손가락 등이 보관되어 있다.

---

12) 왼쪽부터 그리스도의 십자가 조각, 죄명, 가시관의 가시, 못, 성 토마스의 손가락이다.

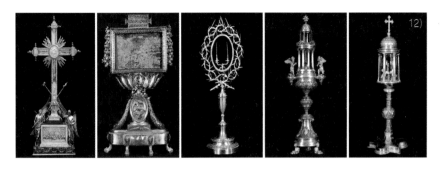

12)

끝이 뭉툭한 굵은 못과 '저렇게 큰 가시나무도 있었나!'싶을 만큼 큰 가시를 보고 있으면, 예수 그리스도의 고통이 얼마나 컸을지, 평소에는 생각해 보지 않던 영적인 지점까지 가게 되는 걸 느낀다. 철저한 '버림의 상태'에서는 이성 (理性)이 가동을 멈추고 사고(思考)가 마비될 수도 있다는 걸 직감하게 된다. '정신을 잃는다'라는 말을 들을 때, 머리로 이해가 아니라 배 속이 아파져 왔다. 고통은 살아서 죽음을 경험하는 순간이라고 했던가.

사람이 되신 하느님, 인간의 고통을 모두 알고 계신 분, 육체적인 고통은 물론 비난, 야유, 조롱, 천대 등 정신적인 고통까지 모두 겪고, 결국 십자가에 매달려 돌아가시고, 부활하신 분을 믿는 종교, 그리스도교에 대해 다시 한번 생각하게 한다.

예루살렘의 성 십자가 대성당 Basilica di Santa Croce in Gerusalemme
주소: Piazza di S. Croce in Gerusalemme
연락처 및 예약: info@santacroceroma.it
전화: +39 06 70613053
대성당 개방시간: 월-토 08:00-12:45, 15:30-19:30 / 토-일 08:00-20:00

일곱째 언덕, 퀴리날레
Collis Quirinalis

———————————————

로마가 내려다보이는 언덕

퀴리날레: 화해와 중재로 통합이 시작된 곳

오늘날 이탈리아의 대통령궁이 있는 언덕이다. "퀴리날레 궁"이라고 하는 거대한 건물에서 대통령이 근무하고 생활한다. '퀴리날레'라는 이름은 언덕의 동쪽 끝에 있던 '퀴리노 신전(tempio di Quirino)'의 이름에서 유래한 것으로 보인다. 로마의 일곱 언덕 가운데 비교적 고지대에 속한다.

언덕에서 가장 높은 곳은 50.9m인데 퀴리날레 궁 내부의 정원에 있다. 지면의 높이는 고대나 지금이나 크게 달라진 게 없다. 그러나 언덕의 양쪽 계곡은 지금보다 훨씬 깊었는데, 오랜 세월을 거치면서 조금씩 완만해졌다. 예컨대, 바르베리니 광장(Piazza Barberini)의 원래 지면은 지금보다 약 12m가 내려갔고, 나치오날레 가의 원래 지면도 17m 아래에 있었다. 그러다 보니 심한 곳은 25m의 급경사를 이루는 곳도 있었다.

콜리나 성문, 상콸리스 성문과 함께 발견된 몇 개의 시생대 무덤은 이 언덕이 철기시대부터 사람들이 살고 있었던 곳임을 증명하고 있다. 로마인들에 따르면, 퀴리날레 언덕은 로마인과 사비니족이 화해한 다음, 로마에서 사비니족에게 내어준 지역이었다. 로마 건국 초기에 사비니 여인들을 약탈하여 아내로 삼았던 역사가 있었다. 분노하여 쳐들어온 사비니 남성들과 전쟁이 벌어졌고, 사비니 여인들의 중재로 전쟁은 종식되었다. 이 언덕은 그 대가로 사비니족이 얻은 땅이라고 볼 수 있다.

고대에는 세 명의 주신(主神), 유피테르, 유노, 미네르바를 모시던 신전 카피톨리움 베투스(Capitolium Vetus)도 이곳에 있어서, 캄피돌리오 언덕이 형성되기 전에는 이곳에서 제사를 지냈다. 사비니족을 수호하던 여신 플로라 신전도 이곳에 있었다.

비미날레 언덕에서 비쿠스 롱구스까지 난, 긴 길에는 여러 개의 신전이 있었고, 콜리나 성문 근처에도 몇 개의 신전이 있었다. 그러나 이들은 중세를 거치면서 대부분 성당으로 바뀌었다.

이곳 출신의 인사 중에 잘 알려진 사람으로 로마 시대 작가 아티코(Tito Pomponio Attico, 기원전 110~기원전 32)가 있다. 로마의 기사 계급 출신으로, 기원전 85년 로마에서 일어난 시민전쟁을 피해 아테네로 도망가 기원전 65년까지 살았다. 아티코라는 이름은 '아테네'를 부르는 또 다른 이름이었다. 유명한 작품으로는 『기원전 47년의 연대기(Liber Annalis)』와 몇 개의 족보가 있다. 아티코는 키케로의 친구이기도 했다. 제국 시대 아홉 번째 베스파시아누스 황제와 풍자시인 마르티알리스(Marcus Valerius Martialis, 서기 38/41?~102/104?)는 그를 추앙할 정도였다.

퀴리날레 언덕의 북쪽 지역은 핀치오(Pincio) 언덕으로 이어진다. 그쪽으로 이어진 언덕의 한쪽에는 로마 시대 황제가 개인적으로 갖고 있던 빌라 "살루스티아니 정원(Horti Sallustiani)"이 있다. 이 정원은 기원전 1세기, 공화정 시대 역사학자이며 원로원 의원이었던 살루스티우스 크리스푸스(Gaio Sallustio Crispo)가 지은 것이다. 정원에서는 르네상스에서 바로크 시대까지, 많은 유물이 출토되기도 했다.

한편 콘스탄티누스 1세는 퀴리날레 언덕에 목욕장을 지었으나 뒤이어 다른 건물이 들어서면서 완전히 없어졌지만, 16세기 화가들의 스케치를 통해 그 흔적을 알 수가 있다. 콘스탄티누스의 목욕장은 디오클레티아누스 목욕장과는 정반대로, 아담하고 섬세한 장식들로 채워진 매우 아름다운 목욕장이었다고 한다. 만약 없어지지 않았다면, 제국 시대 말기의 예술적 감각을 알 수 있는 또 하나의 나침반이 되었을 것이다.

중세와 근대를 거치면서 언덕에 세워진 각종 공공건물을 보호하기 위해 성벽이 세워지고, "성 베드로와 도미니코 수도원"도 지어졌다. 과거 콘스탄티누스의 목욕장 터에는 "로스피리오시 궁(Palazzo Rospigliosi)"이 세워졌고, 궁 안에는 지금 퀴리날레 광장에 있는 유피테르와 레다 사이에서 태어난 쌍둥이 아들 카스토르와 폴룩스 동상이 있었다. 거기에는 강을 상징하는 두 개의 '강의 신'

동상도 있었는데, 후에 미켈란젤로가 캄피돌리오의 세나토리오 궁 앞, 계단 밑으로 옮겼다. 현재 시청으로 사용하고 있는 세나토리오 궁 앞에는 〈나일강의 신〉(좌)과 〈테베레강의 신〉(우)이 있다.

강의 신이 손에 들고 있는 원통형의 뿔은 '풍요의 뿔'이다. 강은 오랜 세월을 두고 침식, 운반, 퇴적작용을 하면서 주변의 퇴적지를 기름지게 한다. 그래서 강이 범람하는 것을 뜨거운 숨을 몰아쉬며 달려드는 발정기의 남성에 비유하곤 했다. 정기적인 강의 범람은 주변의 옥토에 떨어진 모든 씨앗을 자라게 하여 열매를 맺어 사람들에게 풍요를 선사해 준다. 강의 신이 등장하는 곳에는 언제나 이 '풍요의 뿔'이 있다.

퀴리날레 언덕에는 그 밖에도 많은 중요한 건물들이 있는데, '퀴리날레의 성 안드레아 성당'도 그중 하나다. 성당의 설계는 베르니니(Gian Lorenzo Bernini, 1658~1671)가 맡았는데, 교황 인노첸시오 10세의 조카 팜필리(Camillo Pamphili) 추기경은 "로마에서 볼 수 있는 바로크 건축의 최고봉"이라고 극찬을 아끼지 않았다. 타원형의 설계도와 대리석, 석고, 금으로 화려하게 장식된 성당의 내부가 유명하다.

'네 개의 분수(Quattro Fontane)'와 그 옆에 있는 '성 가를로 성당(chiesa di San Carlo alle Quattro Fontane)'도 잘 알려져 있다. 보로미니(Francesco Borromini, 1599~1667)의

마지막 작품이다. 성당의 정면은 그가 죽은 뒤에 완성했다. 네 개의 분수가 상징하는 것은 테베레강, 아르노강, 다이아나 여신과 유노 여신이다. 테베레강은 로마를 상징하고, 아르노강은 피렌체를, 다이아나와 유노 여신은 신뢰와 용맹을 상징한다.

그 외에도 퀴리날레 언덕에는 로마 시대 '자문기관(Palazzo della Consulta)'이 있던 자리에 지금은 헌법재판소(Corte Costituzionale)가 있다. 이것은 퀴리날레 궁 정면에서 가장 가까이 있는데, 교황 클레멘스 12세를 위해 건축가 후가(Ferdinando Fuga, 1699~1782)가 설계했다.

퀴리날레 궁 Palazzo Quirinale

흔히 '대통령궁'으로 알려진 퀴리날레 궁은 이탈리아 대통령이 일하고 생활하는 곳이다. 이탈리아를 상징하는 건물 중 하나이기도 하다. 1573년 교황 그레고리우스 13세가 하계별장으로 사용하기 위해 짓기 시작할 때부터, 건물은 예술적으로나 정치적으로나 로마에서 가장 중요한 건물 중 하나였다. 당시에 건축과 장식에 참여한 이탈리아 출신의 장인들은 코르토나(Pietro da Cortona), 폰타나(Domenico Fontana), 후가(Ferdinando Fuga), 마데르노(Carlo Maderno), 파니니(Giovanni Paolo Pannini), 그리고 레니(Guido Reni) 등이었다. 최근에는 멜로쪼 다 포를리(Melozzo da Forlì)의 프레스코화 조각들도 발견되어 소장하고 있다.

1585년 교황 바오로 5세 때 시작된 증축과 내·외부 장식은 우르바노 8세, 알렉산드로 7세, 인노첸시오 13세, 클레멘스 12세 등을 거치면서 앞서 언급한 대가들이 모두 참여하여 오늘날 우리가 보는 것과 같은 모습으로 양적, 질적 규모를 갖추게 되었다.

건물이 부분적으로 완공되기 시작한 1585년부터 1870년대까지, 교황들의 하계 거주지로 사용했다. 그러나 이탈리아의 통일과 함께 이탈리아 왕국에 모두 내주었다. 그 시기, 사보이 왕가의 소유가 되었다. 퀴리날레 궁을 마지막으로 이용한 교황은 비오 9세(1846~1878 재임)였다. 비오 9세는 가톨릭교회에서는 1858년 12월 8일 '원죄 없이 잉태되신 마리아 교의(Dogma dell'Immacolata Concezione)'를 선포한 교황으로 알려져 있다. 유순한 성품과는 달리, 이탈리아 통일기에 가톨릭교회를 이끌면서 당시 상황에 적절히 대처하지 못해 정치력과 외교력이 도마 위에 올랐고, 경제위기까지 불어닥쳐 끊임없이 많은 문제에 부딪히며 힘든 시절을 보냈던 교황이었다.

이탈리아 '통일운동' 또는 '부흥운동'으로 번역되는 리소르지멘토(Risorgimento)는 나폴레옹 1세가 몰락하고 빈 체제가 시작되는 1815년부터 프로이센과 프랑스 전쟁이 끝난 1871년까지 이어졌다. 중세 이후 19세기까지 분열된 도시국가로 오스트리아와 교황이 지배하고 있던 이탈리아를 통일하겠다고 일어선 것이다.

프랑스 대혁명과 나폴레옹 시대를 거치며 민족자결주의가 싹트게 되었고,

외세의 지배에서 벗어나 하나의 통일된 민족국가를 이룩하고자 하는 열망이 확산한 데 따른 것이었다. 하지만 쉬운 일이 아니었다. 통일을 위해서는 넘어야 할 산이 많았다. 특히 두 가지가 가장 큰 부담이었는데, 하나는 당시 이탈리아를 실질적으로 지배하고 있던 오스트리아를 몰아내는 것이었고, 다른 하나는 교황청의 반대를 극복하는 일이었다.

비오 9세는 교황청의 영적인 독립을 주장하며 교황령을 헌법 정부로 만들고자 했다. 그러나 이탈리아 통일의 급물살 속에서 급진주의자들의 격렬한 저항에 부딪혔다. 교황령 총리였던 로씨는 암살되고, 1848년 교황은 나폴리 왕국의 가에타로 피신해야 했다. 그 틈에 이탈리아 통일의 당위성을 설파했던 정치사상가 마찌니(Giuseppe Mazzini, 1805~1872)와 그의 추종자들은 '이탈리아 공화국'과 수도를 로마로 선포했다. 교황은 프랑스 원정군의 도움으로 1850년 로마로 귀환했으나, 프랑스 혁명과 로마의 독립운동이 상호 밀접한 관련이 있다는 것을 깨닫고 전통 사회는 물론 도덕과 종교 질서가 붕괴할 것임을 예견했다. 당시 교황령의 행정은 국무성 장관 안토넬리 추기경이 맡고 있었다.

또 다른 이탈리아 통일운동의 주역 카부르(Camillo Benso, conte di Cavour, 1810~1861)는 이탈리아의 자유로운 정책 실현과 오스트리아로부터의 독립, 피에몬테 정부의 패권 장악과 이탈리아 전 영토의 통일을 쟁취하고자, 민족 통일운동주의자들과 영국과 같은 반(反) 교황청 세력과 손을 잡았다. 교황령을 이탈리아 왕국에 합병시키려는 정책을 펴면서 교황청과 대립했고, 로마의 병합을 위한다는 명분으로 정교분리를 주장했다.

이탈리아 왕국은 교황청의 세속 지배권을 빼앗는 대신 이탈리아 왕국 내에서 독립적인 주체로 종교 활동의 자유와 연금을 보장해 주겠다고 했다. 비오 9세는 이탈리아 왕국에서 제시한 이런 교섭 조건을 받아들이지 않았고, 이탈리아 정부는 수도원 제도의 병폐를 비난하며 계속해서 교회 행정에 관여했다. 1866년 7월, 급기야 수도원 해산에 관한 법률, 종교단체의 재산 국유화, 성직자들의 재산 몰수와 매각 등을 놓고 교황청과 재차 교섭을 시도했다. 비오 9세는 1864년 12월 8일, 회칙 「전적인 돌보심(Quanta cura)」과 거기에 덧붙인 "오류표(Syllabus Errorum)"를 통해 종교무차별주의와 공산주의, 사회주의는 물론 자유주의와 계몽주의, 실증주의를 포괄하는 근대주의를 맹렬히 비판하며 그런 성격의 정부와는 협력할 수 없다고 했다. 그리고 제1차 바티칸공의회(1869~1870년)를 열어 교황의 수위권과 무류성을 의결하고 선포했다.

그러는 사이에도 이탈리아 독립군은 1859년에는 롬바르디아를, 1866년에는 사르데냐 왕국과 나폴리 왕국을, 1870년에는 장화 반도 내 교황령을 침공하여 함락시켰다. 통일 이탈리아 왕국은 수도를 로마로 정하고, 교황청의 세속권력을 모두 빼앗았다.

정치 권력을 모두 빼앗긴 교황은 2천 년 전, 자신의 '근원지'로 되돌아 갈 수밖에 없었고, 교황의 표현대로 '바티칸의 수인(囚人)'이 되었다. 이탈리아는 교황의 세속 주권을 모두 종식하고, 1871년 새로운 '교황 보장법'을 승인하여 이탈리아 영토 안에서 교황의 법적 지위만 인정했다.

1946년 6월 2일, 이탈리아는 국민총투표에 의해 민주공화국으로 출범했다. 퀴리날레 궁은 이탈리아 공화국의 수장이 거처하며 근무하는 곳으로 지금까지 사용하지만, 모든 이탈리아 대통령이 이곳에 들어와서 살았던 것은 아니다. 예컨대, 초대 대통령 데 니콜라(Enrico De Nicola, 1946~1948)와 2대 에이나우디(Luigi Einaudi, 1948~1955) 대통령은 여기서 살지 않았고, 3대 그론키(Giovanni Gronchi, 1955~1962)가 처음 들어와서 살았고, 이어 4대 세니(Antonio Segni, 1962~1963), 5대 사라가트(Giuseppe Saragat, 1964~1971), 6대 레오네(Giovanni Leone, 1971~1978)는 가족과 함께 이곳에 들어와 살았다. 7대 페르티니(Sandro Pertini, 1978~1985)와 8대 코시가(Francesco Cossiga, 1985~1992)는 사무실로만 사용했다. 페르티니는 트레비 분수 근처에 사저가 있었고, 코시가는 퀴리노 비스콘티 가(街)에 사저가 있어 출퇴근했다. 9대 스칼파로(Oscar Luigi Scalfaro, 1992~1999)
와 10대 챰피(Carlo Azeglio Ciampi, 1999~2006), 11대 나폴리타노(Giorgio Napolitano,
2006~2015)는 가족과 함께 와서 살았다. 현재 12대 마따렐라(Sergio Mattarella,
2015~현재) 대통령도 이곳에서 살고 있다.

건물 내부는 궁의 규모로 짐작할 수 있듯이, 퀴리날레 가(街)를 따라, 소위
"마니카 룬가(Manica Lunga, '긴 팔'이라는 뜻)"라고 하는 건물의 긴 복도를 따라 수
십 개의 방과 소성당, 접견실이 있고, 도서관과 갤러리까지 갖추고 있다. 내부
에 있는 방의 수는 1,200여 개에 이르고, 모든 방과 성당과 접견실은 저마다 용
도와 크기, 위치에 따라 장식이 모두 다르다.

가령, "명예의 계단(Scalone
d'onore)"은 교황 바오로 5세 보
르게세가 건축가 플라미니오
폰치오에게 의뢰하여 만들었
다. 계단을 오르다 보면 멜로
쪼 다 포를리의 〈그리스도의
영광〉(혹은 〈축복하는 그리스도〉,
옆의 사진)이라는 제목의 작품
이 있다. 이 공간을 압도하는
걸작이라고 하겠다.

"기마헌병의 방(Salone dei
Corazzieri)"은 퀴리날레 궁을
찾는 방문객들이 처음 만나
는 큰 공간이다. 길이 37m, 폭
12m, 높이 19m의 거대한 홀

1) <기마헌병의 방>, 출처 https://it.latuaitalia.ru/art/il-complesso-del-quirinale-a-roma/

이다. 1600년대 초, 역시 바오로 5세의 요청으로 가를로 마데르노가 설계했다. 이 방에서 눈에 띄는 것은 가에타노 로디가 그린 "1872년 통일 이탈리아의 주요 도시들의 문장"이다. 이제 막 통일한 이탈리아반도의 주요 도시들의 문장을 대통령궁에 그렸다는 것은 적지 않은 의미가 있다고 하겠다.

이어지는 공간은 "바올리나 소성당(Cappella Paolina)"이다. 바티칸의 시스티나 소성당과 매우 흡사하다. 실제로 시스티나 소성당이 모델이다. 길이 42m, 폭 13m, 높이 20m로, 바오로 5세 때 가를로 마데르노가 지었다. 몇 개의 접견실을 거쳐 "로제의 방(Sala delle Logge)"은 1500년대 바티칸의 "제후들의 방(Sala Regia)"에 그린 벽화에서 영감을 얻어 장식했다.

"마스케리노의 계단(Scala del Mascherino)"은 1583~1584년, 오타비아노 마스케리노의 설계에 따라 만든 나선형 계단이다. 원통형의 나선형 구조의 계단으로 중앙에 햇빛이 쏟아져 들어오게 설계했다. 퀴리날레 궁에서 가장 오래된 곳이고, 가파르지 않아 과거 제후들이 말에서 내리지 않고 말을 탄 채 교황 사저로 들어오도록 했다.

"브론지노의 방(Sala del Bronzino)"은 1500년대 피렌체 코시모 1세의 궁정화가로 있었던 아뇰로 브론지노의 밑그림을 바탕으로 짠 테피스트리 이름에서 유래했다. 이탈리아 대통령이 자국을 방문한 외국의 국가원수들을 맞이하는 방이다. 이 방에 있는 테피스트리들은 성경에 등장하는 요셉 이야기를 담은 것으로, 1546년 코시모 1세 데 메디치가 피렌체 베키오궁을 위해 의뢰한 시리즈 일부다.

"유리화가 있는 대통령 집무실(Studio del Presidente alla Vetrata)"은 대통령이 사무를 보는 두 개 공간 중 하나다. 다른 하나는 후가 궁(Palazzina del Fuga)에 있다.

공식적인 접견을 주로 하기도 하고, 각 정당 대표들을 만나기도 한다. 예전에는 교황들의 여름철 침실로 사용했다.

"거울들의 방(Sala degli Specchi)"은 대통령이 외국의 국가원수들을 만나는 방이기도 하지만, 헌법재판소의 판사들이 선서하는 방이기도 하다. 화려한 베네치아의 무라노 크리스탈 샹들리에가 벽에 붙은 많은 거울에 반사되어 매우 아름답다. 판사들이 선서할 때, 그의 모습이 사방에 걸린 거울에 비친다. 자신을 사방에서 바라보고 있는 눈들을 의식하라는 의미일 것이다. 흰색 실크 브로케이드 장식으로 인해 화이트 룸(Sala Bianca)이라고 부르기도 한다.

"축제의 방(Salone delle Feste)"은 퀴리날레 궁에서 가장 화려하고 웅장한 공간이다. 이곳에서 새 정부의 인사들이 선서하고, 공식 오찬 행사를 한다. 방이 만들어진 1616년에는 제후들을 접견하던 방이었고, 이후에는 추기경회의(Concistoro)를 하기도 했다. 지금도 중요한 국가 오찬 행사가 있으면 이곳에 식탁이 차려지고 한 번에 170명 이상이 식사를 할 수 있다.

이른바 "마니카 룬가(Manica lunga, '긴 팔'이라는 뜻)"라고 부르는 이 긴 복도는 퀴리날레 궁의 남쪽 면을 말한다. 시스토 5세 교황 시절, 스위스 근위병의 숙소로 지었다. 일부는 존로렌조 베르니니가 설계했다. "마니카 룬가"가 끝나는 지점에는 페르디난도 후가가 설계한 "암호 사무국(Segretario della Cifra)"이 있다. 과거 중요한 국가의 공문서들을 암호화하던 곳이다. 이 문으로 나가면 바로 앞에 베르니니가 지은 "퀴리날레의 성 안드레아 성당"이 있다.

그 외, 퀴리날레 궁에는 내부에 정원, 퀴리날레의 스쿠데리에 궁, 근위병들의 막사, 기록관실, 고문서실 등이 있다. 기록관실의 문서들은 이탈리아 대통령의 업무를 낱낱이 기록한 것으로서, 국내·외 정치 관련 문건들은 문서작성 일자 기준 50년, 다른 민감한 사안들은 문서작성 일자 기준 40년이 지나면 누구든지 열람할 수 있다.

퀴리날레 궁 Palazzo del Quirinale
주소: Piazza del Quirinale
연락처 및 예약: https://palazzo.quirinale.it/visitapalazzo/prenota_en.html
전화: +39 06 39967557
개방: 중단

트레비 분수 Fontana di Trevi

물과 돌이 많은 나라여서 그런지 로마의 거리 곳곳에는 여러 형태의 분수
들이 방문객들의 발걸음을 경쾌하게 만들어 준다. 그중 트레비 분수는 로마
시내 '분수의 여왕'이라고 할 만큼 유명하다. 현재 국립 그래픽연구소(Istituto
Nazionale per la Grafica)로 사용하고 있는 폴리 궁(Palazzo Poli)의 남쪽 벽에 조각된
트레비 분수는 고전주의 양식과 바로크 양식의 건축이 절묘하게 조화를 이루
고 있는 걸작이다.

분수는 1733년 교황 클레멘스 12세(1730~1740 재임)의 명에 따라 니콜라 살
비(Nicola Salvi, 1697~1751)가 스승 베르니니의 설계를 모방하여 클레멘스 13세
(1758~1769 재임) 때에 완성했다.

분수의 이름, '트레비'는 로마 북쪽 약 12km에 있는 '트레비움'이라는 지명에
서 유래했다는 설도 있고, 분수 앞에 펼쳐진 '삼거리(트레비에, tre vie)'에서 유래
했다는 설도 있다. 하지만 분수를 이루고 있는 많은 조각 작품들로 인해 전자
가 더 설득력을 얻고 있다.

그러니까 트레비 분수의 역사는 멀리 아우구스투스 황제 시절로 거슬러 올

라간다. 기원전 19년, 아우구스투스의 친구이며 사위이기도 했던 아그리파 집정관이 승전한 로마군을 이끌고 귀환하던 중에 병사들이 갈증으로 힘들어하는 걸 보면서도 물이 있는 데를 찾지 못해 애먹고 있었다. 그때 지나가던 한 처녀가 샘이 있는 곳을 알려 주었다. 집정관은 그 샘을 '처녀의 샘'이라고 했다. 물맛이 좋아 그것을 로마시민들에게 공급하기 위해 수로를 만들었고, 수로의 이름도 '처녀의 수로'라고 했다. 수로는 '처녀의 샘'에서 스페인 광장(Piazza di Spagna)의 고지대를 지나, 로마 시내 곳곳으로 흐르게 했다.

처음 트레비 분수를 계획한 사람은 교황 우르바노 8세(1623~1644 재임)였다. 베르니니에게 설계를 의뢰했다. 바르베리니 가문 출신의 우르바노 8세와 존 로렌조 베르니니는 같은 바르베리니 가문 사람으로, 먼 친척 간이다. 교황은 이 근처 바르베리니 광장에 있는 바르베리니 궁과 당시 교황의 거주지인 퀴리날레 궁에서 가까운 이 작은 광장에 물의 향연을 펼칠 작품을 만들고 싶었다. 그러나 우르바노 8세가 사망하면서 없었던 일이 되고 말았다. 베르니니의 설계는 문서로만 남았다.

우르바노 8세의 뒤를 이어 새로 선출된 팜필리 가문 출신의 교황 인노첸시오 10세는 전임 교황이 계획한 트레비분수 대신에 다른 곳에 다른 작품을 의뢰했다. 베르니니에게 '처녀의 샘'을 나보나 광장까지 끌어오도록 하여, 광장 중앙에 〈4대 강의 분수〉를 만들게 했다. 이것은 뒤에서 나보나 광장을 소개할 때 보겠다.

트레비 분수를 지으려는 계획을 다시 집어 든 것은, 그 뒤 한참 지나서 콘티 가문 출신의 인노첸시오 13세 교황(재임 1721~1724)이다. 퀴리날레 궁에서 트레비 광장까지 자신의 소유지를 넓히면서 폴리 궁(palazzo Poli)을 사들인 것이다. 그러나 그는 시작도 못 하고 사망했다. 그 뒤 클레멘스 12세(재임 1730~1740) 코르시니가 1731년에 광장과 분수를 위한 공모전을 했고, 니콜라 살비(Nicola Salvi)가 당선되었다.

살비는 1732년부터 트레비 분수 공사에 들어갔다. 바로크 양식에 교황 클레멘스 12세의 재임을 형상화하는 고전적이고 독창적인 설계를 구상했다. 1735년, 클레멘스 12세는 아직 공사가 마무리되지 않았는데도 분수 축성식을 했고, 공사는 1742년까지 중단되었다. 교황 베네딕토 14세(재임 1740~1758) 람베르티니가 공사를 재개하여 1744년, 또 한 번 축성식을 했다. 그렇지만 여전히 완성된 것은 아니었다. 1747년에야 기본적인 조각상들이 완성되고, 1751년 니콜로 살비가 사망하고, 이후 파니니(Giuseppe Panini)가 공사 책임을 맡아 1762년, 교황 클레멘스 13세(재임 1758~1769) 때에 이르러 최종 마무리되었다.

전체 공사 기간은 30여 년이 걸렸다. 그 사이에 니콜로 살비와 주세페 파니니 외에도 10명 이상의 건축가, 조각가의 손을 거쳤다. 이렇게 힘들게 완성된 트레비 분수는 18세기 초, 공사 시작 단계에서부터 로마를 방문하는 건축가들이 꼭 봐야 하는 필수코스로 알려졌다. 일부 학교에서는 건축 공모전의 주제로 삼기도 했다. 그러다 보니 당대 여러 건축가의 디자인과 생각이 접목되어 남아 있기도 하다.

트레비 분수를 이루고 있는 장식들은 니콜로 살비가 우르바노 8세와 베르니니의 계획을 인용하여 '처녀의 샘'에 관한 이야기를 건축적인 미와 조각에 담아 표현함으로써 시작되었다. 처녀가 샘을 가리키는 장면이 오른쪽 두 개 기둥 사이에 조각되어 있고, 그곳을 수원지로 수로 계획 설계도에 서명하는 아그리파가 왼쪽 두 기둥 사이에 묘사되어 있다. 로마 군인들이 마신 물은 맛도 좋고 양도 풍부했으며, 위생적이었다고 한다. 그것은 그 아래 서 있는 여성들이 손에 들고 있는 것으로 표현했다. 왼쪽의 여성은 포도송이를, 오른쪽의 여성은 뱀과 함께 묘사했다. 포도송이는 풍요를, 뱀은 건강, 곧 위생을 상징한다.

　분수의 중앙에는 바다의 신 넵투누스가 해마(海馬)가 이끄는 마차를 타고 바다를 가로지르는 장면이 장엄하게 장식되어 있다. 두 마리의 해마는, 한 마리는 거칠고 한 마리는 온순한데 넵투누스의 두 아들 트리톤이 이들을 길들이고 있다.

　분수의 꼭대기에는 이 분수를 처음 의뢰한 교황 클레멘스 12세의 문장과 관련 기록이 적혀 있다. 4명의 여성은 각기 손에 곡류와 잔, 과일 등을 들고 있는데, 이것들은 물이 인간에게 주는 은혜를 표현한다.

　트레비 분수는 로마 교황의 상징이 되기도 하지만, 여러 영화의 배경이 되기도 했다. 〈로마의 휴일(Roman Holiday, 1953)〉에서는 오드리 헵번과 그레고리 펙이 '이 분수에 돈을 던지면 꼭 다시 돌아오게 된다'라는 전설을 소개하며 여기에 돈을 던졌고, 〈애천(Three Coins in the Fountain, 1954)〉에서 매기 맥나마라가 로마에 도착하여 마중 나온 친구 진 피터스와 함께 회사로 향하던 중, 트레비 분수를 지나며 뒤로 돌아서서 동전을 던지면 소원이 이루어진다는 말에 매기 맥나마라가 '적어도 1년만 로마에 머물게 해 달라'고 기도한다. 페데리코 펠리니 감독의 〈달콤한 인생(La dolce vita, 1960)〉에서는 여배우 아니타 에크베르그가 밤에 분수로 뛰어드는 도발적인 장면을 연출하기도 했다. 마크 스티븐 존슨의 색다른 코미디 영화 〈로마에서 생긴 일(When in Rome, 2010)〉에도 트레비 분수는 빠지지 않았고, 2016년에는 이탈리아의 유명 브랜드 펜디(Fendi)가 설립 90주년 기념, 패션쇼를 이곳에서 하기도 했다.

로마 여행을 마치고 떠나는 사람들이 트레비 분수를 찾는 것은 이런 낭만 속에 담긴 염원 때문이다. 관련한 이야기는 두 가지다.

하나는, 로마에 돌아오고 싶으면, "트레비에 돈을 던져라"라는 말이 있다. 로마를 방문하고 떠나는 사람이 훗날 다시 로마에 오고 싶으면, 돌아서서 눈을 감고 동전을 던지는 전통이 있다. '아리베데르치 로마(Arrivederci Roma, 로마여 안녕!)'라는 노래 가사에도 나올 만큼 유명하다. 하지만 원래 이야기는 조금 다른 데서 출발한다. 예전 한국에서 성황당 지날 때 돌맹이를 주워 탑을 쌓고 소원을 빌었던 것처럼, 유럽 사람들은 우물이나 웅덩이가 있으면 거기에 돈을 던지며 소원을 빌었다. 이 자리에 있던 신전의 신에게 기부하면 복을 받는다고 하여 사람들의 기부가 몰렸고, 제사장은 그것을 모아 주변의 가난한 사람을 도왔다. 그러다 신전 자리에 분수가 생기고, 로마에 살던 외국인들이 어떤 것이든 정설과는 상관없이 자신을 찾아온 손님과 작별 인사를 이곳에 와서 하면서 '로마에 돌아오기 위해' 분수에 동전을 던지는 풍습으로 바뀌었다. 여기에 모이는 동전들은 로마시에서 수거하여 시(市) 카리타스를 통해 자선기금으로 쓰고 있다.

다른 하나는, 이탈리아 속담에 '아직 마실 물이 남아 있을 때, 권하라'라는 말이 있다. 이것은 처녀가 흠모하는 총각이 있으면 그가 먼 길을 떠나기 전에 고백하라는 말이다. 고백 방식으로, 처녀는 총각을 이곳 트레비 샘으로 데리고 온다. 트레비의 물을 떠서 마시고, 그 잔으로 물을 떠서 총각에게 건넨다. 총

---

4) 일간지 [일 메싸제로(Il Messaggero)] 신문 보도: "놀란 관광객들, 영화 찍는 줄", 로마에서는 조사 돌입, 2007년 10월 20일 자.

각은 처녀가 마음에 들면, 그 물을 마시고, 잔을 깨고 길을 떠난다. 그것은 기다려 달라는 뜻이고, 처녀는 총각이 돌아올 때까지 기다렸다고 한다.

분수의 오른쪽에는 커다란 트라베르틴 대리석의 물받이 통이 있는데 이것을 두고 일명 '에이스 오브 컵스(Ace of Cups)'라고 한다. 전해오는 말에 의하면 분수 공사를 할 때 바로 옆에 있던 이발소 주인이 공사에 대해 비난을 쏟아내자 니콜라 살비가 이발소 주인의 시선을 흐리게 하려고 이 물통을 만들었다고 한다.

4)

훌륭하고 이름난 예술작품들이 모든 세기에 걸쳐 한 번씩 수난을 겪듯이, 이 분수도 2007년 10월 19일, 예상치 못한 일을 당했다. 신(新)-미래주의 예술적 아방가르드 그룹에 속한 이탈리아인 예술가 그라지아노 체키니(Graziano Cecchini)가 수로에서 물이 올라오는 곳에 빨간 물감을 풀어 분수 전체를 핏빛으로 물들여 놓은 것이다. 체키니는 경찰조사에서 자신은 공연한 거라고 주장했다고 한다. '로마국제영화제'를 계기로 몰려들었던 외국인들의 시선을 끌기위해 로마에서 가장 붐비는 장소에서 일을 저지른 것이다. 하지만 다른 일각에서는 로마시의 행정에 불만을 품고 시위를 한 것이라는 보도도 있었다. 아무튼 로마시민들과 로마를 아끼는 세계인들은 그사이에 대리석에 붉은 물감이 배어들까 조마조마했다.

트레비 분수의 이런 수난은 로마의 다른 많은 분수가 겪은 수난 중 하나에 불과했다. 모두가 기념비적인 분수들이지만 대부분 노천 광장에 그대로 있는 탓에 수난을 쉽게 당하는 문화유산 중 하나다. 1998년 〈4대 강의 분수〉(나보나 광장), 2005년 〈나비첼라 분수〉(나비첼라 광장), 2007년 〈조각배 분수〉(스페인 광장), 2011년 〈무어인의 분수〉(나보나 광장) 등 끊이지 않았다.

유네스코 세계문화 유산에 올라있는 많은 유형, 무형의 문화재를 보유하고 있는 국가나 도시, 혹은 개인은 그것이 그들만의 것이 아니라, 세계인의 것이라는 인식을 할 필요가 있다. 현대를 살아가고 있는 우리는 선대로부터 받은 것을 훼손하지 않고, 그대로 잘 보존하여 후손들에게 물려주어야 하는 사명을 지니고 있다고 생각한다. 현 인류 공동의 과제로 생각해야 하지 않을까.

스페인 광장 Piazza di Spagna

트레비 분수에서 멀지 않은 곳에 스페인 광장(Piazza di Spagna)이 있다. 광장 한복판에는 바로크 시대 초기, 존로렌조 베르니니의 아버지 피에트로 베르니니(Pietro Bernini, 1562~1629)가 조각한 〈조각배 분수〉가 있다.

5) 자코모 브로지(Giacomo Brogi, 1822-1881) 작, 〈1800년대 말, 스페인 광장과 삼위일체 성당 풍경〉 사진 작품

1627년, 교황 우르바노 8세의 요청으로 작가가 아들의 도움을 받아 완성했다. 피에트로 베르니니는 1598년, 테베레강이 범람했을 때, 어디에선가 떠 내려와 이곳에 걸려 있던 조각배에서 영감을 얻었다고 한다. 분수의 물은 트레비 분수와 같은 수원지, '처녀의 샘'이다. 당시에는 힘든 기술이었던 수압을 이용한 기술이 도입되었다. 지면에서부터 살짝 내려가서 조각배를 띄우고, 배꼬리와 머리는 들어 거기에서 흘러나오는 물은 식수로 이용하도록 했다. 조각배를 장식하고 있는 태양과 벌은 이 분수를 의뢰한 교황 우르바노 8세의 출신 가문, 바르베리니의 문장이다.

스페인 광장의 정면에는 135개의 계단이 "삼위일체의 성당(Chiesa della Trinità dei Monti)"과 스페인 광장을 잇고 있다. 봄이면 진달래꽃 축제를 하고, 여름이면 패션쇼를 하며, 성탄 시기가 되면 세계의 구유 전시회를 하는 등 연중 내내 끊이지 않고 행사를 하는 계단이다. 1725년, 성년(聖年)을 계기로 교황 베네딕토 13세가 프랑스의 지원을 받아 광장에 있는 교황청 주재 스페인의 부르봉 대사관과 계단 위에 있는 "삼위일체 성당"을 연결하기 위해 만들었다.

계단 설계는 스펙키(Alessandro Specchi, 1668~1729)와 데 산티스(Francesco De Sanctis, 1679~1731)가 맡았다. 계단 아래와 위의 높이가 너무도 달라 적지 않은 고민을 했다고 한다. 처음에는 삼위일체 성당과 스페인 대사관을 직접 연결하겠다고 했다가 긴 논쟁 끝에 여러 번 변경을 거쳐 데 산티스가 결정한 최종 설계가 지금 우리가 보는 것이다. 계단의 중간중간 여러 개의 테라스와 정원을 넣고, 계단 하나하나를 넓게 설계하여 경사가 심한 걸 가렸다. 덕분에 계단을 이용한 각종 행사도 할 수 있게 되었다.

이탈리아의 국민성은 매우 낙천적이고 긍정적인 편이다. 열악한 상황에서도 그들이 자주 쓰는 말이 있다. '콘 보나 볼론타(con buona volontà)', '좋은 의지로'라는 말이다. 과제가 클수록 좋은 뜻을 가지고 긍정적으로 방법을 모색해 보자는 말이다. 이탈리아 사람들 사이에서 살면서 이 말을 경험할 때가 많다.

어려운 상황에 직면하면 일단 생각하고, 고민한다. 혼자 안 되면 여럿이 함께, 서로 의견을 구하고, 듣고, 지지와 격려를 주고받는다. 그리고는 전혀 상상하지 못한 새로운 상황을 만들어 낸다.

'스페인 계단'의 경우도 그렇다. 대대적인 토목공사로 주변 환경을 송두리째 훼손하는 것이 아니라, 가능한 한 원래의 것을 그대로 두면서 내가 원하는 것을 만들어 내는 것이다. 급경사진 언덕을 불도저로 밀어버리고 땅을 고르게 한 후 길을 닦는 것은 누구나 할 수 있는 가장 쉬운 방식이다. 사람이 생각하고 연구를 한다는 것은, 삶의 모든 영역에 걸쳐 매 순간, 평생 해야 하는 일임을 말해주는 것 같다.

광장은 한때 영국에서부터 시작된 "그랜드 투어(Grand Tour)"로 로마를 찾았던 이름난 문인, 예술가들의 사랑방 구실을 했다. 그랜드 투어는 17세기 중반, 영국에서 시작하여 독일로 확산한 국가기획 여행 프로그램으로 사회지도층 인사들의 자제와 문인, 예술가 등 지식인들을 보통 2~3년, 길게는 4~5년씩 유럽의 고대 도시들을 여행하며 정치, 문화, 예술을 알고 익히도록 했다.

가까운 프랑스의 지방 도시를 둘러보는 것에서 시작하여 로마에서 끝났다. 여행 중에 특정 도시에서 오랫동안 머무르는 작가와 예술가들도 많았다. 여행을 마치고 귀국하는 사람은 이탈리아의 예술품을 기념품처럼 구입하기도 했다. 당대 이탈리아와 유럽의 작가들은 여행도 하고 돈도 벌었다. 고대 그리스-로마의 작품을 모작하거나 유적지를 배경으로 그린 유화나 수채화들은 인기 있는 기념품이었기 때문이다. 가끔 고대 조각 작품을 구매하는 횡재를 얻기도 했다. 여행 중에 예술가들은 그림뿐 아니라 교향시를 작곡하고, 기행문이나 일기를 쓰기도 했다. 토마스 코리얏(Thomas Coryat, 1577~1617)은 처음으로 1611년에 『코리얏의 여행기(Coryat's Crudities)』로 그랜드 투어의 여행방식을 이야기했다. 가톨릭 사제며 여행작가인 리처드 라셀(Richard Lassels, 1603?~1668)은 그의

6) 칼 스피츠베그(Carl Spitzweg) 작, 〈로마의 전원에 있는 영국인들〉, 1845년경, 베를린 주립 박물관

6)

저서 『이탈리아 여행(The Voyage of Italy, 1670)』에서 "프랑스와 이탈리아를 돌아보는 그랜드 투어를 다녀온 사람만이 리비우스와 카이사르를 이해할 수 있다"라고 했다. 1786~1788년 독일의 괴테(Johann Wolfgang von Goethe, 1749~1832)는 이탈리아를 여행하고 『이탈리아 기행(Italienische Reise, 1816)』을 썼다. 이를 계기로 유럽의 여러 국가는 로마를 구심점으로 공통의 역사와 행동규범과 미적 감각을 갖게 되었다. 동시에 공동의 예술적 유산에 대한 애정도 갖게 되었다.

그랜드 투어는 이후 여행을 보편화하고 기획 여행의 기준이 되며, 그로 인해 각종 여행서가 발간되기도 했다.

그 시기, 스페인 광장은 로마를 찾은 유럽의 문인들과 예술가들의 아지트였다. 바그너, 고골리, 괴테, 리스트, 보들레르, 안데르센, 멘델스존, 디 안눈치오, 레오파르디, 카사노바 등 이 광장을 거쳐 가지 않은 사람은 드물었다. 스페인 계단 아래, 우측 건물에서 영국 시인 키츠(John Keats, 1795~1821)가 살았고, 1821년에 세상을 떠난 후, 그의 친구 셸리(Percy Bysshe Shelley, 1792~1822)와 함께 '키츠와 셸리 기념관'으로 쓰고 있다.

계단 좌측에는 1893년, 영국의 두 아가씨, 카르길(Isabel Cargill)과 바빙턴(Anna Maria Babington)이 세운 찻집이 있다. 귀족 가문 출신이었던 이들은 로마를 여행하던 중 로마에서 차를 마시고 책을 보며 쉬어갈 수 있는 장소를 마련하고자 기존의 약국을 사들여 찻집으로 만들었다. 스페인 계단과 마주 보고 있는 콘도티 가(via Condotti) 86번지에는 1760년에 문을 연 '카페 그레코(Antico Caffè Greco)'가 있다.

이렇듯 스페인 광장 주변은 한때 유럽의 젊은 지성인들이 머물렀던 흔적을 곳곳에서 발견할 수 있다.

스페인 광장 바로 옆에는 큰 기둥이 하나 서 있는 또 다른 광장이 있다. 광장을 바라보고 기둥 너머 정면 중앙에 있는 큰 건물은 "교황청 인류복음화성"이다. 존 로렌조 베르니니가 설계와 시공을 시작했고, 프란체스코 보로미니가 완성했다.

광장에 있는 기둥은 1854년 12월 8일, 교황 비오 9세가 선포한 '원죄 없이 잉태되신 성 마리아 교의'를 기념하기 위해 세웠다. 대리석 기둥 꼭대기에는 성모 마리아 청동 조각상이 있고, 밑에는 구약성경의 네 인물 다윗, 이사야 예언자, 에제키엘 예언자, 모세가 있다.

이중 모세상과 관련하여, 로마인들 사이에서 전해오는 이야기가 있다. 파스퀴노를 주제로 한 이야기다.

"파스퀴노가 네 명의 동상에게 말을 하라고 소리쳤다. 그러자 동상들이 '쉿, 말할 수 없어!'라고 대답했다. 머쓱해진 파스퀴노가 '그럼 휘파람이라도 불어봐'라고 하니까, 모세가 '휘파람? 난 조각가한테 불었어'라고 했다."

여기에서 〈모세〉는 이냐치오 야코메티(Ignazio Jacometti)의 작품인데, 다른 동상들에 비해 입이 너무 작아서 로마인들의 구설에 오르자, 누군가 파스퀴노 이야기를 지어낸 것이다.

〈파스퀴노(Pasquino)〉는 로마인들 사이에서 아주 유명한 조각상이다. 기원전 3세기, 무명 작가의 조각상인데, 이 상이 말을 한다는 것이다. 권력에 대한 풍자와 별것 아닌 것들을 과시하며 잘난 척해대던 귀족들을 조롱하고 야유하던 것으로, 당시 로마인들의 마음을 가장 표현한 것 중 하나로 손꼽혔다. 하고 싶은 말을 다 할 수 없었던 하층민들이 하고 싶은
말을 적어 밤에 몰래 와서 상 주변에 붙이고 갔던 것이다. 오늘날 로마에 남아 있는 가장 오래된 미신적인 것 하나를 들라면, 아마도 이 상을 들 수 있을 것이다. 헬레니즘 시대의 조각상이기 때문이다.

'파스퀴노'라는 상의 이름과 관련한 기원설도 여러 가지다. 가장 설득력 있는 것은 로마의 파리오네 지역에 살던 유명한 어떤 기술자의 이름에서 나왔다고 한다. 그 사람이 이발사라고도 하고 재봉사라고도 하고, 어떤 사람은 구두공이라고도 했다. 로마인들은 이런 평범한 사람들도 똑똑한 말을 할 수 있다며, 동상은 그런 소시민들의 마음을 대변한다고 했다. 다소 외설적이기도 한 문장으로 사회지도층을 고발하고 풍자했다.

조각상을 자세히 들여다보면 얼굴과 몸이 각기 다른 데서 떼어다 합쳐놓은 것으로 보인다. 실제로 얼굴은 사티로스고, 몸은 죽어가는 파트로클로스를 붙잡고 있는 메넬라오스를 표현한 것 같다. 이 상이 가장 많이 입방아에 오르던 시절은 교황들의 세속권력이 극에 달했을 때였다. 독백, 농담, 조롱이 담긴 풍자 글이 조각상의 목에 걸리기 시작했기 때문이다.

시간이 흐르면서, 상 주변에는 새 교황선출을 위한 '선거 캠페인' 관련 문장이 나붙기도 했고, 반대자들의 입장도 내걸렸다. 그러나 현대에 이르러, 오랜 침묵을 깨고, 최근에 정치, 시사, 권력남용, 권력자의 부패를 고발하는 시민 고발장이 되었고, 때로는 수도 로마의 문제와 국제문제까지 언급되고 있다. 지금도 나보나 광장 근처, 이 상이 있는 "파스퀴노 광장"에는 내부고발, 시국선언 등 각종 공적, 사적인 메시지가 붙어 있다.

보르게세 정원과 미술관

정원이라고 하기에는 면적이 워낙 커서 한 가문 소유지였다는 게 믿기지 않을 정도다. 1580년경부터 보르게세 가문에서 사들이기 시작하여 빌라와 정원으로 가꾸었다. 빌라의 첫 번째 주인은 쉬피오네 보르게세 추기경이었다.

그는 로마라는 고대도시에 걸맞게 정원을 크게 만들고, 그 안에 빌라를 '아담하게' 앉히고 싶었다. 추기경은 이탈리아 바로크 미술의 대가 존로렌조 베르니니(Gianlorenzo Bernini)의 가장 큰 후원자였던, 교황 바오로 5세의 조카다.

그는 미술품 수집이 취미였다. 그래서 이 거대한 정원 속 작은 빌라에 어울리는 소박한 미술관을 지었다. 정원과 빌라의 전체 공사는 1606~1633년에 이루어졌다.

정원에는 호수와 분수, 작은 건축물들을 넣어 자연경관을 최대한 훼손하지 않으면서 이곳을 드나드는 사람들이 함께 모든 걸 누릴 수 있게 했다. 이런 작업은 19세기까지 이어졌다. 그 사이에 나폴레옹의 여동생 파올리나 보나파르트(Paolina Bonaparte)와 결혼한 카밀로 보르게세(Camillo Borghese, 1775~1832)가 포폴로 성문(Porta del Popolo)과 핀챠나 성문(Porta Pinciana)을 사들여 정원을 확장했다.

정원은 오랜 세월에 걸쳐 한 개인의 땅이었지만 로마시민에게 항상 개방되어 각종 축제의 장으로, 축제 행렬이 지나다닐 수 있는 공간으로 내어주었다. 보르게세 정원과 건물들은 1901년, 이탈리아 정부에서 사들였고, 1903년 로마시에 주어 시민들의 휴식 공간으로 지금까지 사용하고 있다.

8)

보르게세 미술관 Galleria Borghese

  쉬피오네 보르게세 추기경의 이름을 따서 쉬피오네 보르게세 광장(Piazzale Scipione Borghese)에 있는 미술관은 라파엘로, 티치아노, 브론지노, 베르니니, 카라바조, 루벤스, 카노바 등, 안 그래도 볼 곳 많은 로마에서 고대에서 르네상스를 거쳐 바로크와 이후까지, 조각과 회화 등 또 하나의 보고(寶庫)다. 실내장식과 천장 프레스코화를 통해 건물 자체도 공들여 지은 것임을 알 수 있다. 로마에서 놓치지 말아야 할 곳 중 하나다.

  1809년 카밀로 보르게세는 나폴레옹의 강압에 못 이겨 로마와 그리스 시대 우수한 조각 작품 344점을 팔았다. 지금 루브르 박물관의 보르게세 컬렉션으로 전시되고 있다. 〈보르게세의 검투사〉(기원전 101), 〈보르게세의 꽃병〉(기원전 1세기말), 〈안티노스 몬드래곤〉(서기 130), 〈보르게세의 헤르마프로디네〉(1620)

등이 그것이다.

미술관은 1902년, 이탈리아 정부가 보르게세 가문으로부터 쉬피오네 추기경이 가지고 있던 미술품들을 모두 사들이면서 조성되었다. 첫 번째 미술관 관장을 지낸 피안카스텔리(Giovanni Piancastelli, 1845~1926)와 그 뒤를 이어 칸타라메사(Giulio Cantalamessa, 1846~1924)가 제2대 관장을 지내면서 이탈리아의 르네상스와 매너리즘 시대 작품이 많이 수집되었다.

미술관은 1층과 2층, 두 층으로 나뉘어 있다.

1층 현관으로 들어서면 바로 앞 중앙에 "마리아노 로씨 홀(Salone di Mariano Rossi)"이 있다. "마리아노 로씨 홀"을 끼고 오른쪽에서부터 한 바퀴를 돌면서 8개의 방이 1번부터 8번까지 둘러서 있다. 2층으로 올라가면 방이 9번부터 20번까지 있다.

건물에 들어서면, 시에나 출신의 보르게세 가문이 로마와 시에나는 물론 이탈리아와 교황청에 미친 정치, 종교, 예술적 영향에 대해서 생각하게 한다. 14명의 술모나(Sulmona) 군주, 4명의 추기경과 바오로 5세 교황을 배출시켰고, 이 가문과 결혼으로 연결된 수많은 군주와 공작, 백작들이 유럽 역사의 한 축을 차지했다는 걸 인정하지 않을 수 없다.

미술관은 보르게세 궁을 그대로 개조하여 만들었기 때문에 구조가 매우 단순하다.

각 층의 구조는 다음과 같다.

출입구가 있는 1층(Piano Terra) 　　　　　2층(Primo Piano)

1층	2층
P. 현관(Portico) S. 마리아노 로씨 홀 　(Salone di Mariano Rossi)	C. 엘리베이터(Ascensore) T. 테라스(Terrazzo)
1. 파올리나의 방(Sala della Paolina) 2. 다비드의 방(Sala del David) 3. 아폴로와 다프네의 방 　(Sala di Apollo e Dafne) 4. 황제들의 방(Sala degli Imperatori) 5. 헤르마프로디테의 방 　(Sala dell'Ermafrodito) 6. 아이네아스와 안키세스의 방 　(Sala di Enea e Anchise) 7. 이집트의 방(Sala Egizia) 8. 실레노의 방(Sala del Sileno)	9. 디도네의 방(Sala di Didone) 10. 헤라클레스의 방(Sala di Ercole) 11. 페라라 회화의 방 　(Sala della pittura ferrarese) 12. 무녀들의 방(Sala delle Baccanti) 13. 명성의 방(Sala della Fama) 14. 란프란코의 로지아 방(Loggia di Lanfranco) 15. 오로라의 방(Sala dell'Aurora) 16. 플로라의 방(Sala della Flora) 17. 앵거스 공작의 방 　(Sala del Conte di Angers) 18. 유피테르와 안티오페의 방 　(Sala di Giove e Antiope) 19. 헬레나와 파리스의 방 　(Sala di Elena e Paride) 20. 아모레와 프시케의 방(Sala di Psiche)

　현관을 거쳐 미술관 안으로 들어가면, 바로 앞에 큰 방이 있다. 마리아노 로씨(Mariano Rossi, 1731~1807) 홀이다. 마리아노 로씨가 그린 천장화 **〈유피테르 신으로부터 환영받는 로물루스〉**(1775/79)가 시선을 압도한다. 그림의 아래쪽에는 로마의 영웅 카밀루스(Marcus Furius Camillus) 장군이 갈리아족과 전투를 하고,

로물루스는 유피테르에게 도움을 요청하고 있다. 로마는 정의, 충성, 영광의
여신들이 수호하고 있다.

로마 시대 황제들의 초상, 검투사들의 싸움을 표현한 모자이크, 거대한 바쿠
스 신이 이 방에 전시되어 있다.

1전시실에는 유명한 안토니오 카노바(Antonio Canova, 1757~1822)의 조각 작품,
〈승리한 베누스의 모습을 한 파올리나 보르게세〉가 있다. 이 작품 하나를 위
해 보르게세 미술관을 찾는다는 사람이 있을 정도다. 안토니오 카노바의 대표
작 중 하나다. 나폴레옹의 여동생이며, 카밀로 보르게세의 부인 마리아 바올
라 보나파르트(Maria Paola Bonaparte, 1780~1825)는 베누스(아프로디테) 여신의 모습
으로 파리스가 준 황금사과를 들고 있다. 카노바의 신고전주의 양식의 조각품
이다.

나폴레옹의 여동생은 로마 시대 귀족들이 유흥을 즐기던 긴 소파 형태의 트

리클리니움에 여유롭게 기대
어 있다. 사랑은 그 자체로 숭
고하여 어떤 것으로도 표현할
수 없을 것 같지만, 이상적인
미(美)로 표현할 수 있다는 걸
말하는 것 같다. 바로크 양식
이 주는 과도함도 필요하다는
생각이 든다. 규칙의 엄격함
은 덮개에서 보듯 부드럽게 순
화되고, 카노바의 인체 연구에
대한 시각은 특히 여성의 뒤
태에서 잘 보여주고 있다. 아
프로디테의 아름다움에 투영
된 유한한 인간의 한계를 대변
하며, 나체는 어느 시대에나 예술가들의 공통된 주제라기보다는 '벗김'을 통해
더 강한 '덮음'을 시사한다고 본다. 얼굴만 바올리나 보르게세의 것이고, 나머
지 '벗은' 모습은 고대 조각 작품에서 늘 보아왔던 것으로, 카노바는 그것을 다
시 소환하여 우아하고, 숭고하고, 단순한 고전적인 '미'에 대한 규범을 제시하
고 있다.

작품은 그리스와 트로이 전쟁의 도화선이 된 '신화 속 이야기'를 배경으로 하
고 있다. 미의 여신 아프로디테의 모습을 한 바올리나가 손에 든 사과가 그것을
말해준다. 헤라, 아프로디테, 아테나와 미의 경쟁에서 승리한 것을 의미한다.

유피테르의 조강지처이자 여신 중의 최고이며 도도한 아름다움을 지닌 헤
라, 전쟁의 여신이자 지혜와 지적 아름다움을 대변하는 아테나, 육체적인 사
랑, 애욕, 모든 미를 대표한다고 자처하는 아프로디테를 포함하여 모든 신이

테티스와 펠레우스의 결혼을 축하하는 결혼 잔치에 초대되었다. 하지만 불화의 신 에리스는 초대받지 못했다. 화가 난 에리스는 무르익어가는 축제에 나타나 "가장 아름다운 여신께 바칩니다"라며 황금사과를 하나 던지고 갔다. 사과를 놓고 헤라, 아테나, 아프로디테가 서로 자기 것이라고 주장했다.

유피테르는 사과를 빼앗고 누구 편도 들어주기가 곤란해지자, 세 여신을 한 번도 본 적 없는 인간 세상에 사는 트로이의 왕자 파리스에게 물어볼 것을 제안했다. 파리스는 트로이의 왕자로 그리스에서 볼모로 전원생활을 하고 있었다.

세 여신은 유피테르의 제안에 동의했다. 여신들은 파리스에게 가 로비를 했다. 헤라는 '왕국의 군주 자리'를 주겠다고 했고, 아테나는 '전투에서 승리'를 약속했다. 그러나 아프로디테는 '가장 아름다운 미녀'를 주겠다고 했다. 파리스는 '가장 아름다운 미녀'를 택했고, 사과는 아프로디테의 차지가 되었다.

그런데 아프로디테가 파리스에게 약속한 지상 최고의 미녀는 헬레네라는 여성이었는데, 이미 스파르타의 왕 메넬라오스의 아내가 되어 있었다. 아프로디테는 파리스가 헬레네를 납치하여 고향 트로이로 돌아갈 수 있도록, 그리스 탈출을 도와주었다. 이 사실을 알게 된 스파르타의 왕 메넬라오스는 그리스와 주변 도시국가들과 연합하여 트로이를 공격하게 되었고, 헤라와 아테나는 그리스 연합국 편을 들어주었다.

이 작품이 놓인 나무 받침대는 사방으로 돌아가도록 설계되었다. 카노바의 다른 작품들도 마찬가지다. 다양한 측면에서 감상할 수 있게 한 것이다. 한때는 촛불을 켜고 이 작품을 감상하기도 했다고 한다. 작품의 표면 대리석의 미세한 질감과 초를 통한 광택 효과를 보기 위해서였단다. 최근의 복원 공사에서도 작품의 광을 유지하는 데 신경을 썼다고 한다.

2전시실은 "태양의 방"이라고도 한다. 천장화로 "유피테르의 벼락을 맞고 태양의 전차를 몰 수 없게 된 페튼이 추락하는 장면"이 그려져 있는데, 프란체스코 카챠니가(Francesco Caccianiga, 1700~1781)의 작품이다. 오비디우스의『변신 이야기』에 나온다.

여기서부터 보르게세 미술관을 빛내는 베르니니의 4개 주요 작품이 하나씩 소개된다. 쉬피오네 추기경의 수집품 중 '4개 고대 작품' 시리즈다. 〈다윗〉(2전시실), 〈아폴로와 다프네〉(3전시실), 〈페르세포네의 납치〉(4전시실), 〈아이네아스와 안키세스〉(6전시실)다. 모두 베르니니가 22~29세 되던 1618~25년에 조각했다.

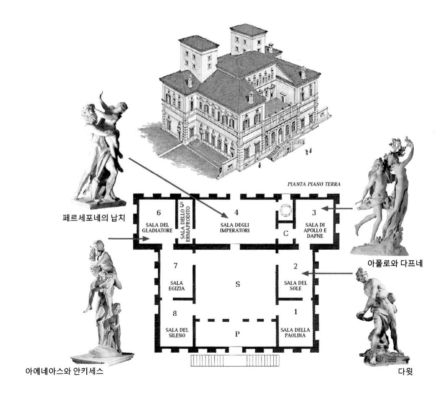

이 방에는 베르니니의 〈**다윗**〉(1623/24)이 있다. 〈다윗〉 상의 계보를 들면, 1440년 도나텔로의 〈다윗〉, 1472년 베로키오의 〈다윗〉, 1504년 미켈란젤로의 〈다윗〉에 이어 베르니니의 이 〈다윗〉을 들 수 있을 것이다. 1400년대의 다윗은 미소년에 전신, 혹은 부분적인 나체에 골리앗을 쓰러트린 직후, 적의 머리를 밟고 손에는 칼을 들고 있는 다윗이었다. 그러나 미켈란젤로부터 이런 다윗에 대한 문법이 파괴되기 시작했다. 더는 미소년이 아닌, 성숙한 청년이 돌 팔매질하기 직전, 즉 행위가 표출되지 않은 상태의 모습으로 표현했다. 행위 자체에 대한 언급보다, 그것을 하려는 의도에 내재 된 행위를 조각으로 표현한 것이다. 1623년, 베르니니의 '다윗'은 대단히 역동적인, 돌팔매질을 하는 순간을 포착했다. 한 번도 보지 못한 힘과 결연한 의지를 담았다.

3전시실은 도쏘 도씨(Dosso Dossi)가 그린 〈키르케〉와 함께, 베르니니의 **〈아폴로와 다프네〉**(1622/25) 조각 작품이 있다.

〈아폴로와 다프네〉는 그리스 신화에 등장하는 '다프네의 변신'(이미지 일부분)

을 조각했다. '변신'의 순간이라는 어려운 주제를 문학적이고 시각적으로 표현했다.

다프네는 태양신 아폴로의 첫사랑이다. 그러나 그 사랑은 베누스의 아들 큐피드의 미움에서 시작되었다. 유피테르가 물로 세상을 멸하자 다시 땅에서 새로운 생명이 생겨났는데, 그중에는 인간에게 공포의 대상이 된 델피섬의 거대한 뱀 퓌톤도 있었다. 유피테르는 아폴로에게 뱀을 없애라는 임무를 주었다. 지금껏 아폴로는 자신의 화살로 산양이나 토끼 같은 작은 동물만 사냥하다가 처음으로 거대한 뱀을 쏘아 죽였다. 뱀이 죽어가는 모습을 보면서 자신의 행동에 자신감을 가지고 확인하기 위해 발을 내딛는 순간은 바티칸박물관의 벨베데레의 뜰에 있는 〈아폴로 상〉에서 볼 수 있다.

이 작품은 그 후에 일어난 일이다. 당당하게 귀환하던 아폴로는 오는 길에 어린 큐피드가 화살을 가지고 놀고 있는 것을 보고, "야, 꼬마야, 화살은 나처럼 진짜 사나이들이 쓰는 물건이지, 너처럼 조그만 꼬마가 가지고 노는 물건이 아니야!"라고 한다. 아폴로의 이 말에 마음이 상한 큐피드는 엄마 베누스에게 가서 고자질했고, 베누스는 아들에게 복수를 위해 화살을 두 개 준다. 하나는 애정을 불러일으키는 화살이고, 다른 하나는 애정을 거부하는 화살이다.

큐피드는 파르나소스산으로 올라가 아폴로와 다프네에게 각각 화살을 쏘았다. 아폴로에게는 애정을 불러일으키는 화살을, 다프네에게는 애정을 거부하는 화살을 쏘았다. 초원을 달려가는 다프네를 본 아폴로는 그녀에게 끌리게 된다. 그러나 다프네는 정신없이 도망간다. 아폴로는 소리친다. "잠시만 기다려 주오!", "페네이오스의 딸이여! 난 나쁜 사람이 아니에요. 제발 도망치지 말아 주오. 내가 당신을 쫓는 것은 사랑 때문이오. 나는 유피테르의 아들 태양신 아폴로요!" 그러나 다프네는 그의 말은 아랑곳하지 않고 오로지 달릴 뿐이다.

그러나 목적이 뚜렷한 사람을 당해낼 재간은 없다. 숨을 헐떡이며 달리던 다프네는 아버지에게 구원을 호소한다. 드디어 따라잡았다고 생각하고 그녀의 몸에 손을 댄 아폴로의 팔 안에서 그녀는 월계수로 변신한다. 헤어날 수 없는 사랑에 빠진 아폴로는 월계수 나무로 변해 버린 다프네를 끌어안고 슬픔에 몸을 떤다. 신화에서 육체가 식물로 변하는 극적인 순간을 목가적인 정서로 아름답게 묘사했다. '변신'은 오래전부터 많은 작가의 상상력을 자극했고, 베르니니도 그중 한 사람이 되었다.

'아폴로와 다프네'는 대단히 역동적인 구성과 특유의 관능미를 대리석에 정교하게 표현했다. 다프네의 뻗은 두 팔과 얼굴은 고통과 두려움이 뒤섞인 절박한 순간을 말하고, 아폴로가 달려오던 상황이라는 것은 공중에 매달린 듯한 한쪽 다리가 말해주고 있다. 그녀를 잡으려던 아폴로의 손과 절규하듯 뻗은 다프네의 손이 나뭇가지로 변해가려는 순간, 시공은 이들을 송두리째 가두고 만다.

4전시실은 석고, 대리석, 프레스코화 및 각종 그림으로 화려하게 장식된 가운데, 18개의 로마제국 황제들의 흉상이 전시되어 있다. 이 방에도 중앙에 베르니니의 **〈페르세포네의 납치〉**(1621/22)가 있다.

〈페르세포네의 납치〉는 쉬피오네 추기경의 요청으로, 1621~22년, 베르니니가 훗날 우르바노 8세 교황이 되는 마페오 바르베리니(Maffeo Barberini)를 위해 조각했다. 교황 그레고리오 15세의 조카 루도비코 루도비지 추기경에게 선물했던 것을 20세기 초에 보르게세 미술관에서 다시 사들였다.

작품의 배경이 되는 그리스 신화는 농경문화의 시작과 관련 있는 이야기다. 페르세포네는 유피테르와 농업의 여신 데메테르의 딸이자, 지하세계의 왕 하데스의 부인이다. 페르세포네가 하데스의 부인이 된 것은 아프로디테의 아들 큐피드(에로스)가 쏜 화살을 맞은 하데스가 들판에서 놀고 있는 페르세포네를 보는 순간 사랑에 빠져 그녀를 자신의 땅으로 납치했기 때문이다. 후에 딸이 납치된 것을 안 데메테르는 딸을 찾기 위해 사방을 헤매고 다녔지만, 아무도 가르쳐주는 사람이 없었다. 하데스가 무서워 아무도 알려 주지 않은 것이다. 그러나 하데스가 페르세포네를 데리고 키아네 강을 건너 달아나던 광경을 본 강의 님프가 페르세포네가 도망칠 때 떨어트린 허리띠를 바람을 이용하여 그 어머니의 발밑으로 가게 했다.

데메테르는 딸이 죽은 줄로 알고 고통과 슬픔에 빠져 대지를 돌보지 않게 되었다. 그리고 죄 없는 대지에게 누명을 씌워 "배은망덕한 땅아, 나는 너를 비옥하게 하고 풀과 양분이 많은 곡식으로 너를 덮어주었다. 그러나 앞으로는 그런 은총을 받지 못할 것이다"라며 저주했다. 곧, 가축은 죽고 쟁기는 못쓰게 되며 씨앗은 싹을 틔우지 못했다. 그나마 남은 씨앗은 새들이 쪼아 먹었고, 땅은 엉겅퀴와 가시덤불로 뒤덮였다. 이것을 본 샘의 님프 아레투사가 데메테르에게 사실을 알려 주자 데메테르는 유피테르를 찾아가 딸을 찾아달라고 애원했

다. 유피테르는 페르세포네가 하데스와 함께 있는 동안 식사를 한 번도 하지 않았다면 가능하다며 헤르메스를 하데스에게 파견했다.

하데스는 페르세포네의 반환 요구에 응했지만, 그 사이, 페르세포네는 하데스가 준 석류를 받아 그 씨에 붙은 맛있는 과육을 먹은 뒤였다. 페르세포네의 완전한 지하세계의 탈출은 불가능하게 되었다. 그래서 반년은 어머니 데메테르와 지내고, 반년은 남편 하데스와 지내게 되었다. 페르세포네가 어머니이자 대지의 신인 데메테르와 함께 있는 동안은 대지에 생명을 불어넣어 곡식이 여물지만, 페르세포네가 하데스와 함께 있는 동안은 데메테르 여신의 슬픔으로 땅에는 곡식이 자라지 않고 낙엽이 지고 겨울이 오게 되었다.

밀턴(John Milton, 1608~1674)은 『실락원(Paradise Lost)』 제4권에서 페르세포네 사건을 이렇게 이야기했다.

'저 아름다운 엔나 들에서
페르세포네가 꽃을 꺾고 있었는데
그녀 자신이 더욱 아름다운 꽃이었기에

저 음흉한 하데스에게 꺾이고 마네.'

5전시실에는 고대 그리스의 조각가 폴리클레이토스(Polykleitos, 기원전 5)의 청동 원작을 모작한 ⟨**잠자는 헤르마프로디테**(Ermafrodito dormiente)⟩(1619)가 있다. 베르니니는 같은 주제의 사본을 두 개 만들었는데, 하나는 루브르에 있다 (1620년 작). 이것은 1619년 보르게세 추기경의 요청으로 조각했다. 침대 매트는 카라라의 대리석이다.

이 방의 바닥에는 2세기 로마 시대 물고기 잡는 장면이 모자이크로 있다.

6전시실에는 베르니니의 ⟨**아이네아스와 안키세스**⟩가 있다.

⟨아이네아스와 안키세스⟩는 베르길리우스의 『아이네아스』에 등장하는 이야기로, 트로이가 멸망하던 날, 화염 속에서 아이네아스가 늙은 아버지 안키세스를 둘러 업고 아들 아스카니오스를 데리고 트로이를 빠져나오는 장면이다. 베르니니는 극적인 순간에 삼대의 인물을 한 공간에 절묘하게 표현했다. 동시에 이들이 각자 중요하게 여기는 물건을

하나씩 묘사함으로써, 생사의 갈림길에서 결국 인간에게 남는 게 무엇인가를 생각하게 해 준다. 어린아이의 부드러움과 아이네아스의 내적인 용기와 외적인 강인함, 안키세스의 주름이 인상적이다.

이 방에는 같은 작가의 〈드러난 진실〉이라는 조각 작품도 있다.

7전시실에는 로마 시대의 많은 대리석 조각 작품이 있다. 바닥 모자이크도 2세기 로마 시대의 것이다. 〈돌고래를 탄 사티로스〉도 있다.

8전시실은 천장에 〈실레노의 희생〉이 그려져 있다.

이 방에는 카라바조의 작품 6점이 있다. 〈과일바구니를 든 소년〉, 〈병든 바쿠스〉, 〈팔라프레니에리의 성모〉, 〈골리앗의 머리를 들고 있는 다윗〉, 〈성 히에로니무스〉, 〈세례자 요한〉이 그것이다.

카라바조(Caravaggio)의 본명은 미켈란젤로 메리시(Michelangelo Merisi, 1571~1610)다. 밀라노에서 태어났지만, 건축가였던 아버지가 일찍 죽는 바람에 어머니가 고향 카라바조로 돌아가 자녀들을 키웠다. 메리시는 바로크 시대를 연 화가이자, 사진 기술을 탄생시키는 데 영감을 불러일으킨 화가로 밀라노, 로마, 나폴리, 몰타와 시칠리아를 돌며, 죽기 직전까지 왕성하게 활동했다. 그러나 과격하고 폭력적인 성격으로 가는 곳마다 논쟁과 싸움, 소송에 휘말리며 많은 문제를 일으켰다. 끊임없이 싸우고 투옥되기를 반복했지만, 그때마다 그의 재능을 안타깝게 여기던 고위성직자들의 도움으로 빠져나오곤 했다. 그러나 1606년 5월 로마에서 라누초 토마소니를 죽인 살인죄는 돌이킬 수 없는 중죄였다. 결국 도망자 신세가 되었다. 로마의 명문 콜론나 가문을 통해 팔레스트리나, 나폴리를 거쳐 몰타로 갔다가, 다시 시칠리아와 나폴리로 왔다. 가는 곳마다 강한 인상의 작품을 남겼다. 그림을 통해 교황의 사면을 받고자 무진 애를 썼다. 나폴리를 거쳐 로마로 귀환하려던 중 자객의 칼을 맞았다. 위독한 상태에서 로마로 향했고, 토스카나 주에 있는 에르콜레 항구(Porto Ercole)에 도착한 뒤, 고열로 사망했다. 39살의 나이였고, 사면받기 며칠 전이었다.

그는 짧은 생애를 시대의 반항아로 살며, 예술사에 적지 않은 발자취를 남겼다. 그의 작품에서 모든 주제는 극적으로 조명되었고, 사실적으로 묘사되었다. 그래서 보는 이로 하여금 심리적으로 적지 않은 불편을 주었으나, 그로 인해 바로크 양식의 탄생에 크게 영향을 미쳤다. 활동 초기에는 너무도 사실적이고 파격적인 주제들로 인해 종교적인 전통 사회에서 거센 비난을 받기도 했고, 사회적 물의를 일으킨다는 평을 듣기도 했다. 로마에서 오랫동안 활동하면서 사회 고위층에 '불편한 진실'을 각인시켰다. 점차 그에 대한 명성은 달라졌고, 미술의 흐름을 바꾸어 놓았다. 르네상스를 거쳤지만, 여전히 중세적인 '성(聖)스러움'이 주류를 차지하던 성화에 인간적이고 사실적인 이미지에 '속된 것'도 미학의 범주에 넣은 인물이었다. 인간의 모습이란, 생각하는 것처럼 그렇게 고상하지만은 않다는 것, 있는 그대로의 '추한 것'이 가장 인간적이라는 것, 그리고 그것도 예술의 대상이 될 수 있다는 것을 보여주었다.

카라바조에게 성화(聖畫)의 모델은 평범한 서민들이고, 때로는 매춘부도 있었다. 그래서 성인의 품위를 훼손했다는 둥, 성화에 신성한 영혼이 없다는 둥 비난을 받았지만, 인간적인 미와 생명력을 불어넣었다는 평도 동시에 받았다. 그의 작품에서는 신도 인간처럼 병이 들고 발바닥과 손톱 밑에 때가 꼬질꼬질 끼어 있다. 그의 화풍은 이후 루벤스, 렘브란트, 벨라스케스 등 많은 화가에게 영향을 미쳤다.

〈과일바구니를 든 소년〉(Fanciullo con canestra di frutta, 1593~1594)은 카라바조의 로마 체류 초기에 그렸다. 주세페 체사레(흔히 카발리에레 다르피노 Cavalier d'Arpino 로 알려짐) 공방에 머물던 시기에 그렸지만, 카라바조가 도망자 신세가 되어 갑자기 로마를 떠나는 바람에 두고 갔던 것이다. 1607년 주세페 체사레의 공방이 법적 압류에 들어갔을 때, 107점의 그림이 있었는데, 거기에 포함되었던 작품이다. 카라바조의 또 다른 작품 〈병든 바쿠스〉도 거기에 있었다. 후에 그림들은 모두 교황청에서 구매했고, 그중 카라바조의 작품 두 점을 바오로 5세가 조카 쉬피오네 추기경에게 주었다.

'빛과 어둠의 대가'라는 카라바조의 명성에 어울리게 사실적인 명암이 그림에 입체감을 더해준다. 실물을 관찰하여 일상의 삶을 담아내는 가운데 빛과 어둠을 명확하게 대비시키는 동시에 빛이 투영되는 지점을 정확하게 포착하여 그것을 자연스럽게 묘사했다. 즉, 배경을 어둡고 단조롭게 함으로써 주제에 집중하게 한다. 공간의 깊이를 통해 인물을 입체적으로 드러나게 했다.

세부 묘사는 극도의 사실주의에 근거했다. 과일바구니 속 과일들을 통해 밀라노 암브로시오 피나코테크 입구에 있는 〈과일바구니(Canestra di frutta)〉(1597-1600)를 연상시키기에 부족함이 없다.

같은 시기(1593~1594)에 **〈병든 바쿠스(Bacchino malato)〉**도 그렸다. 그가 말차기 경기에서 다리를 다쳐 빈민병원 '콘솔라치오네 병원'에 입원했다가 회복하면서 그린 걸로 추정된다. 거울을 통해 드러난 자신의 초췌한 자화상을 주신(酒神) 바쿠스의 얼굴에 담았다. 빛과 어둠의 대비를 강하게 보여주는 이 그림의 특징은 시선을 얼굴, 어깨, 손은 동일한 수평선상에 두지만, 테이블은 위에서 아래로 내려다보고 있다. 보는 관점을 다르게 한 것이다. 여기서도 과일은 자연스럽게 묘사했다. 테이블 위의 두 개 복숭아는 색이 유난히 밝다. 바쿠스의 눈도 매우 빛난다. 비록 몸은 아프지만, 삶에 대한 열정은 생생하게 살아 있다는 걸 대변하는 것 같다.

〈팔라프레니에리의 성모〉(여기서 'Palafrenieri'는 '마부회'라는 뜻) 혹은 〈뱀을 밟는 성모〉로 알려진 이 그림은 카라바조가 1605~1606년에 그렸다(옆 페이지 그림 우측). 그림의 배경은 구약성경에서 아담과 하와가 죄를 범한 후 하느님께서 하와에게 벌을 주면서 하시는 말씀에 있다. "나는 너와 그 여자 사이에, 네 후손과 그 여자의 후손 사이에 적개심을 일으키리니, 여자의 후손은 너의 머리에 상처를 입히고, 너는 그의 발꿈치에 상처를 입히리라."(창세 3,15).

가톨릭교회 전통은 하느님의 어머니 마리아가 뱀(사탄)의 머리를 짓밟을 수 있는 유일한 분이라고 가르친다. 마리아는 원죄를 없애러 오시는 하느님의 아들을 낳은 분이므로 원죄에 물든 채 아들을 잉태할 수가 없다. 따라서 마리아는 아들 그리스도를 원죄 없이 잉태하고, 원죄의 상징인 뱀을 짓밟을 수가 있는 것이다.

그림에서 마리아의 권위는 그리스도를 잉태함으로써 얻는 것이기에 "예수의 도움을 받아 마리아가 뱀의 머리를 짓밟는 것"으로 묘사했다. 그런데도 성 베드로 대성당 내, '마부회 제단'을 장식했던 이 그림이 철수되었던 이유는 이 그림과 〈로레토의 성모〉(성 아우구스티노 대성당 소장, 〈순례자들의 성모〉로도 알려짐, 아래 그림 좌측)에 등장하는 마리아의 모델이 카라바조의 애인이자 매춘녀였던 레나의 관능적인 미를 그대로 드러내고 있다는 이유 때문이다. 가슴이 지나치게 노출된 채 겉치마까지 걷어 올린 마리아, 완전히 벌거벗겨 놓기에는 너무 큰 예수, 가난에 찌든 노파의 모습으로 표현된 안나(마리아의 어머니)의 모습은 그림을 의뢰한 교황청 "성(聖) 안나 마부회(Palafrenieri)"로서는 받아들이기 힘든 도전이었다는 것이다. 결국 그림은 창고로 가게 되었고, 카라바조의 다른 그림들과 마찬가지로, 그의 열렬한 옹호자였던 쉬피오네 추기경이 사들였다.

그러나 카라바조의 이 작품을 분명히 관통하고 있는 것은 안나와 마리아와 예수를 연결하는 어둠 속의 한 줄기 '빛'이다. 이 빛을 통해 카라바조는 혼탁한 자신의 삶도 조명해 보려고 했던 건 아닌지.

〈골리앗의 머리를 든 다윗〉

(Davide con la testa di Golia, 1609~1610)은 카라바조의 마지막 작품으로 추정된다. 천재성과 심오한 작품성이 카라바조의 파란만장한 인생을 함축하고 있는 듯하다. 승자 다윗이 패자 골리앗의 목을 잘라 들고 있건만, 승자는 기쁜 얼굴이 아니다. 착잡한 표정의 승자를 통해 내면의 아픔, 연민을 표현하려고 한 것

으로 보인다. 승자와 패자의 모델이 모두 카라바조 자신이라는 데서 그 이유를 알게 된다. 자신의 젊은 시절과 그림을 그릴 당시의 얼굴이다.

이해하기 힘든 두 인물의 모호한 표정은 다윗이 들고 있는 칼을 통해 조금이나마 감지할 수 있다. 성 아우구스티누스의 『시편 35편 주해』에 있는 교만과 겸손에 대한 교훈이 새겨져 있다. 금세 알아볼 수 있는 성 아우구스티누스의 약어다. "H-AS OS", 즉 "Humilitas Occidit Superbiam(겸손은 교만을 죽인다)". 평생을 시대에 반항하며 가진 자들의 만용을 흉내 내려고 했으나 그것은 자신의 몫이 아니라는 것을 뒤늦게 깨달은 것인지….

당시의 수사기록들이 증명하듯이, 15차례의 고발, 7번의 감옥생활과 마지막으로 살인이라는 돌이키기 힘든 실패를 경험하면서 깊어진 카라바조의 선과 악, 성과 속에 대한 깊은 이해를 담고 있다고 하겠다.

9전시실 "디도의 방"은 천장에 오스트리아 출신의 안톤 폰 마론(Anton von Maron)이 그린 프레스코화 〈디도의 자살〉이 있어 붙은 이름이다. 르네상스 시

기 움브리아와 토스카나 출신의 예술가들에게 헌정되었다.

라파엘로가 다빈치의 영향을 입은 것으로 추정되는 〈유니콘을 안은 여인〉
이 있고, 페루지아의 성 프란체스코 성당에 있던 〈십자가에서 내려지는 그리
스도〉도 있다.

이 중, **〈십자가에서 내려지는 그리스도**(Deposizione di Cristo)〉는 당시 페루지아에서 일어난 한 사건이 배경이다. 아탈란타 발리오니(Atalanta Baglioni)는 페루지아의 통치권을 놓고 일어난 집안싸움에서 아들이 칼을 맞고 사망하자, 죽은

아들 그리포네토 발리오니(Grifonetto Baglioni)의 영혼을 위로하기 위해 라파엘
로에게 의뢰했다. 라파엘로는 그림 속 인물들을 발리오니 가족들로 표현했다.
그리스도의 발치에서 들것을 들고 있는 사람이 죽은 아탈란타의 아들 그리포
네토다. 아탈란타는 기절하는 마리아의 모습으로 표현했다. 완성된 작품은 페
루지아의 성 프란체스코 성당에 봉헌했다가, 후에 골동품과 미술품 수집광이
었던 쉬피오네 추기경을 위해 교황 바오로 5세의 요청으로 보르게세 가문에
서 소장하게 되었다.

이 방에는 라파엘로의 스승 페루지노의 〈성모와 아기〉, 핀투리키오의 〈성 예로니모와 크리스토포로가 있는 십자가〉, 브론지노의 〈세례자 요한〉, 안드레아 델 사르토의 제단화 〈피에타와 성인들〉, 보티첼리의 〈천사가 있는 성모자〉, 프라 바르톨로메오의 〈아기 예수의 경배〉도 있다.

10전시실에는 이탈리아 매너리즘 작가들의 작품이 전시되어 있다. 파르미자니노의 〈남자의 초상〉, 코레조의 〈다나에〉, 루카스 크라나흐의 〈베누스와 꿀을 훔치는 큐피트〉를 감상할 수 있다.

코레조(Correggio, 본명 Antonio Allegri, 1489~1534)를 들여다보면, 그는 파르마 학파의 대가로, 그가 후기에 남긴 작품은 바로크와 로코코 미술가들에게 큰 영향을 미쳤다. 코레조 그림의 가장 큰 토대가 되는 것은 '빛'이다. 그는 훗날 같은 고향 사람 조반니 란프랑코(Giovanni Lanfranco, 1582~1647)에게 많은 영향을 미쳤다. 여기에 전시된 **〈다나에〉**(1531) 는 신화 속 이야기가 배경이다.

다나에는 아르고스의 왕 아크리시우스와 에우리디케의 딸이자 페르세우스의 어머니다. 아크리시우스 왕에게 딸은 있는데, 뒤를 이를 왕자가 없자 예언자를 찾아갔다. 예언자는 왕이 땅끝에서 외손자에게 살해당할 거라는 신탁을 전했다. 겁이 난 아크리시우스는 아직 처녀인 딸이 아이를 낳지 못하도록 청동 탑에 가두었다. 그러나 유피테르는 황금색의 비로 모습을 바꾸어 다나에의 방으로 들어가 다나에를 임신시켰는데, 그 아기가 영웅 페르세우스이다.

아크리시우스는 유피테르가 두려워, 딸과 외손자를 죽이지는 못하고 상자에 넣어 바다에 던져 버렸다. 유피테르의 부탁을 받은 포세이돈은 상자가 바다에 가라앉거나 파도에 휩쓸리지 않도록 보호했고, 상자는 세리포스의 해안에 닿았다.

폴리덱터스 왕의 동생이자 어부인 딕터스가 상자를 발견하여 그 속에 있는 다나에와 페르세우스를 극진히 대접했다. 특히 페르세우스를 친아들처럼 키웠다. 그러나 딕터스의 형 폴리덱터스 왕은 아름다운 다나에와 결혼하기 위해 페르세우스에게 메두사의 머리를 가져오라는 위험한 임무를 맡겨 죽음으로 내몰았다. 그러나 페르세우스는 아테나 여신의 도움으로 메두사를 죽이고 돌아가는 도중, 바다의 괴물에게 제물로 바쳐지기 위해 묶여 있는 안드로메다를 보고 괴물을 죽여 그녀를 구출하고 결혼한다.

신탁을 들은 페르세우스는 아르고스로 가는 대신 라리사로 향했고, 그곳에서 페르세우스는 창던지기 대회에 참가한다. 그러나 페르세우스가 던진 창은 우연히 그 자리에 와 있던 외할아버지 아크리시우스에게 떨어져 그를 죽이고 말았다. 예언자가 말한 신탁이 이루어졌다.

세리포스로 돌아온 페르세우스는 다나에와 강제 결혼을 하려는 폴리덱터스를 죽이고, 인정 많은 양부 딕터스를 왕위에 올렸다. 다나에는 렘브란트, 구스타프 클림트의 작품에서도 등장한다. 그림은 유피테르가 금색의 비로 모습을 바꾸어 다나에의 침실로 숨어 들어가 결합하는 장면이다. 침대 위 천장에 걸린 금색의 구름 덩어리에서 쏟아지는 비를 다나에는 몸을 열어 받고 있다.

11전시실은 18세기 마르칸토니오 4세 보르게세가 만들었는데, 예전에는 "가니메네의 방"이라고도 불렀다. 천장에 빈첸조 베레티니가 그린 〈가니메네 이야기〉가 있기 때문이다. 그 외 다른 그림들은 16세기 페라라 학파의 작품들을 쉬피오네 추기경이 사들인 것이다. 페라라가 교황령으로 흡수되면서 벤티볼료(Bentivoglio) 추기경이 중재한 덕분이었다.

12전시실은 1500년대 초, 롬바르디아-베네토 지방의 작품들이 있다. 로렌조 로토(Lorenzo Lotto, 1480~1556/57)의 〈**신사의 초상화(Ritratto di gentiluomo)**〉(1535), 시에나 출신의 일 소도마(Giovanni Antonio Bazzi)의 〈성가정〉도 여기에 있다.

13전시실 "명성의 방"은 펠리체 자노(Felice Giano, 1758~1823)가 장식을 맡았다. 가운데 〈명성의 우화〉 속에서 보르게세 가문의 문장을 표현한다. 이 방에는 1400년대 후반, 볼로냐 지방 마에스트리들의 작품이 전시되어 있다.

14전시실, "란프란코 로지아의 방"은 조반니 란프란코(Giovanni Lanfranco, 1582~1647)가 그린 천장화 〈**신들의 공의회(Concilio degli dei)**〉 때문에 붙여진 이름이다.

원래는 북쪽 벽이 개방되어 '비밀의 정원'을 볼 수 있는 로지아(복도)가 있었다. 그러나 1775~1779년, 안토니오 아스프루치가 미술관을 리모델링 하면서 천장화를 보존하기 위해 벽을 만들어 외부를 차단했다. 〈신들의 공의회〉는 유피테르가 주재하는 가운데 유노, 아프로디테, 마르스, 아폴로, 머큐리, 바쿠스 등 많은 신들이 총출동하여 회의에 참여하고 있다.

볼로냐 출신의 프란체스코 알바니(Francesco Albani)의 〈사계절〉(1616/17)을 의미하는 원형(Tondo) 작품도 있다. 베누스와 디아나를 통해, 봄(베누스의 화장), 여름(화산의 용광로에 있는 베누스), 가을(베누스와 아도니스), 겨울(디아나의 승리)을 표현했다.

벽에는 베르니니의 자화상 3점이 있는데, 〈소년시절〉, 〈청년시절〉, 〈성숙한 시절〉(1635)이다.

베르니니와 마주 보고 있는 흉상은 보르게세 가문 출신의 바오로 5세 교황과 베르니니의 절대적인 후원자 쉬피오네 추기경이다. 이 방에는 베르니니의 〈말을 탄 루이 14세〉 테라코타(토기) 작품도 있다.

또 베르니니의 첫 번째 조각 작품으로 꼽고 있는 〈아말테아 사슴〉(1615년 이전)도 있다. '아말테아 사슴의 젖을 먹고 있는 어린 유피테르와 자연의 신 파우노'라고도 하는 이 상은 겨우 45cm밖에 안 되는 작은 작품이다. 유피테르의 어린 시절의 일화를 표현한 것으로, 유피테르의 아버지 사투르노 신이 아들을 시험하기 위해 내버렸을 때, 이다(Ida) 산의 님프가 꿀과 아말테아 사슴의 젖으로 유피테르를 키웠다. 베르니니는 10살 때부터 피렌체 출신의 아버지 피에트로 베르니니를 따라다니며 조각을 배웠다. 헬레니즘 예술의 역동성과 자연주의를 모방하고, 고대 로마의 예술적 조류를 공부했다.

레니(Guido Reni, 1575~1642)의 〈모세〉, 궤르치노(Giovanni Francesco Barbieri, 1591~1666)의 〈돌아온 탕자〉, 카라바조의 영향을 받은 것으로 알려진 네덜란드

작가 제리트 반 혼트호르스트(Gerard van Honthorst, 1592~1656)의 〈콘서트〉도 이 방에 있다.

15전시실은 천장화로 신고전주의 화가 도메니코 코르비(Domenico Corvi, 1721~1803)의 〈오로라에 관한 우화〉가 있다. 젊은 여성으로 묘사된 오로라는 손에 횃불을 들고 있다. 여기에는 매너리즘 회화의 수작 중 하나로 손꼽는 야코포 바싸노(Jacopo Bassano, 1515~1592)의 **〈최후의 만찬〉**(1546)이 있다.

16전시실의 천장에는 꽃의 여신 플로라가 다섯 아모리노(큐피트)에 둘러싸여 있다. 도메니코 데 안젤리스(Domenico De Angelis, 1735~1804)의 〈플로라 이야기〉다.

17전시실 "앵거스 공작의 방"은 주로 1600년대 플랑드르와 네덜란드 작가들의 작품이 전시되어 있다. 프랑스 프랑켄 2세의 〈골동품 상점〉과 볼프강 하임바하의 〈램프를 들고 있는 남자〉 등이 있다. 〈골동품 상점〉은 17세기 유럽 상류사회의 취미를 엿볼 수 있는 작품이다.

18전시실에는 천장에 프랑스 출신의 베니닌 젠네르호의 〈유피테르와 안티
오페〉가 그려져 있다. 이 방에서는 루벤스(Pieter Paul Rubens, 1577~1640)의 작품
을 볼 수 있다. 플랑드르 지방 출신으로 외교관이기도 했던 루벤스는 그림으
로 문화외교를 시도했던 인물이다. 그의 작품은 바로크 미술의 전형이자, 프
랑스 북부를 비롯한 북유럽의 바로크 시대를 연 작가라는 평을 받고 있다. 그
는 베네치아, 파르마, 로마에서 고대에서 16세기까지, 거장들의 다양하고 방
대한 화풍과 기법들을 연구하고 모방함으로써, 포용력을 길렀다. 당대의 미술
가들이 이룩한 미술 혁명에서도 자극을 받아 창조의 원동력으로 삼았다. 그의
독창성은 초상화에서부터 웅장한 풍경묘사, 장중한 분위기 등 방대한 작품 전
반에 걸쳐서 흐른다.

　이곳 보르게세 미술관에는 〈무
덤에 묻히는 그리스도〉(1605/06)
와 **〈수산나와 노인들〉**(Susanna e i
vecchioni, 1607)이 있다.

　〈수산나와 노인들〉은 구약성경
다니엘서 13장(외경)에 나오는 이
야기를 그린 것이다. 유사한 그림
이 많이 있는 것으로 보아, 당시에
이 이야기가 화제였던 것으로 보
인다.

　바빌론 힐키야의 딸이자 요야킴
의 아내 수산나는 용모가 뛰어났
을 뿐 아니라, 하느님을 경외하던
여인이었다. 요야킴은 부유한 사람이면서 많은 사람의 존경을 받고 있었기 때
문에 넓은 정원이 딸린 그의 집에는 유대인들이 늘 북적였다. 그런데 백성의

원로이며 재판관인 두 노인이 수산나에게 음흉한 마음을 품고 있었다. 어느 무더운 날, 수산나가 정원 문을 걸어 잠그고 목욕을 하는데 두 노인이 달려들어 욕을 보이려고 하자 수산나는 하느님 앞에서 죄를 짓지 않으려고 크게 소리를 질렀다. 그 바람에 순결은 지켰지만, 노인들이 짜놓은 계략에 걸려들고 말았다. 재판이 열리고 수산나는 사형을 선고받았다. 수산나의 억울한 외침을 하느님께서 들으시고, 성령이 다니엘이라는 소년에게 나타나 다시 법정이 열리게 했고, 그의 현명한 판결에 따라 진실이 밝혀져 수산나는 누명을 벗게 되었다. 수산나가 수치스러운 짓을 하지 않았기 때문에 하느님께서는 불의한 재판을 묵과하지 않았다는 이야기다.

그림의 배경은 수산나의 집 정원이다. 수산나가 목욕을 하려고 준비하는데, 노인들이 음탕한 생각을 품고 접근하는 장면을 포착했다. 입을 다물라고 말하는 노인을 올려다보며 옷을 벗으려다 말고 놀라서 옷을 다시 움켜쥐는 수산나를 조명하고 있다. 성경에서 말하는 점심시간 무렵이라고 하기에는 배경이 매우 어둡다. 아마도 어두운 인간의 마음, 욕정에 불타는 두 노인의 음탕한 시간 속에서 하느님을 경외하는 수산나의 육체가 빛과 만나는 것을 표현한 것으로 보인다.

19전시실은 천장에 〈헬레나와 트로이의 왕자 파리스〉를 그렸다. 스코틀랜드의 화가며 고고학자, 골동품 상인이기도 한 해밀턴(Gavin Hamilton, 1723~1798)이 그린 〈파리스의 심판〉과 〈파리스의 죽음〉(1782)도 함께 있다. 도메니키노(Domenichino, 1581~1641)의 〈다이아나의 사냥〉과 〈시빌레〉, 바로치(Federico Barocci, 1535~1612)의 〈트로이를 탈출하는 아이네아스〉와 〈성 히에로니무스〉, 카라치(Annibale Carracci, 1560~1609)의 〈웃는 소년〉 등도 이 방에 있다.

20전시실은 천장에 18세기, '아모레와 프시케'를 표현하고 있다. 방은 15~16세기, 베네토 지방의 마에스트로들에게 헌정했다. 조르조네(Giorgione, 1478~1510)의

〈열정적인 가수〉, 〈플룻 연주가〉도 감상할 수 있다. 조르조네는 시적, 몽상적, 신비적인 그림을 그린 인물이었으나 30대 초반에 일찍 죽는 바람에 남은 작품이 몇 안 되는데, 이곳에 2점이 있다. 그는 조반니 벨리니의 제자로 티치아노와 함께 활동했다. 그가 그리다 만 작품 〈잠자는 베누스〉는 티치아노가 완성했다.

티치아노(Tiziano Vecellio, 1488/90~1576)는 대표적인 베네치아 학파의 화가로 일찍이 "이탈리아의 여러 대가뿐만 아니라, 전 세계의 화가들 가운데 태양 같은 존재"(1590년, 미술 이론가 조반니 로마초)라는 평을 들었다. 지금도 티치아노의 천재성, 초상화에 담긴 인물에 대한 통찰력, 종교화에 담긴 신학적 지식 등은 그를 불변의 천재 화가로 만들기에 부족함이 없다. 신화를 주제로 한 그림에서 그는 그리스-로마 시대의 이교적인 쾌활함과 자유분방함을 유감없이 표현했다. 〈베누스와 아도니스〉에서 벌거벗은 베누스, 〈다나에와 유모〉에서 다나에를 표현할 때, 그는 아무도 능가할 수 없는 육체의 아름다움과 관능미를 보여줌으로써 이후 루벤스, 니콜라 푸생과 같은 후대 작가들에게 모방의 즐거움을 안겨 주었다.

이 방에서는 티치아노의 유명한 **〈거룩한 사랑과 속된 사랑〉**(Amor sacro e Amor profano, 1514)을 만날 수 있다.

목가적인 전원 풍경을 배경으로 고대의 석관에 기대어 있는 두 여성은, 하나는 '거룩한 사랑'이고 하나는 '속된 사랑'이다. 보기에는 화려한 옷을 입은 여성이 거룩한 사랑이고 벌거벗은 여성이 속된 사랑일 것 같지만, 실은 그 반대다. 그것을 증명하는 것이 뒤에서 놀고 있는 에로스, 즉 큐피드와 옷 입은 여성이 손에 들고 있는 꽃이다. 꽃은 어느 시기가 지나면 지고 만다. 화려한 아름다움은 언젠가는 덧없이 지고 마는 것을 의미한다. 물질적인 사랑으로 해석하기도 하는 이유다. 그러나 반대편 여성은 붉은 천을 두르고 손에 향로를 들고 있다. 붉은 천은 성모 마리아의 성화에서 마리아의 속옷으로 묘사되는, 전통적으로 동정성을 상징한다. 향로는 그 고결함이 천상으로 오르고 있음을 의미한다. 그래서 정신적인 사랑을 의미한다.

조르조네와 티치아노의 스승 조반니 벨리니(Giovanni Bellini, 1427/30?~1516)의 작품 **〈성모와 아기〉**(Madonna col Bambino, 1510)도 이곳에 있다. 깊고 풍부한 색채와 디테일한 명암법, 안정적인 구도와 공간배치 등은 두 제자에게 큰 영향을 미쳤다.

그 외, 이곳에 있는 베로네세(Paolo Veronese, 1528~1588)의 〈세례자 요한의 설교〉는 티치아노의 영향을 많이 받은 것으로 평가받는다. 빈틈없는 구도와 화려한 색채와 장식미를 손꼽는다. 카르파초(Vittore Carpaccio, 1465~1525/26)의 〈여자의 초상화〉, 로렌조 로토, 시칠리아 출신의 안토넬로 다 메씨나(Antonello da Messina, 1430~1479)의 〈남자의 초상화〉(1475) 등도 있다.

보르게세 미술관 Galleria Borghese
주소: Piazzale Scipione Borghese, 5
연락처 및 예약: https://galleriaborghese.beniculturali.it/info/
ga-bor.info@beniculturali.it
전화: +39 06 67233753
개방시간: 화-일 09:00-19:00, 마지막 입장 시간 17:45
관람 시간은 2시간으로 한정, 한 번에 최대 180명만 관람 가능
아래 시간대로 예약 가능:
• 09:00-11:00/ 10:00-12:00/ 11:00-13:00/ 12:00-14:00/ 13:00-15:00
• 14:00-16:00/ 15:00-17:00/16:00-18:00/ 17:00-19:00/ 17:45-19:00
휴관일: 12월 25일, 1월 1일
입장료는 현지시간 기준으로 사이트에서 확인

테베레강의 서쪽 언덕들

Mons Janiculensis [Mons Aureus]

'로마의 테라스'라고도 불리는 이곳은 테베레강 서쪽에 펼쳐진 높이 최고 88m 정도의 아름다운 언덕이다. 테베레강 건너편에 있었던 탓에 로마 시대부터 유명한 로마의 일곱 언덕에는 속하지 않았다. 일곱 언덕은 모두 테베레강 동쪽에 있다.

테베레강을 향해 뻗어 있는 언덕의 동쪽 자락은 경사가 심한 편이다. 그 아래에 유명한 트라스테베레 지역이 있다. 반면에 언덕의 서쪽 자락은 덜 경사가 진 편이고, 몬테베르데(Monteverde) 지역으로 불린다.

언덕의 이름은 이아니쿨룸(Ianiculum)이라는 이름의 주택 지구를 만든 야누스(Giano) 신의 이름에서 유래한 것으로 보인다. 이 언덕과 야누스 신의 관계는 트라스테베레의 주택 밀집 지구 안에 있었다는 샘의 신(神) 폰스(Fons)에게 봉헌된 작은 신전을 통해 입증되고 있다. 왜냐하면 폰스 신은 야누스 신의 아들이기 때문이다. 트라스테베레의 주택 밀집 지구는 오늘날 마스타이 광장 (piazza Mastai)을 중심으로 형성되었을 걸로 짐작된다.

고대 로마 왕정시대 제4대 왕, 안쿠스 마르키우스(Ancus Marcius, 기원전 675~기원전 616) 시대부터 야니쿨룸(Janiculum)의 점령은 도시를 방어하는 데 없어서는 안 되는 것으로, 역사에 등장하기 시작했다. 테베레강 오른쪽 언덕에서 자연적인 요새 역할을 한 것으로 보인다. 강 건너편 캄포 마르치오(Campo Marzio)에서 집회가 열릴 때, 이 언덕에 깃발을 올리기도 좋았을 것이다. 언덕에는 로물루스를 계승한 제2대 로마의 전설적인 왕 누마 폼필리우스(Numa Pompilius, 기원전 753~기원전 673, 재위 기원전 717~기원전 673), 고대 로마의 시인 엔니오(Quinto Ennio, 기원전 239~기원전 169)와 스타치우스(Caecilius Statius, 기원전 230~기원전 168)가 묻혀 있다는 이야기도 전해온다.

제5대 왕 타르퀴니우스 프리스쿠스(Lucius Tarquinius Priscus, 재위 기원전 616~579년) 시대에 로마의 영토는 크게 확장되었다. 그도 그럴만한 것이 5대부터 7대까지, 세 명의 왕은 에트루리아인으로, 로마 공회당만을 정치의 무대로 생각하지 않았기 때문이다. 실제로 1대부터 4대까지 왕은 '전설적인'이라는 수식어가 붙지만, 5대부터 왕정 시대가 끝나는 7대까지 세 명의 왕은 '역사적인' 인물로 간주 된다.

그런 점에서 타르퀴니우스 프리스쿠스 왕은 여러 가지를 처음 시작한 왕으로도 유명하다. 그가 통치하던 시기에 로마 유적지에서 볼 수 있는 가장 오래된 돌과 기와로 집을 지었고, 그것을 통해 막연하게나마 당시 사람들의 특수한 노동 형태가 존재했었다는 것을 짐작할 수 있다. 또 로마에서 가장 오래된 여러 공공건물을 지었는데, 기원전 7세기 말, 팔라티노 언덕에 지은 왕궁이 그것이다. 나아가 지금까지 발견된 가장 오래된 신전 건축도 타르퀴니우스 왕 시절에 지은 보아리오 공회장에 있던 것이고, 같은 시기에 캄피돌리오에 처음으로 유피테르 신전이 지어지기도 했다. 그 시기 로마의 지도다.

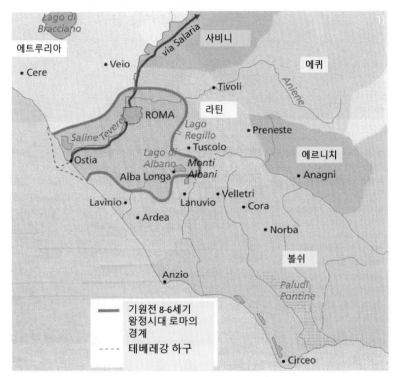

여기 지도에서 보듯이 로마는 일곱 언덕 중심의 작은 점에서 벗어나 알바롱 가까지 크게 확장했다. 그러나 테베레강 건너편, 서쪽은 여전히 강변 지역에 머무르고 있다. 로마 주변에는 북쪽에 에트루리아, 북동쪽에 사비니, 동쪽에 라틴족과 그 너머에 에퀴와 에르니치 족이 있었고, 남쪽에 볼쉬족이 둘러싸고 있었다. 물론, 이후에 로마가 본격적으로 기지개를 켜면서 이 민족들이 모두 로마의 통치하에 들어올 것이지만 말이다.

지도에서는 로마인들이 건설하게 될 교역로도 붉은 화살표로 가리키고 있다. 그러니까 로마는 하루아침에 방대한 제국이 된 게 아니라, 주변에 흩어져 살던 여러 민족과 다방면으로 교류했고, 그것을 토대로 영토확장이 이루어졌다는 걸 알 수 있다.

기원전 477년, 아그리파 라나토(Tito Menenio Agrippa Lanato) 집정관이 이끌던 로마군은 일대에 살던 에트루리아 계열의 베이족과 파비족 등 모든 이민족을 몰아내고 언덕에 요새를 세웠다. 이후 로마로 들어오는 성문 역할을 한다고 하여 "문"을 의미하는 "야누스(Janus)", 라틴어 "ianus"을 위한 제단을 만들어 제사를 지냈다. 야니쿨룸(Janiculum)은 그 자체가 문을 상징했고, 그래서 로마의 '성문' 기능을 했다.

한편 야니쿨룸의 흙은 '노란색의 모래'였다고 해서, "mica aurea", 즉 "몬테 도로(Monte d'Oro)", '황금산', '몬토리오(Montorio)'라고도 불렀다.

1849년, 이탈리아 통일운동인 리소르지멘토 시기, 프랑스 군대가 로마를 공격했을 때, 가리발디 장군이 이끄는 공화당원들은 이곳에서 몇 주간에 걸쳐 우세한 프랑스 군대에 저항하기도 했다. 그것을 기념하기 위해 이 언덕의 정상을 주세페 가리발디 광장이라고 하고, 장군의 대형 기마상이 세워졌다. 에밀리오 갈로리(Emilio Gallori)의 1895년 작품이다.

동상 밑에는 "로마가 아니면, 죽음을 달라(O Roma o Morte!)"고 했던 가리발디 장군의 유명한 말이 적혀있다. 동상의 받침대 주변에는 전투 장면과 우화적인 인물을 묘사한 동상이 4개 있다.

한편 주세페 가리발디 장군의 동상을 자세히 보면, 장군의 시선이 정면, 강 건너 로마를 향하고 있지 않다. 왼쪽으로 고개를 살짝 돌리고 있다. 그의 시선이 머무는 곳, 그곳에는 그의 부인이자 이탈리아 통일운동의 영원한 동지, 아니타 가리발디(Anita Garibaldi)가 있다. 주세페 장군이 영웅이라면, 아니타는 영

웅적인 동반자다. 장군이 가장 힘든 시기에 아니타는 그의 곁을 지키며 동지들인 공화당원들을 격려하고 지지했다. 아니타의 동상은 대단히 역동적이고 아름답다. 마리오 루텔리(Mario Rutelli)의 1932년 작품이다. 바로 그 해에 아니타의 유해가 니스에서 이곳으로 왔다.

아니타는 한 손에는 총알이 장착된 총을 들고 다른 한 손에는 갓 태어난 맏아들 메노티(Domenico Menotti Garibaldi)를 안고 있다. 아니타 역시 남편 주세페를 바라보고 있다.

아니타의 동상 옆으로, 자니콜로에서 성 베드로 대성당 쪽으로 내려가는 길에는 가리발디 장군 부부와 함께 이탈리아 통일을 위해 희생한 영웅들의 흉상이 있다.

흉상의 주인공들은 표정이 당당하고 엄숙하며 자랑스러워 보인다. 국가를 위해 희생한 영웅의 자세는 이런 것인가 하는 생각을 하게 만든다. 대중문화 속에서 아이돌(영웅)을 키우지 않는 나라, 국가는 누구를 진정한 영웅으로 받들어야 하는지, 국가가 자기 정체성과 관련하여 얼마나 영웅을 찾고 대접하는지를 생각하게 한다. 한순간에 일어나 관심을 증폭시키고 사라지는 영웅주의에 국가까지 나서야 하는가 하는 생각도 바람처럼 스치듯 해 보게 된다.

흉상을 보고 다시 뒤돌아 자니콜로 언덕을 바라보면, 파란 하늘을 이고 늘씬하게 서 있는 우산 모양의 소나무들이 있다. 레스피기(Ottorino Respighi, 1879~1936)의 교향시 〈로마의 소나무(I pini di Roma, 1924)〉 제3악장에 나오는 '자니콜로의 소나무'에 등장하는 주인공들이다.

이 교향시는 '로마의 분수(1927)', '로마의 축제(1929)'와 함께 로마를 소재로 한 교향시 3부작을 이룬다. 특히 모두 4악장으로 이루어진 '로마의 소나무'는 그레고리오 성가와 같은 전통적인 교회음악의 선율에 뛰어난 관현악법과 인상적인 기법으로 로마 근교 네 곳의 소나무를 풍부한 색채감을 잘 살려 묘사한 것으로 평가받고 있다. 로마의 가로수로 유명한 소나무의 인상적인 풍경화를 관현악에 담아 낭만적으로 표현한 것이다.

제1악장은 보르게세 귀족의 저택에서 웃고 떠드는 아이들의 명랑한 소리를 표현한 듯한 '보르게세 공원의 소나무'이고, 제2악장은 초기 그리스도인들의 공동묘지인 카타콤바를 배경으로 한 '카타콤바의 소나무'이며, 제3악장이 '자니콜로의 소나무'다. 자니콜로의 밤 풍경을 말하고 있는 것 같다. 제4악장은 '아피아 가도의 소나무'다. 로마제국 '길의 여왕'인 아피아 가도로 로마군의 승전보가 끊이지 않던 시절을 회상하는 듯한 선율이다.

한편 로마에 전해오는 이야기 중에 정오가 되면 야니쿨룸의 테라스에서 대포가 발사되었다는 말이 있다. 이야기는 정확하게 1847년 12월 1일, 비오 9세 교황 시절로 거슬러 올라간다. 1847년 11월 30일 자 "로마 일지"에는 "로마에 있는 많은 시계가 제각기 다른 시간을 알려주어 큰 혼란이 발생하여" 천사의 성에서 정오에 대포를 쏘면, 로마의 모든 성당에서 삼종을 알리는 종을 치기로 했다. 그 대포가 1903년 8월 1일부터 현재 힐튼호텔이 있는 몬테 마리오로 옮겼다가, 1904년 1월 24일부터 자니콜로로 옮겨져 쏘고 있는 것이다. 자니콜로와 로마 시청 캄피돌리오 사이에는 통신시설도 마련되어 있었고, 한때는 콜레지움 로마눔 건물에 설치된 천체관측소와도 연결되어 있었다.

현재 자니콜로에서 사용하고 있는 대포는 제1차 세계대전 때 사용하던 이동식 배럴이 있는 곡사포다. 대포는 허공에 대고 쏜다. 이탈리아의 유명한 배우 체코 두란테(Checco Durante)는 자니콜로의 대포 소리에 관해 로마 방언으로 직접 쓴 시 한 소절을 어느 무대에서 읊은 적이 있다.

사라졌던 아름다운 풍습이 다시 돌아와 유행한다.
이제 모든 사람이 정오가 되면 대포가 보내는 신호를 듣는다.
그 소리를 들으면, 머리로는 마음에서 우러나오는 기도를 생각한다.
그리고 중얼거린다.
주님, 대포는 인류에게 '밥 먹을'시간이 되었다는 것만 알리게 하소서!

어떤 사람은 야니쿨룸 언덕을 로마에서 팔라티노 다음으로 신성하다고도 했다. 과거부터 현재까지 역사의 과정에서 강렬한 자취와 시대에 맞는 가치를 남겼다는 것이다. 판크라치오 성문, 주세페와 아니타 가리발디의 기념 동상, 야니쿨룸에서 바티칸 쪽으로 내려가는 길에 세워진 명사들의 흉상 등은 이탈리아인의 윤리적, 정치적 위기가 닥칠 때, 양심을 향한 경고가 된다는 것이다.

몬토리오의 성 베드로 성당 Chiesa di San Pietro in Montorio

야니쿨룸 언덕에서 유명한 성당이다. 성당은 작은형제회 아씨시의 성 프란 체스코 수도회 소속이고 거기에 딸린 수도원이 있다.

성 베드로 대성당에서 가까워 9세기 때부터 이미 작은 수도원이 있었다고 전해진다. 베네딕토 수도회, 체레스틴회, 암브로시오회, 시토회를 거쳤다.

1472년 시스토 4세 델라 로베레 교황이 아메데오 다 실바가 이끄는 프란체스코 수도회에 맡기면서 이전의 오래된 성당을 허물고 새로 지었다. 마침 프랑스의 루이 11세가 교황에게 재정지원을 했고, 이후에도 페르디난드 2세와 카스티야의 이사벨라가 알렉산드로 6세 보르자 교황에게 외교적, 재정적 기부를 했다. 그 덕분에 1500년에 축성식을 할 수 있었다.

성당은 작지만 16~17세기 뛰어난 예술가들의 수작으로 채워져 있다. 세바스티아노 델 피옴보, 핀투리키오 학파 출신 화가들의 프레스코화, 조르조 바사리, 줄리오 마쪼니, 바르톨로메오 암만나티 등이 참여했다. 라파엘로의 〈타볼산에서의 그리스도의 변모〉도 1797년까지 이곳에 있다가 나폴레옹이 프랑스로 가져갔다. 이후 1816년에 반환되어 바티칸 박물관 피나코테크로 갔다.

성당의 중앙제단 아래에는 베아트리체 첸치(Beatrice Cenci, 1577~1599)의 무덤이 있다. 로마에서 베아트리체 첸치는 전설적인 여인으로, 오랫동안 '천사의 성' 괴담의 주인공이었다.

그녀의 아버지 프란체스코 첸치는 로마에서 이름난 귀족이지만 폭력적이고 부도덕하기 이를 데 없는 사람이었다. 주변 사람들과 잦은 마찰로 여러 번 투옥되기도 했다. 베아트리체는 태어난 지 얼마 안 되어 친모를 잃었다. 아버지는 루크레치아 페트로니라는 여성과 재혼하여 아들 베르나르도를 낳았다. 베아트리체에게는 친오빠 자코모도 있었다. 프란체스코는 아내와 두 아들과 베아트리체까지 가족들을 학대하고 딸 베아트리체를 강간까지 했다. 가족들은 가장의 상습적인 가정폭력에 계속해서 시달렸다. 베아트리체는 아버지의 학대를 견디다 못해 당국에 신고했다. 그러나 귀족이라는 이유로 체포조차 하지 않았다. 오히려 아버지는 딸이 자신을 신고했다는 이유로 로마에서 내쫓아 시골에 소유하고 있던 성에 가둬버렸다. 가족들은 베아트리체를 구하기 위해 프란체스코를 죽이기로 했다. 베아트리체의 연인으로 추정되는 하인 하나가 베아트리체를 구했고, 그녀의 주도하에 가족들은 가장을 죽일 계획을 세웠다.

첫 번째 시도는 독약을 타서 죽이는 것이었다. 하지만 프란체스코는 죽지 않았고, 더 폭력적으로 되어 가족들을 모두 죽이려고 했다. 이에 가족들은 망치로 대항했다. 결국 프란체스코는 가족들에게 맞아서 죽었고 가족들은 그를 실족사한 것으로 위장했다.

세간에서는 프란체스코의 갑작스러운 죽음에 대해 의문을 가지기 시작했다. 수사가 시작되었고, 결국 전모가 밝혀져 첸치 가문 식구들은 모두 체포되었다. 그리고 유죄가 인정되어 재판을 받았다. 로마의 법정은 연일 치열한 공방으로 시끄러웠다. 시민들은 정당방위를 주장했고, 그 과정에서 여러 차례 판결이 미루어졌다. 핵심은 '정당방위'와 '존속 살해'에 대한 시각이었다.

교황 클레멘스 8세는 이들을 '존속 살해범'으로 간주했고, 결국 법원은 모두에게 사형을 선고했다. 시민들은 교황과 법원의 결정에 거세게 항의했으나, 아무 소용이 없었다. 1599년 9월 11일 새벽, '천사의 성' 광장에 마련된 사형대에서 모두 처형되었다. 막내이며 가장 어린 베르나르도만 사형을 면했으나, 가족들이 사형당하는 모습을 지켜봐야 했다.

훗날 스탕달(Stendhal, 본명 Marie-Henri Beyle, 1783~1842)은 구이도 레니의 이 초상화를 보고 가슴이 뛰고 다리에 힘이 풀려 털썩 주저앉았다고 한다. 어지러워 한동안 일어나지를 못했다. 결국 병원 치료까지 받아야 할 정도로 심한 충격을 받았다. 사실주의에 입각한 후기 르네상스 작가의 작품을 통해 실제 베아트리체를 알게 됨으로써, 그녀의 저 청순하고 처

4)

4) 구이도 레니, 〈베아트리체 첸치의 초상〉(1599), 바르베리니 궁 소장, 로마

연한 아픔에 더 깊이 감정이입이 되었던 것으로 보인다. 스탕달 증후군은 어쩌면 이 작품에서부터 시작되었는지도 모르겠다. 그는 단편『이탈리아 연대기(Chroniques italiennes)』에서 그날의 풍경을 이렇게 적었다. "그날은 날씨가 몹시 더웠다. 로마의 소문난 미남 청년 우발디노 우발디니(Ubaldino Ubaldini)는 일사병으로 숨졌고, 흥분한 군중들 속에서 누군가도 살해를 당했으며, 어떤 이들은 테베레강에 몸을 던져 익사체로 발견되기도 했다."

그날 그들의 사형을 지켜본 예술가도 세 사람 있었다. 카라바조, 오라치오 젠틸레스키와 그의 딸 아르테미시아 젠틸레스키다.

이 사건은 가정폭력의 피해를 처음으로 세상에 고발한 사건이자, 오만한 귀족 계급에 저항한 최초의 사례가 되었다. 그러나 시대가 시대인지라, '존속 살해'가 우선적인 고려 대상이 되었다. 이후 천사의 성에는 베아트리체가 죽은 날이 돌아오면, 그녀의 유령이 잘린 머리를 들고 나타난다는 괴담이 생겼다.

시간이 흐른 뒤, 시민들은 베아트리체의 시신을 수습하여 자니콜로에 있는 몬토리오의 성 베드로 성당에 안장했다. 그녀에 관한 이야기는 많은 예술 작품의 소재가 되었다. 알베르토 모라비아의 비극『베아트리체 첸치』를 비롯하여 10편이 넘는 문학작품이 탄생했고, 8편이 넘는 오페라 비극 작품이 나왔다. 1900년대 들어와 영화도 9편이나 제작되었다.

성당 옆에 있는 수도원의 첫 번째 정원에는 소위 '브라만테의 신전'이라고 하는 아름다운 경당이 하나 있다. 16세기 초, 브라만테가 '순교자 성 베드로를 기리기 위해'지은 것으로 작지만 로마에서 보기 드문 르네상스 건축물로 지어 봉헌한 것이다. 로마에서 르네상스 건축의 백미로 손꼽힌다.

건물은 원통형으로 가볍게 벽감을 만들고 도리아식 기둥들을 둘렀다. 그 위에 그리스 건축에서 보던 세 개의 줄무늬와 도리아식 메토파 장식으로 마무리했다.

내부 면적은 지름 4.5m로 아주 작은 개인 기도실 정도의 크기밖에 되지 않지만, 성 베드로의 순교 정신을 현양하기에는 부족함이 없다.

5)

몬토리오의 성 베드로 성당 Chiesa di San Pietro in Montorio
주소: Piazza di S. Pietro in Montorio, 2
연락처: http://www.sanpietroinmontorio.it
　　　　sanpietroinmontorio@libero.it
전화: +39 06 5813940
개방시간은 유동적이므로 위 연락처에서 확인

---

5) 몬토리오의 성 베드로 성당에 있는 '브라만테의 신전'

자니콜로의 성 오노프리오 성당 Chiesa di Sant'Onofrio al Gianicolo

1419년, "성 예로니모의 가난한 은수자회(Congregazione dei Poveri Eremiti di San Girolamo)"를 설립한 포르카 팔레나 출신의 복자 니콜라오(Nicola da Forca Palena, 1349~1449)가 은인의 도움으로 이곳에 자리를 잡으면서 처음 성당을 지었다. 이 수도회는 1933년에 없어졌다.

성 오노프리오 성당은 중앙에 본당을 두고 양쪽에 두 개의 경당으로 이루어져 있다. 16세기에 건물이 완공된 뒤, 17세기에 여러 그림과 조각 작품이 채워졌다. 작은 회랑식 현관에는 도메니키노의 프레스코화 〈성 예로니모의 생애〉가 그려져 있다.

수도원의 작은 안뜰은 이곳에서 가장 오래된 건물이다. 15세기 중반 수도회가 처음 진출할 때 지어진 것으로 추정된다. 여기에는 1600년 대희년을 계기로 오노프리오 성인의 생애가 그려졌다. 카발리에르 다르피노(Cavalier d'Arpino)

로 알려진 주세페 체사레(Giuseppe Cesare, 1568~1640)의 작품이다.

이런 고즈넉한 장소에서 르네상스 후기, 이탈리아의 위대한 시인으로 손꼽히는 토르콰토 타소(Torquato Tasso, 1544~1595)도 생애 마지막 순간을 보내고 사망했다. 그는 클레멘스 8세 교황이 과거 페트라르카에게 수여한 '계관시인'의 명예를 약속받고 나폴리에서 올라왔지만, 그가 살아있는 동안 그 명예는 받지 못했다.

타소는 1300년대 단테, 페트라르카, 보카치오, 1400년대 폴리치아노, 피치노, 마키아벨리 등 인문주의 문인들에 이어, 16세기 후반을 빛낸 문인이다. 이탈리아 남부지방 소렌토 출신으로 로마를 거쳐 파도바에서 법학을 공부하며 인문주의 비평가 스페로네 스페로니를 만나 아리스토텔레스의 『시학(Poetics)』을 공부했다.

1565년부터 루이지 데스테 추기경을 섬기며 페라라에 있는 알폰소 2세 에스테 공작의 궁정에 드나들며 공작의 누이 루크레치아와 레오노라의 후원을 받았다. 그 대가로 그들을 위해 서정적인 몇 편의 아름다운 헌정시를 남겼다.

이후 데스테 추기경이 프랑스 궁정 담당 사제로 파견되자, 타소도 그를 따라 파리로 갔다. 거기서 프랑스 시인 피에르 드 롱사르(Pierre de Ronsard)를 만났다. 1571년에 페라라로 돌아와 공작의 궁정 신하가 되어 창작활동에 몰두했다. 이 시기에 쓴 작품이 저 유명한 『아민타(Aminta, 1573)』다. 『아민타』는 매우 서정적이고 목가적인 작품으로, 타소가 페라라에서 누린 행복한 궁정 생활을 반영했다고 할 수 있다.

1575년, 타소는 파도바에 머물며, 대표작 『해방된 예루살렘(Gerusalemme liberata, 1581)』을 쓰기 시작했다. 제1차 십자군 전쟁을 배경으로 한 이 작품은 역사적 사실을 토대로, 낭만적이고 전원적인 삽화를 넣어 창작과 역사적 사실을 조화시키는 데 성공했다. 이 책에 넣은 삽화는 타소가 직접 그린 것으로, 시

6) 타소의 무덤, 초상화는 1608년 작품, 서동화 수채화

가 가진 서정적인 매력을 풍성하게 해 준다는 평을 받았다. 이 작품을 통해 타소는 자신의 도덕적 열망과 감각적 영감, 그리고 르네상스 학자들이 서사시에 대해 설정한 형식적인 규칙과 자신의 서정적 환상을 균형감 있게 펼쳐놓았다. 작품의 배경에 흐르고 있는 것은 영웅의 비극적인 죽음과 이루어지지 않는 숙명적인 사랑 이야기다.

『해방된 예루살렘』은 발표한 지 얼마 안 가 유럽의 여러 언어로 번역되었고 많은 작가가 이 작품을 모방했지만, 계속된 엇갈린 평가로 타소는 심한 우울증을 앓았다. 특히 프로테스탄트 운동에 이어서 일어난 가톨릭교회 쇄신 운동으로 인한 엄격한 도덕률과 타소가 『아민타』에서 보여 준 이상적인 쾌락 사이의 대립은 타소의 불안한 생활과 정신질환을 악화시켰다.

1594년 11월, 타소가 로마에 돌아오자 교황은 많은 지원을 약속했지만, 그 약속들이 미처 이행되기도 전인 이듬해 4월, 타소는 자니콜로 언덕에 있는 이곳 성 오노프리오 수도원에서 쓸쓸하게 죽음을 맞이했다.

17세기 이후 이탈리아를 시작으로 타소에 대한 재평가가 시작되어 18, 19세기를 거치면서 유럽 전역에서 '타소'는 문학의 주제가 되는 동시에 오해와 박해를 받은 천재 시인의 대명사가 되기도 했다.

6)

51세의 나이로 숱한 고통의 끝자락에서, 이제는 제발 쉬고 싶다는 간절한 염원을 하느님이 들어 주기라도 한 듯, 교황청으로부터 계관시인의 명예 관을 받기 하루 전에 타소는 세상을 떠나고 말았다. 그의 슬픈 최후는 필자에게 많은 생각을 하게 했다. 죽음은 그에게 단 하루도 미룰 수 없을 만큼 성급했던 것이었고, 영광의 날은 그를 위해 단 하루도 앞당길 수 없었던 일이었나! 타소를 잘 모르던 시절, 소렌토의 '타소 광장'에서 본 그의 동상이 왜 그렇게 시선을 멀리 두었는지 이제야 조금은 알 것도 같다.

성 오노프리오 수도원에서 멀지 않은 곳에 자니콜로의 산책로 건너편, "타소의 참나무"라는 것이 있다. 지금은 말라서 죽었지만, 타소와 관련하여 기념하는 또 하나의 장소다. 타소가 그곳에서 묵상하고 관상했다고 한다. 훗날 성 필립보 네리의 산책로 마지막 장소가 되기도 했단다. 로마인들은 '경건한 오락 장소'로 생각했고, 지금도 야외 연극공연장으로 활용하고 있다.

1930년 로마시 행정당국은 이곳을 교황청 소유로 넘겨주었고, 교황청은 타소의 유물과 장례식 관련 유품을 보관하는 박물관을 만들었다. 1945년 8월 15일, 교황 비오 12세는 성당과 수도원을 "예루살렘 무덤 성지 기사단"센터로 사용하도록 했는데, 이는 아마도 타소가 쓴 『해방된 예루살렘』에 대한 오마주가 아닐까 싶다.

자니콜로의 성 오노프리오 성당 Chiesa di Sant'Onofrio al Gianicolo
주소: Piazza di Sant'Onofrio, 2
연락처: info@atonementfriars.org
전화: +39 06 6864498
개방시간: 09:00-13:00

7) 빌라 도리아 팜필리. 팜필리 가문이 오랫동안 살았던 저택인데, 팜필리 공원 안에 있다.

도리아 란디 팜필리 Doria Landi Pamphilj

7)

도리아 란디 팜필리(Doria Landi Pamphilj) 가문은 원래 제노바의 귀족 집안으로 17세기 초, 조반니 안드레아 2세 도리아가 파르마 공국 발 디 타로(Val di Taro)의 공주 마리아 폴리세나 란디와 결혼하여 로마에 와서 살면서 시작되었다. 가문은 18명의 멜피(Melfi, 제노바 영지) 군주를 배출했고, 3명의 추기경을 배출했다. 도리아 팜필리 가문에서 소유하고 있던 미술품 컬렉션들은 로마 시내 코르소가 305번지에 있는 "도리아 팜필리 미술관"에서 찾아볼 수 있다. 이 미술관에 관해서는 이 책 뒷부분 '캄포 마르치오'에서 다루기로 하겠다.

오늘날 로마시에 있는 공원 중 가장 보존이 잘 된 이곳은 과거 도리아 팜필리 가문의 땅이었다. 오랫동안 개인 빌라로 외부의 발길이 닿지 않았기 때문일 것이다. 공원은 저택과 정원과 밭으로 이루어져 있다.

1849년, 이 공원에서 가리발디 장군이 이끄는 로마군과 나폴레옹 3세가 이끄는 프랑스군이 치열한 전쟁을 벌였다. 나폴레옹 3세는 이미 로마 서쪽 외곽에 속한 빌라 코르시니를 접수하여 전력을 재정비한 상태였다. 전쟁은 1814년 비엔나 회담에서 처음 이탈리아의 독립을 언급한 이래, 1871년까지 이어진 긴 부흥 운동(Risorgimento)의 과정이었다. 1848년 통일 이탈리아가 제2공화국을 선포하고 아멜리니(Carlo Armellini, 1777~1863), 마찌니(Giuseppe Mazzini, 1805~1872), 사피(Aurelio Saffi, 1819~1890)의 삼두통치에 돌입하자 교황청의 요청으로 프랑스가 개입하여 이를 무너뜨리고자 일으킨 전쟁이었다.

결국 이탈리아 가리발디 장군의 맹활약으로 프랑스의 나폴레옹 3세 군대를 이탈리아에서 몰아내고 이탈리아는 통일에 한걸음 바짝 다가서게 되었다.

트라스테베레 Trastevere

트라스테베레는 라틴어 '트란스티베림(Transtiberim)', '테베레강 건너편'이라는 이름에서 유래했다. 고대에서부터 이곳은 에트루리아인들처럼 비주류의 사람들이 살았다.

안쿠스 마르키우스(Ancus Marcius)는 이 지역을 활용하기 위해 처음으로 테베레강에 다리를 놓았다. 이름을 '수블리치오 다리(Ponte Sublicio)'라고 했다. '수블리치오'는 '나무판'이라는 뜻이다. 처음 다리는 나무로 건설되었기 때문이다. 로마의 동쪽과 서쪽을 연결하는 최초의 다리였다. 지금도 수블리치오 다리는 같은 이름으로 같은 자리에 있는데, 이것은 1919년에 새로 건설한 것이다.

자니콜로 언덕 주변에 살고 있던 에트루리아인들은 로마 이북에 광범위하게 흩어져 살고 있다가, 점차 로마로 들어와 자리를 잡았다. 그들은 로마와 로마 북쪽 지역을 드나들며 길을 닦았다. 기원전 252년에 집정관으로 선출된 아우렐리우스(Gaius Aurelius Cotta)는 에트루리아인들이 닦은 콘솔라레 길(via consolare)을 자신의 이름을 따서 아우렐리아 가도(Via Aurelia)로 만들었다. 아우렐리아 가도는 처음에는 로마에서 체르베테리(Cerveteri)까지, 나중에는 코사와 피르지(지금의 산타 세베라) 등 에트루리아 여러 지방을 지나 로마에서 티레네 연안과 리구리아 항을 끼고 프랑스까지 연결되었다. 훗날 로마와 북유럽을 잇는 중요한 가도가 되었다.

공화정 시대에 들어와서는 테베레강에서 가까운 곳을 중심으로 선원이나 어부들이 정착하여 살기 시작했다. 그러나 공화정 시대 말부터 로마가 동방을 탈환하자 유대인과 시리아인들이 대거 유입되어 이곳을 중심으로 터전을 닦았다. 트라스테베레에서 자니콜로 언덕으로 올라가면서 있었던 동방의 신들을 모시던 신전들과 시리아인들을 위한 성지는 이때부터 형성되기 시작했다. 이 일대는 이민족들의 정착지가 되었다.

기원전 6세기, 제6대 왕 세르비우스 툴리우스(Servius Tullius, ?~기원전 539)는 최초로 로마 성벽을 세웠다. 그때 자니콜로 언덕은 성벽 안에 포함되지 않았다. 그러니까 이전부터 이곳에 정착해서 살았던 에트루리아인들은 로마의 정치적인 보호를 받지 못했다는 뜻이다. 그들은 자니콜로에서 트라스테베레까지 모두 차지하고 있었다.

지금 자니콜로에서 도리아 팜필리 공원(villa Doria-Pamphili) 쪽으로 나 있는 아우렐리아 성벽은 서기 3세기, 아우렐리아누스(Lucius Domitius Aurelianus, 서기 214~275) 황제가 쌓았는데, 야만족들의 공격을 막기 위한 것으로, 아우렐리아 가도를 포함하여 자니콜로 언덕을 성벽 안으로 포함한 최초의 사례였다.

자니콜로 언덕에는 '숲의 신'으로 추정되는 푸리나(Furrina) 신전이 있었다. 그래서일까 신전 주변은 온통 숲이었다고 한다. 하지만 언덕의 동쪽 끝자락에 있던, 지금의 단돌로 가(via
Dandolo)에는 이집트의 여신
'이시스'신전이 있었다. 이곳
에서 발견된 벽화의 일부 파
편들은 현재 로마 국립박물
관의 알템프스 궁 이집트관
에 전시되어 있다. 대체로 보
존상태가 매우 나쁜 편이다.

17세기에 이르러 교황 우르바노 8세가 '우르바노 성벽'을 세우면서 자니콜로
성벽도 일부 포함되었다. 이후 자니콜로 언덕을 로마시로 편입시키는 작업은
1800년대 전체에 걸쳐 진행되었다. 그 시기에 도리아 팜필리 공원, 코르시니
공원(villa Corsini)과 거기에 있는 저택 및 성당들은 물론 성 판크라치오 대성당
(Basilica di San Pancrazio)과 몬토리오의 성 베드로 성당, 성 오노프리오 수도원 등
이 모두 로마의 도심으로 편입되었다.

트라스테베레의 성모 마리아 대성당
Basilica di Santa Maria in Trastevere

대성당은 트라스테베레 지역에서 가장 중요한 성당으로 바로 앞 광장과 함
께 인근 시민들의 영적·물리적 중요한 만남의 장소라고 할 수 있다.

대성당의 역사는 서기 217~222년, 칼리스토 1세 교황으로 거슬러 올라간다.
전해오는 이야기에 따르면, 성당이 앉은 땅에서 기름이 솟아오르자 교황은 귀
한 자리라고 생각하여 거기에 성당을 지었고, 줄리오 1세(337~352) 때에 완성했

8) 니콜로에 있는 이시스 신전 터. 사진 출처: https://ca.wikipedia.org/wiki/Janicul

다고 한다.

8~9세기에 성당을 확장하면서 중앙제단 아래를 팠다. 거기에 여러 순교자의 유해가 발굴되었는데, 유해 중에는 처음 대성당을 지은 성 칼리스토도 있었다.

지금 보는 성당은 인노첸시오 2세(재임 1130~1143) 교황의 뜻에 따라 카라칼라 목욕장에서 가져온 건축재료로 1138~1148년에 재건한 것이다. 인노첸시오 교황은 대성당의 완공도 내부 장식도 보지 못하고 사망했지만, 완공 때까지 드는 건축 비용을 남기고 사망했다.

16세기, 오스트리아의 마르코 시티코 알템프스 추기경(1533~1595)이 성당을 부분적으로 손봤고, 1702년 클레멘스 11세 교황이 현관을 다시 짓고, 건축가 카를로 폰나타의 계획에 따라 정면을 수정했다. 1866~1877년, 비오 9세 재임 동안 건축가 비르지니오 베스피냐니(Virginio Vespignani)의 지휘로 지금과 같은 모습을 갖추게 되었다.

　배 모양을 연상시키는 대성당의 정면에는 아름다운 모자이크 장식이 있다. 〈아기를 안은 성모〉를 중심으로 양쪽에 열 처녀가 서 있다. 다섯 명의 현명한 처녀와 다섯 명의 어리석은 처녀. 12세기 작품이다. 〈아기를 안은 성모〉는 우측 종탑 꼭대기 부분에도 있다.

　내부에 들어서면 우아하면서도 따뜻한 분위기에 압도된다. 세 개의 복도는 이오니아식 기둥으로 나뉘어 있는데, 이 기둥들은 카라칼라 황제의 목욕장 유적지에서 옮겨온 것이다. 나무로 세공하여 금장식한 천장의 중앙에는 도메니키노(Domenichino)의 작품 〈성모승천〉이 그려져 있다. 나머지는 교황 비오 9세 재임 시절에 여러 예술가가 참여하여 완성했다.

　중세 미술사에도 빠지지 않고 등장하며, 이 대성당을 유명하게 만든 것은, 중앙제단 뒤쪽 앱스(apse)에 있는 모자이크다. 1138~48년도 〈성모의 대관(戴

冠)〉이라는 이 작품은 이전에는 아들 예수가 위에서 아래에 있는 어머니 마리아에게 관을 씌워주는 수직적인 도상 구도였는데, 여기서부터 아들과 나란히 앉은 수평 구도로 등장한다. 아들과 나란히 앉아 어깨동무하고 있거나, 아들이 씌워주는 관을 머리에 받는 성모의 모습은 로마의 4대 대성당 중 하나인 "성모 마리아 대성당(Basilica Santa Maria Maggiore)"을 비롯해서 여러 곳으로 확산되었다. 물론 이 작품도 일-데-프랑스(Île-de-France) 고딕양식의 주교좌 대성당들의 문장식에서 영향을 받았을 것으로 추정한다.

작품을 자세히 보면 예수께서는 한 손으로 어머니의 어깨를 감싸고, 한 손에는 '오라, 내가 택한 자여, 내가 너를 나의 옥좌에 앉게 하리라(VENI ELECTA MEA ET PONAM IN TE THRONUM MEUM)'라고 적힌 책을 들고 있다. 옆에 앉은 성모는 양손으로 두루마리를 펼쳐 보여주고 있는데, 왼손 세 손가락을 펴서 옆에 있는 아들을 가리키는 것 같고, 새끼손가락과 약지로 두루마리를 잡고 있다. 특이한 몸짓이라고 할 수 있는데, 들고 있는 두루마리에는 '그이의 왼팔은 내 머릿밑에 있고 그이의 오른팔은 나를 껴안는답니다. 아가 2,6(LAEVA EIVS SVB CAPITE MEO ET DEXTERA ILLIVS AMPLEXABITVR ME)'라고 적혀있다. 12세기부터 아가서가 필사되어 유행하기 시작했는데, 아마도 그 영향을 받았을 것으로 보인다.

보석이 박힌 비잔틴제국 황제의 옥좌에 앉은 예수와 황후의 옷을 입고 있는 마리아도 신선하고, 양쪽에 배치한 인물들도 신선하다. 431년 에페소 공의회 이후, 성모 마리아를 "천주의 모친(Theotókos)"으로 표현하는 데 있어 비잔틴의 테오도라 황후를 모델로 한 것이다. 또 기존의 복음사가나 사도들, 혹은 구약의 연관된 인물들이 아니라, 이 대성당과 연관된 사람들을 배치했다. 그리스도를 보면서 우측에 성 베드로, 코르넬리우스 교황(재임 251~253년, 이곳에 묻힘), 율리우스 1세 교황(콘스탄티누스 시대 사람으로 352년 사망한 후 780년에 이곳으로 이장함), 칼레포디우스(로마제국 박해 때 순교한 사제, 이곳에 묻힘)가 있고, 좌측에는 칼리스토 1세 교황(재임 217~222년, 이 대성당의 설립자, 이곳에 묻힘), 성 로렌조, 인노첸시오 2세 교황(이곳에 묻힘)이 있다.

이 작품은 비잔틴 예술의 규범을 따라 배경을 금색으로 장식한 로마의 3대 모자이크 중 하나로 손꼽힌다. 성녀 프란체스카 로마나 성당의 것과 성 클레멘스 성당의 것과 함께 말이다. 그리고 바로 그 아래 이어서 피에트로 카발리니(Pietro Cavallini, 1240~1330)의 1291년 작 〈동정녀의 생애〉 모자이크가 있어, 비잔틴 모자이크 규범과 이탈리아 모자이크 예술의 탄생을 비교할 수도 있다.

사실 카발리니는 조토(Giotto di Bondone, 1268?~1337), 단테(Dante Alighieri, 1265~1321)와 같은 시대 사람이다. 이 말은 피렌체에서 단테에 의해 언어 혁명이 일어나고, 조토에 의해 시각 혁명이 일어나던 때에, 로마에서 활동한 예술가로, 당시 문화계 안팎에서 일고 있던 움직임을 그 역시 작품에 반영한 걸로 보인다. 실제로 카발리니는 아씨시에서 조토와 함께 일하기도 했다.

여기서 위에 있는 작품과 비교할 때, 공간감과 원근법, 사실적이고 감성적인 인물들의 묘사와 온화하고 부드러운 선의 사용 등이 그런 영향을 반영한다고 할 수 있다. 카발리니는 모자이크 작품을 통해 원근법과 삼차원적인 구도를 표현하는 데 주저하지 않았다.

모자이크 작품 아래, 가대(架臺) 위에는 피렌체 출신의 아고스티노 참펠리(Agostino Ciampelli, 1565~1630)가 프레스코화로 빙 돌아가며 〈마리아의 신비를 읽는 천사들〉을 그렸다.

여기에 더해 이 대성당에서 꼭 봐야 하는 걸로, 알템프스 경당에 있는 〈자비의 성모(Madonna della Clemenza)〉 혹은 〈천주의 모친 (Madonna Theotókos)〉(우측 이미지)이 라는 6~7세기 이콘이다. 뛰어난 예술작품의 하나로도 손꼽히는 이 작품에 대해, 어떤 역사가는 8세기 때 것이라고도 하는데, 아무튼 서방교회에서 가장 오래된 성모 마리아 이콘 중 하나로 보고 있다.

작품의 정면과 퇴색된 색상으로 봐서는 산타마리아 안티콰(Chiesa di Santa Maria Antiqua) 성당의 벽화와 연관 있는 것으로 추정하기도 한다. 여기에서 마리아는 '천주의 모친', '교회'를 상징한다. 역시 비잔틴 황후의 옷과 관을 쓰고 있다.

알템프스 소성당은 16세기로 거슬러 올라간다. 대성당에는 성 줄리오 1세와 칼리스토 1세 교황과 인노첸시오 2세의 유해가 모셔져 있다.

대성당은 전체적으로 2018년 5월, 엘비라 카야노(Elvira Cajano)의 지휘에 따라 복원공사를 마쳤다.

트라스테베레의 성모 마리아 대성당 Basilica di Santa Maria in Trastevere
주소: Piazza di Santa Maria in Trastevere
연락처: https://www.santamariaintrastevere.it / s.mariaintrastevere@libero.it
전화: +39 06 5814802
개방시간: 07:30-20:30

트라스테베레의 성녀 체칠리아 대성당

Basilica di Santa Cecilia in Trastevere

트라스테베레 지역에 있는 대표적인 대성당 중 하나다. 체칠리아는 음악의 주보 성녀로 3세기 로마에서 순교했다. 그녀의 이름 체칠리아(Caecilia)는 '하늘(Caelo)의 백합(gigli)'이라는 뜻이다.

체칠리아는 로마의 귀족 가문 출신으로, 자기 뜻과는 달리 명문가 발레리아노라는 청년과 결혼했다. 그녀의 집에서 치른 혼례식 중에 다음과 같은 음악소리를 들었다고 한다. "주님, 제 마음과 몸을 당신께 봉헌하기에 혼란스럽지 않게 하소서." 그순간 그녀는 마음으로 동정을 약속했다. 결혼식이 끝나고 체칠리아는 신랑에게 이 사실을 말하고, 동정을 지킬 수 있게 해달라고 청했다. 그리고 수호천사가 자기를 보호해 주고 있다고 했다. 그러자 신랑은 천사를 보여주면 믿겠다고 했다. 성녀는 먼저 교황 우르바노 1세를 만나고 오라고 했다. 우르바노 1세는 발레리아노를 설득하여 교리를 가르쳤고, 그리스도인으로 개종시켜 세례까지 받게 했다. 집으로 돌아온 발레리아노는 엎드려 기도하는 체칠리아 앞에 서 있는 천사를 보았다. 이후 발레리아노는 계속해서 천사를 보았고, 천사는 체칠리아 부부에게 화관을 씌워주었다. 일설에는 발레리아노에게는 장미관을, 체칠리아에게는 백합관을 주었다고 한다. 발레리아노는 감동하여 천사에게 자기 동생 티부르치오에게도 이런 은총을 달라고 청했다.

천사의 도움으로 발레리아노의 동생 티부르치오도 세례를 받고, 사치스러운 생활을 청산했다. 재산을 팔아 가난한 사람들을 돕고, 데리고 있던 노예들을 모두 풀어주었다. 그리고 공공연히 전교 활동을 하다가 그들이 그리스도인이라는 사실을 듣게 된 행정관 알마치우스에게 체포되었다. 행정관은 심한 고문과 매질을 하며 하느님을 모른다고 하라고 종용했다. 그러나 그들은 끝까지 신앙을 증거했고 결국 참수형으로 순교했다.

체칠리아는 이들을 모두 장사지낸 뒤, 역시 체포되어 법정에 섰다. 그녀는 로마의 법정에서 한 치의 흐트러짐 없이 신앙을 증거했고, 알마치우스의 갖은 위협과 꼬임에도 아랑곳하지 않고 신앙을 지켰다. 알마치우스는 결국 그녀에게도 사형을 선고했다.

처음 그녀에게 내린 것은 뜨거운 찜통에 쪄서 죽이는 것이었다. 그러나 그녀는 그 속에서 죽지 않고 며칠간 버티며 "주님을 찬미하는 노래를 불렀다"고 한다. 다시 그녀에게 참수형이 내려졌고, 형리는 그녀의 목을 쳤다. 그러나 세 번이나 내려쳤지만, 죽지 않고 사흘간 모진 고통 끝에 숨을 거두었다. 그녀의 영적 지도자였던 우르바노 1세 교황은 그녀의 시신을 거두어 성 칼리스토 카타콤바에 매장했다.

『황금 전설(Legenda Aurea)』에는 이렇게 기록되어 있다. "우르바노 1세는 그녀에 대해 말하기를, 체칠리아는 발레리아노를 개종시키고 순교하게 한 다음 그녀도 순교했다. 그녀의 시신은 주교들과 함께 있고, 그녀의 유언에 따라 그들이 살던 집은 축성하여 성당으로 바뀌었다."

821년, 교황 파스콸레 1세(재임 817~824년)는 그녀의 유해를 트라스테베레 그녀의 집터에 세운 성녀 체칠리아 대성당으로 옮겼다. 그리고 오늘날 지하 무덤 성당의 모자이크 장식을 하게 했다. 첼리오 언덕에 있는 돔니카의 성모 마리아 대성당 모자이크와 같은 시대, 같은 교황에 의해 완성되었다.

1599년, 대성당 복원공사를 할 때, 파올로 에밀리오 스폰드라티(Paolo Emilio Sfondrati) 추기경은 1600년 대희년 기념행사의 하나로 체칠리아의 시신이 안장된 석관을 열도록 했다. 석관을 열었을 때, 모두 깜짝 놀랐다. 오랜 세월이 흘렀음에도 불구하고, 그녀의 시신은 전혀 손상되지 않았고, 석관에서는 백합과 장미 향이 풍겼다.

추기경은 조각가 스테파노 마데르노(Stefano Maderno, 1576~1636)에게 의뢰하여

체칠리아의 시신에서 본 그대로 조각하도록 했다. 그녀의 머리는 잘린 채 돌려져 있었고, 오른손가락은 세 개를 왼손 가락은 하나를 펴고 있었다. 그것

은 삼위일체이신 하느님을 가리키는 것으로 해석했다. 오늘날 이 조각상은 중앙제단 아래에 있다. 이 성당에서 유명한 두 개의 예술작품 중 하나다.

다른 하나는 중앙제단을 덮고 있는 장식, "치보리오(Ciborio)", 곧 '중앙제단 덮개'(1293년)인데 성 바오로 대성당 내, 〈성 베드로 청동 조각상〉을 조각하기도 한 아르놀포 데 캄비오 (Arnolfo di Cambio, 1245~1302/1310?)의 작품이다.

같은 시기에 트라스테베레의 성모 마리아 대성당 앱스 〈성모의 생애〉를 모자이크로 장식한 피에트로 카발리니(Pietro Cavallini, 1240?-1330?)가 이곳에 〈최후의 심판〉(320 x 400cm, 아래 그림)을 프레스코화로 남기기도 했다.

대성당의 정문 안쪽 벽에 길게 가로로 그려져 있다.

12) 아르놀포 데 캄비오 작, 〈제단 덮개〉(Ciborio)

그는 "사람의 아들이 영광스러운 옥좌에 앉게 되면 너희도 열두 옥좌에 앉아 이스라엘 열두 지파를 심판할 것이다."(마태 19,28)라는 말씀을 그림으로 보여주었다.

가운데 보석이 박힌 옥좌에 앉은 심판관 그리스도가 있고, 옥좌 바로 밑에는 그리스도의 수난 도구들이 있다. 스폰지, 쓸개즙을 담은 그릇, 못, 예수의 옆구리를 찌른 창 등이 있다. 그리스도를 에워싼 천사들은 여덟 명이다. 작품을 바라보는 관객의 왼쪽 그리스도 옆에는 기도하고 있는 성모 마리아가 있다. 여기서 성모는 중개자로 묘사된다. 그 옆으로 바오로, 타데오, 큰 야고보, 마태오, 바르톨로메오와 필립보가 있고, 반대편에는 세례자 요한이 서 있고, 그 뒤로 베드로, 요한, 토마스, 작은 야고보, 안드레아와 시몬이 앉아 있다.

아랫줄에는 관객의 왼쪽, 그리스도의 오른쪽에 천사로부터 환영받는 복된 영혼들이 있는데, 거기에는 세 그룹으로 구분되어 있다. 첫 번째 그룹에는 예루살렘과 로마에서 각기 부제로 활동하다가 순교한 성 스테파노와 성 로렌조가 있고, 바로 뒤에 있는 그룹의 맨 앞에는 머리에 관을 쓰고 있는 한 여성을 천사가 맞이하고 있는데, 성녀 체칠리아로 추정된다. 반대편에는 저주받은 영혼들이 역시 세 그룹으로 나뉘어 있다. 천사들은 이 영혼들을 거부하고 있다. 한 천사는 손으로 그들을 밀어내고, 다른 천사는 창으로, 또 다른 천사는 무기로 나쁜 영혼을 찌르고 있다.

13세기 미술에서 흔히 조토에 관한 언급은 많지만, 카발리니는 다소 생소한 느낌이다. 하지만 여기서 보는 것처럼, 카발리니 역시, 초상화를 보는듯한 인물묘사, 배경으로 등장하는 고전적인 건물구조, 색의 강도를 통한 신체의 부피감과 원근법적인 묘사를 이 프레스코화를 통해 아낌없이 보여주고 있다. 사도들의 표정과 몸짓이 모두 다르고, 천사의 날개 색으로 원근법적인 구도를 표현하고 있다. 저주받은 영혼들을 향해 트럼펫을 부는 천사들의 볼은 부풀어 있다. 같은 시기에 조토가 라테란의 요한 대성당에 그린 "1300년 성년을 선포하는 교황 보니파시오 8세"의 영향을 받은 것으로 추정된다.

사도들의 얼굴은 정면을 보는 것이 아니라, 가운데 있는 그리스도를 향해 고개를 살짝 돌리고 있는 것으로 표현했다. 이것은 감정뿐 아니라, 얼굴의 부피감을 살리는 효과를 준다. 즉, 표현하고 있는 인물들이 상징적인 인물이 아니라 육체를 가진 인간, 예수의 지상 생활에서 그를 따랐던 "사람 낚는 어부들"을 만나게 되는 것을 의미한다.

한편 체칠리아와 음악의 주보 성녀 간 연관성에 대해서는 여러 가지 설이 있지만 확실한 기록은 없다. 중세 후기에야 비로소 문헌에 등장하기 시작했다. 가장 믿을만한 설명은 성녀가 원래 악기를 연주하던 사람이었다는 설이 있고, 순교할 때 찜통 속에서 죽지 않고 하느님을 찬양하는 노래를 불렀다는 설이 있다.

이후 성녀는 노래하는 모습으로 묘사되기 시작했고, 음악과 관련한 학교나 계간 잡지 등에서 성악과 기악의 주보 성녀로 등장하기 시작했다.

성녀는 예술작품 속에서도 주인공으로 등장하기 시작했다. 잘 알려진 작품으로는 볼로냐에 있는 라파엘로가 그린 〈성녀 체칠리아의 탈혼〉이다. 이 그림은 구이도 레니가 베껴 그려 로마 "프랑스인들의 성 루이지 성당"에 있다. 베를린에 있는 루벤스의 〈성녀 체칠리아〉도

---

13) 라파엘로 산치오, 〈성녀 체칠리아의 탈혼〉(1514년경), 볼로냐 국립 피나코테크

있고, 파리에 있는 도메니키노의 〈성녀 체칠리아〉도 있다. 아르테미시아 젠틸 레스키와 니콜라스 푸생의 〈성녀 체칠리아〉도 있다. 문학에서도 여러 번 언급 되는데, 가장 먼저 등장한 것은 초서의 『캔터베리 이야기』다.

성녀 체칠리아 대성당 Basilica di Santa Cecilia in Trastevere
주소: Piazza di Santa Cecilia, 22
연락처: http://www.benedettinesantacecilia.it /
　　　 monastero@benedettinesantacecilia.it
전화: +39 06 45492739
개방시간: 월-토 10:00-12:30 16:00-18:00 / 일요일 11:30-12:30 16:00-18:00

리파에 있는 성 프란체스코 성당 Chiesa di San Francesco a Ripa

리파는 원래 근처 테베레강에 있던 큰 항구 이름이다. 항구는 19세기에도 사용했다. 그래서 리파에 있는 성 프란체스코 성당(Chiesa di San Francesco a Ripa) 이라고 불렀다. 지금 성당은 아씨시의 프란체스코 작은형제회 소속 본당이다.
　지금 있는 성당과 수도원은 원래 성 비아조 이름으로 가난한 사람들을 돌보 던 병원과 돌봄센터가 있던 곳으로 10세기에 지었다. 병원과 돌봄센터는 바 로 옆에 있던 성 코스마와 다미아노의 클루니 베네딕토 수도회에서 관리했고, 세떼솔리의 야고바(Giacoma de Settesoli) 부인이 후원했다. 아씨시의 프란체스코 가 1209년과 1223년, 두 차례 로마에 왔을 때, 이곳에서 머물렀다. 야고바 부 인은 아씨시의 성 프란체스코 전기에 빠지지 않고 등장하는 인물로, 프란체스 코를 친아들처럼 돌보고 후원했던 사람이다. 움브리아 지방 세떼솔리 출신의 귀족 부인으로, 과부가 되어 프란체스코 또래의 두 아들을 두고 있었다. 신앙 심이 깊어서 주변에 어려운 사람을 외면하지 못했고, 프란체스코뿐만 아니라,

그가 사망한 뒤에는 그가 남긴 수도회 가족들을 친자식처럼 돌보고 섬겼다. 그녀는 안 퀼라라의 판돌피 2세(Pandolfo II degli Anguillara)와 함께 이 건물을 새로 지어, 1229년 작은 형제회에 주었다. 그 덕분에 로마에서 프란체스코의 영성이 확산하는 거점이 되었다.

16세기 후반부터 18세기에 이르기까지 많은 예술가가 참여하여 당대의 이름난 작품들을 남겼으나 나폴레옹이 강탈하여 모두 프랑스로 가져갔다. 카노바의 목록에 따르면 나폴레옹 이전까지 이곳에 있던 작품 대부분은 돌아오지 않았다. 그중에는 지금 루브르에 있는 안니발레 까라치(Annibale Carracci, 1560-1609)의 〈프란체스코와 마리아 막달레나가 있는 피에타〉도 있다.

그러나 지금 이 성당을 찾는 가장 큰 이유는 바로 존로렌조 베르니니의 조각 작품 〈복자 루도비카 알베르토니〉가 있기 때문이다. 1671~1675년, 클레멘스 10세 교황의 조카 팔루치(Paluzzo Paluzzi Altieri degli Albertoni) 추기경의 요청으로 조각했다.

이 작품은 육체의 신비로운 이동과 바로크식 엑스터시의 대표적인 사례가 되었다. 작품이 놓인 경당의 제단 위에 장엄한 장식품처럼, 혹은 제물처럼 떡하니 올려져 있다. 배경은 베르니니의 제안에 따라 양쪽에 보이지 않는 두 개

14) 안니발레 까라치, 〈프란체스코와 마리아 막달레나가 있는 피에타〉(1602/07?), 루브르
15) 베르니니의 〈루도비카 알베르토니의 탈혼〉, 1671-1674.

의 창문으로 빛이 들어와 무대장치를 한 것처럼 보이게 했다. 거의 초월적인 효과를 주는 것 같다. '승리의 성모 마리아 성당(Chiesa di Santa Maria della Vittoria)' 에 있는 〈성녀 테레사의 탈혼〉처럼 말이다.

루도비카 알베르토니(Ludovica Albertoni, 1473/1474?~1533)는 프란체스코회 재속 회원이며 신비가다. 1671년 교황 클레멘스 10세에 의해 복자품에 올랐다. 그 녀는 2살 때 고아가 되어 고모들 손에서 가톨릭 신앙 교육을 받고 자랐다. 나 이가 차서 쟈코모 데 치타라(Giacomo de Citara)라는 귀족 청년과 결혼했다. 남편 은 엄격했고, 그 사이에서 세 딸을 낳았다. 결혼기간 동안 루도비카는 프란체 스코 수도회와 가까이 지냈는데, 집이 이 근처여서 리파에 있는 성 프란체스 코 성당을 자주 드나들었다.

결혼 10년 만에 남편은 세상을 떠나고 32살에 과부가 되었다. 남편이 남긴 재산을 두고 시동생 도메니코 데 치타라와 부딪혔다. 길고 고통스러운 소송에 시달렸고, 남편의 유산은 결국 루도비카와 세 딸에게 무사히 돌아왔다. 유산을 딸들과 나누는 과정에서 루도비카는 재산을 포기하고 프란체스코 수도회 재속회에 들어갔다. 남은 생을 가난한 사람들을 돌보며 살기로 했다. 소외되고 곤란한 처지에 있는 여성들에게 새로운 비전을 제시하며 일자리를 찾아주었다. 특히 1527년 신성로마제국의 독일 용병 부대에 의한 로마 약탈이 있을 때, 루도비카 알베르토니는 자선활동만 한 것이 아니라, 부상자들을 아낌없이 돌보았다. 1532년을 전후로 그녀도 병이 들어 일 년 후에 사망했다. 60세였다.

왼쪽 첫 번째 경당의 제단화는 플랑드르 화가 마르텐 드 보스(Maarten De Vos, 1532-1603)의 작품 〈원죄 없이 잉태되신 동정녀 마리아〉다. 바로 옆에는 조르조 데 키리코(Giorgio de Chirico, 1888~1978)의 무덤이 있는데, 1992년에 이곳으로 이장했다. 그는 작은형제회의 큰 후원자였다.

이 성당에는 역시 작은형제회 출신의 성 카를로 다 세쩨(Carlo da Sezze, 1613~1670)의 무덤도 있다. 그는 바로 이 수도원에서 1670년에 사망했다.

리파에 있는 성 프란체스코 성당 Chiesa di San Francesco a Ripa
주소: Piazza di S. Francesco d'Assisi, 88
연락처: http://www.sanfrancescoaripa.it/
전화: +39 06 5819020 / +39 06 5803509
개방시간: 07:30-12:30, 16:00-19:30

천사의 성 Castel Sant'Angelo

　'천사의 성'은 원래 하드리아누스 황제(Publius Ælius Traianus Hadrianus, 76~138)의 영묘로, 아우구스투스의 영묘를 본떠 하드리아누스 황제가 125년에 짓기 시작하여 139년 피우스(Titus Aurelius Fulvus Boionius Arrius Antoninus Pius, 86~161) 황제가 완성했다.

　영묘에는 하드리아누스 황제와 그의 부인 사비나, 피우스 황제와 그의 부인 파우스티나와 세 자녀, 아우렐리우스 황제와 그의 자녀들, 세베루스 황제와 그의 부인 줄리아 돔나(Giulia Domna)와 자녀들, 제타와 카라칼라 황제가 묻혔다.

　황제의 영묘가 '천사의 성'으로 불리기 시작한 것은 교황 대 그레고리우스(Gregorius Magnus, 재임 590~604) 때부터이다. 589년, 전임인 펠라조 2세 교황 때, 한 척의 배가 이집트에서 오스티아 항구로 들어온 후, 많은 사람이 죽어 나갔다. 이유를 알 수 없는 병은 곧 '하느님의 징벌'로 받아들였다. 오늘날 우리는 그것이 페스트, 흑사병의 시작이었음을 알지만, 당시에는 원인불명의 이 '징벌'은 오로지 신앙으로만 해결할 수 있다고 믿었다.

서로마제국이 무너지고 이민족들이 대이동을 하는 가운데서 터져 나온 일이었다. 그 결과 겨우 붙어있던 서로마제국의 마지막 명줄은 완전히 끊어지는 계기가 되었다. 사망자는 1천만 명이 넘었다. 당시로선 엄청난 희생률이었다. 희생자 중에는 교황 펠라조 2세도 있었다. 환자들을 찾아다니며 성사를 준 탓이었다.

이듬해 590년, 후임으로 선출된 그레고리오 1세 교황은 인간의 능력으로는 아무것도 할 수 없음을 깨닫고, 3일간 기도와 단식과 참회의 행렬을 제안했다. 성직자 수도자, 귀족과 노예는 물론 로마시민 모두를 초대했고, 모두 절박한 심정으로 행렬에 참여했다. 유명한 '페스트 극복을 위한 성체행렬'의 전통은 이렇게 시작되었다. 이후 역사 속에서 큰 위기가 닥칠 때마다 교회는 성체를 앞세워 백성들과 함께 행렬을 했고, 그것이 교회 전통이 되었다.

복음사가 루카가 그렸다는 설도 있고, 직업이 의사였기에 인물묘사가 그림을 그린 것 같다고 하여 그의 것으로 전해지는 유명한 "성모 성화"를 로마인들은 '살루스 포풀리 로마니(Salus populi Romani, '로마인들을 구하는 어머니'라는 뜻)로 부르고 공경해왔다. '페스트 극복을 위한 성체행렬'의 선두에 이 성화(聖畵)가 앞장섰고, 교황도 맨발로 성체행렬을 이끌었다. 모두 간절한 마음으로 역병이 물러가기를 밤낮으로 기도하며 행렬을 이어갔다. 행렬이 로마를 동·서로 가르는 테베레강 '하드리아누스 다리'에 왔을 때, 교황은 황제의 영묘 꼭대기에서 미카엘 대천사가 칼을 칼집에 꽂는 환시를 보았다. 행렬에 참여한 백성들도 모두 직·간접적으로 그것을 느꼈고, 곧 역병이 물러갈 것으로 해석했다. 그리고 실제로 그렇게 되었다. 훗날 교황 보니파시오 4세(재임 608~615)는 이 건물 꼭대기에 천사의 동상을 세우고, '천사의 성'으로 부르도록 했다.

한 면이 84m 정방형의 토대 위에 지름 64m의 원통형으로 올린 성(城)은 로마의 역사만큼이나 숱한 풍상을 겪었다. 외적의 침입이 빈번했던 6~8/9세기에는 로마의 최후 보루가 되기도 했다. 537년 동고트족의 왕 토틸라가 쳐들어왔을 때, 동로마 제국의 장군 벨리사리우스가 이곳에서 그들을 막아냈다. 775년 롬바르드족과 846년 사라센인들의 침략을 막아낸 곳도 이곳이었다. 1367년에는 아비뇽에 있던 교황 우르바노 5세를 설득하여 로마로 오게 하려고 '천사의 성' 열쇠를 주었다. 이때부터 '천사의 성'은 교황과 떼려야 뗄 수 없는 관계가 되었다. 교황들은 튼튼한 성채의 이 건물을 여러 용도로 활용했다. 신변에 위험이 생기면 피신처로 썼고, 바티칸의 고문서와 보물을 감추는 장소로도 사용했으며, 종교재판소 및 감옥으로 사용하기도 했다.

르네상스 시대 장식예술의 대가로 알려진 첼리니(Benvenuto Cellini, 1500~1571)는 원래 군인 출신인데, 1527년, 신성로마제국 카를 5세의 군대가 로마를 약탈하자, 이곳에 갇혀 있던 메디치 가문 출신의 교황 클레멘스 7세(Giulio di Giuliano de'Medici, 1478~1534)를 구하기 위해 달려와 카를 5세의 황제군을 이끌던 부르봉 공작 샤를 3세(Carlo III di Borbone-Montpensier, 1490~1527)를 소총으로 죽였다.

지금은 각종 무기와 갑옷, 방패 등이 전시된 무기박물관으로 사용하고 있다. 하지만 이곳을 가장 유명하게 만든 것은 푸치니(Giacomo Puccini, 1858~1924)의 오페라 '라 토스카(La Tosca)'일 것이다. '라 토스카'는 프랑스인 빅토리앙 사르두(Victorien Sardou)의 5막 극을 푸치니가 3막으로 줄여 곡을 붙인 것으로, '라 보엠', '나비부인'과 함께 그의 3대 걸작 가운데

16)

하나다. 이 성의 외부 발코니에서 토스카의 3막이 펼쳐진다. 새벽 4시, 총살형을 앞두고 연인 토스카와의 아름다웠던 지난날을 회상하며 부르는 화가 카바라도시(Cavaradossi)의 아리아 '별은 빛나건만'은 너무도 유명하다. 이어 총구 앞에 쓰러진 애인의 뒤를 따라 성 아래로 몸을 던지는 토스카의 슬픈 연기가 성의 야경과 함께 인상적으로 펼쳐진다.

천사의 성 박물관 Museo Nazionale di Castel Sant'Angelo
주소: Lungotevere Castello, 50
연락처 및 예매: https://www.castelsantangelo.com/index.html
전화: +39 06 32810
개방시간, 휴관일, 입장료 등은 위 연락처에서 확인

몬테 마리오

바티카노 언덕에서 로마 시대, 제국의 병사들이 승전고를 울리며 들어왔던 트리온팔레 가도(Via Trionfale, '승리'라는 뜻)를 따라 걷다 보면 우측으로 멀리 로마에서 가장 높은 언덕이 보인다.

이 언덕 반대편 계곡은 204헥타르가 넘게 펼쳐진 평원이다. 풀밭에선 양 떼들이 평화롭게 풀을 뜯고, 반려동물을 키우는 사람들은 동물 친구들을 데리고 나와 놀기도 한다. 멀리 배경에는 로마시가 한눈에 들어온다. 도심에서 가까운 곳임에도 목가적인 풍경을 느낄 수 있는 곳이다.

서양사의 기둥이자 국제도시로 명성을 얻고 있는 로마지만 도심에서 조금만 벗어나도 이렇게 '과거'와 '전통'과 고유한 '로마다움'을 만날 수 있다. '가장 민족적인 것이 가장 세계적인'시대에서 로마가 퇴색하지 않는 이유가 아닐까 싶다.

단테는 『신곡』 「천국편」 제15곡 108절에서 이 언덕을 이렇게 노래했다.

몬테말로(Montemalo)는 아직 너희의 우첼라토이오(Uccellatoio)에게
패하지 않았었다. 지금의 로마는 영화에 있어서는 뒤지지만,
몰락에 있어서는 누구도 당할 자가 없으리라.

몬테말로는 로마를 대표하고 우첼라토이오는 피렌체를 대표하는 산이다.
여기에서 말하는 '몬테말로(Montemalo)'가 바로 이 몬테 마리오(Monte Mario)다.
로마의 북서쪽에 있어 피렌체에서 로마로 들어갈 때, 가장 먼저 보이는 언덕
이고, 이곳에 이르면 로마가 한눈에 들어온다. 단테는 이 문장을 통해 로마가
그렇게 타락하여 몰락했는데, 피렌체는 그런 로마보다 더 타락했으니, 몰락도
로마보다 더 빠를 것이라는 예언이다.

원래 이 땅과 이곳에 있던 빌라는 1400년대 인문주의자 마리오 멜리니(Mario

Mellini)의 소유였다. 로마 시대에는 이 언덕에 태양의 이동 경로를 따라 미래를 예측했던 천문대 "황도대(黃道帶)"가 있었다고 전해진다.

"몬테 마리오" 언덕은 독일 신성로마제국의 황제 오토 3세(Otto III, 980~1002)와 로마의 귀족 크레센티우스(Crescenzio Nomentano, '크레센티우스 2세'로 더 알려짐, ?~998) 2세 사이에 있었던 역사적인 이야기가 서린 곳이기도 하다.

오토 3세는 필자가 아는 황제들 가운데 가장 어린 나이에 정식으로 왕위에 오른 사람이다. 신성로마제국의 황제 오토 2세의 아들로 태어나 983년 6월, 3살의 나이로 독일의 왕이 되었다. 그래서 성년이 될 때까지 할머니 아델하이트와 어머니 테오파누가 섭정했다. 996년, 16세의 젊은 왕은 로마 귀족 크레센티우스 2세가 이끄는 반란을 진압해 달라는 교황 요한네스 15세의 요청을 받고 로마로 오는 도중 교황의 사망 소식을 접했다. 이에 자신의 사촌 동생이자 궁정 사제였던 당시 23세의 브루노(Bruno von Kärnten, 재임 972~999)를 즉시 로마로 불러, 최초의 독일인 교황 그레고리우스 5세(Gregorius V, 재임 996~999)로 선출 했다.

996년 5월 3일, 교황이 된 그레고리우스 5세는 그달 21일, 오토 3세에게 황제의 관을 씌워줌으로써 신성로마제국의 황제로 만들었다. 로마의 반발은 거세어지기 시작했다. 그러다가 황제가 독일로 돌아가자, 크레센티우스는 그레고리우스 5세를 로마에서 내쫓고(996년, 가을) 요한네스 16세를 교황으로 추대했다(997년). 그러나 이듬해(998년) 2월, 오토가 로마로 다시 돌아와 공포정치를 펴면서 크레센티우스를 몬테 마리오 언덕에서 처형하고 요한네스 16세를 폐위시킨 뒤, 다시 그레고리우스 5세를 교황으로 세웠다. 그 뒤 오토는 로마에 머물며 로마를 제국의 행정 중심지로 삼았다. 언덕의 이름 '몬테 마리오'는 혁명에 실패한 크레센티우스가 처형된 장소로 '몬테 말로(Monte Malo, 재수 없는 산)'에서 유래했다.

오토 3세는 황제지만 거의 교황직까지 도맡아 하면서 폭정을 일삼았다. 교회 일에 깊이 간섭하며 비잔티움의 전례를 도입하여 공식적으로 사용하도록 하고, 로마 시대 일부 이교도의 관습을 복귀시키는 한편, 자칭 '예수 그리스도의 종', '사도들의 종', '세계 그리스도교의 지도자'인 동시에 '세계의 황제'라고 했다. 이런 명분으로 유럽 각국의 내정에도 간섭했다. 1002년, 거우 21살의 나이로 미혼인 채로 죽자, 그의 죽음을 둘러싸고 이야기가 분분했다. 말라리아로 죽었다는 설도 있고, 크레센티우스의 아내 스테파니아(Stefania)가 그를 유혹하여 살해했다는 설도 있다. 그의 후임으로는 육촌 형 바이에른의 공작 하인리히 4세가 이었다.

몬테 마리오는 로마의 정의와 자유를 부르짖으며, 신성로마제국의 황제 오토 3세에게 대항하여 분연히 일어났던 로마의 한 귀족 크레센티우스를 기억하는 장소라고 할 수 있다.

언덕에서는 약 65,000년 전, 중기 구석기시대의 것으로 추정되는, 로마에서 가장 오래된 유물들이 발견되기도 했다. 주로 돌 기구, 돌 파편들이 동물들의 뼈와 함께 다량 출토되었다.

현재 몬테 마리오에는 '가톨릭 의과대학'(Facoltà di Medicina e Chirurgia 'A. Gemelli' dell'Università Cattolica del Sacro Cuore e Policlinico Universitario 'Agostino Gemelli')이 있고, 로마시 천문대(Osservatorio astronomico di Roma)와 RAI(이탈리아 국영방송국)의 송신국도 있다. 이 가톨릭 의과대학에서 1981년, 교황 요한 바오로 2세가 아그카(Mehmet Ali Ağca)의 저격으로 수술과 치료를 받았다.

필자가 로마시 공립 초등학교에서 다문화교사로 일할 때, 이 언덕에 있는 레오파르디(Leopardi) 학교에서도 일한 적이 있다. 그때 들은 말로는 방송국의 송신탑이 설치될 때, 학교와 학부모들의 반발이 심했다고 하는데, 지금 송신탑과 학교가 사이좋게 나란히 서 있고, 그 밑에서 아이들이 뛰노는 걸 보면 독재자들이 잘 써먹는 '시간이 해결사'라는 말이 맞구나 하는 생각을 하게 된다.

테베레강의 지류를 따라서

발길 닿는 곳마다 이야기가 깃든 곳

캄포 마르치오 Campus Martinus: 고대 로마의 심장

'천사의 성'에서 다리를 건너, 바로 만나는 테베레강 동편이 캄포 마르치오(Campo Marzio)다. 이곳은 안으로는 카피톨리노 언덕까지, 남쪽으로는 티베리나 섬까지, 북쪽으로는 플라미니아 가도까지 2.2km(490헥타)의 길고 방대한 구역이다.

캄포 마르치오는 '마르스의 광장/마당'이라는 뜻이다. 이곳에 전쟁의 신마르스 신전이 있었다. 도심과 경계를 이루는 것은 베네치아 광장(Piazza di Venezia)과 포폴로 광장(Piazza del Popolo)을 잇는 로마의 중심가도 코르소 가(via del Corso)다.

로마가 태어나기 이전에 캄포 마르치오는 테베레 강변에서 가장 낮은 지대였다.

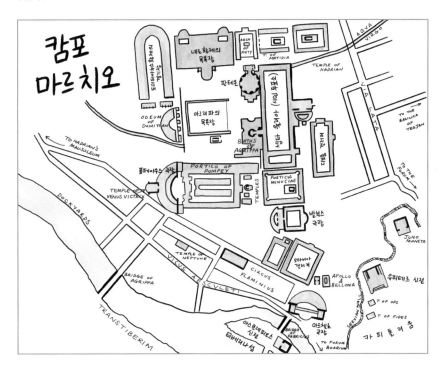

필자는 어렸을 때부터 언제나 강이나 바다가 있는 곳에서 살았다. 내가 아는 강들만 해도 낙동강, 태화강, 한탄강, 임진강, 한강 등이다. 그래서 내 기억에 있는 강은 물이 많고, 주변이 탁 트인 풍경이 있었다. 가끔 머리를 식히고 싶을 때, 물가를 찾는 이유다. 내게 물가는 '열린 곳'이고, '시원한 곳'이다.

그런데 필자가 처음 본 로마의 테베레강은 이런 강에 대한 기존의 이미지를 송두리째 흔들었다. 강이라기보다는 조금 큰 '개울'이나 도심의 '하천' 정도로밖에 보이지 않았다. 어느 해, 겨울 로마에 비가 아주 많이 와서 테베레강이 범람할 수도 있다는 위험한 보도가 계속될 때, 딸의 친구가 딸에게 전화해서 "뭐해? 얼른 나와봐, 테베레가 강 같애!"라고 하는 말을 들으며, '아, 그동안 테베레는 로마인들에게도 강이 아니었구나'하는 생각을 했다.

하지만 '아는 만큼 보인다'라고 했던가! 테베레와 함께 흐르고 있는 유구한 역사를 조금씩 알아 가면서부터 테베레를 보는 눈이 달라지기 시작했다. 그때부터 물의 양보다는 강 양편에 길게 거인처럼 서 있는 플라타너스 가로수가 보이기 시작했고, 예술 작품 같은 다리들이 눈에 들어오기 시작했다. 수천 년 로마인들의 애환과 역사를 안고 그들의 가슴에 흐르고 있을 이 강이 커 보이기 시작했다.

도시는 항상 강을 끼고 발전한다고 했다. 세계적으로 손꼽히는 도시들을 보면 어디나 강을 끼고 있고, 물처럼 역사가 흘러왔다. 테베레강도 로마의 건국 신화에서부터 등장한다. 여사제 레아 실비아가 마르스 신과 몰래 쌍둥이 아이들을 낳아 광주리에 싸서 떠내려 보냈던 강이고, 떠내려온 로마의 조상(祖上)을 강변에 살던 암늑대가 발견하여 젖을 먹여 키웠다는 이야기다.

1) 1756년의 티베리나 섬 지도

로마인들의 건강을 책임진 "티베리나 섬" Isola Tiberina

　한강 위에 떠 있는 섬이 여의도이고, 센강 위에 떠 있는 섬이 시테(Cite)섬이라면, 테베레강에 있는 긴 배 모양의 섬은 '티베리나'라고 부른다.

　티베리나 섬은 테베레강의 퇴적물이 쌓여서 형성된 하중도(河中島)다. 섬은 로마의 중심에 있어 고대에서부터 양쪽에 다리를 건설하여 유용하게 사용해 왔다.

　이 섬이 역사에 정식으로 등장하는 것은 로마의 '거만한 왕', 고대 로마의 왕정시대(기원전 8세기~기원전 510년) 마지막 왕이자 제7대 왕이었던 타르퀴니우스(Tarquinio il Superbo)가 로마에서 폭동이 일어날 때를 대비하여 캄포 마르치오에서 빼앗은 식량을 저장하기 위해 섬에 창고를 만들었다는 기록이 있다. 다리에 통행을 제한하여 식량을 안전하게 지키려고 한 것으로 추정된다. 왕정시대 훨씬

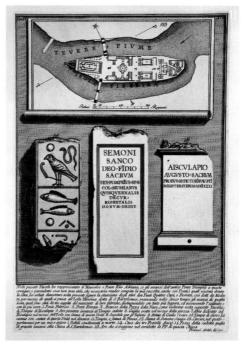

이전부터 섬은 이미 여러 용도로 사용했을 테지만 그것을 뒷받침할 만한 역사적인 근거가 없어 '거만한 왕'의 치세인, 대략 기원전 515년 즈음으로 보고 있는 걸로 이해된다.

　도심에서 가까운 지리적인 이점 때문에 전염병이 고대 로마를 휩쓸고 간 기

원전 292년 이후, '치료의 신' 아스클레피오스(Aesculapius) 신전이 건설되었다.

로마인들의 구전에 따르면, 신전 건립에 관한 다음과 같은 이야기가 있다.

기원전 294년, 로마에 역병이 들어 국가가 위태로워지자 일부 학자들이 전염병을 물리치는 신(神)을 구하기 위해 그리스로 건너갔다. 그리스에서 건강의 신으로 알려진 '뱀'의 동상을 싣고 로마로 돌아왔다. 그리고 티베리나 섬에 모시기 위해 신전을 지었다. 그때부터 로마에서 역병이 사라졌다고 한다. 뭐, 별것 아닌 것 같은 시시한 이야기다. 하지만 중요한 것은 기원전 3~4세기에 이미 로마가 그리스와 왕래하고 있었고, 로마가 그리스를 정복하는 것이 기원전 146년인데, 훨씬 이전부터 문화적으로 영향을 받고 있었다는 이야기다.

시대를 잇는 "체스티오와 파브리치오 다리"
Ponte Cestio & Ponte Fabricio

공화정 시대와 제국 시대에 들어와서도 로마는 계속해서 역병에 시달렸다. 그럴 때마다 로마시민들은 이곳에 몰려와 신탁했다. 그 뒤 신전이 있는 섬과 양쪽 육지를 연결하는 두 개의 다리가 건설되었다. 동쪽의 파브리치오(Fabricio, 오늘날의 'Quattro Capi') 다리와 서쪽의 체스티오(Cestio) 다리를 건설했다.

동쪽의 파브리치오 다리는 '유대인의 다리'라고도 하는데, 그것은 바로 앞에 있는 유대인의 게토와 시나고그로 이어지기 때문이다. 서쪽의 체스티오 다리는 티베리나 섬과 트라스테베레 지역을 연결한다.

배 모양의 섬에는 여러 건물이 트라베르틴 대리석으로 하나씩 들어섰다. 아스클레피오스 신전에는 아스클레피오스 신의 동상이 세워졌다. 신이 손에 들고 있는 오벨리스크 모양의 기둥에는 뱀이 감겨 있고 신성을 상징하는 신수(神樹)가 날개 형상을 하고 있다. 기둥 꼭대기에는 소머리 모양이 장식되어 있다.

이런 형태의 기둥은 배를 정박하기 위한 용도로도 사용했을 것이다. 이것이 발전하여 오늘날 의학의 상징으로 자리를 잡았다면 과장된 것일까? 뱀은 고대부터 탈피를 통해 새로 태어나는 '재생'을 상징했다. 그래서 오늘날 약국이나 의학의 상징으로 기둥에 감긴 뱀의 형상을 쓴다.

2)

Asclepio   Hermes

섬의 남쪽에 세워졌던 아스클레피오스 신전은 중세기를 거치면서 성 바르톨로메오 대성당으로 바뀌었다. 신전의 내부에는 우물이 있고, 그 양편 건물의 회랑에 병자들이 머물렀다고 한다. 신전 안에 있던 오벨리스크 자리에는 뒤에 작은 기둥이 하나 있었고, 기둥에는 매년 8월 24일, 성 바르톨로메오 축일을 기해 그해 부활절 규범을 어긴 사람들의 명단이 공개되었는데, 1867년 마차가 달려와 심하게 부딪치는 바람에 기둥이 깨지고 말았다. 지금은 십자가가 박힌 기둥이 성당 앞 광장 한복판에 있고, 사방의 벽감(壁龕)에는 섬과 관련 있는 네 성인상이 있다. 성 바르톨로메오, 놀라(Nola)의 성 바올리노, 아씨시의 성 프란체스코, 천주의 성 요한이다.

섬의 북쪽에도 여러 채의 신전이 있었는데, 기원전 194년에 지은 자연(혹은 숲)의 신 파우누스(Faunus) 신전, 맹세하던 유피터 유랄리우스(Iuppiter Iuralius) 신전, 사비니족들의 신 세모 산쿠스(Semo Sancus) 신전 등이 있었다. 유피터 유랄리우스 신전은 지금 성 요한 칼리비타 성당(Chiesa di San Giovanni Calibita)으로 사용하고 있지만, 이 성당의 바닥 장식을 통해 과거에는 신전이었음을 알 수 있다.

또 섬에는 테베레강의 신 티베리우스, 대지의 신 가이아(Gaia), 전쟁의 신 벨로나(Bellona)를 모시던 신전도 있었다.

박피형으로 순교한 "성 바르톨로메오 대성당" Basilica di S. Bartolomeo

아스클레피오스 신전은 10세기, 독일 신성로마제국의 오토 3세에 이르러 친구이며 프라하의 주교로 있다가 998년에 순교한 아달베르토(Adalbertus)를 비롯, 바올리노와 바르톨로메오에게 봉헌한 성당으로 바뀌었다. 그리고 1180년, 교황 알렉산드로 3세가 건물을 재건하면서 떨어져 깨진 고대의 모자이크 조각들을 주워 성당의 정면을 장식하고, 성당을 바르톨로메오 성인 한 사람에게 헌정했다.

성 바르톨로메오는 그리스도의 열두 제자 중 한 사람으로, 아르메니아에서 피부를 벗기는 박피형(剝皮刑)을 받고 순교했다. 요한은 복음서에서 바르톨로메오와 친구 필립보에 관해 잘 말해주고 있다. 바르톨로메오의 원래 이름은 나타나엘이다. 친구 필립보가 먼저 예수의 제자가 되었고, 그가 "와서 보라"는 권유에 따라갔다가 예수의 제자가 되었다(요한 1,43-51). 그 후, 나타나엘은 아람어로 바르-탈마이(Bar-Talmai, '탈마이의 아들'이라는 뜻)라고 불렸다.

그는 성령강림 후, 아라비아 펠릭스(고대 아라비아 남부와 일부 서부지역으로 비교적 비옥한 지역)에서 파르티야, 메소포타미아, 어떤 사람은 인도까지 가서 선교했다고 전한다. 그리고 아르메니아로 귀환하여 순교했다. 바르톨로메오 사도의 마지막에 관해서는 바빌로니아의 첫 번째 주교로 있던 아브디아(Abdia)가 쓴 저서『사도들의 회고록(Memorie Apostoliche)』에서 비교적 자세히 언급하고 있다.

"지옥의 제후 아스타로트(Astaroth)에게 헌정한 알바노폴리스(Albanopolis)의 신전에는 많은 병자가 몰려와 치유와 신탁을 기다렸다. 어느 날 바르톨로메오가 그곳에 들어가 사탄을 찾았다. 그러나 [사탄] 아스타로트는 꿈쩍도 하지 않았다. 며칠 동안 병자들을 치료하지도 않았다. 신전의 사제는 슬슬 걱정되기 시작했고, 베리트(Berith)라는 다른 악마를 통해 아스타로트가 왜 침묵하고 있는지를 물었다. 그러자 악마는 '참 하느님의 사도 성 바르톨로메오가 신전에 들어가 불로 자기를 처단할까 두려웠기 때문'이라고 했다.

그로 인해 바르톨로메오의 명성은 날로 높아졌고, 많은 병자, 장애인, 악마에 사로잡힌 사람들이 아스타로트보다는 바르톨로메오를 찾았다. 바르톨로메오가 가는 곳이면 어디든 떼로 몰려왔다. 아르메니아 지방의 행정관과 왕의 동생까지 병든 딸을 데리고 바르톨로메오를 찾았다. 왕의 동생은 앞서 딸을 데리고 아스타로트에게도 갔었다. 이렇게 고위인사들까지 바르톨로메오를 찾자, 아스타로트의 사제들은 아스티아게스(Astyages) 왕에게 가서 바르톨로메오를 모함했다. 바르톨로메오가 신전에 들어간 다음부터 신전이 훼손되기 시작했다는 것이다. 이에 왕은 바르톨로메오를 체포하여 채찍질하고 십자가에 거꾸로 매달아 아래에 장작불을 피워 질식사하게 했다. 그러나 성인은 그런 잔인한 형벌을 끝까지 참아 견뎠고, 왕의 처사에 항변했다. 그러자 왕은 산 채로 머리부터 발끝까지 피부를 모두 벗기라고 명했다. 오직 눈과 혀만 상처 입지 않은 채 숨을 거두었는데, 그것은 최후의 순간까지 말씀을 전하고, 모든 것을 목격하게 하기 위함이었다."(Memorie apostoliche di Abdia, Libro VIII - Gesta compiute in India dall'apostolo Bartolomeo).

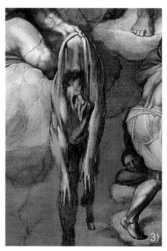

그의 순교 장면은 후에 많은 예술가에게 영감을 주었다. 미켈란젤로도 바티칸 시스티나 소성당의 〈최후의 심판〉에서 바르톨로메오 성인의 벗겨진 가죽에 자신의 초상을 넣었다.

그의 유해는 839년 베네벤토의 대주교 우르수스가 아르메니아에서 시칠리아섬의 리파리를 거쳐 베네벤토로 모셔왔으나, 그곳을 점령하고 있던 작센의

3) 야코피노 델 콘테(Jacopino del Conte) 작, 〈미켈란젤로의 초상화〉(1535년)와 〈최후의 심판〉 (일부분)에서 바르톨로메오에 넣은 자화상

신성로마제국 황제 오토 3세에게 빼앗기고 말았다. 오토 3세는 성인의 유해를 로마로 가지고 와서 티베리나 섬의 성 바르톨로메오 성당에 모셨다.

그러나 일각에서는 로마로 온 유해는 성 바르톨로메오의 유해가 아니라, 놀라의 주교 성 바올리노라고 전하기도 한다. 이 말은 또 놀라의 주교 성 바올리노의 유해도 이곳에 있다는 말일 것이다.

놀라의 성 바올리노는 가톨릭교회에서는 종(鐘)을 발명했고, 시계가 없던 시대에 종소리로 '마을 공동체'의 시간기준을 제시한 성인으로, 종지기들의 주보 성인으로 알려진 분이다.

그는 355년 프랑스 보르도에서 태어났다. 법학과 철학 및 문학을 공부했고, 스무 살을 갓 넘겼을 때 지방의원이 되어 공직에 발을 들였다. 이탈리아 남부 캄파냐주로 발령을 받고, 거주지를 카푸아(Capua)가 아닌, 성 펠리체 성인의 유해가 있는 소도시 놀라(Nola)로 정했다. 로마 시대 카푸아는 이탈리아 남부지방의 중요한 거점지역이었다. 출세를 거듭하던 중 바르셀로나에서 신심 깊은 테라시아(Therasia)라는 여성과 결혼했다. 그녀의 인도로 389년 35세쯤에 보르도에서 세례를 받았다.

393년 바르셀로나에서 성탄절 미사에 참여하던 중 신자들이 "바올리노를 사제로!"라고 외쳤고, 그것은 곧 "백성의 소리는 하느님의 소리"로 받아들여져, 즉시 사제로 서품을 받았다. 이탈리아를 여행하던 중 성 암브로시우스를 만난 후에, 토스카나에서 아내와 함께 온전히 수도 생활에 귀의하기로 했다. 그리고 과거, 행정관으로 일하던 놀라에 자리를 잡았다. 성 펠리체 성인을 의식한 것이었다. 일설에는 놀라에 오자마자 중병에 걸렸는데, 펠리체 성인의 도움으로 치유되었다는 이야기도 있다. 아무튼 이후 놀라에 성 펠리체 대성당을 지어 초라하게 있던 성인의 유해를 옮겼다. 아내 테라시아는 409~414년경 사망했다.

410년 8월 24일, 서고트족(Visigothi)의 왕 알라리크 1세(Alaric I)가 로마를 점령하고 약탈한 뒤, 나폴리 근처 놀라(Nola)까지 쳐들어왔을 때, 백성들은 성문 앞에서 바르셀로나에서처럼 "바올리노를 주교로!"하며 외쳤다. 이에 바올리노는 자신에게 주어진 운명을 받아들였고, 그 사이에 서고트족은 놀라를 점령하고 약탈했다. 많은 주민이 포로가 되었고, 바올리노는 가진 모든 것을 팔았다. 주교의 목장(牧杖)까지 팔아서 포로들의 몸값을 치르고 자유의 몸이 되게 했다. 더는 팔 게 없어지자, 한 과부의 독자를 대신하여 자신이 포로가 되었다. 그의 나이 55세, 1년 동안 사제에서 주교가 되고, 다시 포로가 되는 격변을 맞았다.

노예로 아프리카에 팔려 가 어느 주인의 정원사가 되었다. 하루는 왕에게 닥칠 죽음을 주인에게 예언했고, 주인은 그를 왕궁으로 데리고 갔다. 그들은 두려워했다. 주인은 그가 주교라는 걸 알았고, 무엇이건 청하는 것은 다 들어주겠다고 했다. 바올리노는 자신과 함께 잡혀 온 놀라 사람들을 모두 풀어달라고 했다. 바올리노는 배에 밀을 가득 싣고 놀라(Nola) 사람들을 태우고 고향으로 돌아왔다. 토레 안눈치아타(Torre Annunziata) 해변에는 그들을 맞이하러 나온 놀라 사람들로 가득했다. 그들은 꽃다발을 흔들며 바올리노와 포로로 잡혀갔다가 살아서 돌아온 가족 친구들을 환영했다.

이런 환대의 전통은 지금도 전해져 오고 있다. 6월 22일, 다음 첫 주일이면 놀라(Nola)에는 백합꽃을 손에 들고, "백합꽃 축제"를 하는데 그것은 여기서 비롯되었다. 이 축제는 2013년, 유네스코 세계무형문화재로 등재되었다.

성 바올리노는 당대 저명한 교회 인사들과 소통하는 데도 소홀히 하지 않았다. 성 암브로시우스, 에로니모와 아우구스티누스 등과 주고받은 편지가 49통이 전해온다.

성당 앞 광장 한복판에 있는 기둥의 벽감(壁龕)에는 지금까지 말한 두 성인

외에도 아씨시의 성 프란체스코와 천주의 성 요한도 있다.

아씨시의 프란체스코는 '비천한 사람들 가운데 가장 비천한 사람'이 되고자 했고 또 그렇게 살았던 성인이다. 그는 사회로부터 소외되어 가난하고 버림받은 사람, 병자들과 힘없는 사람들의 주보성인이다. 가장 이탈리아적인 성인이며, 이탈리아인들 가운데 가장 거룩한 사람으로 살았다. 가난한 사람과 병자들이 있는 이곳에 그가 없을 수 없어서일까? 이 섬에서도 그를 기리고 있는 것이 새삼스럽지 않다.

마지막으로, 천주의 성 요한은 1495년, 포르투갈에서 태어나 군인 생활을 하다가 성 세바스티아누스 축일에 아빌라의 성 요한이 하는 설교를 듣고 감동하여 신앙으로 귀의했다. 그의 신앙적인 회심은 광적이라고 할 만큼 지나쳐서 결국 정신병원에 수용되는 최악의 상황까지 갔다. 그의 신앙적인 탐구는 끊임없이 하느님

의 섭리를 찾는 데 있었다.

병원에 수용된 그가 받은 치료는 채찍질, 학대와 같은 비인간적인 방법들이었다. 이에 병원에 수용된 상태에서 형편이 조금 나아지자 거기서 환자들을 돌보며 아파도 인간다운 대접을 받을 수 있는 공동체를 만들기로 했다. "형제들이여, 여러분 자신에게 하는 것처럼 다른 사람들을 잘 대해 주십시오(Fate (del) bene, fratelli, a voi stessi)!"라는 말은 여기서 비롯되었다. 티베리나 섬에 있는 '천주의 성 요한 수도회'에서 운영하는 병원을 '파테.베네.프라텔리(Fate. bene.fratelli, 형제들이여 잘하라)'라고 한다.

병원에서 나온 요한은 스페인의 그라나다에서 약 13년간 가난한 사람, 지적 장애자, 매춘부, 노인, 고아, 과부 등 당시 사회로부터 버림받은 사람들을 보살피다가 병원을 설립하여 제자들을 모았다. 원래의 이름은 요한 시데다스(Joannes Cidedas)이지만 사람들은 그가 병자와 가난한 사람들에게 헌신하는 것을 보고 '하느님이 보낸 사람'이라고 하여 '천주의 요한'이라고 불렀다. 제자들은 '천주의 요한 의료봉사 수도회'를 설립했다. 후에 천주의 요한이 사망한 뒤 교회의 정식 인가를 얻어 '천주의 성 요한 수도회'로 거듭났다. 지금도 가톨릭 교회에서는 병원과 병자들의 주보성인이자 가톨릭간호사협회와 간호사들의 주보성인으로 공경받고 있다.

대성당으로 들어가는 현관 대들보 밑에는 "이 대성당에 성 바르톨로메오 사도의 몸이 쉬고 있다. In Hac Basilica Requiescit Corpus S. Bartolomaei Apostoli"라고 적혀 있다. 그리고 현관의 청동문 위, 대리석 테두리에 "성 바올리노와 바르톨로메오의 무덤이 있는 성당"이라는 간판이 있다.

내부로 들어가면, 두 줄의 7개의 기둥이 본당을 세 개 복도로 구분하고 있다. 기둥들은 1~2세기의 것으로 로마 시대 이 자리에 있었던 아스클레피오스 신전에서 가지고 온 것으로 보인다.

중앙제단은 흰색의 대리석으로 성 바르톨로메오의 붉은색 석관을 덮은 덮개 형식을 하고 있다. 1852년 비오 9세 교황이 기증한 것이다. 원래 있던 덮개는 1557년 테베레강이 범람했을 때 성당 일부가 무너지면서 깨졌다. 그것을 오랫동안 그대로 사용했고, 비오 9세 교황에 이르러 교체를 한 셈이다.

그 아래 붉은색의 석관에 "성 바르톨로메오의 몸(Corpus Sancti Bartolomaei)"이라고 적혀 있다. 석관 자체는 로마 시대의 것으로 추정된다.

흥미로운 것은 이 제단을 오르는 첫 번째 계단에 "우물의 귀틀(Vera da Pozzo)"이라는 다소 특이한 것이 있다. 13세기 니콜라 단젤로(Nicola d'Angelo)와 피에트로 바쌀레토(Pietro Vassalletto)가 대리석으로 조각한 것인데, 로마 시대 이 자리에 있던 신전에서 치유의 기적이 행해질 때 사

용하던 우물의 뚜껑을 활용했다고 한다.

작은 기둥 모양의 귀틀에는 사방으로 돌아가면서 성인들이 조각되어 있고, 그들의 머리 부분 양쪽에 빙글 돌아가면서 라틴어로 "둘러선 성인들은 우물의 입을 에워싸고 있다(Os Pu/ Tei S[an]C[t]i/ Cirumdant/ Orbe Rotanti)"라고 적혀 있다.

그리고 그 너머, 제단으로 사용하고 있는 붉은 색 석관 속에 바르톨로메오 성인의 유해가 있다. 눈에 띄는 것은 제단화다. 성 요한 바오로 2세 교황은 2000년 대희년을 앞두고, 20세기 그리스도교 순교자들을 찾아내는 '새로운 순교자 위원회'를 만들어 2년간 이곳 성 바르톨로메오 성당에서 작업을 하게 했다. 전 세계 모든 교구에서 보내온 파일은 12,000건이 넘게 이곳에 탑재되었

고 수많은 증인이 참석했다. 2002년 10월 12일, 루이니(Camillo Ruini) 추기경, 카스퍼(Walter Kasper) 추기경과 정교회 총 대주교와 공동집전한 장엄미사에서 중앙제단의 제단화로 "20세기 새로운 순교자들과 신앙의 증인들 이콘"을 세우고, 이 대성당을 "새로운 순교자"들을 기억하는 성당으로 지정했다. 이콘은 레나타 쉬아키(Renata Sciachi)의 작품, 〈20세기 새로운 순교자들과 신앙의 증인들〉(2002)[목판]이다.

성 요한 칼리비타 파테베네프라텔리 종합병원

Ospedale San Giovanni Calibita Fatebenefratelli

성 바르톨로메오 대성당 앞에 1583년, '천주의 성 요한 수도회'형제들이 세운 병원이다. 지금과 같은 모습은 1930~1934년에 최종 손을 본 것이다. 병원의 오른쪽에 있는 성당은 로마 시대 유피테르 유랄리우스 신전이 있던 자리에 서기 870년경, 설립한 "성 요한 칼리비타 성당"이다. 병원에 딸린 성당으로 사용하고 있다.

성당에는 〈램프의 성모 마리아〉라고 부르는 성화가 있다. 아기 예수를 안고 있는 성모 마리아의 그림은 13세기 중엽에 그려진 벽화로, 원래 병원 건물 위에 세워져 있었다고 해서 '거대한 성모 마리아'라고 불렸는데, 그 앞에는 신심 깊은 사람들이 공경의 표시로 켜 놓은 램프가 있었다. 1557년, 테베레강이 범람하여 성모 마리아의 성화에까지 차올랐고 램프도 성화와 함께 물에 잠기고 말았다. 하지만 물속에서도 램프의 불은 꺼지지 않고 물이 다 빠져나갈 때까지 켜진 채 있었다고 한다.

또 성당의 이름이 된 요한 칼리비타(Joannes Calybita)는 서기 450년경, 콘스탄티노플에서 태어난 성인이다. 은수(隱修) 생활을 위해 일찍 부모 곁을 떠나 아세메트(Ἀκοίμηται)의 수도사가 되었다. 아세메트는 '잠을 자지 않는 사람'이라는 뜻인데, 말 그대로 잠을 자지 않고 밤낮 시편 기도를 낭송하며 고행으로 수도

생활을 하던 비잔티움의 엄격한 은수자 그룹이었다.

6년 뒤, 그가 집으로 돌아왔을 때, 부모도 자식을 알아보지 못하고 적선을 할 정도로 초라한 거지가 되어 있었다. 고향으로 돌아와서도 그는 작은 움막을 짓고 거기에 들어가 극도의 금욕생활과 놀라운 인내, 온순함, 기도로써 자기를 극복하고 성화하여 주변 사람들에게 큰 감명을 주었다. '칼리비타'라는 이름은 '작은 움막'이라는 뜻으로, 그를 부르던 또 다른 이름이었다.

1000년경 구비오(Gubbio) 출신의 복자 산투챠 카라보티(Santuccia Carabotti, 1237~1305)는 가난한 사람과 병자들을 돌보는 베네딕토회 계열의 여성 수도회를 설립했다. 후에 그녀의 이름대로 "산투챠회 수녀들"이라고 불렀다. 그들이 로마로 와서 가난한 사람과 병자들을 돌보기 위해 이곳에 자리를 잡았다. 본격적인 병원으로서 모습을 갖추기 시작한 것이다. 산투챠회 수녀들은 오늘날 '라테란의 성 요한 종합병원'의 설립에도 초석을 놓았다.

1500년대 후반에 들어서면서 이곳은 단순한 복지시설이 아니라, 르네상스 의학의 발달로 여러 방면의 의사와 간호사를 갖춘 '보건 복지 재단'으로 발전했다. 여기에는 1585년 그레고리우스 13세 교황(재임 1572~1585)의 지원에 힘입어 피에트로 소리아노(Pietro Soriano, 1515~1588) 신부가 "천주의 성 요한" 수도회 회칙에 따라 병자를 돌보는 형제단을 설립한 것이 디딤돌이 되었다. 이 형제단을 로마인들은 '파테베네프라텔리'라고 불렀다.

병원은 1656년 로마에 페스트가 돌았을 때 크게 도움을 주었고, 1832년 콜레라가 도시를 강타했을 때도 큰 힘을 발휘했다. 당시 특별재난위원회는 이 병원을 중점 의료기관으로 지정하여, 여러 시대에 걸친 경험 있는 의료진을 확보하고 있다는 점과 섬이라 필요하면 격리가 쉽다는 점 때문에 정책적으로 많이 활용하였다. 후에 병원 시설에는 전염병 발생을 대비한 전문 의료인을 양성하는 학교가 설립되었다.

병원은 프랑스의 지배하에서도 자치권을 유지했지만, 이탈리아 통일운동이 정점을 찍던 '로마 점령(La presa di Roma)'의 상징이 되었던 포르타 피아(Porta Pia) 사건으로 로마에 대한 교황의 지배가 막을 내리면서 병원의 운영권마저 빼앗기고 말았다. 1878년 병원은 종교시설에서 배제되었고, 수도자들은 쫓겨났다. 그러나 1892년, 로마시민들의 강력한 요청에 따라 병원의 운영은 다시 파테베네프라텔리에게 돌아갔다.

19세기 말, 이탈리아가 통일된 직후, 병원은 강에 댐을 건설하는 것과 비슷한 방식으로 옹벽을 설치하여 범람에 대비했다. 1922년, 병원의 현대화와 확장이 있고 난 후, 로마에서는 처음으로 수술실, 안과 및 방사선실을 갖춘 현대적인 의료 시설로 거듭났다.

"성 요한 칼리비타 파테베네프라텔리"라는 이름은 1972년에 병원의 공식 명칭으로 지정되었다.

2004년부터 섬에서는 '티베리나 섬 영화제'를 개최하고 있다. 이탈리아 영화의 생산지라고 할 수 있는 로마의 치네치타(Cinecittà)가 이곳으로 옮겨온 듯한 인상을 주기도 한다. 행사 기간에는 대형 스크린이 설치되어 각종 영화를 볼 수 있는 것은 물론, 대형 홀에서 날마다 유명한 이탈리아의 감독과 배우들을 만날 수 있는 자리도 있다.

병원과 수도원이 섬 전체를 차지하고 있는 이곳에서 문화 행사를 겸한 영화제를 개최한다는 게 어울릴 것 같지 않지만, 질병으로 고통받는 사람들에게도 문화를 향유 할 수 있는 기회를 준다는 측면에선 고개가 끄덕여진다. '다가가는 문화제', '약자와 함께 하는' 등 이 시대에 필요한 다양한 활동을 보게 된다.

유대인의 게토와 시나고그, 로마 유대인의 역사지구
Aree del Ghetto e Tempio Maggiore di Roma(Sinagoga)

티베리나 섬에서 로마 동쪽 행정의 중심지로 연결하는 파브리치오 다리를 흔히 '유대인의 다리'라고도 한다. 세 개의 아치로 이어진 다리를 건너면 바로 앞에 유대인의 게토와 시나고그가 있다.

유대인이 로마에 들어와서 살기 시작한 것은 기원전 2세기부터다. 세계 유대인의 게토 가운데 가장 오래된 것은 단연 베네치아의 게토지만, 두 번째로 오래된 곳을 꼽으라면 로마를 들 수 있을 것이다.

게토(ghetto)라는 용어도 베네치아의 한 귀족이 베네치아어로 '게토', 곧 '주물공장'으로 부르기 시작한 데서 유래했다고 한다. 지금은 소수의 인종이나 민족 혹은 종교집단이 거주하는 도시 안의 일정한 구역을 가리키는 말로 확대되었지만, 당시 베네치아에 살던 유대인들이 따로 떨어져서 공방을 운영하고 있었기 때문에, 그들이 살던 구역을 가리켰다.

로마에 들어와 살던 유대인들이 정식으로 게토를 형성한 것은 1555년 7월 14일, 교황 바오로 4세의 '매우 불합리한 일(Cum nimis absurdum)'이라는 교서를 통해서였다. 당시 로마에 살던 유대인들의 요청을 받아들여 '유대인의 울타리'라고 할 수 있는 게토 설립을 허락했다. 그리고 그들의 요구에 따라 고대에서부터 유대인들이 집단으로 살아온 이곳 아벤티노 언덕 아래 테베레강 유역을 그들의 터전으로 내주었다.

교서의 셋째 줄에는 게토 내에서 유대인이라는 것을 알아볼 수 있도록 검은 모자를 쓰거나 다윗의 별이 새겨진 망토를 걸쳐 어떤 식으로든 표시를 해야 한다고 하였으며, 아홉째 줄에는 해진 옷이나 입던 옷 같은 걸 교환하는 일 외에 다른 어떤 상거래도 해서는 안 된다고 명시했다.

게토로 드나드는 문은 해가 지면 닫고 해가 뜨면 열었다. 시간이 지나면서 이곳을 드나들던 인구도 점차 늘어나고 게토도 커져서 근처의 여러 곳으로 나누어 형성되기 시작했다.

프랑스 대혁명의 여파로 1798년 2월 로마를 차지한 프랑스는 게토의 중심지라고 할 수 있는 친퀘 스콜레 광장(Piazza delle Cinque Scole)에 '자유의 나무'를 심고 유대인과 로마시민의 평등권을 선포했다. 그러나 유대인의 평등권과 자유로운 출입은 오래가지 못하고, 1814년을 끝으로 그들의 생활반경은 다시 게토 안으로 한정되고 말았다. 그 뒤에도 유대인의 운명은 정치적인 상황에 따라 게토 안팎에서 통제된 생활을 하기도 하고, 자유 시민의 권리를 누리기도 하는 등 '남의집살이'의 서러움을 겪어야 했다. 1870년, 이탈리아의 통일과 함께 유대인 출신의 장교가 나오면서 그의 지휘하에 게토의 담은 완전히 사라지고 이탈리아 시민과 똑같은 권리를 행사할 수 있게 되었다.

그러나 제2차 세계대전 중에 있었던 홀로코스트의 무서운 손길은 이곳에 살던 유대인들에게도 미쳤다. 1943년 10월 16일 새벽, 수백 명의 독일군이 이곳을 에워싸고 1,000명이 넘는 유대인들을 체포했다. 모두 티부르티나 역에서 수송 열차에 실려 아우슈비츠로 끌려갔다. 거기에서 살아남은 사람은 고작 17명에 불과했다.

유대인들의 수난은 여기서 그치지 않았다. 1982년 10월 9일, 팔레스타인 출신이라고만 밝힌 한 테러범이 시나고그에서 예배를 마치고 나오는 유대인들을 향해 기관총을 난사하고 수류탄을 던져 수십 명의 사상자를 냈다. 희생자 중에는 태어난 지 겨우 2년 된 스테파노(Stefano Gay Taché)라는 어린아이까지 있어서 로마인들의 큰 분노를 샀다.

　1986년 4월 13일, 교황 요한 바오로 2세는 그해 10월 아씨시에서 있을 '그리스도교 일치의 날'행사를 앞두고 로마 유대인들의 오랜 터전인 이곳 시나고그를 방문했다. 이곳에서 로마 유대인 공동체의 대표와 랍비들을 만나 "…(성경을 잘 알고 있는 우리 그리스도인들로서는) 여러분이야말로 우리의 가장 좋은 형제이고, 어떤 의미에서는, 우리의 맏형님입니다."라고 함으로써 유대인들에게 화해의 손길을 내밀었다.

　2010년 1월 17일, 교황 베네딕토 16세도 이곳을 방문하여 유대교와 가톨릭 교회의 대화를 강화하고 나치의 대학살에 희생당한 유대인들을 위로했다.

　오늘날 로마의 시나고그는 팔레스타인 사람들에게는 테러의 장(場)이 되고, 그리스도인들에게는 화해의 장이 되는, 그들의 역사만큼이나 아이러니한 곳이 되었다. 유대 민족의 아이러니는 비단 이것뿐이겠는가! 수 세기에 걸쳐 압제와 핍박을 받았던 그들이 제2차 세계대전의 종식과 함께 2천 년의 더부살이를 끝내고 '약속받은 땅'으로 돌아가서는 팔레스타인 사람들을 대상으로 똑같이 압제와 핍박을 하고 있으니 말이다.

　시나고그는 유대인들이 로마에 이주하여 살아온 역사에 비해 매우 늦게 건설되기는 했지만 그들의 아픔과 슬픔을 고스란히 담고 있는 장소라고 할 수 있다. 한마디로 로마 유대인 디아스포라(diaspora)의 상징이 되고 있다.

　사실 유대인 디아스포라(διασπορά)의 역사를 만든 건 로마였다. '분산'이라는 뜻의 그리스어다. 유대어 갈룻(Galut, 유배)과 같은 말이다. 한 민족이 자의건 타의건 기존에 살던 땅을 떠나 다른 곳으로 이동하는 현상으로, 한자로는 '이산(離散)'이라고 한다. 기원전 586년의 바빌로니아 유배에서부터 서기 70년 티투스 황제의 '이산정책'에 의한 디아스포라에 이르기까지 유대인들의 디아스포

　8) 사진 출처: https://es.wikipedia.org/wiki/Gran_Sinagoga_de_Roma

8)

라는 오랜 역사가 있다. 그들은 세계 곳곳에 흩어져 살면서도 유대교의 규범과 생활 습관을 유지하여, 유대인의 흩어진 역사와 문화 발전 혹은 그들의 집단 자체를 일컫는 말로 확장하여 사용하기도 한다.

로마의 시나고그는 유럽의 가장 큰 시나고그 중 하나로, 1889년에 건축을 결정하고 1904년에 완성했다. 로마인-유대인들은 시나고그를 자유를 상징하는 두 채의 건물 사이에 짓고 싶어 했다. 빅토리오 엠마누엘레 2세 기념관(빅토리아노)과 시청 광장이 있는 카피톨리노 언덕과, 이탈리아 통일운동(Risorgimento) 시기에 아픈 전쟁을 치렀고 지금은 가리발디 동상이 있는 자니콜로 언덕 사이에 말이다. 또 로마의 어느 곳에서 보더라도 시나고그를 볼 수 있도록 웅장하게 짓고 싶어 했다. 아픈 그들의 역사에 대한 보상을 받고 싶었던 것으로 짐작된다. 그러나 당시 이탈리아는 가톨릭이 국교였고, 국민 정서상

받아들이기 어려워 지금과 같은 모습으로 지어졌다.

시나고그의 내부는 두 단의 층으로 나누어졌는데 한 층은 지하에, 다른 한
층은 지상에 있다. 지하층은 박물관과 소(小) 시나고그로 쓰고, 박물관에는 로
마 유대인 공동체의 전통 의상들을 비롯한 다양한 유물이 전시되어 있다. 지
상에는 대(大) 시나고그가 있다. 성전 안으로 들어가면 중앙에 대 시나고그와
양쪽에 두 개의 작은 시나고그가 있다. 둥근 지붕을 포함한 시나고그의 내부
는 전체적으로 간결하면서도 절제된 동방 스타일로 지었다.

로마의 유대인들에게 시나고그는 기도의 장소뿐 아니라, 유대인 문화의 기
준점이자 로마에 사는 이스라엘 공동체의 상징이다. 그들의 종교 행사는 물론
유대인 공동체의 모든 행정적인 업무도 이곳에서 한다.

현재 로마의 유대인 수는 15,000명을 헤아리고 있다. 대부분은 게토에 살지
않는다. 이탈리아인 공동체에 흡수되어 로마에서 사는 다른 이민족들의 토착
화 모델이 되고 있다. 로마에서 유명한 베네토 거리의 고급 상점들과 성 베드
로 대성당 주변의 기업형 기념품 상점들은 대개 유대인들이 주인이다.

마르첼로 극장 Teatro di Marcello

고대 로마의 극장으로 일부만 남아있다가, 르네상스 이후 개인의 저택으로
사용하기도 했다. 아우구스투스 황제 시절, 플라미니오 전차경기장이 있던 캄
포 마르치오 남쪽에 테베레강과 캄피돌리오 사이에 지었다. 극장을 처음 짓기
시작한 사람은 카이사르였다. 원래 이 자리는 피에타스(Pietas) 여신, 다이아나
여신에게 봉헌된 신전들이 있던 성지였고, 극장은 아우구스투스 때에 완성했
다. 극장 앞에는 아폴로 신전과 벨로나(고대 로마의 전쟁의 여신) 신전을 세웠다.

　기원전 23년에 극장은 개막식을 했고, 아우구스투스 황제의 조카 마르첼루스(Marcus Claudius Marcellus, 기원전 42~기원전 23)에게 헌정되었다. 마르첼루스는 아우구스투스의 누나 옥타비아의 아들로 아우구스투스가 후계자로 마음에 두고 총애하던 조카로, 딸 율리아를 그의 아내로 내어줄 정도였다. 그러나 마르첼로가 일찍 죽는 바람에 아우구스투스의 꿈은 사라졌다.

　극장이 완전히 마무리된 것은 기원전 17년이다. 그해에 첫 번째 공연을 했는데, 그것은 일명 '속된 놀이(Ludi Saeculares)'라고 하는 종교 행사였다. 고대 로마에서 중요하게 생각하던 것으로, 사흘 밤낮에 걸쳐 제물을 바치고 연극공연 같은 것을 했다.

　1500년대, 건축가며 화가인 발다싸레 페루찌(Baldassarre Tommaso Peruzzi)는 중세기부터 18세기까지 로마역사에서 중심적인 위치에 있던 로마의 전통 귀족 가문 사벨리(Savelli)의 요청에 따라, 지금 보는 것 같은 모양으로 고대 건축에 개인 궁을 증축했다. 18세기에 풀리아(Puglia)의 그라비나 공작 오르시니 가문이 이 건물을 사들였고, 1930년대 초, 로마시에서 다시 매입했다.

마르첼로 극장의 지름은 130m로 콜로세움이 세워지기 이전, 로마에서 가장 큰 로마식 극장이었고, 지금까지 내려오는 로마 시대 공연건물 중 가장 오래된 것 중 하나다. 그리스식 극장과 비교하면 아래의 사진과 같다.

9)

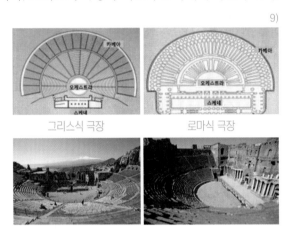

그리스식 극장　　　　로마식 극장

고대극장은 내부가 명확하게 구분되어 있었다. 반원형으로 된 관람석(Cavea)은 건물의 기초 위에 올려진 형태다. 방사선 형태의 벽은 관람석의 계단들 아래 기울어진 반원형 천장과 연결되고, 두 개의 복도는 하나는 내부를 향하고, 하나는 외부를 향하는 형태로 설계되었다. 관람석의 좌석 정원은 15,000명 정도였는데, 입석까지 합하면 20,000명까지도 가능했다고 한다.

대리석 조각에 새겨진 단편적인 극장 관련 기록들을 보면, 반원형의 무대는 관람석을 통해서 가는 것이 아니라, 바로 무대에 오를 수 있도록 직선의 3층 건물이 있었다. 이 건물을 스케네(Skene)라고 하는데, 원래는 '오케스트라'라고 하는 '무대'의 배경으로 '텐트' 혹은 '천막'과 같은 가벼운 구조물이었다. 스케네라는 말 자체가 '텐트' 혹은 '천막'이라는 뜻이다. 그러나 시간이 지나면서 오

케스트라(무대)의 변화에 따라 스케네에 지붕이 올려지고 영구적인 건축물로 바뀌었다. 로마 시대에 스케네는 크고 복잡하고, 때로는 웅장하기까지 한 석조건물이 되어 여러 층으로 오케스트라의 배경이 되어 주었다. 이곳 마르첼로 극장의 스케네는 3층으로 되어 있었다. 흰색과 다채색의 대리석 기둥과 조각상들로 장식된 무대를 받치는 스케네는 테베레강의 홍수를 막는 기능적인 역할도 했다.

한편 카베아(Cavea)라고 하는 관중석은 둥근 모양을 하고 아치형의 천장 구조물이 여섯 개 그룹으로 반복되는 형태였다. 이것들은 살짝 오르막 경사로 안쪽이 외부와 연결되도록 한 것, 위층과 아래층을 연결하여 하나는 내려가고 하나는 올라가는 경사로를 덮고, 다른 세 개는 서로 연결하여 관람객이 자유롭게 드나들 수 있게 했다.

오케스트라   스케네   카베아

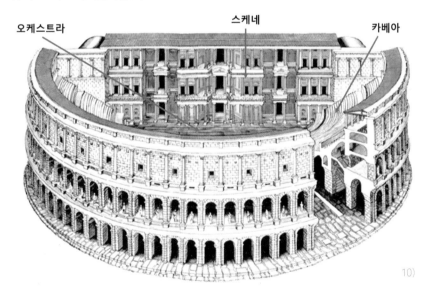

10)

내부를 연결하는 복도는 낮은 천장에 길게 작은 방들로 이어지게 했다. 오늘날 유명한 극장의 내부 방들을 연상하면 좋을 것 같다. 아래층 외부로 통하는 복도는 대리석으로 칸막이를 만들었는데, 카이사르 시대부터 클라우디우

스 시대에 걸쳐 만든 걸로 추정된다. 처음부터 모두 상점으로 사용하기 위한 목적이었다. 천장에는 또 벨라리움이라는 천막으로 덮었다. 자료에 따르면 극장 내부 곳곳에 36개의 청동 항아리를 비치하여 음향을 촉진하기도 했다고 한다.

마르첼로 극장은 1층 외부 기둥에서 보는 것처럼 도리아식 장식이 아우구스투스 황제 시절에 있었던 고전주의 양식으로 이동하는 과정에 있음을 알 수 있다. 정면의 절제된 구조는 이후에 나오는 모든 로마식 극장의 모델이자 표준이 되었다. 동시에 안쪽으로, 혹은 바깥쪽으로 열린 아치들의 너비가 저마다 다른 점을 통해 기술적인 면에서 안정적이지 못하다는 것도 드러내고 있다.

나보나 광장, 로마 바로크 예술의 보고(寶庫) Piazza Navona

로마에서 가장 아름다운 바로크 양식의 광장이다. "로마인들의 살롱"으로 불리기도 하는 이 광장은 로마제국의 도미티아누스 황제 시절에 건설된 스타디움에 만든 것으로, 로마의 가장  화려하고 특징적인 면을 잘 보여준다. 광장은 바로크 시대, 팜필리 가문 출신의 교황 인노첸시오 10세(Giovanni Battista Pamphilj, 재임 1644~1655)의 명에 따라 건

11) 제임스 안델슨(Anderson James, 1813~1877) 작, 〈나보나 광장〉, 로마

설되었다.

서기 86년, 로마제국의 도미티아누스 황제(Titus Flavius Domitianus, 재위 51~96)는 결혼식 행사용으로 앞서 여러 황제가 했던 것처럼 "나우마키아(해전 경기)"를 하기 위해 지었다. 3세기 세베루스 황제(Marcus Aurelius Severus Alexander, 재위 208~235)에 이르러 경주마들이 달리는 경기장으로 손을 보았다. 길이 240m에 폭 65m의 광장에는 3만 명의 관중을 수용할 수 있었고, 많은 동상으로 장식했다.

이곳은 로마인들의 기준상 단순한 스타디움이었지 경기장은 아니었다. 마구간도, 스피나(spina)도 없었기 때문이다. 하지만 누구에게나 개방되어 무슨 경기든 할 수 있었다. 오벨리스크는 후에 아피아 가도의 마센치오 경기장에서 옮겨왔다.

광장의 이름은 원래 '인 아고네(in Agone)'라고 불렀는데, 이것은 라틴어 '아고네스(agones, 경기)'에서 유래한 말로 오로지 '운동경기'를 위해 사용되었던 데서 나온 말이다. 그것이 '나고네(nagone)', '나보네(navone)', '나보나(Navona)'로 불리게 되었다. 아마도 가장 오랫동안(19세기 초까지) 경주마들이 달리던 광장이 아니었을까 싶다.

1500~1900년, 카니발 기간이면 광장에 거대한 기름 기둥이 세워졌는데, 지금도 광장 근처에는 '기름 몽둥이 가(街)(Via Albero della Cuccagna)'가 있어 그때의 행사를 상기시켜주고 있다. 기름 몽둥이를 중심으로 주변에는 뽑기, 톰볼라(빙고 게임과 같은 이탈리아식 놀이), 마술, 곡예, 노점상들이 즐비했다.

지금은 이 행사가 더 확장되어 성탄 시즌인 12월 8일(원죄 없이 잉태되신 동정 마리아 대축일)부터 1월 6일(공현대축일)까지 성탄 축제가 열리고, 이어서 사순절이 시작되는 '재의 수요일'바로 전날까지 카니발축제가 열린다. 건너편에 있는 캄포 데 피오리(Campo de' Fiori) 시장이 일반 재래시장이라면 이곳 나보나 광장은 특정 시기에만 여는 풍물시장이라고 할 수 있다.

광장에는 로마 바로크 예술의 보고(寶庫)라고 할 수 있을 만큼 중요한 볼거리가 많다. 가운데 오벨리스크 밑에는 바로크 건축 및 조각의 대가 베르니니(Gian Lorenzo Bernini, 1598~1680)가 조각한 〈4대 강의 분수〉가 있고, 바로 앞에는 보로미니(Francesco Borromini, 1599~1667), 레이날디(Girolamo Rainaldi, 1570~1655), 코르토나(Pietro da Cortona, 1596~1669)가 공동으로 설계하고 장식한 "성 아네스 성당"이 있다. 그 외에도 주변에는 브라스키 궁(Palazzo Braschi), 팜필리 궁(Palazzo Pamphilj)이 있고, 근처에 앞서 스페인 광장에서 언급한 유명한 "파스퀴노"와 로마 국립박물관인 알템프스 궁도 있다. 중요한 몇 개만 살펴보기로 하자.

<4대 강의 분수>

베르니니가 1648~1651년에 제작한 4개 대륙을 상징하고 '처녀의 샘'을 수원지로 다뉴브강, 갠지스강, 나일강, 플라타강을 의인화했다.

인노첸시오 10세는 교황직 초기에 나보나 광장 한복판에 로마에서 가장 웅장하고 기념비적인 분수를 건설하고 싶었다. 물은 '처녀의 샘'을 수원지로, 트레비 분수에 도달하기 전에 이곳을 지나도록 했다. 당시 이 자리에는 동물들이 와서 물을 마시던 여물통 수준의 작은 분수가 있었다. 공사의 책임은 보로미니가 맡았다. 그러나 1648년, 베르니니가 분수의 모형도를 은으로 제작하여 교황에게 보여주자 일은 바로 베르니니에게로 넘어갔다.

베르니니는 많은 설계도와 모형을 제작했고, 그중 몇 개는 지금까지 보존되고 있다. 시공에는 늘 함께 일해 오던 사람들 외에도, 조각가, 석공 등의 협력자들을 채용했다. 물론 모두 그의 철저한 지휘하에 일은 진행되었다. 베르니니는 분수에서 묘사하고 있는 절벽, 동물과 식물들까지 직접 다듬었다. 사실 베르니니의 즉흥적인 작업 진행 방식은 유명하다. 예술적인 결과물은 생각과 실천이 맞물려 일어난 성과라고 했을 때, 그의 경우, 완벽한 기술력 덕분에 작업에서 이 둘의 결합이 신속하게 이루어진다고 할 수 있다.

강을 표현한 개별 대리석 조각상은 판첼리(Giacomo Antonio Fancelli)가 시공한 나일강은 아프리카를 상징하며 수건으로 얼굴을 가리고 있는데 그때까지 수원지를 알 수 없다는 걸 암시한다. 사자와 종려나무를 통해 이국적인 분위기를 더했다. 클로드 푸생(Claude Poussin)은 아시아를 상징하는 갠지스강을 했다. 노를 든 강의 신 옆에 용이 있다. 라지(Antonio Ercole Raggi)는 다뉴브강을 조각했는데, 유럽을 상징하는 말(馬)을 넣었다. 바라타(Francesco Baratta)는 리오 데 라 플라타강을 통해 아메리카를 표현했다. 한쪽 팔을 들고 있어, 오벨리스크에 묘사된 태양 빛으로부터 눈을 가리는 걸 표현한 것으로 짐작되며, 남미에 사는 아르마딜로를 함께 묘사했다. 이렇게 4개의 강은 4개 대륙을 의미했고, 각 지역을 대표하는 식물이나 동물을 넣었다. 커다란 트라베르틴 절벽에 형성된 동굴의 4개 출구가 화강암의 오벨리스크를 들고 있는 것 같다.

여기서 교황의 문장들은 별도로 작업하여 나중에 입에 올리브 가지를 문 비둘기와 함께 절벽 위에 올렸고, 절벽은 이집트 오벨리스크의 받침대 역할을 하며, 오벨리스크 꼭대기에는 청동 비둘기가 있다. 평화를 상징하는 동시에 팜필리 가문을 상징한다.

분수는 1648~1651년, 베르니니의 감독하에 예술가와 장인그룹에 의해 건축과 조각이 탁월한 방식으로 융합되어 탄생했다. 식물에서 동상에 이르기까지, 분지와 절벽에 묘사된 동물에 이르기까지 모든 움직임을 섬세하게 표현했다. 1651년 6월 12일, 개막식이 있고 난 뒤. 당시 유럽의 시사지들과 여행객들은 "정말 놀랍고 감탄할 일"이라고 평가했다.

아고네의 성녀 아녜스 성당(Chiesa di Sant'Agnese in Agone)

한편, 〈4대 강의 분수〉 바로 앞에 있는 성당으로 프란체스코 보로미니가 설계했다. 〈4대 강의 분수〉를 베르니니에게 빼앗긴 후 보로미니가 1651~1667년에 지었다고 하지만, 사실은 이것도 보로미니 혼자서 한 건 아니다.

성당은 1651년 인노첸시오 10세 팜필리 교황이 전에 있던 성녀 아녜스 성당 자리에 가문의 궁을 지으면서 성당도 새로 짓도록 한 것으로 보인다. 책임을 맡긴 건축가는 원래 리날디(Girolamo Rainaldi)였다. 리날디는 고상부(鼓狀部), 곧 '탐부로(tamburo)'없는 돔에 네 면이 똑같은 그리스 십자가 형태로 설계했다. 공사 진행은 아들 카를로 리날디가 맡았다.

리날디가 시작한 공사는 1653년에 이르러 프란체스코 보로미니로 교체되었고, 리날디 설계가 대폭 수정되었다. 보로미니는 정면 양쪽에 두 개의 종탑과 탐부로에 16개의 기둥을 두른 창문을 만들었다. 그러나 인노첸시오 10세가 사망(1655년 1월 7일)하자, 새로 선출된 알렉산드로 7세는 위원회를 만들어 보로미니 설계의 오류들을 진단하도록 했다. 결국 보로미니는 이 일에서 손을 뗐다. 일은 어느 정도 마무리 단계에 들어가 있는 상태이기도 했다.

알렉산드로 7세는 카를로 리날디에게 보로미니의 설계에서 탐부로의 창문과 종탑들을 크게 수정하도록 했고, 그 바람에 스위스 티치노 출신 보로니미의 독창적이고 환상적인 곡면들이 모두 제거되었다. 1667년 인노첸시오 10세의 여동생 올림피아 마이달키니(Olimpia Maidalchini)가 베르니니에게 의뢰하여 전반적인 마무리 작업을 하도록 했다. 베르니니는 성당 내부만 수정하고 나머지는 보로미니의 설계대로 마무리했다.

이 성당에 잠들어 있는 성녀 아녜스(Agnes)는 막시미아누스 황제(재위 304~305)의 박해 때 순교한 인물이다. 아녜스는 로마의 순교자 중 가장 잘 알려진 성인 중 한 사람이다. 정확하게 어디서 순교했는지, 이 광장에서인지 아니면 다른 곳에서인지는 알려지지 않았지만, 학자들이 공통으로 내놓은 견해는 12~13살의 어린 나이에 순교했다는 것이다. 그것은 1903년에 실시한 유골 검사를 통해서도 확인되었다.

로마의 귀족 가문에서 태어나 뛰어난 미모를 지녔던 아녜스는 소녀티를 벗자마자 많은 젊은이의 관심에 시달려야 했다. 성녀는 당시 상류사회에 유행하던 사치와 향락에 환멸을 느끼고 있었기 때문에 동정녀로 일생을 거룩하게 살고자 했다. 그래서 들어오는 모든 청혼을 거절하고 온전히 하느님께 자신을 봉헌하기로 했다. 성녀에게 구혼했다가 실패한 한 청년이 그녀를 그리스도인이라고 고발하여 체포되었다. 창녀들의 집에 넘겨졌으나 거기에서도 굳은 신앙으로 동정을 지키자 총독이 성녀를 참수하도록 명하여 순교했다.

교회사의 여정에서 성녀 아녜스는 언제나 동정의 상징이 되었고, 많은 예술가도 그녀를 아녜스(Agnes)라는 이름과 유사한 아뉴스(Agnus), 곧 '천주의 어린 양'으로 묘사하기를 주저하지 않았다.

아고네의 성녀 아녜스 성당(Chiesa di Sant'Agnese in Agone)
주소: Piazza Navona - Via di Santa Maria dell'Anima, 30/A
연락처: https://www.santagneseinagone.org / info@santagneseinagone.org
전화: +39 06 68192134
개방시간: 화-금 09:00-13:00, 15:00-19:00 / 토-일 09:00-13:00, 15:00-20:00
휴관일: 월요일

나보나 광장에는 가운데 〈4대 강의 분수〉 외에도 양쪽에 하나씩 두 개의 분수가 더 있다. 남쪽에는 델라 포르타(Giacomo della Porta, 1532~1602)가 조각하고 베르니니가 다듬은 〈무어인의 분수〉가 있고 북쪽에는 자빨라(Gregorio Zappalà, 1823~1908)와 델라 비타(Antonio Della Bitta)가 조각한 〈넵투누스의 분수〉가 있다.

12)

---

12) 쟈코모 델라 포르타 작, 〈무어인의 분수〉 그레고리오 자빨라, 외 작, 〈넵투누스의 분수〉
13) 주세페 바시(Giuseppe Vasi) 작, "프랑스인들의 성 루이지 성당", 에칭 판화, 1759년

프랑스인들의 성 루이지 성당, 카라바조의 성 마태오 연작이 있는 곳
Chiesa di San Luigi dei Francesi

나보나 광장에서 판테온으로 가는 길에는 1589년부터 로마에 거주하는 프랑스인들의 '국가 성당'이 있다. "프랑스인들의 성 루이지 광장"에 있는 같은 이름의 성당이다.

로마에 있는 '국가 성당들'은 중세기부터 시작되었다가, 15세기부터 보다 체계화되었다. 특정 국가에서 로마로 순례 온 사람들에게 병원, 숙박, 여러 가지 사회적 지원을 위해 형제애 차원에서 로마교구가 해당 국가 공동체에 성당을 하나씩 내준 것이다. 여기에서 '국가'는 로마에 거주하는 로마 외 지역에서 온 사람들의 공동체라는 의미도 포괄한다. 그것은 1870년 이탈리아가 통일하기 이전까지 장화 반도에 여러 국가가 있었다는 점을 생각하면 된다. 통일 후에도 이름을 바꾸지 않고 그대로 쓰는 것이다.

카타리나 데 메디치는 거의 일생, 이 성당과 프랑스인들 간 인연에 관여했고, 후원을 아끼지 않았다. 성당은 동정녀 마리아, 1세기 아레오파고의 성 디오니시오(S. Dionigi l'Areopagita) 주교 순교자와 프랑스 왕국의 국왕 성 루이 9

세(Louis IX, 1214~1270)에게 헌정되었지만, 대부분 성 루이 왕 성당으로 알려져 있다.

이 성당에 유명한 예술 작품을 남긴 두 사람이 있다. 도메니키노와 카라바조다.

성당의 오른쪽 두 번째 경당에 에밀리아 지방 출신의 도메니키노(Domenico Zampieri[Domenichino], 1581~1641)가 그린 벽화 〈성녀 체칠리아〉가 있다. 이 작품은 라파엘로가 그린 〈성녀 체칠리아〉에서 영감을 얻었다고 해서 흔히 〈라파엘로의 성녀 체칠리아〉로 알려졌다. 작품을 의뢰한 사람은 프랑스인 피에르 폴렛(Pierre Polet) 추기경인데, 그 시기에 트라스테베레의 성녀 체칠리아 대성당에서 성녀의 무덤이 발견되었고, 추기경은 도메니키노에게 작품을 의뢰했다.

카라바조는 여기에 성 마태오 연작을 남겼다. 카라바조가 캔버스에 그린 이 그림들 때문에 이 성당이 세계적으로 유명한 성당이 되었고, 방문객이 끊이지 않는 성당이 되었다. 입구 쪽에서 봤을 때, 왼쪽 다섯 번째 경당 "콘타렐리 경당"의 세 면에 있는 작품이 모두 성 마태오와 관련한 대가의 연작이다. 〈마태오를 부르심〉, 〈성 마태오와 천사〉, 〈성 마태오의 순교〉다. 작품을 의뢰한 사람은 프랑스인 마태오 콘타렐리(Matthieu Cointrel) 추기경이다. 경당의 이름과 '마태오 연작' 모두 이 추기경의 이름에서 비롯했다.

〈성 마태오를 부르심〉

미켈란젤로 메리시(Michelangelo Merisi, 1571~1610), 카라바조가 1599~1600년에 그린 것으로 마태오 복음 9장 9-13절에서 영감을 얻었다. 작품의 핵심은 그림을 가로지르는 빛으로, 미술사에서 가장 유명한 배치의 하나로 손꼽힌다. 어느 시골의 주막 귀퉁이에 자리 잡은 한 그룹의 사람들 앞에 그리스도와 베드로가 서 있다. 거기서 그리스도가 손을 뻗어 마태오를 부르는 장면은 미켈란젤로가 시스티나 소성당의 〈천지창조〉에서 하느님이 손을 뻗어 아담을 창조

하는 것을 연상시킨다. '허공'을 관통하는 하느님과 그리스도의 손짓은 창조와 성소를 상징하는 것처럼 보인다. 인물들의 표정도 다양하다. 무관심, 놀라움, 의혹이 중첩되어 지나가는 듯하다.

⟨성 마태오와 천사⟩

복음서를 집필하는 마태오가 천사로부터 영감을 얻고 있는 작품인데, 이것은 카라바조가 두 번째로 완성한 것이다. 처음 완성한 것은 마태오 성인이 너무 더러운 발에 늙고 추한 모습이라고 하여 거부당하고, 새로 그린 것이다. 처음 것은 베를린으로 갔다가 제2차 세계대전 시에 파괴되었다. 이 그림이 현재 이 경당의 제단화다.

〈성 마태오의 순교〉

『황금 전설』에 기록된 성 마태오의 최후를 묘사했다. 그 책에 따르면 성 마
태오는 미사 중에 몇몇 예비 신자에게 세례를 주기 위해 준비를 하던 중, 예비
신자로 가장한 살인자에 의해 살해당했다고 전한다. 쓰러진 성인 뒤로 십자가
가 새겨진 제단이 보이고, 성인은 침례를 하던 우물 옆에서 쓰러지고 있다. 칼
을 든 살인자를 비롯하여 주변에 옷을 벗고 있는 사람들은 세례식을 위해 준
비하고 있던 사람들이다. 성인 뒤로 놀라서 소리를 지르며 달아나려는 소년
과는 대조적으로 살인자의 오른쪽 어깨 너머 착잡한 얼굴로 이 배신의 광경을
돌아보는 사람이 있다. 카라바조 자신을 표현한 걸로 알려졌다.

프랑스인들의 성 루이지 성당 Chiesa di San Luigi de' Francesi
주소: Piazza di S. Luigi de' Francesi
연락처: https://eglisesfrancaisesarome.it/it/san-luigi-dei-francesi/
https://saintlouis-rome.net/horaires-visites/saintlouis.rome@gmail.com
전화: +39 06 688271
개방시간과 휴관일은 위 연락처에서 확인

캄포 마르치오의 성 아우구스티누스 대성당

Basilica di Sant'Agostino in Campo Marzio

1286년 아우구스티누스 수도회가 로마에 진출하자, 이 근처에 살던 사람들이 자기네 집을 기증하여 수도원과 대성당을 짓게 했다. 건물은 한 세기를 훌쩍 넘긴 1420년에야 완공되었다. 그러나 얼마 안 가, 수도회가 커지고, 테베레 강의 수위(水位)에 비해 너무 낮은 곳에 짓는 바람에 여러 가지 문제가 생긴 뒤,

1479~1483년에 대대적인 손질을 한 후 지금과 같은 르네상스 양식의 대성당으로 거듭났다. 물론, 이후에도 여러 차례 손을 보아야 했다. 성 요한 바오로 2세는 1999년 10월 29일, 소(小) 바실리카(Basilica Minore)로 승격시켰다.

대성당의 정면은 피렌체 "산타 마리아 노벨라 대성당"을 본뜬 것으로, 어떤 사람은 피렌체 성당을 설계한 레온 바티스타 알베르티(Leon Battista Alberti)가 직접 와서 설계했다고도 한다. 완공은 1483년 야고포 다 피에트라산타(Jacopo da Pietrasanta)가 했다. 콜로세움의 트라베르틴 대리석을 재활용했고, 양쪽의 소용돌이 모양의 양식은 1750년 반비텔리(Vanvitelli)가 하면서 새 수도원과 내부정원도 함께 완성했다.

내부는 세 개의 복도로 구성되었다. 양쪽에는 모두 열 개의 경당이 있고, 중앙제대 양쪽 날개 부분에도 각 두 개씩, 모두 14개의 경당이 있다. 르네상스 시기에 지은 몇 안 되는 성당 중 하나라고 할 수 있다. 바로 여기에 성 아우구스티누스의 어머니 모니카 성녀의 유해가 있고, 카라바조와 라파엘로, 야고보 산소비노의 작품이 있다.

잘 알려진 것처럼, 모니카 성녀(331~387)는 신심 깊고 부유한 라틴 가정에서 태어나, 당시 여성으로는 드물게 공부할 기회가 주어져, 성경을 읽고 묵상하는 능력을 키우는 기회로 삼았다. 후에 비신자지만 겸손한 타카스테(Tagaste)의 한 귀족과 결혼했다. 남편은 오랫동안 세례를 받지 않고 있다가 죽기 1년 전인 371년에 세례를 받았다. 모니카의 나이 39살이었다. 슬하에는 큰아들 아우구스티누스가 22살이었고, 작은아들 나빌료(Naviglio)와 딸도 하나 있었다고 하는데 이름은 알려지지 않았다. 가장이 된 모니카는 집안 살림과 자녀들의 교육을 그리스도교 신앙에 따라 가르쳤다.

그러나 큰아들 아우구스티누스의 방종으로 큰 고통을 겪었고, 아들이 로마

14) (왼쪽) "성녀 모니카의 무덤" / (오른쪽) 라파엘로, 〈이사야 예언자〉(1510~1512)

로 이주하자 아들을 따르기로 하지만, 아들은 엄마를 속여 카르타고 해변에 버리고 떠났다. 모니카는 성 키프리아누스(Thascius Caecilius Cyprianus, 200?~258)의 무덤에 엎드려 하염없이 울었다. 385년, 드디어 로마를 거쳐 밀라노에 있는 아들에게 당도했다.

그녀의 모성애와 기도는 아우구스티누스의 회개를 유도했고, 성 암브로시우스의 교리를 듣고 387년 4월 25일, 세례를 받았다. 밀라노 근처 카시챠코에서 아들이 참여한 가운데 다른 가족들과 철학적이고 영적인 것을 토론할 때, 모니카도 참여하여 지혜로운 말을 하곤 했다. 아우구스티누스는 자신의 저서에서 어머니의 현명한 이런 말을 기록하기도 했다. 눈에 띄는 것은 당시의 여성들에게는 말할 기회가 주어지지 않았음에도 모니카는 할 말을 다 했다는 것이다.

그리고 아들과 함께 밀라노에서 로마로 왔다가, 다시 오스티아에 집을 얻어 기다리면서 아프리카로 돌아가려고 했다. 그 시기가 아우구스티누스가 『고백록』에서 말하는 영적 대화의 시기였던 것 같다. 오스티아에서 말라리아로 짐작되는 병에 걸려 9일 후에 사망했다. 56세였다. 그녀의 유해는 1430년에 오스티아의 성 아우레아 성당에서 캄포 마르치오의 성 아우구스티누스 대성당으로 이장했다.

지금 그녀의 유해가 있는 경당은 중앙제단 바로 왼쪽, 첫 번째 경당 "성녀 모니카 경당"이다.

또한 이곳에는 라파엘로가 1510~1512년에 그린 프레스코화 〈이사야 예언자〉도 있다. 이 작품은 시스티나 소성당의 천장화 〈천지창조〉에서 미켈란젤로가 그린 예언자들에서 영감을 입은 것으로 알려졌다.

그러나 이 대성당에서 가장 잘 알려진 것은 카라바조의 그림 〈로레토의 성모〉 혹은 〈순례자들의 성모〉 (1604~1606)다. 볼로냐 출신의 공중인 카발레티가 자신의 가문 경당인 이곳의 제단화로 쓰기 위해 주문했다. 그러나 작품이 일반에게 공개되자 너무도 사실적인 이미지들 때문에 큰 스캔들에 휩싸이고 말았다. 가장 큰 문제는 성모의 얼굴이었다. 로마인들 사이에서 알만한 사람은 모두 알고 있는 유명한 매춘 여성의 얼굴이었기 때문이다. 엘리트층이라고

할 수 있는 고위성직자와 부유한 상인들을 주고객으로 상대했던 막달레나 안토네티(Maddalena Antognetti)였던 것이다. 흔히 레나(Lena)라는 이름으로 알려진 이 여성과 그녀의 실제 아들 파올로가 그림의 모델로 등장한 것이다. 비평가들 사이에서는 유일한 "미켈란젤로의 여자"로도 간주 된다. 알다시피 '카라바

조'는 밀라노 근처에 있는 동네 이름이다. 그 지역 출신의 미켈란젤로 메리시가 그의 본명이다. 그가 로마에서 마지막으로 그린 몇 개 그림의 모델이 되는 여성이기도 하다. 앞서 보르게세 미술관에서 본 〈팔라프레니에리의 성모〉에 등장하는 마리아도 이 여성이 모델이다.

레나에 관해 알려진 자료는 많다. 왜냐하면 레나와의 인연이 미켈란젤로 메리시의 끝이 시작되는 지점이기 때문이다.

레나는 엄마도 언니도 매춘부인 가정에서 태어났다. 언니 아마빌리아(Amabilia)는 대단한 미모의 매춘부로, 로마시 공식 문서에도 등장한다. "그녀는 캄피돌리오의 시(市) 경찰국장과 밤을 보내고 머리를 푼 채, 말을 타고 집으로 돌아갔다"라고 적혀 있다.

레나는 조르다노 브루노를 캄포 데 피오레에서 화형에 처하고, 베아트리체 첸치를 천사의 성에서 목을 자르고, 카니발축제를 금하며, 카드놀이와 주사위 게임을 금하는 한편, 여성들에게 끝 기도로 성모송[저녁기도 휘를 바친 후에는 집 밖 출입을 금했던 무시무시한 모럴리스트 클레멘스 8세 교황 시절에 매춘부로 살았던 여성이다. 17살에 페레티(Alessandro Damasceni Peretti) 추기경의 애인이 된 후로 몬시뇰 크레쉔치(Melchiorre Crescenzi)를 거쳐, 비테르보 출신의 마씨노(Giulio Massino)에게서 아들 파올로를 낳았다. 그리고 공중인 알베르티니(Gaspare Albertini)와 동거했다.

파올로를 출산했어도 그녀는 여전히 아름다웠다. 그림 속에서 나이 든 두 순례객이 로레토 성모의 집으로 순례를 가자 성모가 아기를 안고 직접 대문 앞까지 나와서 이들을 맞는 순간을 표현했다. 길고 하얀 목, 맨발을 가볍게 꼬고 선 자세는 순례객들을 맞이하는 거룩한 모습이라기보다는 여념 집 아낙이 대문 앞에서 이웃과 수다를 떠는 자세다. 한편 성모의 모습이 레나라면, 나이 든 두 순례객은 아마도 이웃 주민을 모델로 한 것으로 보인다. 그림이 완성되었다는 '시끄러운 소문'에 사람들은 성당으로 몰려왔고, 클레멘스 8세의 귀에도 들어갔다.

클레멘스 8세는 고민했다. 그가 보기에 그림은 성모만이 문제가 아니었다. 두 순례객은 누더기를 걸친 거지 행색에 늙고 추하고, 발에는 때가 잔뜩 묻어 있는, 제단화로 허락하기에는 전혀 거룩하지 않은 그림이었다. 클레멘스 8세가 자주 감옥으로 보냈던 사람들의 모습이었고, 그의 재임 중에 선포된 1600년의 대희년에 실제 로마로 순례 온 사람들의 모습이 이랬다는 것을 카라바조는 상기시켜주었다. 화가는 이 모든 것을, 일부러 그렇게 했다는 것이다. 그는 도전을 즐겼다. 당시 카라바조의 나이는 23살이었고, 그는 자신의 그림과 성공과 여자에 대해 그 어느 때보다도 오만했다.

이 그림을 그리기 시작하던 1604년 11월 어느 저녁, 레나가 사는 코르소 가 근처에서 경찰은 카라바조를 체포했는데, 알베르티니에 의하면, 레나가 카라바조와 바람이 났다는 것이다. 당시에 카라바조는 레나와 이미 두 살이 된 그녀의 아들 파올로를 모델로 이 그림을 그리고 있었기 때문에 레나의 삶의 반경에 자주 나타나 그녀를 살폈거나 그녀와 자주 만났을 것이다.

이 일이 있고 얼마 후, 저녁 무렵 카라바조는 어떤 사람과 정산할 일이 있어 집을 나섰다가 길에서 공증인 파스콸리노(Mariano Pasqualoni)가 레나 뒤를 쫓고 있는 걸 보았다. 파스콸리노는 그녀를 붙잡고 "네가 한 아이의 엄마만 아니라면 아내가 되어 달라고 했을 것"이라고 하자, 그녀는 대뜸 "내가 처녀였어도 너 같은 놈한테는 시집가지 않겠다"라고 했다.

지켜보고 있던 카라바조는 그 공증인을 자기 손으로 직접 응징해 주겠다고 생각했고, 1605년 7월 29일 밤, 나보나 광장에서 몽둥이로 파스콸리노의 머리를 뒤에서 내려쳤다. 그리고 델 몬테 추기경의 궁으로 피신했다. 당시 프란체스코 델 몬테 추기경의 궁은 1505년 메디치 가문에서 지은 오늘날 이탈리아 국회 상원 회의실로 쓰고 있는 마다마 궁(Palazzo Madama)이었다. 파스콸리노는 그를 즉시 고소했는데, 밤이라 아무것도 보이지 않았지만, 카라바조임이 확실하다고 경찰

---

15) 레나가 모델이 된 카라바조의 작품들. 왼쪽부터 〈순례자들의 성모〉(1606년),
〈팔라프라니에리의 성모〉(1604년), 〈마리아 막달레나의 탈혼〉(1606년)

448

에서 진술했다. 이유는 "다른 사람 누구와도 원수진 일이 없었고, 레나라는 여자 때문에, 미켈란젤로라는 놈과만 볼일이 있을 것이기 때문"이라고 했다.

델 몬테 추기경은 카라바조와 면담했고, 그를 바로 제노바로 보내 바람이나 쏘이고 오라고 했다. 그러나 다시 돌아온 카라바조는 로마에 온 지 몇 개월 지나지 않아, 이번에는 더 큰 사고를 쳤다. 토마소니(Ranuccio Tomassoni)에게 큰 상처를 입혀 사망에 이르게 한 것이다. 결국 살인을 저질렀고, 그동안 후견인 노릇을 했던 추기경도 더는 어떻게 할 수가 없었다. 미켈란젤로 메리시는 사형선고를 받았고, 로마를 도망쳤다. 그리고 나폴리로, 몰타섬으로, 시칠리아로 도망자 신세가 되어 4년간 떠돌면서 여러 수작(秀作)을 남겼다.

1610년 어느 날, 로마에서는 레나가 28살의 나이로 숨을 거두었다. 이 그림이 캄포 마르치오의 성 아우구스티누스 대성당의 제단화로 걸린 지 몇 개월 지나지 않은 때였다. 카라바조, 미켈란젤로 메리시는 이승에서 매춘부로 살았던 그녀를 죽어서 성녀로 공경받게 만들어 주고, 그 역시 바로 그해 여름, 38살의 나이로 세상을 떠났다.

15)

이런 이유에서일까, 아니면 성 아우구스티누스의 방탕한 시절과 연관되어서인지는 잘 모르겠지만, 이 성당은 로마에서 유일하게 매춘 여성들에게 출입이 허락된 성당이기도 했다. 매춘 여성을 죄인으로 간주하여 전례 참여를 금하던 시절에도 별도의 장소를 만들어 준 것이다.

같은 맥락에서 이곳에는 또 〈출산의 성모〉로 알려진 "기적의 성모상"이 있다. 야코포 산소비노(Jacopo Sansovino)의 작품이다. 원하지 않는 출산을 하게 된 여성이나 출산의 어려움을 겪던 여성들이 찾아와 기도하던 성지였다.

대리석 동상이 있는 이곳은 원래 제단이 있었다. 성모 동상은 1516년 피렌체의 상인 마르텔리(Francesco Martelli)가 자신의 주보성인을 산소비노에게 제단 장식용으로 의뢰했던 것인데, 제단만 후에 없어졌다. 오른쪽 기둥의 받침대 장식 '기어오르는 독수리'는 그의 가문 문장이다. 아기를 안고 앉아 있는 성모상은 1521년에 완성했다.

말이 나온 김에 출산과 관련하여, 가톨릭교회에서 전해오는 이색적인 전통이 하나 있는데, 성탄 전 팔일, 그러니까 12월 18일을 "마리아의 출산 축일(Expectatio Partus)"로 지내는 것이다. 특히 이베리아반도와 이탈리아반도에서 성대하게 기념해 왔다. 지금은 시칠리아섬에서 그 흔적을 찾아볼 수 있다. 흔히 "오(O)의 성모마리아 축일(Madonna dell'≪O≫)"로 "팔레르모의 부인회(congregazione e l'Oratorio delle Dame di Palermo)"라는 단체와도 연관되어 있다. 앞에 붙는 ≪오(O)≫라는 것은, 그날 12월 18일부터 성탄 때까지, 성무일도 저녁기도에 마니피캇의 후렴이 "오, 이새의 뿌리여", "오, 다윗의 열쇠여", "오, 만인의 임금이시여", "오, 임마누엘이여"등으로 시작되기 때문이다.

---

16) 야코포 산소비노 작, 〈출산의 성모〉
17) 뒤페라크(Étienne Dupérac) 작, 〈판테온 전경〉 16세기 에칭 판화

판테온, 고대 로마 건축의 백비 Pantheon

'만신전'이라는 뜻의 판테온은 캄포 마르치오에 있는 대표적인 건축물로, 과거·현재·미래의 모든 신들에게 바쳐진 고대 로마의 건축물이다. 아우구스투스 황제의 사위이자 집정관이었던 마르쿠스 아그리파(Marcus Vipsanius Agrippa, 기원전 63?~서기 12)가 기원전 27~25년에 지었는데, 지금까지 원형이 가장 잘 보존된 고대 건축물로 손꼽힌다.

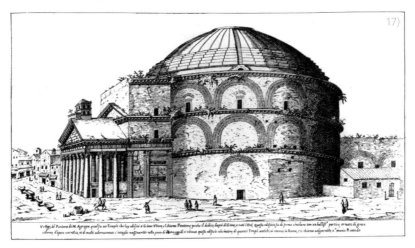
17)

건물의 정면에 "세 번째 집정관 루키우스의 아들 마르쿠스 아그리파가 지었노라!(M. AGRIPPA. L. F. COS. TERTIVM. FECIT)"는 서명을 통해 아그리파가 세 번째 집정관으로 뽑힌 기원전 27년에 짓기 시작하여 2년 후인 기원전 25년에 완공된 것으로 본다.

그러나 서기 80년에 발생한 화재로 큰 피해를 봤으나 무너지지는 않았다. 그 뒤 120~124년에 하드리아누스 황제가 신전을 전면 개축하여 지금에 이르고 있다. 둥근 천장은 지름과 높이가 똑같은 43.3m로서 완전한 균형미를 자랑하는 건물로 손꼽는다.

392년 테오도시우스 황제가 그리스도교를 국교로 선포하면서 신전의 의미를 잃어가다가 609년에 동로마제국의 포카 황제(Focàs, 547~610)가 교황 보니파시오 4세(San Bonifacio Ⅳ, 재임 608~615)에게 헌정하면서 "성모마리아와 모든 순교자에게 바치는 성당"으로 바뀌었다. 하지만 고대 건축에서 종종 건물의 부식을 방지하기 위해 지붕을 씌웠던 거대한 동판은 베르니니가 성 베드로 대성당의 중앙제대를 덮는 '천개(天蓋, Baldacchino)'를 만드는 데 사용했다. 지금까지 가톨릭교회 전례에서 기념하는 11월 1일 "모든 성인의 축일"은 이 성당에서 비롯되었다.

판테온의 백미는 '둥근 지붕' 돔(Cupola)이다. 통 콘크리트로 둥근 항아리 뚜껑을 통째로 엎어 놓은 것 같은 둥근 지붕의 내부는 올라갈수록 작아지는 28개의 커다란 상자 모양의 장식을 5개 층으로 정렬하여 배치했다. 매우 단순한 장식이지만 기하학적 구조를 이룬다. 천장의 중앙에는 지름 8.92m의 뻥 뚫린 구멍이 있어 그곳으로 빛이 들어

온다. 굴뚝과 같은 기능을 하기도 하는 이 커다란 구멍은 상승하는 내부의 공기를 빨아 밖으로 내보내지만, 비가 오면 그곳으로 빗방울도 떨어진다. 그래서 바닥은 중앙을 살짝 높게, 가장자리를 낮게 설계하는 동시에 바닥 곳곳에 구멍을 뚫어 빗물이 바로 흘러나가도록 기능적으로 설계했다.

그리스 건축과는 달리 로마 건축의 웅장함이 '아치형 공법'에 있다는 걸 극명

하게 보여주는 건물이라고 할 수 있다. 건물의 벽은 상자 장식을 활용하는 것에서부터 건축 재료의 사용에 이르기까지 아래에서 위로 갈수록 가벼운 건축 재료를 사용했다. 가령 건물 아래의 원통에는 벽돌 콘크리트를, 올라가면서는 석회 콘크리트를, 그리고 윗부분과 천장 부분에는 로마 건축에서 전통적으로 써오던 화산암 가루에 여러 가지 건축 재료를 섞은 로마인들이 고안한 콘크리트 칼체스트루쪼(Calcestruzzo)로 채웠다. 당시 로마인들이 사용한 시멘트의 구성 비율이나 공법 기술이 20세기라는 시간의 무게를 지탱할 만큼 발전적이었다는 데 놀라지 않을 수 없다.

판테온은 바닥에서부터 지붕까지 원형의 돔 형태로 건설되었다. 건물 외부는 낮은 담으로 빙 둘렀다. 건물 외부의 하단은 대리석으로, 나머지는 모두 청동으로 씌웠다. 벽의 두께도 아랫부분은 5.90m지만 꼭대기 부분은 1.50m로 올라갈수록 얇게 지었다. 판테온이 인류의 역사를 통틀어 건축학적인 공법 기술의 수작으로 손꼽히고 있는 이유를 알게 한다.

스탕달은 『로마산책』에서 이렇게 말했다. "남아있는 로마 시대의 건물들 가운데 가장 아름다운 것은 단연 판테온이다. 이 신전이 수난을 덜 입은 덕분에 우리는 당시 로마인들을 볼 수 있게 되었다."

판테온은 르네상스 시대, 많은 성당의 모델이 되었다. 르네상스의 두 송이 꽃이라고 불리는 브루넬레스키(Filippo Brunelleschi, 1377~1446)의 피렌체 "꽃의 성모마리아 대성당(두오모)"의 돔과 미켈란젤로가 설계한 로마 "성 베드로 대성당"의 돔이 판테온을 모델로 했다.

라파엘로는 미켈란젤로에 앞서, 율리오 2세 교황이 시작한 베드로 대성당 공사 책임을 맡으며 교황으로부터 로마 근방 20km 안에 있는 모든 유적지를 연구할 수 있는 허락을 받았는데, 특별히 판테온을 연구하며 이 건축물에 매료되었다. 그 뒤 라파엘로는 자기가 죽으면 이곳에 묻어 달라고 청했다. 후에 37살의 젊은 나이로 열병에 걸려 사망하자, 그의 뜻대로 이곳에 묻혔다.

라파엘로 외에도 볼로냐 출신의 화가 카라치(Annibale Carracci, 1560~1609)와 건축가 페루찌(Baldassarre Tommaso Peruzzi, 1481~1536), 바로크 시대 작곡가며 바이올리니스트였던 음악가 아르칸젤로 코렐리(Arcangelo Corelli, 1653~1713)도 이곳에 잠들어 있다.

그리고 20세기 초, 건물의 아랫부분 두꺼운 벽을 뚫고 통일 이탈리아 왕국의 초대 왕이었던 빅토리오 엠마누엘레 2세(재위 1849~1861)와 반대편에 그의 아들, 움베르토 1세(재위 1878~1900)와 그의 부인 마르게리타 왕비도 여기에 묻혀 있다.

판테온은 시대마다 세계의 많은 건축가에게 큰 영감을 주었다. 판테온이 세계의 손꼽히는 건물들의 모델이 된 이유다. 공공건물, 학교 건물, 도서관 등으로 특별히 웅장하고 장엄한 판테온의 현관과 둥근 지붕에서 영감을 얻었다. 예컨대, 밀라노의 성 가를로 성당, 베네치아의 성 시메온과 유다 성당, 나폴리의 성 프란체스코 바올라 대성당, 런던 브리티시 박물관, 미국 버지니아 대학의 토머스 제퍼슨 원형건물, 뉴욕 컬럼비아 대학 도서관, 워싱턴 D.C.의 제퍼슨 기념관, 오스트레일리아 멜버른의 빅토리아 주립 도서관 등이다.

19세기 프랑스의 철학자며 역사비평가 이폴리트 아돌프 텐(Hippolyte Adolphe Taine, 1828~1893)은 판테온 신전을 이렇게 묘사했다. "신전으로 들어가기 위해서는 사방으로 향해 있는 또 하나의 돔을 지나야 한다. 그러면 하늘이 내려와 앉은 것 같은 내부를 만난다. 빛은 천장에서 수직으로 떨어지고, 차가운 그림자와 투명한 재는 서서히 가장자리의 긴 통로로 끌리듯 사라져간다."

판테온 정보
주소: Piazza della Rotonda
연락처 및 예약(필수): https://www.pantheonroma.com/
　　　　　　　　info@pantheonroma.com
전화: +39 347 8205204
개방시간: 09:00-19:00, 마지막 입장시간 18:45
휴관일: 1월1일, 8월15일, 12월25일
입장료: 반드시 사이트 확인

폼페오 극장, 카이사르가 암살당한 곳 Teatro di Pompeo

고대극장의 모습을 찾을 수는 없지만, 로마에서 가장 먼저 지어진 대리석 건물로 기원전 61~55년 집정관 폼페이우스의 뜻에 따라 건설되었다. 이 일대에 지은 첫 번째 공공건물이기도 했다.

로마 도심 한복판 "라르고 디 토레 아르젠티나(Largo di Torre Argentina)"에 있는 고대 유적지를 포함하여 이 일대에 "폼페오 극장"이 있었다.

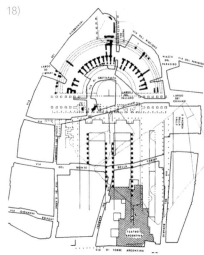
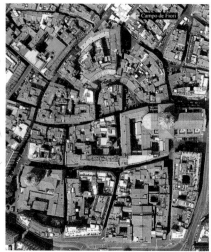

18)

　　당시 로마법은 제국의 종교적인 성격을 유지하기 위해 그리스 전통인 극장 건설을 금했고, 필요할 시 목조건물로 일시적으로 만들어 사용하도록 했다. 폼페이우스 집정관 시절에 도시건축에 새로운 혁신의 바람을 일으켰다. 그러면서도 전통을 무시한다는 인상을 주고 싶지 않아 극장과 함께 입구 바로 옆에 "승리의 비너스 신전"을 함께 지었다. 원로원의 극장 건설 금지가 여전히 효력을 발휘하고 있었기 때문이다.

　　지름 150m, 17,500개의 좌석은 입구와 연결된 아치형 복도로 일제히 분산되고, 무대를 장식한 기둥은 도리아식, 이오니아식, 코린트식이 모두 도입되었다. 배우들의 연주와 목소리가 잘 전달되도록 자연적인 음향을 고려하여 당시로서는 대단히 과학적으로 설계되었다.

　　극장에는 '폼페이우스 원로원(Curia Pompeii)'이라고 하는 대형강당이 있어 원로원 의원들이 회의도 하고, 모이기도 했다. 기원전 52년, '호스틸리아 원로원(Curia Hostilia)'이 화재로 전소되자, 이곳을 원로원 회의실로 사용하기도 했다.

---

18) 이미지 출처: studiofori.com/il-teatro-di-pompeo-roma-61-55-a-c/
19) 폼페오 극장 옆으로 있던 4개의 신전터만 도심 한복판에 우두커니 남아 있다.

카이사르는 바로 이곳에서 기원전 44년, 폼페이우스의 거대한 동상 밑에서 원로원 의원들의 칼을 맞고 암살당했다. 폼페이우스의 이 동상은 오늘날 이탈리아 대통령의 집무실로 사용하는 스파다 궁(Palazzo Spada) 내, 폼페이우스 방에 있다.

19)

극장과 신전은 제국 시대에 들어와서 여러 번 화재로 피해를 봤다. 서기 22년, 첫 번째 화재 이후 티베리우스와 칼리굴라 황제가 재건했고, 클라우디우스 황제에게 헌정했다. 아르메니아의 왕 티리다테스 1세(Tiridates I)가 로마를 방문했을 때, 네로 황제는 단 하루를 위해 건물 전체를 도금하도록 했다. 역시 화끈한 황제 네로다운 명령을 통해 그가 꿈꾸었던 찬란한 로마, 자랑스러운 로마는 아이러니하게도 네로의 손에서 큰 상처를 입었다.

폼페오 극장은 그런 굴곡의 역사를 증명하는 또 하나의 증거가 되는 셈이다.

폼페오 극장 정보
주소: Via di Grotta Pinta, 39

도리아 팜필리 미술관 Galleria Doria Pamphilj

캄포 마르치오의 도심 쪽 경계인, 코르소 가(Via del Corso)와 라타 가(Via Lata) 사이에 있는 '도리아 팜필리 궁'에 있는 미술관이다. 팜필리 가문 컬렉션이 소장된 곳이다. 라파엘로에서 벨라스케스에 이르기까지, 400여 점의 유명 회화가 전시되어 있다.

도리아 팜필리 궁은 건물 자체만 놓고 봐도 개인 건물로는 로마에서 가장 중요하고, 웅장하며, 아름다운 건물 중 하나라고 할 수 있다. 도리아 궁은 원래 1505~1507년 산타 사비나의 추기경 조반니 파치오 산토리오(Giovanni Fazio Santorio)가 지은 것을 델라 로베레 가문에서 매입했고, 이어서 알도브란디니 가문을 거쳐, 마지막에 팜필리 가문 소유가 되었다.

제노바 공화국의 제독 안드레아 도리아(1466~1560)가 살았고, 훗날 인노첸시오 10세(재임 1644~1655)가, 또 교황이 되는 조반니 바티스타 팜필리(1574~1655)도 여기서 살았다. 조반니 바티스타가 여기서 살 때, 건물에 아름다운 전시실을 마련하여 예술 작품들을 소장하다가 1651년에 정식으로 갤러리를 만든 것이,

이 미술관의 시작이다.

이곳에는 16~18세기 중요한 회화작품이 소장되어 있고, 16세기 브뤼셀에서 제작한 4점의 태피스트리와 고대 조각작품과 17세기 조각작품도 있다.

스페인 출신의 화가 벨라스케스 외에도 티치아노, 라파엘로, 파르미자니노, 브론지노, 필립보 리피, 카라바조, 틴토레토, 베르니니 등 헤아릴 수 없는 대가들의 작품이 즐비하다. 몇 개만 보기로 하자.

라파엘로, 〈안드레아 나바제로와 아고스티노 베아짜노 초상화〉(1516)
Raffaello, "Ritratto di Andrea Navagero e Agostino Beazzano"

라파엘로가 그린 원본은 분실되고 이 작품은 사본이라는 둥, 라파엘로가 미완성으로 남긴 걸 후에 제자들이 완성했다는 둥, 이 그림을 둘러싸고 여러 가지 비평이 있었다. 그러나 보다시피, 작품 자체가 라파엘로의 손에서 나온 것임을 말해준다고 할 수 있다. 예술품 수집가인 마르칸토니오 미키엘

(Marcantonio Michiel)이 파도바의 피에트로 벰보의 집에서 이 작품을 언급했고, 벰보는 라파엘로가 초상화를 그려준바 있는 도비치(Bernardo Dovizi da Bibbiena) 추기경에게 보내는 편지에서 언급한 것이 이 작품에 대한 최초의 정보다. 편지에서 벰보는 라파엘로가 베네치아 출신의 두 작가이며 시인인 안드레아 나바제로(Andrea Navagero)와 아고스티노 베아짜노(Agostino Beazzano)의 초상화를 그렸다고 했다. 초상화는 원래 나바제로가 가지고 있다가 죽으면서 친구인 베아짜노에게 양도했다.

1516년을 전후로 라파엘로가 로마에서 시도한 초상화의 혁신을 잘 보여주고 있다. 우선 초상화인데 한 사람이 아니라 두 사람이다. 부부도 아닌, 남자가 둘이고 각기 다른 모자와 옷을 입고 있는데, 당시에 유행하던 남성 패션을 대변한다고 하겠다. 어두운 배경에 캔버스의 4분의 3을 인물로 채웠고, 한 사람은 정면으로 관객을 보고, 다른 한 사람은 고개를 돌려 관객을 보고 있으며 한쪽 팔을 그림의 아래쪽 가장자리에서 살짝 드러나는 난간에 올리고 있다. 마치 두 사람이 대화하는 중에 관객이 불러 동시에 고개를 돌려 말을 하려는 것 같다. 초상화에 감정과 동작을 넣은 것이다.

티치아노, 〈세례자 요한의 머리를 든 살로메〉(1515?) Tiziano, "Salomè"

어두운 방 안에서 아치 너머로 보이는 하늘은 평온하기만 하다. 아치 위에는 큐피드가 조각되어 있다. 살로메는 쟁반 위에 세례자 요한의 머리를 들고 그 옆에 어린 하녀와 함께 있다. 두 사람의 표정도 하늘만큼이나 평온해 보인다. 어디에서도 공포를 느낄만한 구석은 없다.

티치아노의 다른 작품에서도 보듯이, 살로메는 그가 표현한 여성의 이상적인 미(美)를 대변하는 것 같다. 자기가 지금 무슨 일을 저질렀는지, 양심이 가동하고 있는 듯 곁눈질로 쟁반 위를 내려다보고 있다. 티치아노의 〈플로라〉(우피치 미술관), 〈발비의 거룩한 대화〉에 등장하는 성녀 카테리나, 〈거울을 보

는 여인〉, 〈거룩한 사랑과
속된 사랑〉 등에서 보던
여성과 모두 닮았다. 어떤
비평가는 티치아노의 연
인이라고 하고, 어떤 사람
은 티치아노가 잘 알고 지
낸 같은 베네치아 학파의
대표 예술가 팔마 일 베키
오의 딸 비올란테라고도
한다.

　작품은 티치아노의 초
기 작품 중 하나로, 여전
히 스승 조르조네의 색과
시적인 분위기를 보이는 동시에 티치아노의 독창적인 색감을 엿볼 수 있다.
1794년, 작품이 팜필리 미술관에 오기 전에 살비아티 왕자, 스웨덴의 크리스
티나와 오데스칼키 왕자의 컬렉션으로 있었고, 작품의 사본도 많다.

파르미자니노, 〈도리아의 성모〉(1525년) Parmigianino, "Madonna Doria"

　대표적인 매너리즘 작가로 '파르미자니노'라는 이름으로 알려진 프란체스
코 마쫄라(Francesco Mazzola,, 1503~1540)가 1525년에 그린 것으로, 형태와 크
기로 봤을 때, 뒤이어 소개하는 〈천사들이 있는 성탄〉과 함께 두 쪽짜리 작
품으로 추정된다. 같은 시기에 완성한, 이보다 조금 작지만 거의 똑같은 〈아
기와 함께 있는 성모〉도 있다. 피렌체 우피치 미술관 창고에 보관된 걸로 알
려졌다.

　성모는 큰 책이 두 권 올려진, 테이블보로 덮인 어떤 책상 앞에서 두 손을 모

으고 있다. 아기는 쿠션 위에 올라앉아서 무
릎 위로 자기 몸만 한 책을 펼쳐 놓고, 손에는
방울새를 쥐고 있다. 방울새는 수난을 상징
한다. 배경에는 짙은 녹색의 커튼을 오른쪽
으로 몰아 고정하고, 멀리 노을이 지는 언덕
에 바람이 센 듯 나무가 크게 흔들리고 있다.
부드러운 음영 처리는 라파엘로한테서 보던
것으로, 주인공들을 빛으로 조명하는 동시
에, 한쪽 끝에 있는 아기의 시선은 관객을 향
해 있다. 이런 구도는 전체적으로 공간의 깊
이를 더해 주는 역할을 한다.

파르미자니노, 〈천사들이 있는 성탄〉(1525년)

Parmigianino, "Natività con angeli"

　　앞서 언급한 〈도리아의 성모〉와 똑같은 59
x 34cm 크기다. 바사리가 언급한 루이지 가
디(Luigi Gaddi)를 위해 파르미자니노가 로마
에서 그려주었다는 〈몇 명의 천사와 요셉이
있는 아기를 안은 성모〉가 이 작품일 걸로 추
정한다. 파르미자니노가 로마에서 체류하던
초기 작품일 것이다.

　　아기가 태어난 오두막은 한때 생각했듯이
천장도 없는 허술한 곳이다. 그래서 마리아
는 자신의 품으로 아기를 감싸 안고 요셉의
그늘에 의지하고 있다. 요셉은 다리를 꼬고

앉은 채 손을 모아 경배의 자세를 취하며 목동 혹은 날개 없는 천사에게 시선을 고정하고, 천사는 더 위에서 날개 달린 다른 천사를 향해 두 손을 뻗어 경이로움을 표현하고 있다. 뒤에는 두 노인이 뭔가 이야기하고 있다.

짙은 색을 혼합한 부드러운 음영과 인물들의 복잡하면서도 조화로운 움직임과 시선은 코레조(Correggio)을 연상케 한다. 코레조는 파르미자니노의 젊은 시절에 많은 영향을 미친 것으로 파악된다.

카라바조, 〈참회하는 막달레나〉(1594/95년)
Caravaggio [Michelangelo Merisi], "Maddalena penitente"

작품은 카라바조가 체사리(Giuseppe Cesari, '카발리에르 다르피노(Cavalier d'Arpino'로 알려짐)와 페트리냐니(Fantino Petrignani)와 동거하던 시절, 로마 체류 초기에 해당하는 1594~1595년경에 그린 걸로 추정된다. 누가 의뢰했는지는 모르지만, 1627년에 알도브란디니(Pietro Aldobrandini) 추기경의 재산 목록에 있었다는 기록이 있고, 1640년 올림피아 알도브란디니가 카밀로 팜필리에게 시집오면서 지참금으로 가지고 왔다. 실제로 그 시기부터 팜필리 가문의 재산목록에 포함되기 시작했다.

의뢰인이 명확하지 않은데도 불구하고, 비평가들 사이에서는 프란체스코 마리아 델 몬테(Francesco Maria del Monte) 추기경을 지목한다. 당시에 추기경은 티치아노가 그린 관능적인 〈참회하는 막달레나〉 그림의 사본을 한 장 가지고 있었고, 1598~99년에 카라바조에게 자기가 좋아하는 〈알렉산드리아의 성녀 카테리나〉를 의뢰했기 때문에, 이 그림도 의뢰했을 확률이 높다고 보고 있다.

여기서도 카라바조는 자신과 관계를 맺은 매춘 여성 안나 비안키니(Anna Bianchini)를 모델로 한 것으로 알려졌다. 당시에 안나는 17살이었고, 카라바조와 다소 격정적인 관계를 맺었던 여성이었다. 그녀의 모습은 이 그림에서 보듯이 키가 작고, 길고 풍성한 붉은 머릿결을 가지고 있었다. 안나가 모델이된 또 다른 작품은 〈성모의 죽음〉, 〈마르타와 마리아 막달레나〉(마르타의 모습), 〈이집트 피난길에서 휴식〉(성모의 모습)이다.

작품 속에서 어린 여성은 우아한 드레스를 대충 입고 낮은 의자에 앉아서 고개를 푹 숙이고 닭똥 같은 눈물을 떨구고 있다. 손은 다소곳하게 무릎에 올리고 있다. 그녀의 오른쪽 바닥에는 보석이 흩어져 나뒹구는 것으로, 허영심과 사치심을 내려놓는 걸 암시한다. 시선을 깊이 아래에 둠으로써 흔히 십자가를 향해 위로 보던 참회의 행동과 다른 모습을 보여주고 있다. 뜨거운 한줄기 눈물은 볼을 타고 코로 흘러내리고 있다.

카라바조, 〈이집트 피난길에서의 휴식〉(1597년)
Caravaggio, "Riposo durante la fuga in Egitto"

작품은 흔히 "방 그림"이라는 이름으로 알려졌는데, 이는 개인의 방을 장식하기 위해 그린 것이기 때문이다. 카라바조 일생 중 가장 행복했던 시기에 그린 것 중 하나로도 유명하다. 처음 그에게 로마는 희망의 도시였다. 로마에서 그를 절대적으로 후원하며 천재성에 용기를 주었던 몬시뇰 페트리냐니(Fantino Petrignani, 1539~1600)의 도움으로, 그가 느낀 가정의 안락함을 '성가정의 평온함'으로 표현한 것으로 추정된다. 페트리냐니 주교는 카라바조가 다르피노(Cavalier d'Arpino)의 공방에서 나온 후, 1594년 초부터 로마의 산 살바토레 인 라우로 본당에 편안한 방을 하나 주며 맞아주었다. 카라바조가 사망한 후 10년이 지나, 처음으로 그의 전기를 썼던 만치니(Giulio Mancini)는 바로 이 주교가 그에게 이 작품을 의뢰했다고 했다. 그러나 비평가들은 천사가 악기를 연주하고 요셉이 악보를 들고 있는 것으로 봐서 오라토리오회와 모종의 연관성을 제기하기도 했다. 아무튼 최근 시켈(Lothar Sickel)의 연구에 따르면, 이 작품은 카라바조의 친구 오르시(Prospero Orsi)의 동서 비트리치(Girolamo Vittrici)가 가지고 있다가, 그가 죽자 동생 카테리나가 카밀로 팜필리에게 팔았다고 한다. 작품이 이곳에 있게 된 이유다.

작품에 담긴 색채주의와 다양한 정물과 극도의 사실주의는 젊은 카라바조의 롬바르드-베네토 화풍을 대변한다. 배경의 풍경은 우피치 미술관에 있는 〈이사악의 희생〉에 등장하는 배경을 떠올리게 한다. 또 조르조네의 〈폭풍우(Tempest)〉도 상기시킨다. 나일강변의 어느 둔치로 생각된다.

카라바조의 그림에서 자연과 풍경은 중요한 상징적인 역할을 한다. 노인 요셉 옆에 있는 자연의 요소들은 메마르고 가물지만, 아기와 성모가 있는 오른쪽의 자연과 풍경은 울창하다. 화가는 성모의 발치에 그녀의 처녀성을 암시하는 월계수, 아기의 수난을 상징하는 장미와 엉겅퀴의 가시, 부활을 암시하는 꽃담배풀(verbascum) 등 상징적인 식물들을 그렸다. 카라바조에 관한 책을 쓴 칼베시(Maurizio Calvesi)는 작가가 그림을 왼쪽에서 오른쪽으로, 무생물인 광물(돌)에서 동물(당나귀), 인간(요셉)을 거쳐 마리아와 아기에 이르는 그리스도교의 '구원의 길'을 묘사하고 있다고 했다. 눈에 띄는 것은 마리아의 자세가 앞에서 본 〈참회하는 막달레나〉와 비슷하다는 점이다.

악기를 연주하는 천사의 뒷모습은 '피난'혹은 '성가정'이라는 주제에 거의 맞지 않을 만큼 아름답다. 이 그림을 그리던 해에 카라치(Annibale Carracci)가 파르네세 궁, 오도아르도 파르네세(Odoardo Farnese)의 방에 그린 〈두 갈래 길에 선 헤라클레스(Ercole al Bivio)〉[지금은 나폴리 카포디몬테 박물관에 있음]에서 영감을 얻은 것으로 보인다. 카라바조의 천사와 비교하여 카라치의 천사는 옷에 실루엣을 더했다. 하지만 카라바조의 천사는 장면을 두 부분으로 나누는 표현의 중심축 역할을 한다. 왼쪽에 늙은 요셉이 짐 위에 앉아서 메마른 땅에 맨발을 딛고, 지친 모습으로 깨어 천사의 악보를 들어주고 있다. 반면에 마리아는 반대편에서 아기를 안고 편안히 잠들어 있다. 악보에 적힌 가락은 아가서 7장 7절 "정녕 아름답고 사랑스럽구려"에 곡을 붙인 플랑드르의 음악가 노엘 보데바인(Noël Bauldewijn, 1480-1529)의 모테트다. 마리아를 두고 '나의 친구, 흠 없는 자매'라고 했다.

작품은 우리가 지금까지 알고 있던 카라바조 특유의 빛과 어둠을 대비하여 표현했던 작품들과는 달리, 작은 풀꽃, 돌에서부터 나뭇잎의 주름, 주인공들의 섬세한 인물묘사 및 캔버스를 꽉 채운 배경 묘사가 돋보인다.

카라바조, 〈세례자 요한〉(1602년) Caravaggio, "San Giovanni Battista"

흔히 〈숫양과 함께 있는 요한〉으로 알려진 이 작품은 카피톨리니 박물관에

있는 것과 똑같은 작품의 사본이다. 사실 카라바조는 비슷한 '어린' 세례자 요한을 7개 그렸다. 모두 카라바조가 생각하는 이상적인 남성미를 표현한다고 할 수 있다.

로마의 은행가 마태이(Ciriaco Mattei)가 자기 장남의 생일을 기념해서 카라바조에게 〈엠마오의 저녁식사〉(런던, 내셔널 갤러리 소장)와 함께 의뢰했다. 1601~1602년, 카라바조는 마태이의 집에서 생활하며 작품을 의뢰받아 완성했다.

어린 세례자 요한의 자세는 미켈란젤로가 시스티나 소성당 천장에 그린 〈발가벗은 남성들(ignudi)〉 중 하나와 매우 흡사하다. 사실 미켈란젤로는 로마 외곽의 한 서민 소년을 모델로 했고, 카라바조의 요한은 비슷한 청소년기의 한 소년이 발가벗은 채 반쯤 누워있는 자세로, 한쪽 팔로 숫양의 목을 감싸고 관객에게 시선을 주고 있다. 묘하게 웃는 모습이 인상적이다. 미켈란젤로의 소년이 추상적이라면, 카라바조의 요한은 빛과 색으로 인해 사실적인 인상을 준다. 그림 속에서 세례자 요한을 유추할 수 있는 것은, 소년이 깔고 앉은 붉은색 망토밖에는 없다. 기존의 도상학에서 세례자 요한을 상징하던 깃발이 있는 십자가 지팡이나 어린양도 없다.

이 그림의 모델은 카라바조의 또 다른 유사한 작품 〈사랑은 모든 것을 이긴다(Amor vincit omnia)〉(1602~03년)와 같은 인물로 후에 로마에서 알게 된 롬바르디아 출신의 체코(Cecco, 흔히 '카라바조의 체코'로 부름)라고도 한다. 소문에 의하면 체코의 이름은 보네리(Francesco Boneri, 1580~1630)인데, 카라바조의 제자 중 한 사람이라고도 하고 애인이라고도 한다.

안니발레 카라치, 〈이집트 피난길 풍경〉(1602~1604년)

Annibale Carracci, "Paesaggio con la fuga in Egitto"

카라치에게 이 작품을 의뢰한 사람은 알도브란디니(Pietro Aldobrandini) 추기경이다. 알도브란디니 궁에 있는 개인 소성당을 장식하기 위해서다. 캔버스에 유화 작품이지만, 마치 르네상스 시기 성당들에 장식된 프레스코화를 보는 것 같다. 소성당의 벽 꼭대기 반달 모양의 공간을 채우기 위해 같은 형태의 그림을 여섯 개 주문했다. 이것은 그것들 중 하나다. 사실 〈그리스도의 무덤 풍경〉과 함께 이 그림만 카라치가 직접 그렸고, 나머지는 카라치의 데생에 그의 제자들이 그렸다. 비평가들은 카라치가 이 두 개만 그리고 생애 말기로 접어들면서 병이 도져 공방을 떠났고, 이후 알바니(Francesco Albani)가 공방의 책임자로 나머지 작업을 마무리하고, 알도브란디니 가문으로부터 잔금을 받았다고 했다. 후에 소성당은 파괴되었고, 그림은 올림피아 알도브란디니의 지참금 일부로 팜필리 컬렉션으로 들어왔다.

대칭적이고 합리적인 해석을 위해서나, 자연을 이상적으로 묘사하는 데 있어서나, 로마에서 이 작품만큼 이후 유럽회화에서 풍경화의 이정표를 제시한 것은 없었다. 17세기 풍경화의 원형이라고 할 수 있다. 이런 이유로 도메니키노(Domenichino), 푸생(Nicolas Poussin), 로랭(Claude Lorrain), 반 스와네벨트(Herman van Swanevelt), 뒤게(Gaspard Dughet) 등이 그리는 많은 풍경화의 모델이 되었다.

가장 이상적인 풍경화의 사례는 모든 개별적인 자연 요소들이 구성 안에 완벽하고 균형 있게 들어가 형태가 조화를 이루고 목가적인 미(美)를 드러내야 한다고 하는데, 카라치는 바로 그것을 효과적으로 보여주었다고 할 수 있다. 성경의 인물들과 역사적인 이야기와 주변의 풍경이 감성적으로 완벽하게 융합되도록 했다. 빛과 색과 분위기를 통해 이상적인 스토리를 재구성하는 것이다.

벨라스케스, 〈인노첸시오 10세의 초상화〉(1650년)

Diego Velázquez, "Ritratto di Innocenzo X"

작품은 벨라스케스가 두 번째 로마에 왔을 때인 1649~1651년에 그렸다. 교황이 입고 있는 옷이 가벼운 아마로 만든 걸로 봐서, 1650년 여름에 그린 걸로 추정된다. 교황이 왼손에 들고 있는 쪽지에는 "우리 주님의 거룩한/ 인노첸시오 10세에게/ 거룩한 어머니 교회의 집에서 디에고 데 실바/ 벨라스케스"라고 적혀 있고, 그 아래는 1650년에 그렸다고 적혀 있다.

벨라스케스가 초상화를 그리게 된 것에는 두 가지 이야기가 있다. 벨라스케스가 이름 있는 화가라고 해서 교황을 알현했고, 그 자리에서 화가는 교황의 초상화를 제안했다. 그러나 벨라스케스를 잘 모르는 교황은 능력을 먼저 보고 싶다고 했고, 화가는 이제 막 마무리한 자신의 시종 파레야(Juan de Pareja)[현재 뉴욕 메트로폴리탄 박물관 소장]의 초상화를 보여주었다. 파레야의 초상화를 보고 난 교황은 자신의 초상화를 허락했다.

초상화가 완성되자, 그것을 본 인노첸시오 10세는 "너무 사실이야!"라고 소리쳤다고 한다. 이후 초상화는 팜필리 가문의 유산으로 한 번도 이곳을 벗어난 적이 없었다. 따라서 대중들은 거의 보지 못했고, 19세기 프랑스의 사상가이며 비평가이자 역사가이기도 한 텐(Hippolyte Adolphe Taine, 1828~1893)이 이 그림을 보고 나서, 몇몇 예술품 감정가들에게 "모든 초상화 중 최고 수작"이라고 생각한다며, "한번 보면 잊을 수가 없다"라고 전했다.

피터르 브뤼헐, 〈나폴리 항구 풍경〉(1556년경)
Pieter Bruegel il Vecchio, "Veduta del porto di Napoli"

작품과 관련하여 작가의 서명이나 그린 날짜 등의 정확한 정보는 없지만,

1794년부터 도리아 컬렉션으로 있었다는 것은 확실하다. 드 그란벨(Antoine Perrenot de Granvelle) 추기경이 1607년에 가지고 있었고, 1640년에 루벤스(Pieter Paul Rubens) 컬렉션으로 있다가 도리아 팜필리 가문에서 구매한 걸로 추정된다.

1552년 브뤼헐이 처음 이탈리아를 여행할 때, 나폴리에서 데생했고, 1556년경 플랑드르로 귀환할 때 완성한 것으로 본다.

작품 속에서 〈나폴리 항구 풍경〉의 앞부분에는 해전(海戰)이 벌어지는 것 같다. 항해선, 갤리선, 작은 돛배들이 우왕좌왕하고 어떤 배에선 연기가 나고, 자세히 알 수는 없지만, 대포용 포들도 있는 것 같다.

배경이 되는 나폴리만과 베수비오 화산은 넓게 펼쳐져 있다. 이렇게 넓게 탁 트인 시야를 확보하는 기법이 전형적인 플랑드르 풍경화의 특징이라고 한다. 멀리 나폴리 항구 주변에 있는 계란성(Castel dell'Ovo), 누오보성(Castel Nuovo), 지금은 사라진 성 빈첸시오의 탑과 나폴리 항구의 특징인 반원형의 만에서 영감을 입은 듯, 작가가 고안한 반원형의 부두가 인상적이다.

도리아 팜필리 미술관 Galleria Doria Pamphilj
주소: Via del Corso, 305
연락처 및 예약: https://ticketroma.doriapamphilj.it/biglietteria/biglietto-galleria/
전화: +39 06 6797323
개방시간: 월-목 09:00-19:00, 마지막 입장시간 18:00 /
　　　　　금-토-일 10:00-20:00, 마지막 입장시간 19:00
휴관일: 매월 셋째 수요일, 1월 1일, 부활, 12월 25일
입장료: 일반 14+1유로 / 무료+1유로 예약비 (12세 미만)

제국 시대를 연 황제, 아우구스투스의 영묘 Mausoleo di Augusto

아우구스투스 황제가 자기의 가족 영묘를 건설하기 시작한 것은 그가 알렉산드리아에서 돌아오던 기원전 29년부터였다. 아마도 알렉산드리아에서 헬

레니즘 양식으로 지은 알렉산드로스 대왕의 무덤을 보고 온 것이 계기가 되었던 걸로 보인다.

사방이 향나무로 둘러싸인 이 거대한 무덤을 보고 있으면, 이곳이 로마의 도심이라는 걸 잊게 만든다.

아우구스투스 황제는 공화정의 막을 내리고 제국 시대를 연 황제이며, 로마 건축에 벽돌 대신 대리석을 도입하여 웅장하고 장엄한 건축물을 선보여준 황제다. 그는 처음으로 방대한 제국의 호구조사를 실시했고, 그 시기에 베들레헴에서 예수 그리스도가 탄생했다. 라틴문학의 태동과 함께 메세나 운동으로 문화예술을 장려했으며, '팍스 로마나(Pax Romana, 로마제국의 평화시기)'의 서막을 열었다. 한마디로 로마의 역사를 다시 썼고 세계의 역사를 다시 쓴 황제라고 할 수 있다. 그가 쓴 역사는 당대를 넘어서 수 세기를 거치는 동안 많은 영향을 미쳤고 지금도 그 영향을 받고 있다. 그런 의미에서 로마인들 관점에서 아우구스투스(Augustus, '존엄한 자'라는 뜻)라는 칭호가 아깝지 않은 황제이기도 하다.

로마에 이렇게 위대한 업적을 남기고 자신이 묻힐 무덤까지 완성한 황제는 세 번째 부인 리비아의 품에 안겨 폼페이 근처의 놀라(Nola)에서 숨을 거두었다. 그의 시신은 로마로 옮겨와 이곳에 안치되었다.

그러나 아우구스투스 황제의 가족묘인 이곳에 가장 먼저 묻힌 사람은 기원전 23년에 죽은 황제의 조카 마르첼루스(Marcus Claudius Marcellus, 기원전 42~기원전 23)와 황제의 어머니 아티아(Atia, 기원전 85~기원전 43)였다. 이후 율리우스-클라우디우스 가문 출신의 율리아와 아그리파의 자식들, 칼리굴라의 어머니 아그리피나, 칼리굴라의 동생 네로와 드루수스, 그리고 칼리굴라의 여동생 리빌라(Giulia Livilla)도 이곳에 묻혔다. 그러나 정작 아우구스투스의 외동딸 율리아는 이곳에 묻히지 못했다. 살아서는 아버지의 미움을 샀지만, 죽어서는 황위를 계승한 전 남편의 미움을 샀기 때문이다. 그녀가 숨을 거둔 이탈리아 남부의 레조 칼라브리아에 있을 것으로 추정된다.

지금 우리가 볼 수 있는 영묘의 모습은 1940년에 마지막으로 손을 본 것이다. 오랜 세월에 걸쳐 영묘는 방치되었고, 한때 야만족들의 약탈 대상이 되기도 했으며, 개인의 테라스로 활용하기도 했다.

제국시대를 연 황제, 아우구스투스의 영묘 Mausoleo di Augusto
주소: Piazza Augusto Imperatore
연락처 및 예약: https://www.mausoleodiaugusto.it/it/booking/
전화: +39 06 0608
개방시간과 입장료는 반드시 사이트에서 확인

'팍스 로마나'의 상징, 평화의 제단 L'Ara Pacis Augustae

"아라 파치스 아우구스테"는 '아우구스투스의 평화의 제단'이라는 뜻이다. 이름대로 기원전 9년, 아우구스투스 옥타비아누스에 의한 평화를 기리기 위해 원로원에서 황제에게 헌정한 제단이다. 황제의 이름은 길다. 가이우스 율리우스 체사레 옥타비아누스 아우구스투스(Gaius Iulius Caesar Octavianus Augustus)이고, 비문에는 C • IVLIVS • C • F • CAESAR • IIIVIR • RPC(기원전 63~서기 14)라고 적혀 있다.

'평화의 제단'은 예술 작품이라기보다는 당시 로마 문화의 표상이고, '팍스 로마나'가 가져온 평화와 번영이 무엇인지를 말해주는 기록물이기도 하다.

'평화의 제단'은 황제의 뜻에 따라 만들어진 것이 아니라, 원로원에서 황제가 에스파냐와 갈리아 남부지방을 3년여간 힘겹게 평정하고 귀환하자, 그가 이룩한 평화를 기리기 위해 로마 귀환(기원전 13년 7월 4일)에 맞추어 세운 것이다.

≪스페인과 갈리아 등지에서 임무를 마치고 무사히 로마로 돌아오니, 원로원에서 내 귀환을 기념하여 캄포 마르치오에 (내 이름을 딴) 아우구스투스의 평화의 제단을 짓기로 했다는 전갈을 받았다. 거기에는 행정관, 사제, 베스타 신전의 처녀 제관들이 일 년에 한 번씩 [평화의 여신에게] 제사 지내는 장면이 새겨졌다. ≫(Res Gestae Divi Augusti, 12-2 in Monumentum Ancyranum).

로마 시대 이곳 캄포 마르치오는 전쟁에서 승리한 장수가 제국의 수도로 들어오는 길목이었고, 여기에서부터 장수는 군권(軍權, imperium militiae)을 내려놓고 민권(民權, imperium domi)으로 로마 성내(城內)로 입성한다. 이곳은 도시의 경계이자 로마제국의 정치와 사법, 종교의 중심지인 공회당에서 가까운

'로마길'이 시작되는 상징적인 지점이었다. 한마디로 장수가 황제와 원로원에 도전하지 않는다는 것을 의미하는 장소였다. 공회당에서 1.5km가량 떨어져 있다.

아우구스투스의 이름으로 세워진 '평화의 제단(l'Ara Pacis)'은 로마 시대 예술의 기능을 이해하는 열쇠가 되는 동시에, 제국 시대 '팍스 로마나(Pax Romana)'가 어떤 결과로 만들어졌는지를 알게 하는 중요한 단서가 된다. 예술적으로는 전통적인 로마 양식에 그리스 고전 예술과 헬레니즘이 접목된 것으로, 그리스인 장인의 공방에서 제작된 걸로 추정된다. 동시에 팍스 로마나는 제국의 패권주의가 극에 달하던 시절, 로마제국은 그들이 바라던 이상적인 현실, 곧 지중해의 '우리 바다(Mare Nostrum)'가 순조롭게 이루어지고 타민족들이 제국에 복종함으로써 얻는 평화와 안정을 의미했다.

제단이 갖는 의미는 아우구스투스 황제 시절의 많은 예술 작품이나 문학 작품이 그렇듯이, 그의 권력의 정당성과 함께 로마의 세계통치가 식민지역에 대한 로마 문명의 혜택을 의미하는 동시에, 아우구스투스 황제와 팍스(평화의 여신)를 연관시킴으로써, 그의 패권주의를 정당화하는 것이었다. 제국 시대를 연 황제의 권력에 정당성을 확보하여 로마라는 이름의 '제국의 성립'에 당위성을 제공했던 것이다.

또 제단을 통해 당시에는 별로 알려지지 않았던 로마의 역사를 세계사와 연관 짓기도 했다. 아우구스투스 황제의 권력은 역사적인 대의를 잇는 것임을 홍보하기 위해 황제 자신을 로마 건국 신화의 아버지 율루스의 후손이라고 강조한 것이다. 베르길리우스가 쓴 『아에네아스』는 이것을 정당화하는 수단으로 작용했다. 제단에 조각된 황제의 친손자들인 가이우스와 루시우스 카이사르가 젊은 트로이 사람처럼 옷을 입고 있는 것은, 이 때문이다. 알다시피, 로마의 조상이 되는 아이네아스는 트로이의 왕족으로 트로이가 멸망할 때, 불타는 트로이 성을 뒤로 하고 피난길에 올라 트로이 백성과 함께 지중해를 떠돌다가 신탁으로 로마를 건국한다. 아우구스투스 황제 시절, 시인 베르길리우스가 쓴 대서사시 『아에네아스』는 이런 내용을 담고 있다. 다시 말해서, 베르길리우스는 아우구스투스 황제에게 소위 "용비어천가"를 지어 바친 셈이다. 아우구스투스는 트로이의 마지막 황족의 계보를 잇는 것을 의미하기 위해서다. 동시에 어떻게 하면 로마의 승리를 사투르노 신이 통치하던 황금시대와 결합할 것인지도 조명하고 있다. 제1 삼두정치의 실패와 함께 죽음을 맞이한 카이사르의 뒤를 이은 옥타비아누스가 제2 삼두정치를 통해 실권을 장악한 현실을 정당화하기 위한 목적도 있는 것이다. '존엄한 자'라는 뜻의 '아우구스투스' 칭호를 원로원에서 부여했다는 것을 선전하려는 의도이기도 했다.

로마제국의 수많은 유적 가운데 이 제단이 가장 먼저 잊힌 유적 중 하나가 되고, 또 테베레강에서 멀지 않은 곳에 세워진 까닭에 물과 습기, 심지어 모래까지 덮쳐 사방이 훼손되기 시작했다는 것은 당시 정권을 통해 내세웠던 '평화'에 대한 개념이 식민지국의 민중들의 삶까지는 굳이 돌아보지 않더라도, 로마의 시민들이 바라던 삶의 현실과 얼마나 동떨어진 것이었는지를 알게 해 준다. 이후 다른 유적지에서 출토된 제단을 입증하는 사료들과 일부 동전에 새겨진 제단의 모습 덕분에 어렵지 않게 복구할 수 있었다.

로마제국의 평화 시기(Pax Romana)

이 부분은 필자가 『세계평화개념사』(서울대 통일평화연구원, 2020년)에 실은 글 "이탈리아의 평화 개념사"에서 일부 가져오기로 한다. 아우구스투스 황제에 의해 시작된 로마제국의 긴 평화 시기를 일컫는 별도의 용어인 팍스 로마나에 관해 정리한 바 있기 때문이다.

팍스 로마나는 "팍스 아우구스테아(Pax Augustea)"라고도 부른다. '아우구스투스의 평화'라는 뜻이다. 로마의 세계지배와 법치가 당시 로마와 경쟁하던 이민족의 수장들이 서로 분쟁함에 따라 고통을 겪고 있던 지역들을 로마가 나서서 평정했다는 것을 뜻하는 용어로 사용했다.

그 시기, 로마는 이웃 국가들과 부족들, 특히 게르마니아 부족들과 파르티아(Partia)를 상대로 수많은 전쟁을 치르고 있었다. 제국의 변방들에서는 호전적인 민족들의 도전이 빈번했고, 제국은 군사력을 동원하여 그들을 무력화시켰다. 이제 평화의 조건은 카이사르가 정의한 "평화를 원한다면 전쟁을 준비하라!(Si vis pacem para bellum!)"는 것에서 멀어져 안전을 구실로 식민 지배를 강화하는 것이고, 제국에 도전하는 피지배 민족들의 자유를 박탈하는 것이 되었다. 이런 점에서 로마의 역사가 타키투스(Publius Cornelius Tacitus, 55/58~117/120)까지 나서서 그의 저서 『농업생활(Vita di Agricola)』에서 '로마제국의 평화(pax romana)'를 이렇게 말했다.

"제국이라는 거짓된 이름으로 훔치고, 강탈하고, 도살한다. 그리고 그 황폐해진 곳을 평화라고 부른다."

로마의 정복을 반대하던 앵글로 색슨의 한 장수 칼각스(Calgax)가 로마와의 격전을 앞두고 자신의 군단들을 돌아보며 한 말을 인용한 것이다.

요컨대 팍스 로마나는 순전히 제국의 입장에서 내부적으로 분쟁이 없는 상태를 가리키는 것일 뿐 식민지역의 입장은 아니라는 것이다. 이미 모두 지배권 아래에 들어왔기 때문에 기원전 1세기까지 지속되던 잔인한 전쟁이나 중대한 내전 같은 것을 겪지 않았고, 이전 세기에 있었던 세 차례의 포에니 전쟁과 같은 큰 전쟁이 사라진 '상대적 평온'의 시대를 의미했다.

앞서 언급했듯이 아우구스투스는 기원전 9년에 로마에 영예로운 팍스 신상을 세우라고 명한 바 있다. 팍스 로마나는 통상 아우구스투스가 기원전 1세기의 심각한 로마 내전의 종전을 선언한 기원전 29년부터 마르쿠스 아우렐리우스 황제가 사망하던 서기 180년까지를 말한다.

따라서 '평화의 제단'과 '팍스 로마나'는 제국의 힘과 법을 이용한 강제적인 팍스를 의미하며, 제국의 세계지배를 정당화하는 것으로 이해되었다. 어디까지나 제국의 입장에서 만들어진 용어였다. 결국 고대 로마의 평화는 제국의 시민이 갖는 권리와 의무를 반항하지 않고 받아들이느냐 그렇지 않으냐의 문제였던 것이다. 방대한 제국을 건설하고, 그것을 통치하기 위한 실용주의적인 사고방식을 내세워 피지배 계층에 '복종'을 강요하고, 제국의 통치에 정당성을 부여함으로써 오는 상대적인 평화를 의미했다고 볼 수 있다.

제단은 원래 플라미니아 가도(via Flaminia) 입구에 캄포 마르치오(Campo Marzio) 쪽을 향해 세웠다가 후에 주변 공사를 하면서 제단 둘레를 벽돌담으로 쌓았다. 그 뒤 오랜 세월 묻혀 있던 것을 1568년에 처음으로 발견하면서 세상에 알려지기 시작했다. 19~20세기를 거치면서 깨진 조각들을 모두 찾아 복원 작업을 하여 아우구스투스 황제의 영묘 옆에 마련한 전시관으로 옮겼다. 전시관의 개관식은 아우구스투스 황제 탄생 2천 년을 기해 1938년 9월 23일에 있었다.

평화의 제단은 사각형의 대리석으로 가로 11.65m, 세로 10.62m, 높이 3.68m 크기다. 제단으로 오르는 문은 앞뒤 양쪽에 하나씩 있고, 정면에는 아홉 개의 계단을 통해 내부로 들어갈 수 있게 했다. 안으로 들어서면 가운데 제사 지내는 제단이 있고, 주변에 사방으로 대리석 벽면에 섬세하게 조각 장식이 되어 있다. 내·외부에 조각된 상(像)들은 이야기의 전개에 따라 다양한 형태의 크기와 두께로 공간과 깊이를 더했다.

---

20) 사진출처: romanoimpero.com/2009/12/ara-paris.html

　네 모서리에는 코린트 양식의 기둥을 세웠다. 각 기둥과 기둥 사이의 넓은 면에는 모두 다른 내용의 부조 장식을 넣었다. 부조는 내용만 다른 것이 아니라 양식도 모두 달라 '행렬'을 묘사하고 있는 곳에서는 그리스 고전 양식을, 평평한 벽면의 장식에는 헬레니즘 양식을, 제대 장식에서는 전형적인 로마 양식을 보여주고 있다. 이런 절충주의적인 측면은 그리스 공방이 중심이 되어 이 제단의 작업을 진행했다는 증거라고 볼 수 있다.

　아우구스투스 황제가 '평화의 제단'을 통해 얻을 수 있는 정치적인 효과는 자신과 팍스(pax, 평화)의 관계를 공고히 하는 것이었다. 자기가 통치하는 시기와 세계야말로 비로소 새로운 시대의 꽃을 피우고 있다는 것이다. 아우구스투스는 자신을 로마의 전설적인 영웅 아이네이아스의 후손이며 카이사르의 자손이라고 주장하며 자신의 권력이 역사의 자연스러운 흐름을 잇는 거라고 했다. 로마와 세계사를 연결하는 것이 신의 섭리이자 자신의 사명이라고 보았다.

그가 말하고 이룩한 평화가 어떤 평화인지는 몰라도, 그는 황제가 되자마자 일단 정적들을 모두 제거했다. 카이사르를 죽인 브루투스와 카시우스를 죽이고, 레피두스를 제거했고, 악티움 해전에서 안토니우스를 몰락시키고, 클레오파트라를 자결하게 했다. 그가 로마를 통치하기 시작한 기원전 30년에서 서기 14년까지 감히(?) 그에게 맞설 상대는 아무도 없었다. 그 바람에 피비린내가 끊이지 않던 로마는 평화와 번영을 누릴 수 있었다.

'평화의 제단'의 장엄한 헌정식은 기원전 9년 황제의 부인 리비아(Livia Drusilla Claudia, 기원전 58~서기 29)의 생일을 기해 이루어졌다. 아우구스투스 황제의 세 번째 부인인 리비아는 로마의 명문 귀족의 딸로, 티베리우스(Tiberius Claudius Nero, 기원전 85~기원전 33)와 결혼하여 아들 티베리우스(Tiberius Iulius Caesar Augustus, 기원전 42~서기 37)를 낳고 둘째 아들 드루수스(Druso Maggiore, 기원전 38~기원전 9)를 임신한 상태에서 아우구스투스와 결혼했다. 소문에 의하면 세기의 바람둥이였던 아우구스투스가 리비아를 보고 반하여 반강제로 빼앗았다는 설도 있고, 전 남편인 티베리우스가 리비아를 아우구스투스에게 넘겨주었다고도 하고, 당시 리비아의 뱃속에 든 드루수스가 사실은 아우구스투스의 아들이라는 이야기도 있었다. 그래서인지는 몰라도 아우구스투스는 유난히 드루수스를 편애했지만, 그의 후계자 자리는 리비아의 큰아들 티베리우스에게로 흘러갔다. 아무튼 이들의 결혼은 당시 로마를 시끄럽게 하기에 충분하고도 남았다.

아우구스투스에게는 리비아의 두 아들 외에도 그의 두 번째 부인 스크리보니아(Scribonia, 기원전 70/68~서기 16) 사이에서 태어난 딸 율리아(Iulia Caesaris filia, 흔히 Iulia Maggiore로 부름, 기원전 39~서기 14)도 있었다. 율리아가 태어나기 사흘 전에 황제는 리비아와 결혼하기 위해 율리아의 친모와 이혼하고 율리아가 태어나자마자 아기를 빼앗아 계모인 리비아에게 맡겨 로마 귀족과 왕실에 걸맞은 정숙한 여성으로 교육하도록 했다.

아우구스투스는 하나밖에 없는 친자이기도 한 율리아를 어려서부터 매우 엄격하게 키웠다. 율리아의 생활은 매우 통제되어 제한된 공간 안에서만 움직일 수 있었고, 아버지의 허락을 받은 사람하고만 대화를 나눌 수 있었다. 그러나 율리아는 매력적인 여성이었고 어디를 가든 사람들의 시선을 한 몸에 받았다. 아우구스투스는 딸을 지극히 사랑했다. 후에 5세기경 로마의 작가 마크로비우스(Ambrosius Theodosius Macrobius)는 "아우구스투스는 친한 친구들에게 '나는 딸이 둘 있는데, 하나는 공화국(la Repubblica)이고 다른 하나는 율리아이다.'라는 말을 자주 했다"라고 전했다.

아우구스투스는 제국 시대를 연 황제이지만 자신은 '절대권력자'라는 뜻의 '딕타토르(dictator)'라는 호칭을 몹시 싫어했고, 자기가 만든 법이 군주제가 아니라 공화제라고 우겼으며, 자기가 토대를 닦은 로마도 '제국'이 아니라 '공화국'이라고 실제 현실과는 너무도 다른 주장을 서슴없이 했다. 겉으로 내세우는 명분이 그럴듯할수록 실제와 괴리는 더 큰 법이다. 어느 시대나 독재자일수록 더 민주주의를 내세우고, 부정하고 불의한 권력자일수록 도덕과 정의를 앞세우는 건 똑같은 것 같다.

아무튼 아우구스투스가 그토록 애지중지하게 키웠던 율리아는 아버지의 뜻과는 달리 당돌하고 버르장머리 없는 여자로 성장하여 점차 아버지의 골칫거리가 되어 갔다. 이에 황제는 기원전 25년, 겨우 열네 살 난 율리아를 누나 옥타비아의 아들이자 자신의 조카인 마르첼루스와 결혼시키고 마르첼루스를 자기의 후계자로 지목했다. 그러나 그들의 결혼은 겨우 2년 남짓, 율리아보다 두 살이 많았던 사촌오빠이자 남편인 마르첼루스가 갑자기 죽는 바람에 열여섯 살의 어린 율리아는 자식 없는 청상과부가 되고 말았다.

율리아가 열여덟 살이 되자, 아버지는 친구이자 협력자이며 집정관이기도 했던 25살이나 많은 아그리파(Marcus Vipsanius Agrippa, 기원전 63~기원전 12)와 재혼을 시켰다. 이 결혼에는 아우구스투스의 충실한 조언자 메세나(Gaius Maecenas)도 한몫 거들었다고 한다. 그리고 이듬해 율리아는 아들 가이우스

(Gaius Vipsanius Agrippa, 후에 Gaius Iulius Caesar가 됨, 기원전 20~서기 4)를 낳고, 이어서 루치우스(Lucius Vipsanius Agrippa, 후에 Lucius Iulius Caesar가 됨, 기원전 17~서기 2)도 낳았지만 두 아들은 모두 아우구스투스의 양자가 되어 카이사르라는 이름을 얻었다. 아그리파와 율리아 사이에는 자녀가 모두 다섯이었는데, 이 두 아들만 아우구스투스의 양자가 되었다.

율리아가 다섯 번째 임신하고 있던 기원전 12년 3월, 아그리파는 51살의 나이로 죽었다. 장례가 끝나기도 전에 아버지 아우구스투스는 율리아를 이복오빠인 티베리우스와 재혼시켰다. 이것은 티베리우스를 후계자로 삼고자 한 아우구스투스의 정치적인 판단에 따른 것이었다. 티베리우스도 율리아와 결혼하기 위해 아그리피나(Vipsania Agrippina, 기원전 36~서기 20)와 강제 이혼을 했다. 아그리피나는 아그리파가 정말로 사랑했던 여자 폼포니아(Pomponia, 서기cilia Attica)와의 사이에서 태어난 딸이다.

율리아와 티베리우스의 결혼생활은 순탄치 못했다. 애정 없이 정략적으로 한 결혼이기도 했지만 '그 마누라에 그 남편'이라는 소문이 떠돌 정도로 율리아는 티베리우스를 얕보았고 티베리우스도 율리아를 외면했다. 기원전 6년, 티베리우스가 로디(Rodi)로 떠나는 것으로, 사실상 그들의 이혼은 기정사실이 되었지만, 법적인 절차가 남아있었다.

그 사이, 율리아는 아그리파가 죽은 뒤 누구한테서도 받지 못한 애정을 갈구했다. 그것이 화근이 되어 기원전 2년, 율리아는 결국 간음죄와 배신죄로 체포되고 말았다. 아우구스투스는 티베리우스와의 결혼을 무효로 처리하고 율리아를 황제인 아버지에게 도전한 음모죄를 구실로 추방했다. 아우구스투스는 딸을 추방하면서 자신도 엄청난 충격을 받았던지 회한이 많은 자신의 인생을 이야기할 때면 자주 "마누라나 자식 없이 죽는 놈은 복된 놈이다."라는『일리아드』의 내용을 인용했다고 한다. 또 어떨 때는 딸 이름 대신 자기가 앓고 있던 '세 덩이 종양' 혹은 '암세포'의 하나로 부르기도 했다고 한다.

불모지와 같은 무인도로 추방되어 5년간 유배 생활을 마치고 이탈리아 남부의 레죠 칼라브리아(Reggio Calabria) 지방의 성(城)에서 거의 포로와 다름없는 생활을 하던 중에 전 남편인 티베리우스가 아우구스투스의 후계자가 되었다. 티베리우스는 황제가 되면서 율리아의 모든 재산을 압수하고 율리아가 있는 지역 사람들에게 율리아와의 접촉 금지령을 내려 율리아를 굶어 죽게 했다. 그는 율리아와의 결혼을 자기 일생의 가장 불명예스러운 것으로 여겨 율리아와 아그리파 사이에서 태어난 막내아들까지 암살했다. 율리아의 유골은 아우구스투스 황제의 명령에 따라 재가 되어서도 로마의 가족묘에 안장되지 못했다.

역사가 대부분이 남자였던 탓일까? 율리아에 대한 역사적인 평가는 대부분 매우 부정적이다. '욕망에 빠진 여자', '간음 창고', '음탕한 여자의 모델'등 대체로 행실이 바르지 못한 여자, 지조도 없고 매력도 없는 여자라는 편견 어린 시각만 있는 것 같다. 태어나자마자 계모에게 맡겨져서 불행한 유년을 보낸 아이가 반듯하게 자라주기를 바랐던 황제의 지나친 욕심은 어디에서도 언급하고 있지 않다. 필자가 보기에 율리아의 일생은 모두 아버지의 정치적인 계획에 따라 이용된 것 같은데 말이다.

'평화의 제단' 옆면에는 평화의 제단으로 오는 행렬들이 조각되어 있다. 이 행렬은 공적인 행렬과 반(半) 공적인 행렬로 나뉜다. 공적인 행렬은 로마의 최고 사제 폰티피시움을 비롯하여 플라미니 사제들이 그 뒤를 잇고 있고, 반 공적인 행렬은 아우구스투스의 가족 행렬이다. 아우구스투스가 로마의 최고 사제였지만 이 행렬에 없는 걸로 봐서 그가 최고 사제 되는 것이 기원전 12년이므로 그보다 1년 앞서 조각한 걸로 보인다. 여기 가족 행렬에는 율리아를 포함한 아우구스투스의 가족들이 모두 조각되어 있다.

맨 앞에는 기원전 12년에 죽은 아그리파가 있는데 그는 수건을 머리에 쓰고 있다. 그 뒤에는 아우구스투스의 손자이자 양자인 가이우스(Gaius Iulius Caesar),

율리아, 그 뒤에는 티베리우스가 있고, 아우구스투스의 여동생 안토니아 미노르(Antonia Minor)가 있고, 뒤에 있는 황제의 조카 안토니아(Antonia maggiore)는 그 뒤에 있는 루치우스 도미치우스 에노바르보(Lucio Domizio Enobarbo)와 결혼하여 훗날 네로의 친부(親父)가 되는 그네오 도미치우스 에노바르보(Gneo Domizio Enobarbo)를 낳았다.

제단에는 이전에 볼 수 없었던 여성과 관련한 부조가 많은 것이 특징이다. 아기에게 젖을 먹이는 여성, 로마에서 신봉하던 황금기(Età dell'oro)에 대지를 지배하던 여신 사투르니아(Saturnia Tellus)의 아름다운 상, 여사제 베스탈레들의 등장 등이 있다.

아우구스투스 황제는 세 번이나 결혼했지만, 친자식은 딸 율리아밖에 없었다. 팍스 로마나의 새로운 시대를 열었던 황제는 정작 집안 안팎에서부터 별로 평화롭지 못한 삶을 살았던 것 같다.

평화의 제단 Ara Pacis Augustae
주소: Lungotevere in Augusta (angolo Via Tomacelli)
연락처 및 예약: http://www.arapacis.it
전화: +39 06 0608
개방시간, 휴관일, 입장료, 할인과 무료 조건 등을 위 연락처에서 확인

성(城) 밖에 있는 성지들

"성(城) 밖의 성 바오로 대성당"은 로마의 4대 대성당 가운데 유일하게 아우렐리아누스 황제가 296년경, 외세의 침입을 막기 위해 세운 로마의 성벽 바깥에 있다. 그래서 이름도 "성 밖의 성 바오로 대성당"이라고 한다. 로마에서는 성 베드로 대성당 다음으로 크다.

'이방인들의 사도' 성 바오로의 무덤 위에 성당이 세워진 이래 성 베드로 대성당과 함께 로마를 찾는 많은 순례자의 최종 목적지가 되었다. 1300년, 첫 성년이 선포된 이래 로마의 중요 순례지로 지정되어 성문 개방 특별행사를 하기도 한다.

『교황실록』에는 5세기경, 로마의 오스티엔세 가(街)에서 그리 멀지 않은 곳에 67년경 순교한 것으로 추정되는 바오로를 기념하는 작은 수도원이 있었고, 그 묘석에는 '순교자 사도 바오로의 무덤'이라는 문구가 적혀 있었다는 기록이 있다. 성 베드로와 함께 로마 가톨릭교회를 세운 사도 성 바오로의 몸과 정신이 이 성당의 제단 아래 잠들어 있다고 했다. 이것을 입증할 만한 고대의 비문이 1834년 대성당을 재건하는 과정에서 발견되기도 했다.

대성당은 324년, 교황 실베스트로 1세가 콘스탄티누스 대제에게 의뢰하여 지은 것으로, 같은 황제에 의해 비슷한 시기에 지어진 만큼 성 베드로 대성당과 구조와 모양이 매우 흡사했다. 그러나 386년, 테오도시우스 황제 때 증축되면서 바뀌었다.

로마의 성 밖에 있었던 탓에 대성당은 외부 침입을 가장 많이 받았다. 5세기

부터 시작된 야만족들의 로마 약탈의 표적이 되었다. 교황 요한 3세가 대성당 주변에 높은 담을 쌓으면서 외부의 침입은 잦아들었으나 성당의 수난은 여기서 그치지 않았다. 1823년 7월 15~16일 밤에 일어난 화재로 대성당은 모두 불타고, 거기에 담긴 역사도 사라지고 말았다.

"불은 짧은 시간에 성당 전체를 휩쓸었다. 소방관이 도착했을 때는 이미 '베수비오 화산에서 불길이 치솟는 것 같은' 광경이었다."(C. Pietrangeli)

스탕달도 『로마 여행기』에서 "내가 성 바오로 대성당을 찾은 것은 화재가 있은 다음 날이었다. 거기에는 모차르트의 음악처럼 강한 비운이 서려 있었다. 아직도 고통과 대참사의 흔적이 남아있었는데 덜 탄 장작더미에서는 연기가 오르고 기둥은 무너져 내려 산산조각이 나고 언제든 무너질 것 같은 위험이 곳곳에 도사리고 있었다. 로마인들도 화재를 구경하기 위해 몰려들고 있었다.

21) 루이지 로씨니(Luigi Rossini, 1790~1857), 〈화재 후의 성 바오로 대성당〉(1823), 인쇄물

내가 지금까지 본 광경 중 가장 처참한 것이었다."라고 적고 있다.

당시 교황이었던 비오 7세는 운명을 앞둔 상황이었기에, 이 비보를 듣지 못했다. 그는 화재 소식을 모른 채, 그해 8월 20일 세상을 떠났고, 9월 28일 후임자가 된 레오 12세에 의해 대성당의 재건이 시작되어 1854년 비오 9세의 축성으로 완공되었다. 현재의 대성당은 원래의 자리에 과거와 유사한 양식과 크기로 복원한 것이다. 곳곳에 전시된 깨진 건축물은 검게 그을린 흔적과 함께 그날의 참사를 말해주고 있다.

대성당으로 들어가기 위해서는 사각형의 회랑으로 둘러싸인 작은 정원을 지나야 한다. 회랑에 있는 72개 기둥은 구약시대 이스라엘의 72 장로와 그리스도가 파견한 최초의 72 제자를 의미하고, 정면에 있는 12개의 기둥은 열두 지파와 열두 제자를 가리킨다. 성당 입구와 대칭을 이루는 회랑의 가운데 천장에는 열두 제자의 초상화가 모자이크로 있다. 정원 모서리에도 4대 복음사가의 동상이 있었으나, 지금은 하나만 있고, 나머지는 훼손되었는지 복원을 35년째 하고 있는지 모르겠으나, 필자가 로마에 도착했을 때부터 지금까지 한 번도 본 적이 없다. 정원 중앙에는 사도 바오로 동상이 있는데, 한 손에는 칼을, 한 손에는 성경을 들고 있다. 동상의 받침대에는 '이방인들의 아버지, 진리의 설교자, 사도 바오로'라는 말이 적혀 있다.

대성당의 정면 꼭대기에는 눈이 부실 만큼 찬란한 금빛 바탕의 모자이크가 있다. 아래에는 이사야, 예레미야, 에제키엘, 다니엘 예언자가 있고, 그 위 낙원에 어린양이 있고, 거기서 네 줄기 강물이 흘러나오고 있다. 배경이 되는 성(城)안의 도시는 예루살렘이다. 어린양에게로 몰려오는 양들은 성안에서 나오는 양과 성 밖에서 오는 양으로, '그리스도는 만인의 구세주'라는 걸 암시한다. 사도 바오로가 한 가장 큰 일은 그리스도를 만인의 구세주로 선포한 것임을 말해준다. 맨 위에는 축복하는 구세주 그리스도를 중심으로 사도 베드로와 바오로가 각각 좌우에 있다. 이 작품은 1854~1874년 바티칸 모자이크 학교에서 완성했다.

대성당으로 들어가는 문은 네 개다. 청동으로 된 중앙문에는 자빨라(Gregorio Zappalà, 1823~1908)가 조각한 〈사도 베드로와 바오로의 생애〉가 있다. 그 옆에 '성문(聖門)'이 있다. 성년을 기해 로마의 4대 대성당의 성문과 함께 1년간 열린다. 다른 성문들과 달리 이곳의 성문은 1월 마지막 주일에 열리는데, 그 시기가 그리스도교 일치 주간이기 때문이다. 가톨릭교회와 개신교에서 함께 공경하는 성 바오로 사도는 에큐메니즘, 그리스도교 일치의 주보성인이다.

대성당의 내부는 길이 131m, 폭 65m, 높이 30m로 이루어진 전형적인 라틴 십자가 형태이고, 건축공사 책임은 루이지 폴레티가 맡아서 1831~1854년에 완성했다. 세 부분으로 된 본당에는 40개의 코린트 양식의 대리석 기둥들이 있고, 기둥 위에는 266명 교황의 초상화가 모자이크로 새겨져 있다. 초상화 위에는 이름이, 아래에는 재임 기간이 기록되어 있는데, 현재의 프란체스코 교황은 재임 기간이 아직 기록되지 않았다. 조금 더 위에 초상화와 창문 사이에는 "성 바오로의 생애"가 벽화로 그려져 있다.

대성당의 전체 크기와 비교해 중앙제대가 유독 작아 보이는 것은 현재보다 조금 작았던 옛 대성당에 맞게 지어졌기 때문이다. 이것은 중앙제대가 화마의 위험에서 살아남았다는 표시이기도 하다. 성 바오로의 무덤 위에 세워진 중앙제대를 싸고 있는 덮개 치보리오(Ciborio)는 아르놀포 디 캄비오(Arnolfo di Cambio, 1240?~1302)의 1285년 작품이다. 제단 아래에는 '순교자 바오로 사도 (Paulus Apostolus Martyr)'라고 적힌 라틴어 비문이 있다.

중앙제대 위, 제단을 감싸고 있는 '승리의 아치'에는 성 베드로와 바오로가 모자이크로 있고, 아치 위에는 구세주 그리스도가 지팡이를 들고 있다. 그리스도 양쪽에는 위에 복음사가를 상징하는 사람(마태오), 사자(마르코), 소(루카), 독수리(요한)가 있고, 아래에 두 천사가 그분을 향해 몸을 굽히고, 그 양쪽에는 24명의 원로가 자기의 관을 봉헌하고 있다. 이 모자이크 작품은 5세기 때 것으로, 그리스도교를 국교로 선포한 테오도시우스 황제의 큰딸 갈라 플라치디아(Galla Placidia, 388/392-450)가 후원한 것이다.

역대 교황들의 초상화

승리의 아치

'승리의 아치'를 지나면 대성당의 앱스로 들어가는데, 이곳 벽면과 천장에도 모자이크 작품이 있다. 가운데 전능자 그리스도 옆으로 왼쪽에 성 베드로와 안드레아, 오른쪽에 바오로와 루카를 묘사하여 말씀 선포에 있어서, 바오로와 루카의 지위를 베드로, 안드레아와 동등하게 올려놓았다. 그리고 그 아래에 베드로와 안드레아를 뺀 나머지 열 사도를 넣었다. 흥미로운 것은 그리스도의 오른쪽 발아래 강보에 싸인 어린 아기가 있는데, 1223년 11월 29일, 작은형제회(프란체스코회)의 회칙을 인준한 교황 호노리오 3세가 대성당을 수리하고 프란체스코회 성지에서 자주 찾아볼 수 있는 아기 예수님의 모습에 자기를 담아 넣었다고 한다. 그 밑에 창들 사이에 성 바오로, 아기를 안은 성모, 세례자 요한과 성 베드로가 있다.

대성당에서 또 다른 유명한 것 중 하나는 중앙제대 옆에 세워진 '부활 촛대'(우측 페이지 사진)다. 10세기경부터 성 토요일 전례에 포함되었던 50~60m 정도 높이의 이 촛대에는 아래에서부터 천지창조에서 그리스도의 탄생과 수난, 부활에 이르기까지, 하느님이 인간의 역사에 개입하는 절정의 순간들이 새겨져 있다. 12, 13세기경에 조각한 것으로 보이는 이 작품은 디 안젤로(Nicolò d'Angelo)와 바살레토(Pietro Vassalletto)의 서명이 그리스도의 탄생 부분 식물들 사이에 있어 작가로 추정된다. 촛대의 기둥에는 정교하게 조각되어 있다.

정교하게 새겨진 장대한 구세사는 천지가 창조되던 순간부터 시작된 크로노스(cronos)가 그리스도의 부활이라는, 인간의 시공을 초월한 사건을 통해 질적 변화를 가져오는 카이로스(kairos)적 순간으로 변화된다는 것을 간결한 필체로 묘사했다. 부활 전야 전례에서 빛의 예식과 함께 밝혀지는 이 촛대는 기둥에 새겨진 조각으로 인해 낭독되는 7개의 독서 내용과 정확하게 일치하며 전례에 의미를 더해 준다. "부활 촛대"는 '광명이요, 알파요 오메가이며, 역사와 시간의 주인이요, 항상 오늘(hodie)이신 그리스도를 상징'하며, 10세기 넘게 이 자리에 서 있다.

　대성당 내부에서 중앙제대 뒤 좌우 회랑을 둘러보고 대성당 입구 반대편 후문 쪽으로 나가면 성 베네딕토 수도원이 있다.

　수도원의 역사는 교황 대 그레고리오 1세(재임 590~604년)로 거슬러 올라간다. 그러다가 그레고리오 2세(재임 715~731년)에 이르러 대성당의 성가(聖歌)와 전례를 목적으로 베네딕토 수도회를 부른 후 지금까지 내려오고 있다. 베네딕토 수도회는 대성당을 찾아온 많은 순례자에게 수 세기에 걸쳐 영적 스승이 되어 주었다. 특히 19세기 말부터는 그리스도인들의 일치를 위해 성무의 초점을 맞추고 있다. 1959년 1월 25일, 교황 요한 23세는 바로 이곳에서 제2차 바티칸공의회 소집을 선포하였다.

수도원의 정원은 중세 수도원의 아름다움을 그대로 간직하고 있다. 코스마데스크 양식의 기둥들로 채워진 회랑에는 대성당 부근 카타콤바에서 옮겨온 비석과 석관, 그 밖의 유물들과 화재 때에 무너진 기둥 조각 등이 있다. 수도원의 정원을 돌다 보면 작은 유물 전시실을 만나게 되는데, 이곳 수도원에서 보관하던 각종 유물이 전시되어 있다. 눈에 띄는 것은 성 바오로의 쇠사슬이다. 테베레강을 따라 박해를 피해 도망가던 바오로 사도는 로마 군인들에게 붙잡혀 '팔루데 살비아(Palude Salvia, 살비아 습지, 후에 '세 분수'로 바뀜)'라는 곳에서 참수되어 이곳에 묻히기까지 그의 손목을 채웠다. 후문 밖에는 1840~1860년, 폴레티(Luigi Poletti)가 제작한 트라베르틴 대리석으로 만든 65m의 종탑이 있다.

성 밖의 성 바오로 대성당 Basilica di S. Paolo fuori le mura
주소: Piazzale San Paolo, 1
연락처 및 예약: https://basilicasanpaolo.org
전화: +39 06 69880800
개방시간: 07:00-18:30
입장료: 무료

22) 1600년대 한 인쇄물에 등장하는 세 분수 성지와 수도원, 아래에 샤를 마뉴의 아치가 있다.

세 분수 수도원 성지, 사도 바오로의 참수터 Tre Fontane

22)

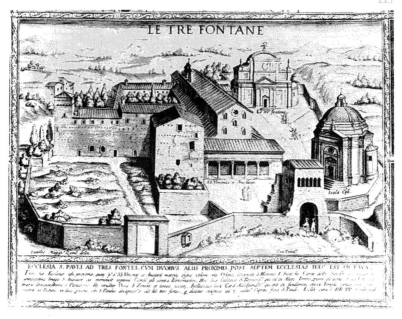

일명 '아쿠아 살비(Aquas Salvias)'라고 불리는 이 지역은 로마 시대 살비(Salvi) 가문의 우물이 있었다는 데서 지명이 유래한 것으로 보인다. 타르소의 사도 바오로가 이곳에서 67년경 참수를 당한 뒤 디오클레티아누스 황제 재위 시에도 그리스도의 군대라고 불리던 10,203인이 이곳에서 참수를 당한 것으로 알려졌다. 전설에 따르면 사도의 목을 치자 땅이 흔들리면서 잘린 사도의 목이 세 번 굴렀는데 구른 곳마다 샘이 솟아서 '세 개의 분수'가 되었다고 한다.

성지 안에는 성당이 세 개 있는데, "천국 계단의 성 마리아 성당", "성 바오로 성당", "성 빈첸시오와 아나스타시오 성당"이 있고, 이 마지막 성당에 딸린 수도원과 정원도 있다.

1131년, 교황의 자문관으로 로마를 찾았던 시에나의 성 베르나르도가 이곳에 머물며 기도하던 중, 수많은 연옥의 영혼들이 천국을 향해 긴 계단을 오르는 환시를 보았다고 한다. 그 자리에 '천국으로 오르는 계단'이라는 이름의 성당을 세웠다. 1592년, 클레멘스 8세는 쟈코모 델라 포르타(1540~1602년)가 재건한 성당을 성모마리아께 봉헌하며 "천국 계단의 성모마리아 성당"이라고 칭하고 순교자들과 성 베르나르도를 기억하도록 했다. 이 성당 지하에는 바오로 사도가 순교하기 직전 갇혀 있던 것으로 추정되는 작은 감옥도 있어서 순례객들을 숙연케 한다.

성지 내에서 가장 안쪽에 있는 "성 바오로 성당"은 바오로 사도가 참수당한 바로 그 자리에 세워진 성당으로, 가장 거룩하고 중요한 역사적이고 영적인 장소가 되고 있다. 1601년, 쟈코모 델라 포르타가 기초공사부터 완전히 새로 공사를 시작하여 현재의 모습으로 바꾸었다. 성당 내부 입구에는 양 벽에 교회의 두 반석(성 베드로와 바오로)의 죽음이 조각되어 있고, 안쪽에는 바오로의 목을 내리쳤던 기둥과 세 개의 샘, 두 사도의 동상과 함께 성 세바스티아노의 동상도 있다.

"성 빈첸시오와 아나스타시오 성당과 시토회 수도원 및 정원"은 625년, 교황 호노리우스 1세(재임 625~638) 때에 조성되었다. 여기에는 두 순교자, 페르시아

인 아나스타시오와 스페인 출신 빈첸시오의 유해를 모시기 위해 성당을 짓고, 그 옆에 유해를 이곳으로 모셔온 그리스 수도자들을 위한 수도원을 세운 것이 계기가 되었다. 805년에는 성당과 수도원이 샤를마뉴와 교황 레오 13세에게 헌정되기도 했다. 성당은 이후에도 약 100년간에 걸쳐 공사가 계속되었고, 1244년에 이르러 성 빈첸시오와 아나스타시오의 이름으로 자리를 잡았다.

수도원은 1809년까지 프랑스인들로 구성된 시토회가 차지하고 있다가 1826년에는 프란체스코 꼰벤뚜알 수도회에서 소유하였다. 1868년, 트라피스트 수도회가 진출하면서 지금과 같은 모습으로 재건되어 오늘에 이르고 있다. 성당 내부는 수도회 영성답게 매우 간결하고 청빈한 모습이다.

1500년대 후반에 그렸을 것으로 추정되는 양 벽면의 벽화는 예수의 세례와 부활, 그리고 열두 제자들이다.

세 분수 수도원 성지 Complesso dell'Abbazia Tre Fontane
주소: Via Acque Salvie, 1
연락처 및 예약: https://www.abbaziatrefontane.it
전화: +39 06 5401655
개방시간: 월-토 08:30-12:30, 15:00-18:00 /
　　　　 일요일 08:30-09:30, 11:00-12:30, 15:30-18:00
입장료: 봉헌으로 대신

퀴바디스 성당, 성 베드로의 메타노이아 Chiesa di Domine Quovadis

로마 외곽, 아피아 가도 변에는 '퀴바디스' 일화가 담긴 성당이 있다.

베드로가 네로 황제의 박해를 피해 도망가다가 그리스도와 만났다. 〈퀴바디스〉영화에서는 그리스도를 '빛'으로 묘사했다. 베드로는 즉시 그분이 예수 그리스도, 주님이라는 걸 알아보고, "주님, 어디로 가십니까(Domine, Quo

Vadis)?"라고 물었다. 그
러자 그리스도가 "로마
의 내 형제들이 너를 찾
고 있다. 만약 네가 그
들을 저버리면 내가 다
시 십자가를 지러 로마
로 가겠다."라고 했다.
그제야 베드로는 자신
의 나약함을 뉘우치고
로마로 발길을 돌렸다.

베드로와 그리스도가
만난 것으로 추정되는
곳에 '쿼바디스 성당'이
있다. 아피아 가도 변에
있는 이 성당 안으로 들

어가면, 고즈넉한 분위기가 2천 년 전의 '그날'을 침묵으로 증명해 주는 듯하
다.

성당의 바닥에는 이 만남을 기억하기 위해 로마 시대에 가정집에서 사용하
던 발자국 조각으로 표시를 해 두었다. 당시 로마인들은 발자국이 집안으로
향하면 '어서 오십시오!'라는 뜻이고, 집 밖으로 향하면 '여행 잘하십시오!'라는
뜻으로 사용했다고 한다.

중앙제대 양쪽 벽에는 성 베드로와 그리스도의 만남을 표현하는 벽화가 있
는데, 한 사람은 로마 밖으로, 한 사람은 로마로 가고 있다. 성당 입구의 왼쪽
에는 『쿼바디스』라는 소설로 1905년 노벨 문학상을 받은 폴란드 작가 시엔키
에비츠(Henryk Sienkiewicz, 1846~1916)의 흉상(우측 페이지 사진)이 있다.

23) 안니발레 카라치(Annibale Carracci) 작, 〈쿼바디스 도미네〉(1601년), 내셔널갤러리, 런던

　우리가 잘 알고 있는 영화 〈쿼바디스〉는 이 소설을 원작으로 한 마빈 르로이 (Mervyn LeRoy, 1900~1987) 감독의 1951년 작품이다. 로버트 테일러, 데보라 커가 열연하여 그해 아카데미상을 받았던 고전 명작이다.

쿼바디스 성당 Chiesa Domine Quo Vadis
주소: Via Appia Antica, 51
연락처 및 예약: http://www.dominequovadis.com
전화: +39 06 5120441
개방시간: 11월부터 3월까지 08:00-19:00 / 4월부터 10월까지 08:00-20:00
입장료: 봉헌으로 대신

　쿼바디스 성당이 있는 아피아 가도 변에는 고대 로마인의 공동묘지들이 있었다. 그리스도교의 박해가 시작되면서 시민들의 공동묘지는 그리스도인들이 거의 차지하다시피 했다. 수명이 다해서 죽는 비교인들에 비해 박해의 칼바람이 한 번씩 몰아치면 무더기로 죽은 그리스도인들이 나온 탓이다.
　지금까지 한 로마 여행의 마지막을 이곳에서 마무리하고자 한다. 아피가 가도를 중심으로 한 고고학 지도를 따라 그 안으로 들어가 보기로 하겠다.

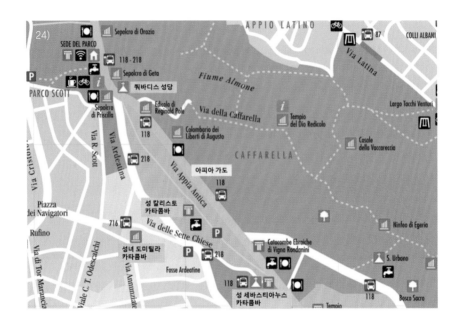

카타콤바, 박해 시대 그리스도인들의 지하무덤 Catacomba

초기 그리스도인들의 무덤으로 잘 알려진 카타콤바(Catacomba)는 로마에 60개가 넘는 걸로 추정한다. 카타콤바는 고대인들이 사용하던 지하 묘소를 통칭하는 것이므로 바티칸에 있는 성 베드로의 지하 묘소도 카타콤바라고 부를 수 있다.

고대 로마의 장례법상 귀족들은 지상에 묘를 쓸 수 있었지만, 하층민들은 지상에 묘를 쓸 수 없었다. 이것은 자기 땅이 있는 사람 외에는 지상에 묘를 쓰지 못했다는 걸 뒷받침하는 말이기도 하다. 초기 그리스도인들은 주로 하층민들이었고, 그러다 보니 포로로 끌려와 게토를 형성하고 살던 유대인 집단과 이교도인 로마의 하층 시민들과 함께 묘를 지하에 썼다. 이런 이유로 베드로 사도는 누구나 묻힐 수 있었던 바티칸 언덕에 있던 네크로폴리스(necropolis, '죽은 이들의 도시')에 묻혔고 바오로 사도는 오스티아 가도의 네크로폴리스에 묻혔다.

24) 아피아 가도와 주변의 카타콤바들 지도

네로 황제로부터 디오클레티아누스 황제에 이르는 약 250년간 로마에서 그리스도교는 공식적으로 '금지된 종교'였지, 모든 황제가 끊이지 않고 박해했던 것은 아니었다. 정확하게는 네로(64~67년), 도미티아누스(96년에만), 발레리아누스(253~260년), 디오클레티아누스(303~305년) 시기로 생각할 수 있다. 그러니까 황제에 따라서 박해하기도 했고, 관용을 베풀기도 했고, 종교 자체를 외면하기도 했다.

그러나 3~4세기에 이르러 상황이 달라지기 시작했다. 3세기에 로마 전체에 있던 25개의 공동묘지 중 몇 개는 이미 '지하교회'[아직 금지된 종교였기 때문] 소유였다. 그 대표적인 것이 성 칼리스토 카타콤바다. 3세기 중반, 약 250년경에 로마는 7개의 교구로 나뉘고, 구(區)마다 전례 장소가 지정되고, 그리스도인들의 무덤으로 여러 개의 카타콤바가 있었다.

313년, 콘스탄티누스와 리키니우스는 공동명의로 '밀라노 종교관용령'으로 그리스도교에 가했던 박해를 끝냈다. 이후 신심 깊은 신자들은 순교자들 가까이에 묻히고 싶어 했다. 다마소 교황(366~384 재임)에 이르러 카타콤바는 순교자들의 신앙을 찬양하는 성지로 본격 조성되기 시작했고, 제국의 도처에서 몰려오는 순례와 신앙의 중심지가 되었다. 5세기 초까지 카타콤바는 여전히 공동묘지로 쓰는 동시에, 그때부터 성지로 기능하기 시작했다. 이제는 로마 어디에서도 전례를 거행할 수 있게 되었고, 교회도 지을 수 있게 되었으며, 토지를 매입해도 몰수당하지 않았다.

로마제국 말기에 이르러 이민족들이 로마로 침략해 들어오기 시작하면서 제국의 기념비적인 건물이 파손되고 성당과 성지가 약탈당하기 시작했다. 거듭된 약탈과 파괴에도 불구하고 제대로 손 한번 쓸 수 없었던 교회는 8세기 말에 이르러 성지와 성당을 보존하기 위해 담을 쌓았고 담으로도 해결할 수 없는 카타콤바에 있던 순교자들의 유해는 성(城)안으로 옮겨 도심 성당에 분산하여 안치했다.

유해가 성안으로 옮겨지자 카타콤바는 찾는 사람들이 점차 줄어들고, 사람들의 기억에서도 멀어졌다. 시간이 흐르면서 흙더미가 무너져 내리고 나무가 무성히 자라, 카타콤바의 자취는 찾기조차 힘들어 중세 말기까지 역사의 더미에 묻히고 말았다. 그렇지만 성 세바스티아누스 카타콤바를 비롯하여 성 로렌조 카타콤바, 성 판크라시오 카타콤바와 같은 일부 카타콤바는 그리스도인들의 기억 속에 남아있어서 큰 규모의 카타콤바를 발견하는 데 밑거름이 되어 주었다.

카타콤바의 존재에 대한 의문이 제기되고 발굴 의식이 조성된 것은 16세기부터다. 고대 그리스도교에 관한 연구는 바로니오(Cesare Baronio, 1538~1607)가 펴낸 『교회연감(Annales ecclesiastici)』과 『로마의 순교자 실록(Martyrologium Romanum)』 전 12권을 통해서 본격화되었는데, 이것들은 몰타 출신의 고고학자 보시오(Antonio Bosio, 1575~1660)에게 많은 영향을 미쳤다.

보시오는 1587년, 몰타 기사단의 한 사람이었던 삼촌과 함께 로마에 왔다. 교황청에서 문학과 철학을 공부하고 로마대학에서 법학을 공부하면서 역사에 관심을 가지기 시작했다. 특히 교회사에 대한 열정은 고고학과 카타콤바 연구로 이어져, 30여 곳 카타콤바의 정체와 위치를 파악하는 데 크게 이바지했다. 1593년 12월, 죽음을 각오하고 처음으로 도미틸라 카타콤바에 들어갔다. 이후 그는 카타콤바 조사단에 여러 전문가를 동행시켜 카타콤바에서 본 벽화, 석관 등을 포함한 여러 가지 유물들을 기록하도록 했다.

1632년, 그가 죽은 지 3년 후 카타콤바에서 발견된 수많은 유물에 관한 책 『지하세계 로마』가 발간되었다. 보시오의 카타콤바에 대한 식지 않는 열정에 대해 조반니 바티스타 데 로씨(Giovanni Battista de Rossi, 1822~1894)는 "지하세계 로마를 발견한 콜롬보"라고 했다.

그러나 본격적인 발굴은 초대 그리스도교 예술에 조예가 깊었던 마르키(Giuseppe Marchi, 1795~1860) 신부에 의해 시작되었다고 할 수 있다. 그는 그리스도교 고고학의 거장 데 로씨의 스승이었다. 데 로씨에 의한 카타콤바의 발굴은 1864~1877년, '지하 로마를 새로 건설'하였다는 평가를 받았다.

데 로씨는 법학을 공부했지만 어린 시절부터 가지고 있었던 고고학에 대한 깊은 관심이 성 칼리스토 카타콤바를 발굴하는 데로 이어졌다. 또 그는 오늘날의 바티칸박물관의 모태라고 할 수 있는 '라테란 그리스도교 박물관(Museo Cristiano Lateranense)'을 설립하기도 했다. 1861년부터 7세기 이전 로마의 그리스도교 기록에 관한 첫 간행물을 발표하고, 2년 뒤부터는 정기 간행물을 발간하기 시작했다. 바티칸 그리스도교박물관 관장을 지냈고, 교황청 고고학 로마 학술원(Pontificia Accademia Romana di Archeologia) 원장을 역임했다. 그의 무덤은 성 칼리스토 카타콤바 내 성당에 있다.

카타콤바는 미로처럼 지하 갱도(坑道: gallery)가 얽히고설켜 있다. 이들을 모두 이으면 수십 킬로미터에 이른다고 한다. 투포(tufo)라고 하는 석회질 성분의 응회암(凝灰巖) 벽을 파고 들어가 갱도를 만들고 갱도의 벽에 수평으로 묘혈을 파서 시신을 안장했다. 응회암은 공기 접촉이 안 된 상태에서는 모래 성분처럼 부드러워 손이나 간편한 연장으로도 다루기가 쉽지만, 일단 공기와 접촉하는 시간이 길어질수록 단단해지는 성질을 가진 흙이다. 고대 로마의 건축에서 시멘트와 같은 역할을 했다.

묘혈의 형태는 대개 직사각형 벽감(壁龕, loculus)이고 크기도 매우 다양했다. 특히 눈에 띄는 것이 어린아이의 묘로 추정되는 아주 작은 벽감들이다. 사실 고대사회에서 영아 사망률이 높았던 것은 잘 알려진 사실이다.

보통 벽감에는 한 구의 시신이 들어가지만, 상황에 따라서 둘이나 셋을 안치한 곳도 드물지 않았다. 바닥에 주로 만들던 아치형 묘소(arcosolium)는 3세기 이후에 등장했던 묘혈(墓穴)로, 벽을 깊숙이 파고 들어가 타원형으로 만든 커다란 벽감(nicchia)에 대개 한 가족 전체를 묻기도 했다. 당시 그리스도인들의

'가족'이라는 개념은 혈연에만 그치는 것이 아니라, 같은 '하느님 백성'이라는 확장된 가족 개념이었다. 이런 개념은 지금도 그리스도인들 사이에서 교우들끼리 형제님, 자매님이라고 부르는 것으로 확인된다.

초대 그리스도인들의 매장은 매우 단순하고 소박했다. 그들의 매장 모델도 예수 그리스도였다. 그분의 시신이 관을 쓰지 않고 수의로 온몸을 싸서 묻었던 것처럼 신자들도 수건으로 얼굴을 덮고 염포로 시신을 감아서 묻었다. 그런 다음 묘혈을 대리석이나 벽돌로 덮어 회반죽으로 틈을 메웠다. 사람에 따라서 대리석이나 벽돌 뚜껑에 망자의 이름을 새기고 그리스도교의 상징이나 천국에서 안식을 누리라는 기원문을 새기기도 했고, 무덤 옆에 작은 올리브 등잔이나 향료 잔을 놓아두기도 했다.

벽에 판 무덤은 여러 층의 침대와 같은 인상을 주는데 이것을 두고 체메테리움(coemeterium)이라고 불렀다. 그리스어 치미테로(κοιμητήριον, 쉬는 곳)에서 유래한 이 단어는 그리스도인들의 부활 신앙을 표현한다고 할 수 있다. 바닥보다는 벽을 뚫어 만든 벽감을 묘로 썼기 때문에 대부분 '사각형 벽감(loculus)'들이지만 아치형, 석관형, 평장형, 침실형, 경당형 묘소 등도 볼 수 있다.

석관(sarcophagus)은 대리석과 같은 돌로 만든 관으로 외부에 부조(浮彫)나 비문을 새겨 넣었다. 평장(平葬, forma)은 토굴형, 침실형, 복도형의 묘소 바닥을 평평하게 만들어 시신을 안장한 묘혈이다. '방'이라는 뜻의 쿠비쿨룸(cubiculum)은 침실형의 묘를 말하는 것으로서 벽에 작은 방을 따로 만들어 그 안에 여러 개의 사각형 벽감을 마련하여 가족묘로 사용했다. 경당형의 묘소(crypta)는 침실형보다 더 큰 방으로 성 다마소 교황 시기에 순교자들의 묘를 중심으로 만들었다. 지하 소성당의 형태라고 할 수 있다.

카타콤바는 신자들로 이루어진 '갱부(坑夫)'라고 하는 조합 같은 것이 있어서 그들이 작업을 도맡아 했다. 작업방식은 아피아 가도 변에 있던 투포라고 부르는 응회암층을 파고 들어가 커다란 구멍이 생기면 그때부터 가로로 파 들어가 여러 형태의 묘소를 만드는 형식이었다. 어두운 갱도 작업은 벽에 작은 홈을 파서 올리브 등잔을 넣어 불을 밝혀 두고 작업을 했고, 파낸 흙은 자루에 담아 들어온 구멍을 통해 외부로 날랐다. 이 구멍은 채광창과 환기창으로 이용하기도 했다. 잘 알려진 몇 개의 카타콤바로 가보자.

25)

성 칼리스토 카타콤바 Catacombe di San Callisto

로마에서 가장 크고 가장 많이 찾는 곳이다. 전체 면적이 15헥타르에 미로처럼 얽힌 지하 묘소를 합친 총 길이가 20km에 이를 것으로 추정하고 있다. 갱도의 깊이는 대체로 4층 정도에 20m가 넘게 파 내려갔을 것으로 예상한다.

성 칼리스토 카타콤바에는 잘 알려진 순교자가 10여 명 묻혔고, 로마의 주교[교황]가 16명에, 수많은 그리스도인이 묻혀 있다가, 후에 일부는 모두 로마의 성(城) 안으로 옮겼다. 성 칼리스토는 부제(副祭)로 있으면서 신자 조합을 만들어 묘를 관리했다고 한다. 이 묘지의 이름은 그의 이름에서 유래했다.

성 칼리스토 카타콤바에서 가장 거룩하고 중요한 장소로 알려진 "교황들의 경당"은 9명의 교황과 3세기 고위성직자 8명이 묻혀 있던 장소다. 경당의 양쪽 벽에는 5명 교황의 비문이 벽감의 무덤을 막았던 돌 위에 적혀 있는데, 여기에 적힌 이름과 '주교(Episcopos)'라는 호칭으로 이들이 교황임을 짐작할 수 있다. 그때나 지금이나 로마의 주교는 교황이기 때문이다. 이따금 보이는 그리스어 MPT(순교자)라는 약어로 이들이 순교자임을 알 수 있다.

비문에 새겨진 교황들의 이름은 폰티아누스(Pontianus), 안테루스(Anterus, 재임 235~236), 파비아누스(Fabianus), 루치우스(Lucius), 에우티키아누스(Eutichianus)이며, 안쪽 벽에는 발레리아누스 황제(재위 253~260) 시대에 일어난 박해로 희생당한 교황 식스투스 2세(Sixtus II, 재임 257~258)의 무덤이 있었다. 그는 이곳에 몰래 들어와 전례를 거행하다가 이 자리에서 바로 목이 잘려 순교했다고 한다. 나중에 제37대 교황 성 다마소(Guimarães, 재임 305?~384)가 그를 기리는 한편, 카타콤바에 묻힌 순교자들과 그리스도인들을 기리는 송가를 지어 교황 식스투스 2세의 묘비를 장식했는데 지금도 그대로 볼 수 있다.

제18대 교황 성 폰티아누스(Pontianus, 재임 230~235)는 막시미누스(Gaius Iulius Verus Maximinus, 재위 235~238) 황제 시대의 대박해로 순교했다. 많은 성직자와 신자들이 잡혀가 배교를 강요당하는 가운데 이에 응하지 않아 종신 노역형을 당해 사르데냐의 탄광으로 끌려갔다. 교황은 광산에서 고된 노동을 하다가 탄광 속에서 숨을 거두었다. 그의 시신은 나중에 성 파비아누스 교황이 찾아내어 이곳으로 이송했다.

제20대 교황 성 파비아누스(Fabianus, 재임 236~250)는 원래 평범한 평신도 농부였다. 교회 역사가인 에우세비오(Eusebio di Cesarea, 265~340)에 의하면, 로마의 성직자와 신자들이 새로운 교황을 선출할 준비를 하고 있던 어느 날 그가 자기 농장에서 로마 시내로 들어오고 있었는데, 비둘기 한 마리가 날아와 그의 머리 위에 내려앉아서 로마의 성직자들과 평신도들이 만장일치로 파비아누스를 교황으로 선출하여 14년 동안 교회를 이끌어 가도록 했다고 한다.

그는 14년 동안 막시미누스 황제의 대박해로 순교한 선(先) 교황 폰티아누스의 시신을 찾아내어 카타콤바로 옮기는 등 당시 순교자들을 위해 많은 특별한 일을 했다. 성 치프리아누스(Thaschus Caecilius Cyprianus, 210~258)는 그를 두고 '비할 데 없는'사람이라고 칭송하면서 그의 순교는 그가 살아온 성덕과 순결에 어울리는 것이었다고 제자들에게 보낸 편지에서 적고 있다.

그러나 막시미누스 황제 이후 한동안 잠잠하던 박해는 데치우스(Gaius Messius Quintus Traianus Decius, 재위 249~251)가 등장하면서 다시 시작되었다. 데치우스 황제가 일으킨 박해는 너무나 혹독하고 잔인했다. 자신을 '신의 아들'이라 부르며 신전 안에 동상을 만들어 그 앞에 무릎을 꿇고 축복의 주문을 하도록 명령했다. 교황 파비아누스도 끌려가 주문과 배교를 강요받았지만 이를 거부하여 즉시 신전 밖으로 끌려 나와 목이 잘려 순교했다.

"교황들의 경당"바로 옆에는 **"성녀 체칠리아 경당"**이 있다. 로마의 귀족 가문 출신으로서 3세기(230년경)에 순교한 성녀 체칠리아는 음악의 수호 성녀로 알려져 있다. 성녀에 관해서는 테베레강 서쪽 편에서 성녀 체칠리아 대성당을 둘러보며 이야기했기 때문에, 그냥 넘어가기로 한다. 오늘날 로마 국립음악학교(Conservatorio)의 이름 '산타 체칠리아'는 이 성녀의 이름이다. 여기에 있는 성녀의 동상은 마데르노가 조각한 트라스테베레의 성녀 체칠리아 대성당에 있는 작품의 수십 개 사본 중 하나다.

성녀가 있던 카타콤바의 이 자리 옆에는 9세기 초의 작품으로 추정되는 벽화들이 있다. 축복하는 구세주와 그 옆에 순교자 교황 우르바누스(Urbanus)가 있고, 그 위에 '기도하는 성녀 체칠리아'가 있다. 옆의 환기구 한쪽 벽에도 폴리

카무스(Polycamus), 세바스티아누스(Sebastianus), 퀴리누스(Quirinus) 세 순교자의 모습이 벽화로 있다.

카타콤바 내부에는 성경 속 이야기를 주제로 한 벽화가 많다. 초기 신자들은 자신들의 관이나 관뚜껑에 그리스도인이었음을 나타내는 상징을 조각하여 초기 그리스도교 미술의 흔적을 남겼다. 여기에 새겨진 상징들은 무덤의 주인이 신자였는지 아닌지를 가리는 중요한 단서가 되는 것은 물론, 죽은 날짜와 때로는 시간까지 정확히 새겨져 있어서 이들의 역사의식까지 엿볼 수가 있다. 벽화는 대개 3세기의 것으로 추정되며, 세례성사와 성체성사를 상징적으로 묘사하거나 부활의 상징으로 요나 이야기를 그려놓곤 했다.

벽화와 조각, 부조 등으로 묘사한 이러한 그리스도교의 상징들은 신앙을 드러내어 고백할 수 없었던 당시 신자들의 상황을 대변하는 것이었다. 보통 '상징(symbolum)'이라고 하면 사용하는 사람의 의도에 따라 어떤 이념이나 정신적인 실체를 연상시키는 구체적인 기호나 형상을 말한다. 그리스도인들이 카타콤바에서 주로 사용한 상징들은 '착한 목자', '기도하는 사람', 그리스도를 나타내는 '모노그램', '물고기'등이었다.

어깨에 양을 메고 있는 모습의 '착한 목자'는 구세주 그리스도와 구원받은 영혼을 상징한다. 이것은 벽화는 물론 석관의 부조와 독립적인 조각상으로도 많이 등장했다. 두 팔을 크게 벌리고 탈혼 상태에서 기도하는 듯한 사람은 하느님 품에서 안식을 누리는 영혼을 상징한다. 흔히 그리스도의 모노그램(Monogramma)이라고 하는 그리스어의 X(키)와 P(로)를 합친 글자는 콘스탄티누스가 가장 먼저 사용했는데, '그리스도'라는 그리스어 'XPIΣTOΣ'의 처음 두 글자를 가져온 것이다.

그리스어로 물고기를 IXΘYΣ(ichtous)라고 하는데 이 단어의 첫 글자를 하나씩 풀어보면 IHΣOYΣ(Iesus, 예수) XPIΣTOΣ(Christos, 그리스도) ΘEOY(Theou, 하느님의) YIOΣ(Uios, 아들) ΣΩTHP(Soter, 구세주)다. 한마디로 '물고기'라는 단어에는 '예수 그리스도 하느님의 아들 구세주'라는 말이 함축되어 있다. 이런 단어를 합체문자(合體文字)라고 한다.

26)

그 밖에도 카타콤바에서는 '비둘기', 'AΩ(알파-오메가)', '닻', '불사조'등의 상징들도 볼 수 있다. 입에 올리브 가지를 물고 있는 비둘기는 하느님의 품에서 안식을 취하고 있는 영혼을 상징하고, AΩ(알파와 오메가)는 그리스어의 첫 글자와 마지막 글자로, 요한 묵시록에서 말한, '그리스도는 처음이요 마지막임'을 의미한다. 닻은 구원의 상징이자 무사히 영원한 항구에 접어든 영혼을 상징하며, 아라비아에 산다는 상상의 새 피닉스(Pheonix), 불사조는 죽어서 여러 세기가 지난 뒤 잿더미에서 다시 살아난다는 고대인들의 믿음을 표현한 것으로서 부활을 상징한다. 이런 상징들과 벽화들은 한결같이 복음서를 요약하고 그리스도교 신앙을 함축하고 있다.

성 칼리스토 카타콤바 Catacombe di San Callisto
주소: Via Appia Antica, 110
연락처 및 예약: https://www.catacombesancallisto.it/it/index.php
전화: +39 06 5130151
개방시간: 09:00-12:00, 14:00-17:00, 마지막 입장시간 17:00
휴관일: 매주 목요일, 1월 1일, 부활, 12월 25일
입장료는 반드시 사이트에서 확인

성 세바스티아누스 카타콤바 Catacombe di S. Sebastiano

성 칼리스토 카타콤바에서 남쪽으로 걸어서 10분 거리에 있다. 이곳도 아피아 가도 변에 있다. 성 세바스티아누스는 그리스도교 박해가 거의 정점에 달하던 디오클레티아누스 황제 시대에 로마에서 순교했다. 프랑스인 아버지와 이탈리아인 어머니 사이에서, 프랑스의 나르본느(Narbonne)에서 태어나 세례를 받았다.

성인이 되어 온갖 학대를 받는 신자들을 도와주기 위해 군에 입대하여 로마에서 근무했다. 용기 있는 기백으로 큰 공훈을 세워 황제의 마음에 들어 근위병으로 뽑혔다. 점차 황제의 총애를 받게 되어 이를 잘 이용하면 큰 출세도 할 수 있는 상황에서 박해로 신음하는 동료들을 방문하여 힘닿는 대로 그들을 위로하고, 지원하고, 그들과 함께했다.

그는 법정이나 감옥이나 어디든지 출입할 수 있는 근위병이라는 직분을 이용하여 동료들을 지극히 보살펴주었다. 체포된 신자들은 그를 멀리서 보기만 해도 큰 위로와 용기를 얻었다.

그러나 박해는 날로 치열해져서 그가 동료 신자들을 보살펴주는 것도 결국 눈에 띄지 않을 수 없었다. 그는 서서히 신변의 위험을 느끼게 되었지만, 형제들에게 힘을 쓰는 것이 곧 하느님께 봉사하는 것이라는 생각에 그들을 돕는 일을 그만둘 수 없었다.

마침내 세바스티아누스가 황제의 명을 거스르는 그리스도인 신자라는 소문이 퍼지기 시작했다. 황제는 격분하여 그를 추궁했고, 그리스도인이라는 조건이 결코 불충한 신하가 아니라는 것과 국가에 배반하는 게 아니란 걸 조용히 변명했지만, 황제는 분노를 삭이지 못하고 아프리카 누비아 출신의 병사에게 명해 활로 쏘아 죽이라고 했다.

죽음을 각오하고 있던 세바스티아누스는 순교야말로 바라던 바라 태연한 모습이었다. 그의 여유 있는 태도에 사형을 명한 황제도 놀라 "참으로 훌륭한 용사다. 죽이기에는 아까운 군인이다"라고 하며 마지막까지 배교를 설득했지

27) 페루지노, 〈성 세바스티아누스〉(1495?), 루브르 박물관, 파리

만, 그는 결국 누비아인이 퍼붓듯이 쏘아대는 화살에 쓰러지고 말았다. 병사들은 그가 죽은 줄로 알고 살피지도 않고 그곳을 떠났다.

그날 밤, 이레네라는 독실한 여교우가 그의 유해를 묻으려고 가보니 아직 숨이 끊어지지 않은 상태라 그녀는 그를 정성껏 간호했고, 그 결과 그는 소생하여 신자들의 즐거움이 되었다. 그리고 황제에게 다시 한번 잘 설명하면 그리스도교를 이해해 주리라 생각하고 황제가 신전의 계단을 오르려고 할 때 나타나 그리스도인이라는 이유로 무죄한 백성을 학대하고 죽인 비리를 조리 있게 설명했다. 죽은 줄 알았던 세바스티아누스를 눈앞에서 본 황제는 유령으로 착각하고 놀랐지만, 곧 분노하여 "저놈을 당장 끌고 가 몽둥이로 때려죽여라!"하고 명해 그대로 집행되었다.

288년, 그의 유해는 신자들에 의해 카타콤바에 잘 매장되었다. 제국에 종교의 자유가 선포된 뒤 그의 무덤 위에 성당이 세워졌다.

화살에 맞아 쓰러져가는 그의 모습은 수 세기 동안 많은 예술가에게 창작의 영감을 불러일으켰다.

그의 축일인 1월 20일, 이탈리아는 '군인의 날', '경찰의 날'로 기념하고 있다.

성 세바스티아누스 카타콤바는 3세기 중엽, 그리스도교 대박해 시, 이미 순교한 성인들의 무덤까지 파헤쳐 모진 수모를 가하자,

27)

신자들이 바티칸 골짜기와 오스티아의 길목에 있던 성 베드로와 바오로 사도의 유해를 안전하게 보호하기 위해 잠시 이곳으로 옮겨오기도 했다.

이 카타콤바는 다른 카타콤바들과는 달리 땅 밑에 자연 동굴이 있었던 덕분에 무덤을 파기가 한결 쉬웠다고 한다.

성 세바스티아누스 카타콤바 Catacombe di S. Sebastiano
주소: Via Appia Antica, 136
연락처 및 예약: www.catacombe.org
전화: +39 06 7850350
휴관일이 많으므로 휴관일, 개방시간, 입장료를 반드시 위 연락처에서 확인

도미틸라 카타콤바 Le catacombe di Santa Domitilla

원래 이 지역의 땅 주인이었던 플라비아 도미틸라(Flavia Domitilla)의 이름에서 유래했다. 도미틸라는 95년 로마의 총독을 지낸 플라비우스 클레멘스(Titus Flavius Clemens, ?~95)의 조카였고, 외가 쪽으로는 황제와도 인척 관계에 있었다. 열렬한 그리스도인이었던 도미틸라는 도미티아누스(Titus Flavius Domitianus, 51~96) 황제가 지중해의 폰티아(Pontia) 섬으로 유배 보내 그곳에서 생을 마쳤다.

2세기 중반, 도미틸라는 죽기 전에 자신의 이름으로 되어 있던 이 지역의 땅을 모두 교회에 봉헌했다. 3세기 말~4세기 초, 디오클레티아누스 황제 시절에 순교한 로마 병사 성 네레우스와 아킬레우스의 무덤이 이곳에 마련되면서 본격적으로 그리스도인 공동묘지가 되었다. 특히 종교의 자유를 얻은 313년 이후, 로마의 신자들이 두 성인 가까이에 묻히기를 원하면서 규모가 커졌다고 한다.

두 성인의 무덤이 있던 곳에는 아치형의 벽 안쪽에 4세기 중엽에 그렸을 것으로 추정하는 벽화가 남아있다. 벽화의 내용은 어린 소녀가 천국의 정원에

서 있는 모습이다.

그러나 897년에 일어난 지진으로 인해 카타콤바는 완전히 허물어지고 이후 수 세기 동안 땅속에 묻힌 채 잠들어 있었다. 19세기에 들어와 카타콤바에 대한 발굴이 시작될 때 이곳의 지하로 내려가는 계단이 발견되어 본격적인 탐사가 시작되었다.

현재 이곳은 지하 4층까지 발굴되었으나 일반인들에게는 2층까지만 개방하고 있다.

카타콤바는 분명 박해 시기에 순교한 수많은 그리스도인의 시신을 안치한 공동묘지다. 그렇지만 이곳에서 죽음을 이야기하지는 않는다. 카타콤바에 관해 기술한 수많은 저서도 죽음보다는 생명을 이야기한다.

로마의 그리스도인들에 의해 가장 먼저 순례가 시작되었고, 지금도 로마를 찾는 많은 순례객이 꼭 한번은 들르는 곳이다. 오래전부터 수많은 사람이 이곳을 찾았던 이유는 무엇일까? 왜 남의 무덤을 그렇게 방문하려는 것일까?

사연 없는 무덤이 없다지만, 지하에 층층이 쌓인 수많은 무덤 아파트는 수만 가지 사연을 안고 있을 것이다. 교황으로 순교한 사람, 동정녀로 순교한 사람, 평신도로 순교한 사람 등 그들의 못다 한 삶의 이야기가 있고, 그들이 체험한 부활의 이야기가 있을 것이다. 거기에 더해 야만족들의 침략과 약탈과 도굴도 있었다. 그런데도 고대의 한 그리스도인 묘비명에서 보듯이, "이것이 우리의 삶이로소이다!"라는 말이 들리는 것 같다.

그렇다면 그들의 삶은 무엇이었을까? 소음으로 만연한 세상에서 우리의 내면을 흔드는 그들의 충만한 침묵에 잠시 멈추어 본다. 날마다 깨지고 부서지는 삶 속에서 정신을 차리지 못하고 헤매는 내가 카타콤바보다 더 깊은 곳으로 내려갈 수 있기를 염원해 본다.

도미틸라 카타콤바 Catacombe di S. Domitilla
주소: Via delle Sette Chiese, 282
연락처 및 예약: https://www.catacombedomitilla.it/www.svdcuria.org
전화: +39 06 5110342
개방시간, 휴관일, 입장료 등은 위 연락처에서 확인

아피아 가도, 모든 길은 로마로 Via Appia Antica

서기 6세기, 동로마 제국 유스티니아누스 황제 시절에 활약했던 장군 벨리사리우스의 비서관 겸 법률 고문이자 역사가였던 카이사레이아의 프로코피우스(Procopius Caesariensis, 500~565년경)는 536년 벨리사리우스를 따라 고트족이 점령하고 있던 이탈리아를 수복하기 위해 시칠리아를 거쳐 나폴리에서 로마로 들어오며 아피아 가도를 가까이에서 보고 이렇게 기록했다.

"그때 벨리사리우스는 군대를 이끌고 왼쪽에 아피아 가도를 끼고, 라티나 가도로 들어갔다. 아피아 가도는 로마의 집정관 아피우스(Appius)가 900년 전에 건설하여 자기 이름을 붙인 길이다. 아피아 가도는 로마에서 카푸아까지, 잘 걷는 사람을 기준으로 닷새 거리다. 도로의 폭은 두 대의 마차가 다닐 수 있어, 실제로 양쪽에서 각기 다른 방향으로 지나간다. 정말 세상에서 가장 놀라운 업적 중 하나가 아닐 수 없다. 포장된 돌은 모두 맷돌로 매우 단단하다. 아피우스는 조금 떨어진 다른 곳에서 돌을 파서 가져오게 했다. 바로 그 자리에는 아무것도 없었기 때문이다. 그런 다음 매끄럽게 될 때까지 돌을 다듬도록 했다. 면적에 맞게 사각형으로 잘라, 중간에 자갈이나 다른 재료를 넣지 않아도 되게끔 서로 맞아떨어지게 했다. 돌은 서로 너무도 잘 맞추어져 보는 사람에게 깊은 인상을 준다. 예술적으로 준비하여 만든 것이 아니라, 하나씩 즉흥적으로 맞추어 완성했다. 이렇게 오랜 세월이 흐르는 동안, 매일 많은 교통수단과 모든 종류의 동물이 오갔음에도 바닥은 전혀 손상되지 않았다. 돌들이 깨지거나 닳지도 않았고, 반질반질한 면이 손상되지도 않았다. 이것이 아피아 가도다."

프로코피우스가 언급한 것처럼, 아피아 가도는 기원전 312년, 아피우스 클라디우스(Appius Claudius Caecus, 기원전 350~기원전 271) 집정관에 의해 건설되었다. 로마의 첼리오 언덕, 팔라티노 언덕, 아벤티노 언덕이 만나는 카라칼라 황제의 목욕장 근처 카페나 성문(Porta Capena)에서부터 출발하여 아리챠(Aricia, 지금의 Ariccia), 아피오 포룸(Foro Appio), 안수르(Anxur, 지금의 Terracina), 푼디(Fundi, 지금의 Fondi), 이트리(Itri), 포르미애(Formiae, 지금의 Formia), 민투르네(Minturnae, 지금의 Minturno), 시누에싸(Sinuessa, 지금의 Mondragone)를 거쳐 카푸아(Capua)까지 이어졌다. 카푸아는 기원전 9세기에 세워져 고대에 크게 융성했던 나폴리 근처에 있는 도시다.

다시 카푸아에서 동해로 타렌툼(Tarentum, 지금의 Taranto), 베누시아(Venusia, 지금의 Venosa)를 지나 당시 중요한 교통의 요충지였던 우리아(Uria, 지금의 Oria)를 거쳐 브룬디시움(Brundisium, 지금의 Brindisi)까지 연결되었다. 전체 길은 기원전 190년에 브린디시 항구가 완성되는 것으로 끝이 났다.

길의 폭은 평균 4.1m로 로마인들의 14보에 해당하는 넓이다. 그래야 마차의 양방 통행이 가능하다고 보았다. 길은 서기 108~110년에 이르러 트라야누스 황제에 의해 둘로 나뉘어, 다른 하나를 황제의 이름을 따서 트라야누스 가도라고 불렀다.

아피아 가도의 총 길이는 약 563km이다. 로마 시대에 정치, 경제, 군사적으로 대단히 중요한 기능을 했고, 로마 군인들의 개선 행렬이 쉴 새 없이 로마로 이어졌던 길이기도 했다. 기

원전 71년에는 스파르타쿠스의 지휘하에 로마에 반기를 들었던 6천 명이 넘는 검투사 포로들을 진압하고 이 길 가로수인 소나무에 매달아서 죽이기도 했다.

아피아 가도는 고대 로마인들의 토목과 건축양식을 알 수 있는 좋은 자료일 뿐 아니라, 당시 로마인들이 닦은 세 줄기의 중요한 길 가운데 가장 오래된 길로, 로마인들은 이 길을 두고 '길의 여왕(regina viarum)'이라고 불렀다. 그리고 여기서 말하는 세 줄기의 중요한 길은 북쪽으로 가는 아우렐리아 가(Via Aurelia), 동쪽으로 가는 살라리아 가(Via Salaria), 남쪽으로 가는 아피아 가(Via Appia)를 일컫는다. 이 길 덕분에 "모든 길은 로마로 통한다"라는 말이 생겨났다고 할 수 있다.

길의 중요한 기능은 매개, 연결의 역할을 한다는 것이다. 문화와 물자를 이동하고, 기술과 군사가 이동하는 통로로 정보교환과 재화를 유통할 수 있게 하는 수단이었다. 그래서 중요한 길이 만들어지는 곳에는 문화가 발전했다. 길의 종류도 많다. 평길, 꽃길, 진창길, 갈림길, 흙탕길, 지름길, 눈길, 자갈길, 비탈길, 산길, 빗길, 모랫길, 돌길, 뒤안길, 오솔길 등. 흔히 길을 인생에 비유하기도 하는 것은, 이런 다양한 형태의 길 때문일 것이다.

기쁨과 비극이 교차하는 아피아 가도의 역사를 떠올리면, 이 길의 양쪽에 심

어진 우산 모양의 둥근 소나무가 로마의 이미지 사진에 빠지지 않고 등장하여 서정적인 분위기를 자아내는 것이 참으로 역설적이라는 생각이 든다. 너무 길게 이야기한 탓에, 마무리는 디킨스의 말로 대신하겠다.

"드디어 로마에 도착했다. 아무도 로마처럼 완전하고 위대한 생각을 할 수 없을 것이다. 아피아 가도를 걸으며 폐허가 된 수많은 무덤과 무너진 담과 여기저기 거주하지 않은 집들을 본다. 이곳에서는 폐허가 되지 않은 것들을 볼 수가 없다. … [중략] … 수많은 예술적인 아치들로 연결된 수로와 무너진 신전과 무덤이 즐비하다. 어떤 말로도 쇠퇴하는 슬프고 황폐한 광야를 덮고 있는 이 돌들의 역사를 표현할 수는 없을 것이다."

로마제국 황제 연표	
율리우스~ 클라우디우스 왕조	· 베르길리우스의 저서 『아이네이스』에 나타난 로물루스와 레무스의 전설, 로마 건국
군인 황제	· 갈바(재위 68-69) · 오토(재위 69) · 비텔리우스(재위 69)
플라비우스 왕조	· 베스파시아누스(재위 69-79) · 티투스(재위 79-81) · 도미티아누스(재위 81-96)
네르바~ 안토니누스 왕조	· 네르바(재위 96-98) · 트라야누스(재위 98-117) · 하드리아누스(재위 117-138) · 안토니누스 피우스(재위 138-161) · 마르쿠스 아우렐리우스(재위 161-180)(공동 루키우스 베루스, 재위 161-169) · 콤모두스(재위 180-193)
난립기	· 페르티낙스(재위 193) · 디디우스 율리아누스(재위 193)
세베루스 왕조	· 셉티미우스 세베루스(재위 193-211) · 카라칼라(재위 211-217)(공동 제타, 재위 211-212) · 마크리누스(재위 217-218) · 엘라가발루스(재위 218-222) · 세베루스 알렉산데르(재위 222-235)
군인 황제	· 막시미누스 트락스(재위 235-238) · 고르디아누스 1세(재위 238) · 고르디아누스 2세(재위 238) · 푸피에누스 발비누스(재위 238) · 고르디아누스 3세(재위 238-244) · 필리푸스 아라부스(재위 244-249) · 데키우스(재위 249-251)(공동 헤렌니우스 에트루스쿠스, 재위 251) · 트레보니우스 갈루스(재위 251-253)(공동 호스틸리아누스, 251) · 아이밀리아누스(재위 253) · 발레리아누스(재위 253-260) · 갈리에누스(재위 260-268) · 클라우디우스 고티쿠스(재위 268-270) · 퀸틸루스(재위 270) · 아우렐리아누스(재위 270-275) · 마르쿠스 클라우디우스 타키투스(재위 275-276) · 플로리아누스(재위 276)

군인 황제	· 프로부스(재위 276-282) · 카루스(재위 282-283) · 카리누스(재위 283-284)(공동 누메리아누스, 재위 283-284) · 디오클레티아누스(재위 284-305)(공동 막시미아누스, 재위 286-305; 콘스탄티우스, 재위 293-306; 갈레이우스, 재위 293-311) · 콘스탄티누스 1세(재위 306-337)(공동 갈레리우스 리키니우스, 재위 306-324; 막센티누스, 재위 306-312)
콘스탄티누스 왕조	· 콘스탄티우스 2세(재위 337-361)(공동 콘스탄티누스 2세, 재위 337-340) · 콘스탄스(재위 337-350) · 율리아누스(재위 361-363) · 요비아누스(재위 363-364)
발렌티니아누스 왕조	· 발렌티니아누스 1세(재위 364-375) (공동 발렌스, 364-378) · 그라티아누스(재위 375-383)(공동 발렌티니아누스 2세, 375-392) · 마그누스 막시무스(재위 383-388)
테오도시우스 왕조	· 테오도시우스 1세(재위 379-395)

서로마제국 황제 연표

· 호노리우스(재위 395-423)(공동 콘스탄티우스 3세: 재위 421, 발렌티니아누스 3세: 재위 425-455)
· 페트로니우스 막시무스(재위 455)
· 아비투스(재위 456-457)
· 마요리아누스(재위 457-461)
· 리비우스 세베루스(재위 461-465)
· 안테미우스(재위 467-472)
· 올리브리우스(재위 472)
· 글리케리우스(재위 473-474)
· 율리우스 네포스(재위 474-475/480)
· 로물루스 아우구스투스(재위 475-476) → 오도아케르와 동고트 왕국으로 정권 이양

동로마 황제 연표

· 아르카디우스(재위 395-408)
· 테오도시우스 2세(재위 408-450)
· 레오 1세(재위 457-474)
· 레오 2세(재위 474)
· 제논(재위 474-475)
· 바실리스쿠스(재위 475-476)
· 제논(재위 476-491 복위) → 비잔티움 제국으로 이어짐

로마와 그리스도교회의 발전 연대표	
연도	사건
기원전 754-753	베르길리우스의 저서 『아이네이스』에 나타난 로물루스와 레무스의 전설, 로마 건국
~ 기원전 510	왕정시대. 510년경 로마의 왕정이 붕괴되면서 공화정 시대 시작
기원전 264-146	3번에 걸친 포에니 전쟁의 결과 지중해를 석권 제1차: 264-241 시칠리아 점령 제2차: 218-201 로마의 장수 스피키오가 한니발 군대를 격퇴 제3차: 149-142 페니키아인들이 건설하여 당시 지중해의 패권을 장악했던 카르타고 본국을 전멸
기원전 100년 경	본격적인 팔레스타인 지배 시대 시작
기원전 60	제1차 삼두정치(폼페이우스, 크락수스, 카이사르)
기원전 44	원로원과 부르투스에 의한 카이사르 암살
기원전 43	제2차 삼두정치(옥타비아누스, 안토니우스, 레피투스)
기원전 31	악티움 해전에서 옥타비아누스는 안토니우스와 클레오파트라 동맹군을 격파 - 에집트가 로마 속국이 됨
기원전 29	옥타비아누스가 원로원으로부터 아우구스투스(존엄한 자)라는 칭호를 받음으로써 실질적인 로마제국 시대가 시작 아우구스투스 옥타비아누스는 '황제 정치' 시대의 첫 황제로, 다방면에 걸쳐 로마에 지대한 업적을 남겼다 ― 정치개혁, 건축 개혁, 도시행정 재편, 인구 조사, 라틴문학의 시작, Pax Romana(로마제국의 평화시기) 개막 등
서기 30-31	성 스테파노 순교, 사울의 개종
64-68	네로 황제의 로마 방화 - 그리스도교 박해 - 성 베드로와 바오로 순교
70	티토 황제의 예루살렘 정복과 콜로세움 원형 경기장 건설
95	도미티아누스 황제의 그리스도교 박해
96-192 5현제 시대	네르바(96-98): 폭군 도미티아누스가 암살당한 후, 원로원은 의원 출신 네르바를 즉위시킴으로써 전통적인 세습제를 바꾸어 유능한 인재를 양자로 택하여 제위를 계승시키는 풍습이 시작. 이런 관례는 연이어 5명의 현명한 황제를 배출시킴으로써 로마제국의 최고 번영의 시기를 맞이하게 되었다.

연도	사건
96-192 5현제 시대	트라야누스(98-117): 로마제국 최대의 번성기로 아프리카 사하라 사막까지, 브리타니아 본토, 시리아 남부, 다키아 지방 일대를 정복하여 이 주민들을 정착시켜 살게 하고 지명을 로마의 이름을 따서 루마니아라고 불렀다. 하드리아누스(117-138): 한때 자신의 영묘였던 "천사의 성"과 티볼리에 있는 그의 별장이 유명하다. 앞선 황제의 지위와 영토의 유지에 힘썼다. 마르쿠스 아우렐리우스(161-180): 『명상록』을 집필한 스토아 철학자. 이 황제는 친자식 코모투스에게 정권을 물려줘 무능하고 타락한 정치를 보다가 살해되면서 5현제 시대의 막을 내린다. 이후 235-284년까지 500여 년간 무려 26명의 황제가 정권을 잡는 시기를 맞이하면서 로마제국은 위로부터 휘청거리기 시작한다. 5현제의 마지막 황제인 마르쿠스 아우렐리우스 황제 시대 때까지를 팍스 로마나(Pax Romana)라고 한다.
98	마지막 사도 요한의 죽음
107	트라야누스 황제의 그리스도교 박해 - 안티오키아의 성 이냐시오, 성 클레멘스, 성 시몬의 순교
177-180	마르쿠스 아우렐리우스 황제의 그리스도교 박해 - 성 폰티아누스, 성 블란디나 순교
249-251	데치오 황제에 의한 그리스도교 박해 - 교황 성 파비아노, 성 크리스토포로, 성녀 아가다와 아녜스 순교.
257	발레리아누스 황제에 의한 그리스도교 박해 - 교황 성 스테파노 1세와 성 식스투스 2세, 성 치프리아누스 순교
305	디오클레티아누스 황제의 가장 잔인하고 광범위한 그리스도교 박해 - 성 세바스티아누스 순교.
312	콘스탄티누스 황제와 막센티우스의 밀비우스 다리 전투
313	〈밀라노 칙령〉에 의한 종교 관용령 공표. 그리스도교를 포함한 모든 유일신교를 허용. 로마제국 내에서 그리스도교가 정착할 수 있는 기틀 마련
325	니케아 공의회
330	콘스탄티누스 황제에 의해 제국의 수도를 콘스탄티노플(현재 터키의 이스탄불)로 이전
381	콘스탄티노플 공의회
392	테오도시우스 황제에 의한 〈테살로니카 칙령〉으로 그리스도교를 국교로 선포
431	에페소 공의회

연도	사건
451	칼케도니아 공의회
476	게르만 출신의 용병대장 오도아케르에 의한 서로마 제국 멸망 로마제국 멸망의 원인은 여러 가지 복합적인 요인으로 본다. 제국 시대의 강력한 군사력으로 주변 국가들을 식민지로 만들면서 전리품과 과세로 부(富)가 축적되고, 사회는 사치와 쾌락으로 윤리와 도덕이 상실되며, 사회는 부조리가 만연해져 갔다. 거기에 클라디우스 황제 이래 군대의 정치개입과 과다한 과세 정치와 엄격한 신분제도, 윤리와 도덕의 부재 등은 로마의 쇠퇴를 재촉했다. 410년부터 잇따른 야만족들의 침입에 제대로 대처하지 못했고, 결국 476년 결정적인 최후를 맞이했다.
476-1492	중세 시기. 교회가 정신적인 지주가 되고 교회 국가가 탄생, 교황의 세속권이 지배하는 가운데, 교회 내 일부의 부패를 인정하여 자체적 시정과 쇄신의 노력이 지속되었다. 이러한 노력은 같은 시기에 등장했던 많은 성인과 이름난 교황들을 통해 엿볼 수 있다.
1305	클레멘스 교황에 의해 교황청이 프랑스의 아비뇽으로 이전
1378	그레고리오 11세 교황은 시에나의 가타리나 성녀의 권유로 다시 로마로 돌아오면서 교황궁을 바티칸으로 정함
1453	셀주크 오스만튀르크에 의한 콘스탄티노플 함락
1492-1789 근대 시기	15-16세기: 르네상스 시대. 율리오 2세 교황에 의한 로마 르네상스 운동
	17세기: 바로크 시대
	1789: 프랑스 대혁명의 여파로 이탈리아 통일에 대한 의식 고취
1809	나폴레옹은 교황청을 프랑스에 통합
1814	나폴레옹의 라이프치히 전투(러시아에 폐)와 워털루 전투(영국에 폐) 이후 몰락과 함께 로마와 교황청 복구, 비엔나 회담으로 유럽 재정리
1856	까밀로 카불 장군에 의한 파리 강화 회의에서 정식으로 이탈리아 통일 문제 제기
1871	이탈리아 왕국 통일. 로마를 수도로 선포
1915-1918	이탈리아 제1차 세계대전 참전
1922-1926	파시즘의 등장과 함께 무솔리니의 집권
1929	라테란 조약에 의해 바티칸이 정식 독립 국가로 선포
1940	제2차 세계대전 참전. 로마는 무방비 도시로 선포
1946년 6월	국민투표에 의해 이탈리아는 공화국으로 탄생

그리스 신과 로마 신 비교표

그리스 이름	로마 이름	영어 이름
제우스(Zeus)	유피테르(Jupiter)	주피터(Jupiter)
헤라(Hera)	유노(Juno)	주노(Juno)
크로노스(Cronos)	사투르누스(Saturnus)	새턴(Saturn)
레아(Rhea)	시벨레(Cybele)	시빌레(Cybele)
포세이돈(Poseidon)	넵투누스(Neptunus)	넵튠(Neptune)
하데스(Hades)	플루톤(Pluton)	플루토(Pluto)
데메테르(Demeter)	시어리즈, 케레네(Ceres)	
헤스티아(Hestia)	베스타(Vesta)	
아폴론(Apollon)	포에부스(Phoebus)	아폴로(Apollo)
아프로디테(Aphrodite)	비너스, 베누스(Venus)	비너스(Venus)
에로스(Eros)	큐피드(Cupid)	큐피드(Cupid)
아테나(Athena)	미네르바(Minerva)	
셀레네(Selene)	루나(Luna)	
헤르메스(Hermes)	메르쿠리우스(Mercurius)	머큐리(Mercury)
아르테미스(Artemis)	디아나(Diana)	다이아나(Diana)
아레스(Ares)	마르스(Mars)	
네메시스(Nemesis)	포르투나(Fortuna)	포천(Fortune)
헤파이스토스(Hepaestos)	불카누스(Vulcanus)	벌컨(Valcan)
디오니소스(Dionisos)	바쿠스(Bacchus)	바커스(Bacchus)
페르세포네(Persephone)	프로세르피네(Proserpine)	
이오스(Eos)	아우로라(Aurora)	오로라(Aurora)
헬리오스(Helios)	솔(Sol, Sola)	

참고도서

공저, 김혜경 역, 「유럽교회사」, in 『선교학 사전』, 성 바오로출판사, 2010.

김헌, 『김헌의 그리스 로마 신화』, 을유문화사, 2022.

니콜로 마키아벨리, 강정인·김경희 역, 『로마사 논고』, 한길사, 2019.

리처드 니스벳, 『생각의 지도』, 김영사, 2007.

민석홍 외2, 『세계문화사』, 서울대학교출판부, 2006.

시오노 나나미, 『로마인 이야기』, 전권 1~15, 1996~2007.

아우구스트 프란젠, 최석우 역, 『세계교회사』, 분도출판사, 2001.

안재원, 〈헤르메스의 빛으로〉, 경향신문(2007년 1월 26일 자).

안젤로 타르투페리, 김혜경 역, 『화가, 조각가, 건축가 미켈란젤로』, Ed. ATS ITALIA, 1998.

에우세비오, 『교회사』, 성요셉출판사, 1989.

이바르 리스너, 안미라 역, 『로마 황제의 발견』, 살림, 2006.

이윤기, 『이윤기의 그리스 로마 신화』, 웅진 지식하우스, 2020.

이주영, 『서양의 역사』, 대한교과서주식회사, 1993.

조반니 줄리아니, 김혜경 역, 『성 베드로는 말한다』, Ed. ATS ITALIA, 1995.

토머스 불핀치, 한백우 역, 『그리스 로마신화』, 홍신문화사, 1999.

한국교회사연구소, 『한국가톨릭대사전』 전권 1~12, 1998.

AA. VV., Costantino, 313 d. C: L'editto di Milano e il tempo della tolleranza, Roma, Mondadori Electa, 2012.

AA. VV., Gli imperatori romani, Torino, 1994.

Arnaldo Marcone, Pagano e cristiano. Vita e mito di Costantino, Roma-Bari, Laterza, 2002.

Augusto Fraschetti, Roma e il Principe, Bari, 1990.

C. Pietrangeli, Il Museo di Roma. Documenti ed iconografia, Bologna 1971.

Carmelo Calci, Roma Archeologica, AdnKronos Libri, Roma 2005.

Cassio Dione, Storia romana, Vol. V: Libri 52~56[본고 인용- LIV, 35.2.], 1998 in 9 voll., Milano, BUR, 1995~2018.

Christian Hülsen, Le chiese di Roma nel Medio Evo, Firenze 1927.

Claudio Rendina, La grande guida dei monumenti di Roma, Roma, Newton & Compton Editori, 2002.

——————, I Papi - storia e segreti, Roma, Newton&Compton editori, 2005.

——————, Le Chiese di Roma. Storia e segreti, col. "Tradizioni italiane", Newton & Compton, Roma, 2017.

Colin M. Wells, L'impero romano, Bologna, 1995.

Corrado Augias, I Segreti di Roma, Mondadori, 2005.

Elisabetta Segala & Ida Sciortino, Domus Aurea, Milano, Electa Mondadori, 2005.

Eugen Cizek, La Roma di Nerone, Milano, Ed. Garzanti, 1986.

F. Titi, Descrizione delle Pitture, Sculture e Architetture esposte in Roma, Roma 1763.

Ferdinand Gregorovius, Storia di Roma nel Medioevo, vol. II, Roma, Colosseum, 1988.

Federico Del Prete, Ara Pacis, Roma: Punctum, 2006.

Filippo Coarelli, Guida archeologica di Roma, Verona, Arnoldo Mondadori Editore, 1984.

Fontes Iuris Romani antejustiniani, a cura di G. Bandiera, Firenze 1964(2ed.).

Gaetano Moroni, Dizionario di erudizione storico-ecclesiastica da S. Pietro sino ai nostri giorni, vol. 25, Venezia, Tipografia Emiliana, 1844.

Gian Antonio Stella, Papa Formoso, un cadavere eccellente in tribunale, in Corriere della Sera, 5 agosto 2002.

Giovanna Crespo, Richard Meier, il Museo dell'Ara Pacis, Milano: Electa, 2007.

Girolamo Arnaldi, Papa Formoso e gli imperatori della casa di Spoleto, in Annali della facoltà di lettere e filosofia di Napoli, vol. 1, 1951.

H. H. Scullard, Storia del mondo romano, Milano, 1992.

Irene Jacopi, Domus Aurea, Milano, Electa Mondadori, 1999.

Lettera a Diogneto 5-6.

Luciano Canfora, Giulio Cesare. Il ditattore democratico, Laterza, 1999.

Ludovico Gatto, Storia di Roma nel Medioevo, Roma, Newton&Compton editori, 2004.

M. Jehne, Giulio Cesare, il Mulino, 1999.

Marco Pupillo, S. Bartolomeo all'Isola Tiberina: mille anni di storia e di arte, Angelo Guerrini, Milano, 1998.

Mariano Armellini, Le chiese di Roma dal secolo IV al XIX, Roma 1891.

Mario Attilio Levi, Augusto e il suo tempo, Milano, 1994.

Marta Alvarez Gonzáles, Michelangelo, Mondadori Arte, Milano 2007.

Maurizio Calvesi, Le realtà del Caravaggio, Torino: Einaudi, 1997.

Michael Grant, Gli imperatori romani, Roma, 1984.

Naphtali Lewis, Roman Civilization. Selected Readings: The Empire, Columbia University Press, 1990.

Orietta Rossini, Ara Pacis, Milano: Electa, 2006.

Paul Zanker, Augusto e il potere delle immagini, Torino, 2006.

Philipp Vandenberg, Nerone, Milano, Rusconi, 1984.

Piranesi. Le antichità Romane, Paris, 1835.

Plinio, Naturalis Historia XXXVI, 102.

Proc. Bell. Goth. I, 14, 6-11, trad. Craveri, cit. da Giorgio Ravegnani, L'età di Giustiniano, Roma, Carocci editore, 2019, pp.87-88.

Ranuccio Bianchi Bandinelli e Mario Torelli, L'arte dell'antichità classica, Etruria-Roma, Torino, Utet, 1976.

Res Gestae Divi Augusti, 12-2 in Monumentum Ancyranum.

Romolo A. Staccioli, Guida Insolita ai Luoghi, ai Monumenti e alle Curiosità di Roma Antica, Newton & Compton, Roma 2000.

Ronald Syme, L'aristocrazia augustea, Milano, 1993.

————, The Roman Revolution, Oxford, 2002.

Sigmund Freud, Il Mosè di Michelangelo, Bollati Boringhieri, 1975.

Sofia Boesch Gajano, Gregorio Magno. Alle origini del medioevo, Viella, 2004.

————, La santità, Laterza, 1999.

Theodor Mommsen, Storia di Roma antica, vol. V/1, Firenze, Sansoni, 1973.

Umberto Baldini, Michelangelo scultore, Rizzoli, Milano 1973.

Valentina Costa, La Domus Aurea di Nerone "una casa risplendente dell'oro", Genova, Brigati, 2005.

Valeria Annecchino, La basilica di Sant'Agostino in Campo Marzio e l'ex complesso conventuale, Roma, Marconi, Genova, 2000.

Willy Pocino, Le curiosità di Roma, Roma, Tradizioni italiane Newton, 2009.

인터넷자료

http://www.sovraintendenzaroma.it/i_luoghi/roma_antica/monumenti/teatro_di_marcello

https://it.cathopedia.org/wiki/Basilica_di_San_Bartolomeo_all%27Isola_(Roma)

https://it.cathopedia.org/wiki/Basilica_di_Sant%27Agostino_in_Campo_Marzio_(Roma)

https://www.isolatiberina.it/index.php/it/isola-rifugio-i/sbartolomeo-i?showall=1&limitstart=

https://www.stpudenziana.org/mosaico.php

https://artepiu.info/pietro-cavallini-mosaici-santa-maria-trastevere/

https://www.the-colosseum.net/ita/history/romantic.htm

모든 길은 로마로

초판 1쇄 발행 2024년 2월 28일

지은이 김혜경
펴낸이 민상기
편집장 이숙희 **편집부** 설규식
디자인 민다슬 민경훈
관리부 이원영 **재무** 한홍희
펴낸곳 도서출판 드림북
인쇄소 예림인쇄 **제책** 예림바운딩
총판 하늘유통

·**등록번호** 제 65 호 **등록일자** 2002. 11. 25.
·경기도 양주시 광적면 부흥로 847 경기벤처센터 220호
·Tel (031)829-7722, Fax(031)829-7723